冯其庸文集

卷五

剪烛集

青岛出版社

图书在版编目(CIP)数据

冯其庸文集. 第5卷, 剪烛集 / 冯其庸著. —青岛:青岛出版社, 2012.12
ISBN 978-7-5436-8990-9

Ⅰ. ①冯…　Ⅱ. ①冯…　Ⅲ. ①冯其庸—文集　②社会科学—文集　Ⅳ. ①C53

中国版本图书馆CIP数据核字(2012)第290954号

责任编辑　杨　慧
责任校对　郭铁娜　孙熙春

剪烛集

图版目录

1.范光铸先生所赠书法
2.范光铸先生来信
3.范光铸先生来信（续）
4.郭沫若院长来信（一）
5.郭沫若院长来信（二）
6.唐兰先生来信
7.张伯驹先生赠联
8.张伯驹先生书《临江仙》词
9.谢无量先生诗柬封面
10.谢无量先生诗柬
11.赵朴初先生书《木兰花令》词
12.王蘧常先生来信（一）
13.王蘧常先生来信（二）
14.钱仲联先生题梅村墓词稿
15.钱仲联先生赠词
16.顾廷龙先生来信
17.朱东润先生隶书轴
18.朱东润先生行书
19.作者与钟耀群、周策纵、端木蕻良
20.作者与叶圣陶老、陈从周先生
21.叶圣陶老在照片背面的题字
22.周策纵先生来信
23.作者与余英时先生
24.余英时先生来信
25.作者与唐德刚先生
26.唐德刚先生来信
27.唐德刚先生来信（续）
28.作者与赵冈先生
29.赵冈先生来信
30.周绍良先生题墨

31.周绍良先生来信
32.周绍良先生来信（续）
33.作者与周绍良先生
34.作者与任继愈先生、邬书林先生
35.任继愈先生来信
36.杨宪益先生来信
37.虞逸夫先生诗柬（一）
38.虞逸夫先生诗柬（二）
39.虞逸夫先生赠联
40.王世襄先生赠对联
41.张颔先生书对联
42.张颔先生来信
43.张颔先生来信（续）
44.马承源先生来信
45.潘景郑先生来信
46.杨仁恺先生来信
47.徐定戡先生来信
48.徐定戡先生词柬
49.陈小翠先生画轴
50.周祖谟先生赠诗
51.周一良先生参观冯其庸书画摄影展
52.季羡林先生参观画展
53.程千帆先生来信
54.程千帆先生来信（续一）
55.程千帆先生来信（续二）
56.作者与柳存仁先生
57.柳存仁先生书迹
58.牟润孙先生来信
59.作者与潘受先生
60.潘受先生赠诗
61.程靖宇先生来信
62.《红楼梦》日文翻译家松枝茂夫先生来信
63.《红楼梦》日文翻译家松枝茂夫先生来信之末页
64.伊藤漱平先生贺年信
65.伊藤漱平先生贺年信（续）
66.叶嘉莹先生来信
67.郭影秋先生来信
68.郭影秋先生来信（续一）
69.郭影秋先生来信（续二）
70.杨廷福先生诗轴
71.杨廷福先生
72.杨廷福先生来信
73.杨廷福先生来信（续）
74.江辛眉先生悼吴晗诗笺
75.周退密先生来信

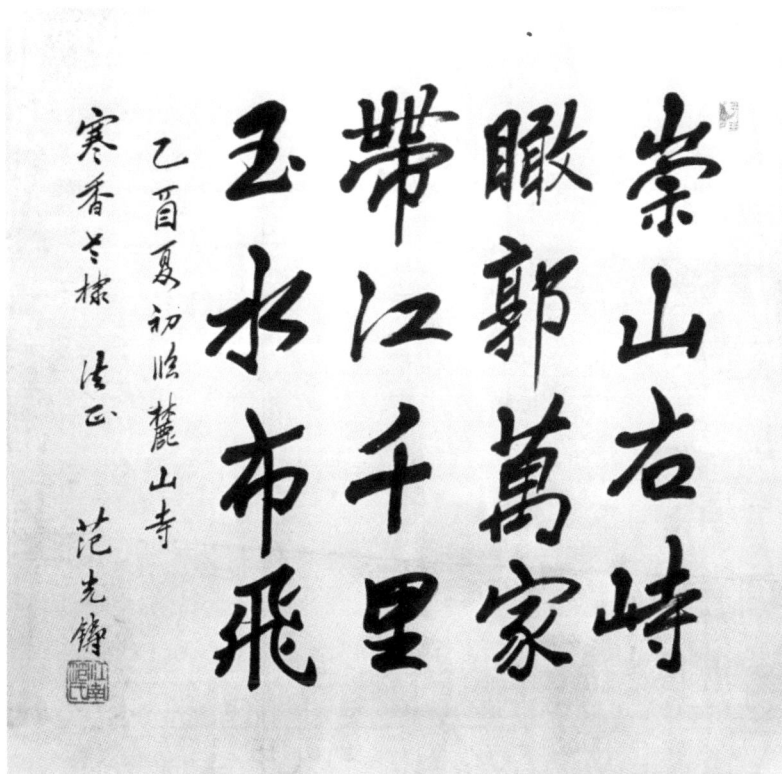

崇山右峙
瞰郭萬家
帶江千里
玉水布飛

乙酉夏初临麓山寺

寒香先生 法正 范光鑄

1.范光铸先生所赠书法

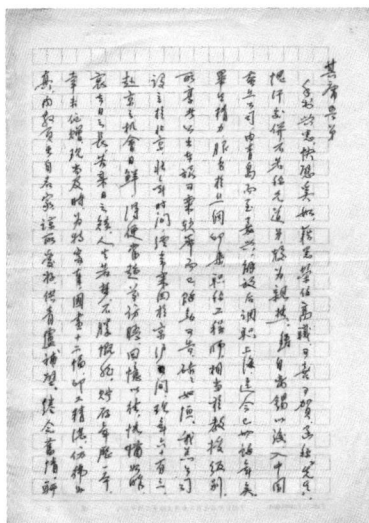

2.范光铸先生来信

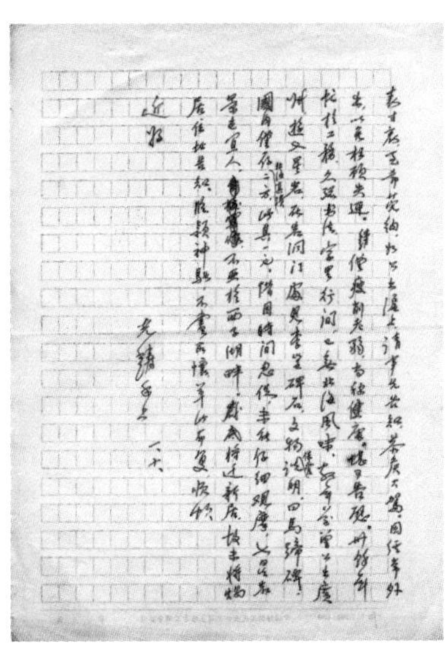

3.范光铸先生来信（续）

中国科学院

冯其庸同志：

两书信都收到，谢谢您。

您送来的《女子古文观止》我已经翻阅了。

《闺秀正始集》我已买了一部。[illegible]

陈[illegible]寄赠黄生书解[illegible]之[illegible]笔（隐记）中

又有[illegible]说是[illegible]推[illegible]，也有说笔

的。我看还是"模棱两可"的好。

现在正在收集资料，以后再写文章。

敬礼！

郭沫若 六、十五、

4.郭沫若院长来信（一）

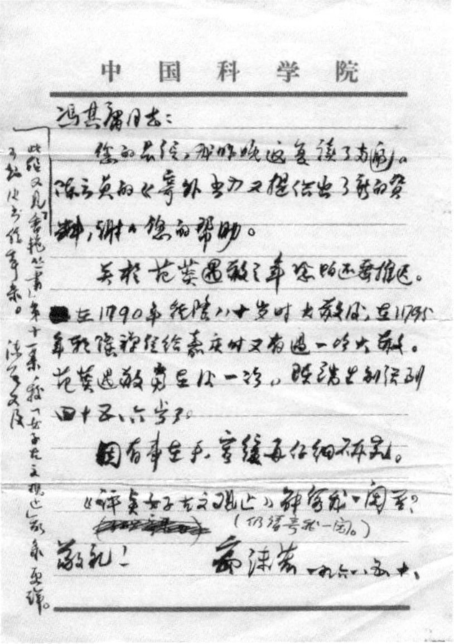

中国科学院

冯其庸同志：

敬礼！ 郭沫若

5.郭沫若院长来信（二）

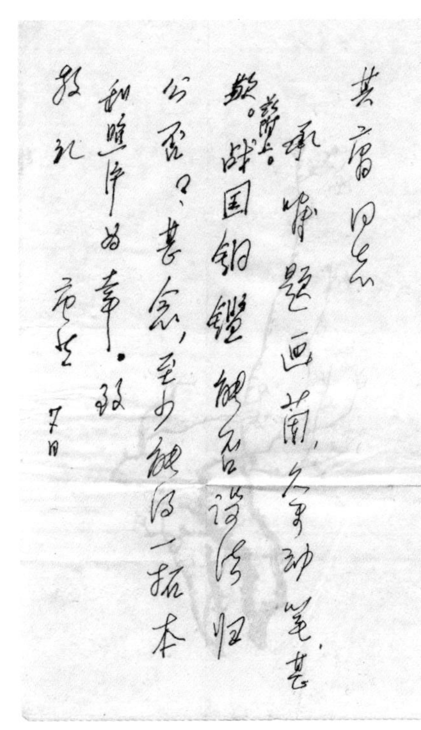

6.唐兰先生来信

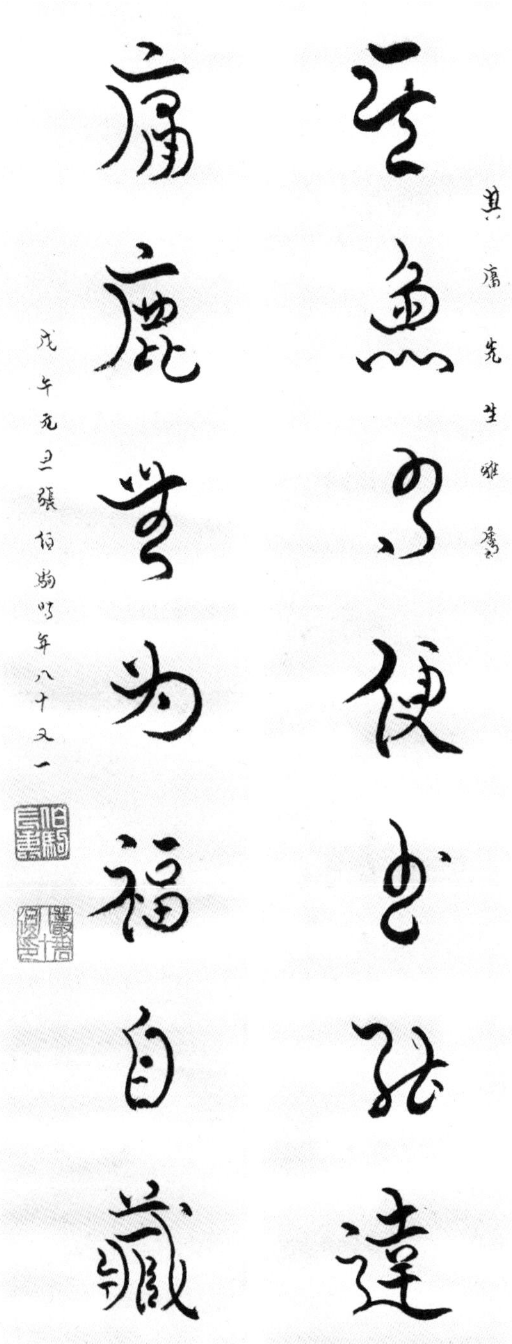

7.张伯驹先生赠联

8.张伯驹先生书《临江仙》词

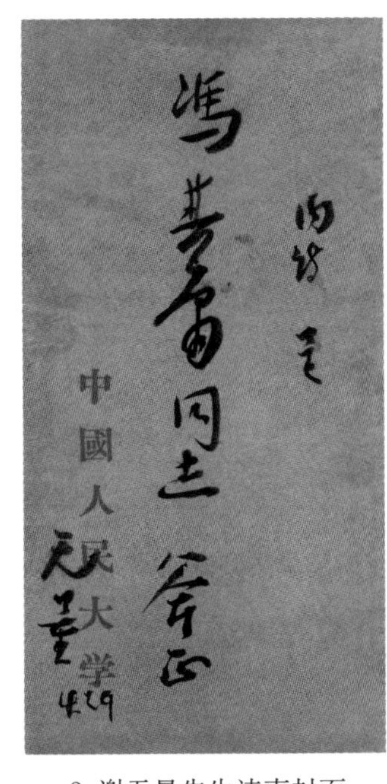

9.谢无量先生诗柬封面

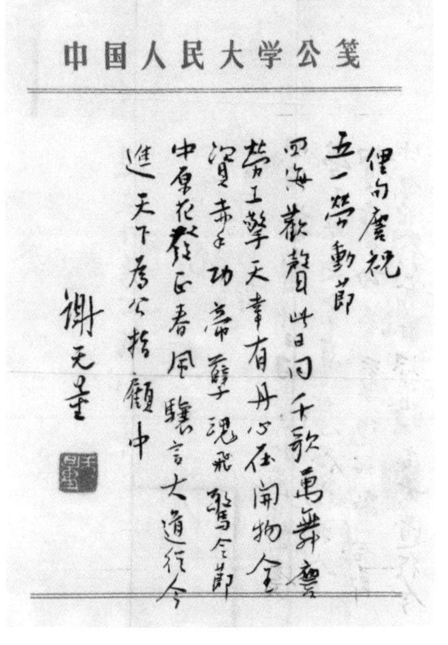

10.谢无量先生诗柬

11. 赵朴初先生书《木兰花令》词

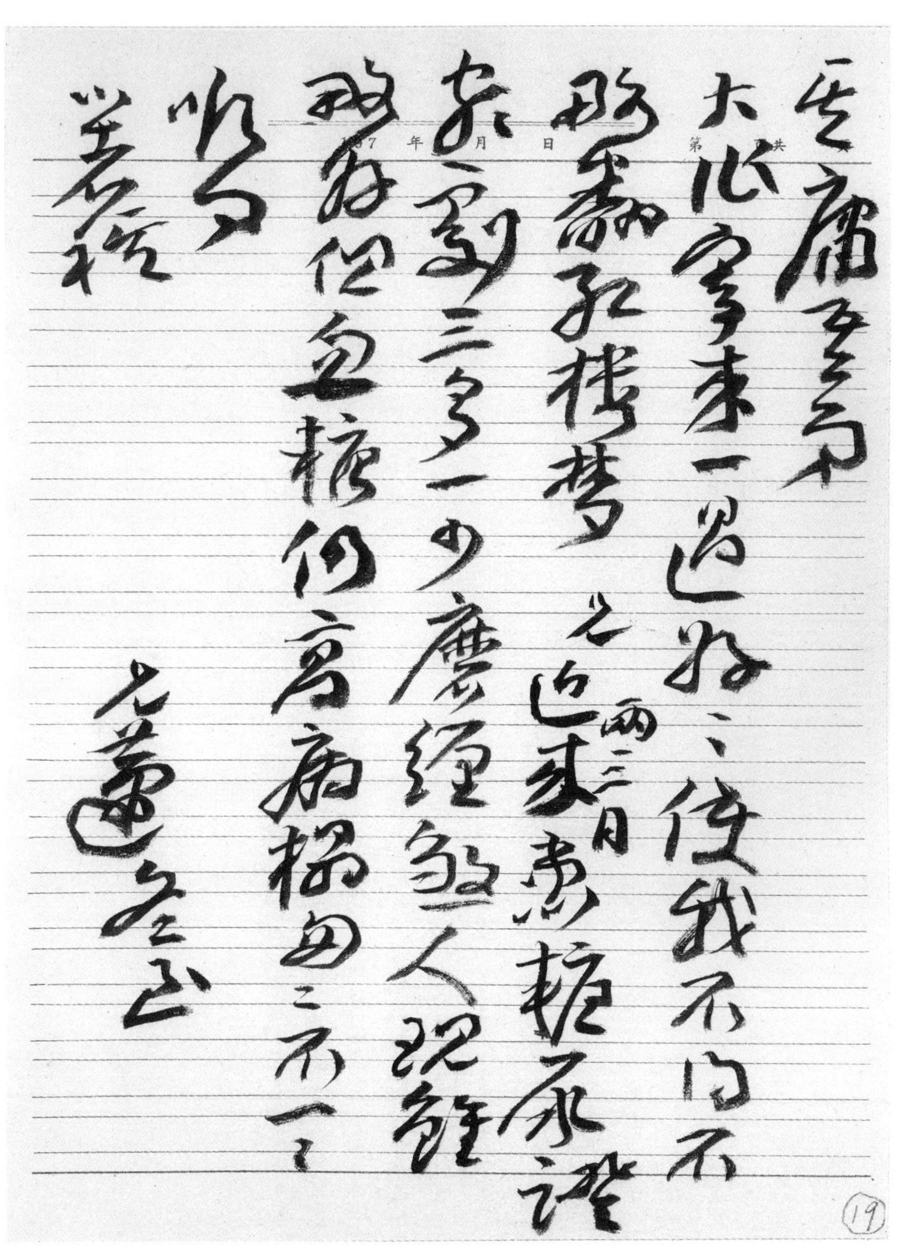

12. 王蘧常先生来信（一）

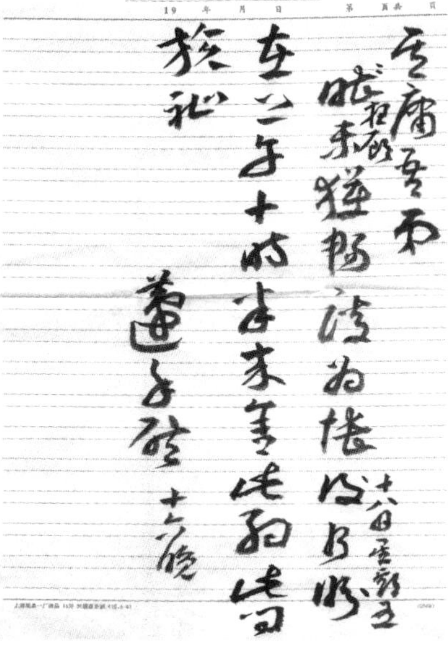

13.王蘧常先生来信（二）

賀新涼　馮其庸詩人偕謁吳梅村先生墓，墓為君新改定

核實頗為壯觀。君親題詩人吳梅村之墓豎碑於墓前

詩派尊初祖。數婁殊南侵年代，梅村獨步。姹紫嫣紅歸把

筆，睥睨漁洋旗鼓。彼一逝早如飛羽。東澗曝書差抱拘，問

其從家數誰龍虎？輸此老，自千古。　婁東家衖吳東旅，

累聲名淮王雞犬，不隨仙去。遺冢堂堂斜照外，賴

有馮唐頻顧。重樹立豐碑隆處。我客吳趨隨謁

拜，仰光芒石壁山前路。儒業在，倩如許！

其庸方家兩正　壬午夏九十五歲錢仲聯

14.钱仲联先生题梅村墓词稿

飛天神女何來明璫翠羽金身寶東流不盡一江
春水較才多少紅学专門画禪南北慧珠高照
看鵬図九萬風斯在下有斥鷃供君笑昆
閬早曾插脚下天山氣吞圓嶠碧霄下顧
苔痕簾室幾人來到把指儒玄步君趨尚
聆君清教望所向詩城蹴踏踢千夫倒

水龍吟 敬貽

其庸学人 兩正

壬午夏錢仲聯 时年九十五

錢仲聯

15.钱仲联先生赠词

19　年　月　日　　第　页共　页

其庸吾兄：

前年在京，获承教益，良以为快。今年三月入京开会，匆匆即归，未克趋候，至以为歉。日前台驾莅沪，得讯稍迟，不及奉访，怅何如之。乃辱惠书，宠以聘对。

今年我馆成立卅周年，拟编印国内文史哲方面专家学者学术论文集，作为纪念，并作为国际交换之用。素仰吾兄学问精博，撰著宏富。敢乞惠赐宏文，以为光宠。

集稿时间原拟六月底，为时太促迫，我们的纪念刊现在打算由我馆小工场自行排印（年内成书），可以陆续发稿，较有机动。尚祈[illegible]。勿却为荷。

专此祗请

撰安。

弟顾廷龙　敬上

1982年5月23晚

上海立信会计纸品厂出品 16开 双线报告纸（82.3-1）　　60克 书写 303-4（4133）

装

订

线

16.顾廷龙先生来信

白沙翠竹滿汀州煙抹蘭溪
舊酒廛一片淒迷夕陽渡旅
人西去水東流
其庸仁仲屬書
戊子孟冬朱世滎

17.朱东润先生隶书轴

山川之美古今共谈高峰入云清流见底两岸石壁五色交辉青林翠竹四时俱备

朱东润

18.朱东润先生行书

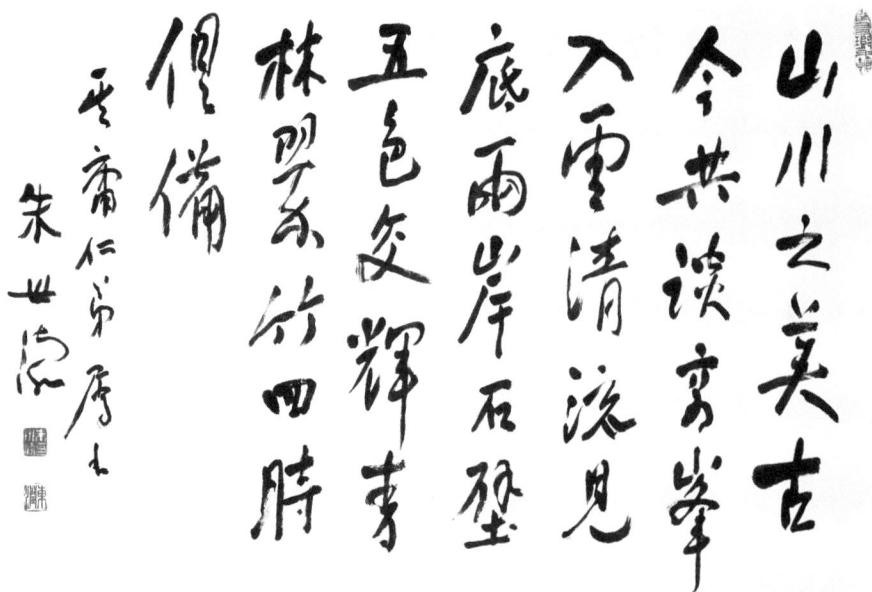

19.作者与钟耀群（左一）、周策纵（左二）、端木蕻良（左三）

20.作者与叶圣陶老（右二）、陈从周先生（右一）

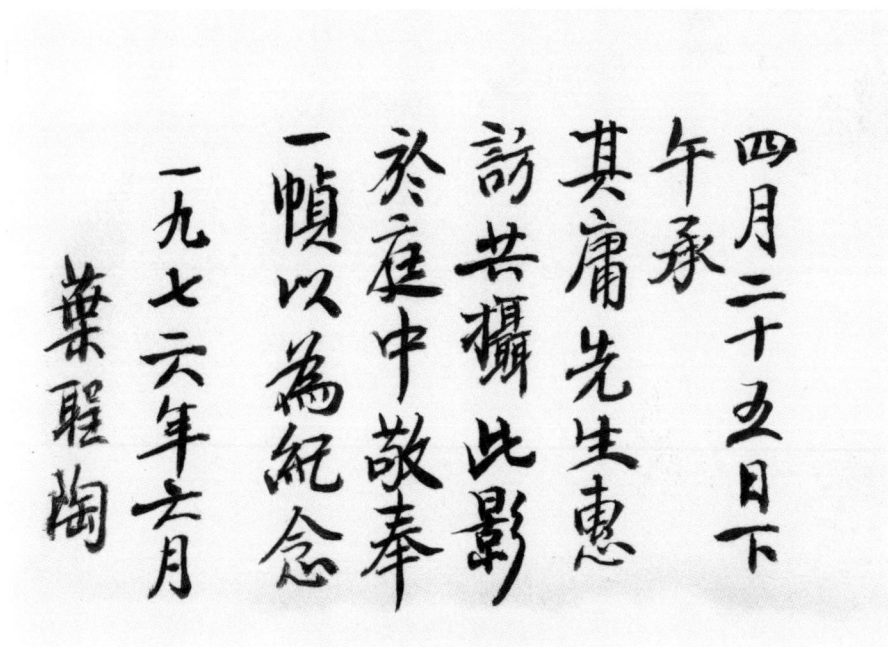

四月二十五日下午承其庸先生惠訪並攝此影於庭中敬奉一幀以為紀念

一九七六年六月

葉聖陶

21.叶圣陶老在照片背面的题字

其庸吾兄教授：

多时未通音问，然时以尊况为念也。弟前年冬曾因跌伤右腕骨，久未能执笔，后又出外开会，略鲜作书。上月应邀去台北参加胡适百岁冥诞纪念讲演，五天后即来旧金山小女处。元月二十一日仍返陌地生，彼时威大即将开课。弟教学一切如恒，威大已无退休年龄限制，亦是方便之处。今年国内红学，有何新猷？盼随时赐告。《汇校本》已到或尤需要，不知可否继得一部？本年仍计划开会否？弟拟于六月应邀去新加坡国立大学参加国际汉学会议，之后去台，则可回家数矣。俞平伯先生去世，至深悼念。盼代向其遗属致意。匆匆草此，即颂

著祺并祝

新禧

弟周策纵上 一九九一、一、十二、

不知兄已迁居否？

22.周策纵先生来信

23.作者与余英时先生

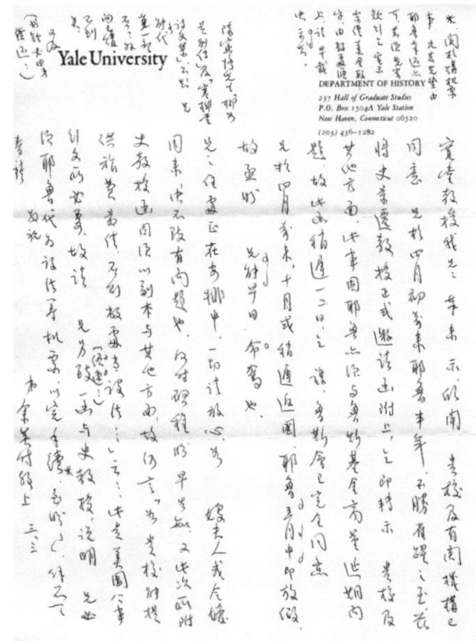

Yale University

DEPARTMENT OF HISTORY
237 Hall of Graduate Studies
P.O. Box 1504A Yale Station
New Haven, Connecticut 06520
(203) 436-1282

24.余英时先生来信

25.作者与唐德刚先生

26.唐德刚先生来信

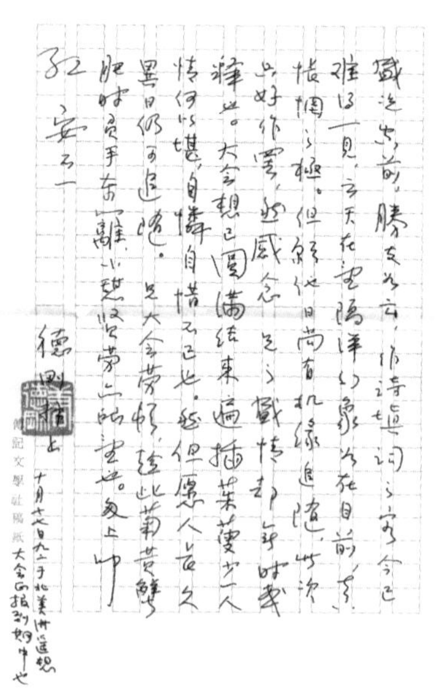

27.唐德刚先生来信（续）

28.作者与赵冈先生

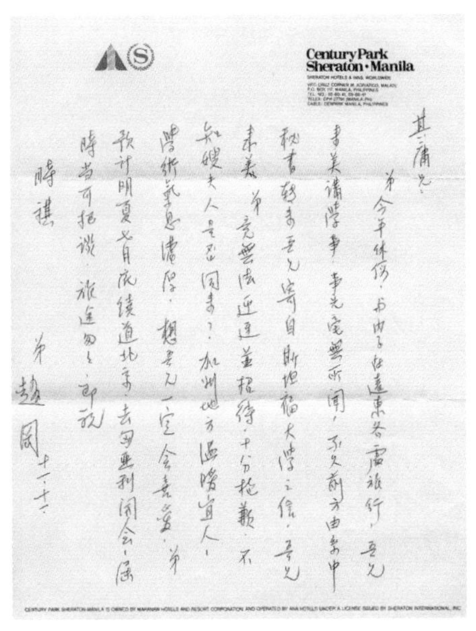

Century Park
Sheraton·Manila

其庸兄：

弟今年休假，前曾往遠東各處旅行，吾兄來美講學事，事先毫無所聞，不久前方由系中秘書轉來吾兄寄自斯坦福大學之信，吾兄來美，弟竟無法迎迓並招待，十分抱歉。不知嫂夫人是否同來？加州地方溫暖宜人，學術氣息濃厚，想吾兄一定會喜愛。弟預計明夏七月底繞道北京，去西亞利開會，屆時當可拍談。旅途匆匆，即頌

時祺

弟 趙岡 十一·十一

29.赵冈先生来信

30.周绍良先生题墨

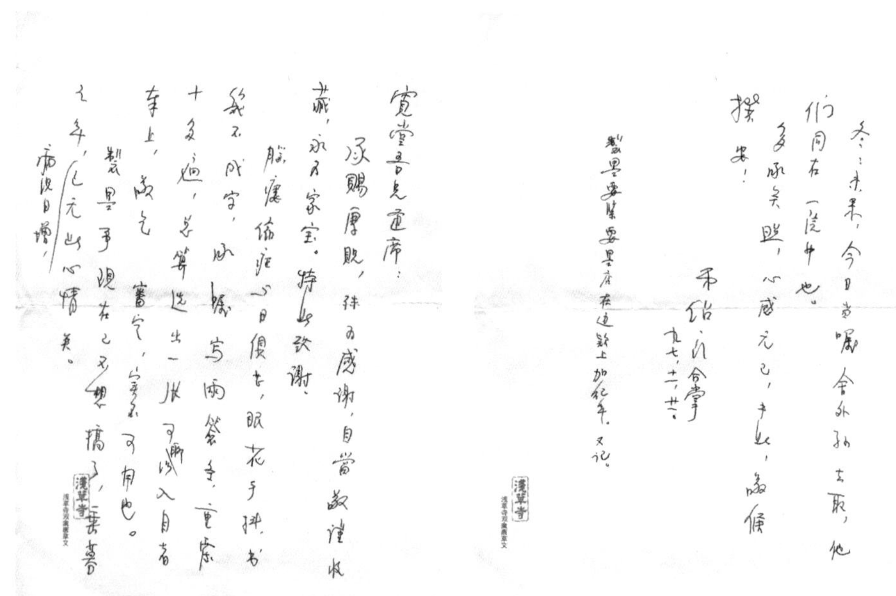

宽堂吾兄道席：
承赐厚贶，拜而感谢，自当敬谨收藏，永为家宝。特此致谢。
脑瘫偏瘫，心日俱去，眼花手抖，书几不成字，欲写两签条，重写十多遍，总算选出一张可以入目者，奉上，聊充篇字，亦未可用也。
制墨事现在已不想搞了，垂暮之年，已无此心情矣。
病况日增，

31.周绍良先生来信

冬冬来了，今日当嘱舍外孙去取，他们同在一院中也。
多承关照，心感无已，手此，即颂
撰安！
弟 绍良合掌 九七、十二、廿三
制墨要墨要墨存在边款上加纪年。又记。

32.周绍良先生来信（续）

33.作者与周绍良先生

34.作者与任继愈先生（中）、邬书林先生（右）

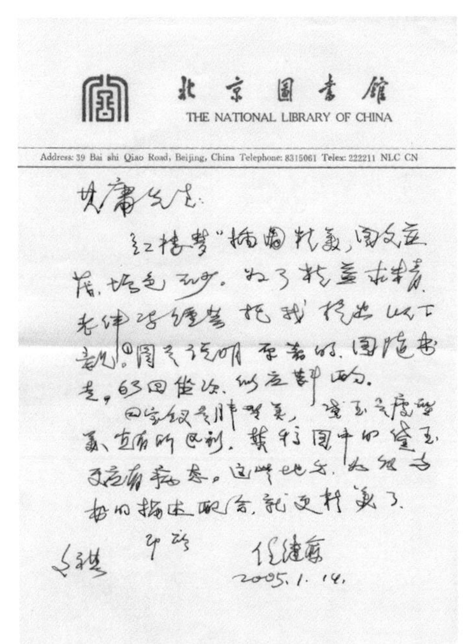

北京圖書館
THE NATIONAL LIBRARY OF CHINA

Address: 39 Bai shi Qiao Road, Beijing, China Telephone: 8315061 Telex: 222211 NLC CN

其庸先生：

"红楼梦"插图精美，图文并茂，堪为双妙。为了精益求精，[illegible]托我提出以下意见。图文说明不符的，图随书走，63回后改，仍应[illegible]。

[illegible]，宝玉之[illegible]，直有所区别。[illegible]这些地方，如能与[illegible]配合，就更好了。

即颂

文祺

任继愈

2005.1.14.

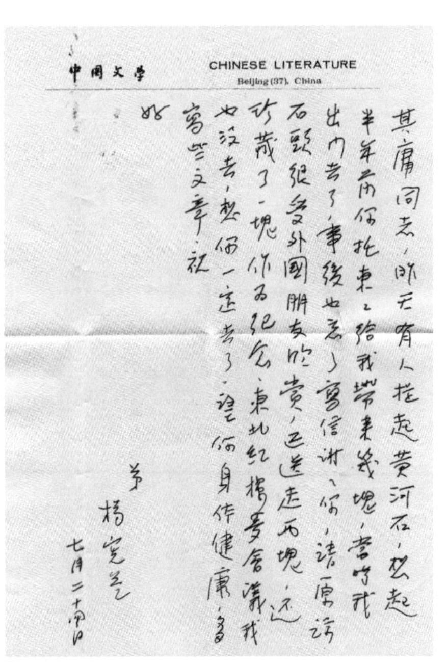

中国文学　CHINESE LITERATURE
Beijing (37), China

其庸同志：昨天有人提起黄河石，想起半年前你托东东给我带来几块，当时我出门去了，事后也忘了写信谢谢你，请原谅。石头很多外国朋友欣赏，已送走两块，还珍藏了一块作为纪念。东北红楼梦会议我也没去，想你一定去了。望你身体健康，多写些文章！祝好

弟

杨宪益

七月二十四日

35.任继愈先生来信

36.杨宪益先生来信

和其庸兄见怀三绝句

東望吴頭楚尾家，寄栖何敢怨长沙。
羡君如在众香国，坐看瓜廬擁百花。

老得庐陵胜得仙，刘无长技愧前贤。
岳麓名碑今破碎，待君补写复当年。

高咏南天第一楼，平分吴楚望中浮。
何时相约君山住，管领烟波狎白鸥。

昨得吴君電話，知兄病情去春[illegible]，已[illegible]。送[illegible]，我闻其語，如釋重負，为之歡喜累日。昔年[illegible]，平昔交遊，[illegible]，知我愛我，堪稱德鄰者，今世間唯兄一人而已。急寫小詩三章，以博一粲。

順祝
康泰

弟逸夫拜白

大文已拜讀，讀来句句知心語，我当品鉴字字珠。

[illegible]拜謝

37.虞逸夫先生诗柬（一）

宽堂先生书[illegible]情有[illegible]
[illegible]
[illegible]
[illegible]
[illegible]
破碎仍[illegible]故[illegible]
正道[illegible]
[illegible]
枯桐[illegible]心文字知心话千里
相[illegible]

逸夫书

印之叔正 戊子中秋于竹园新寓

一年多不执笔写来殊不成字 切笑之

38.虞逸夫先生诗柬（二）

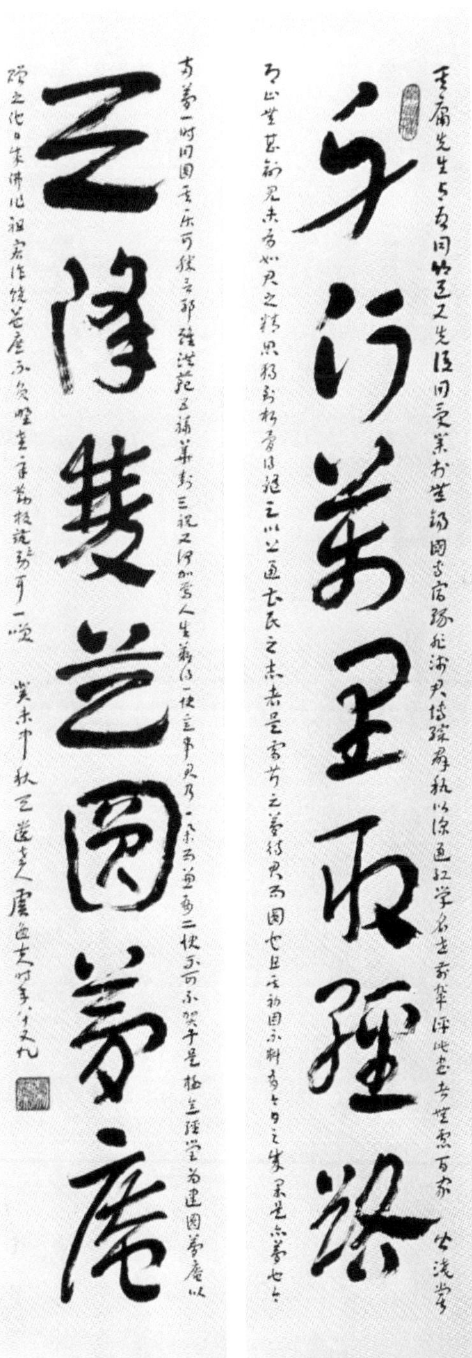

39.虞逸夫先生赠联

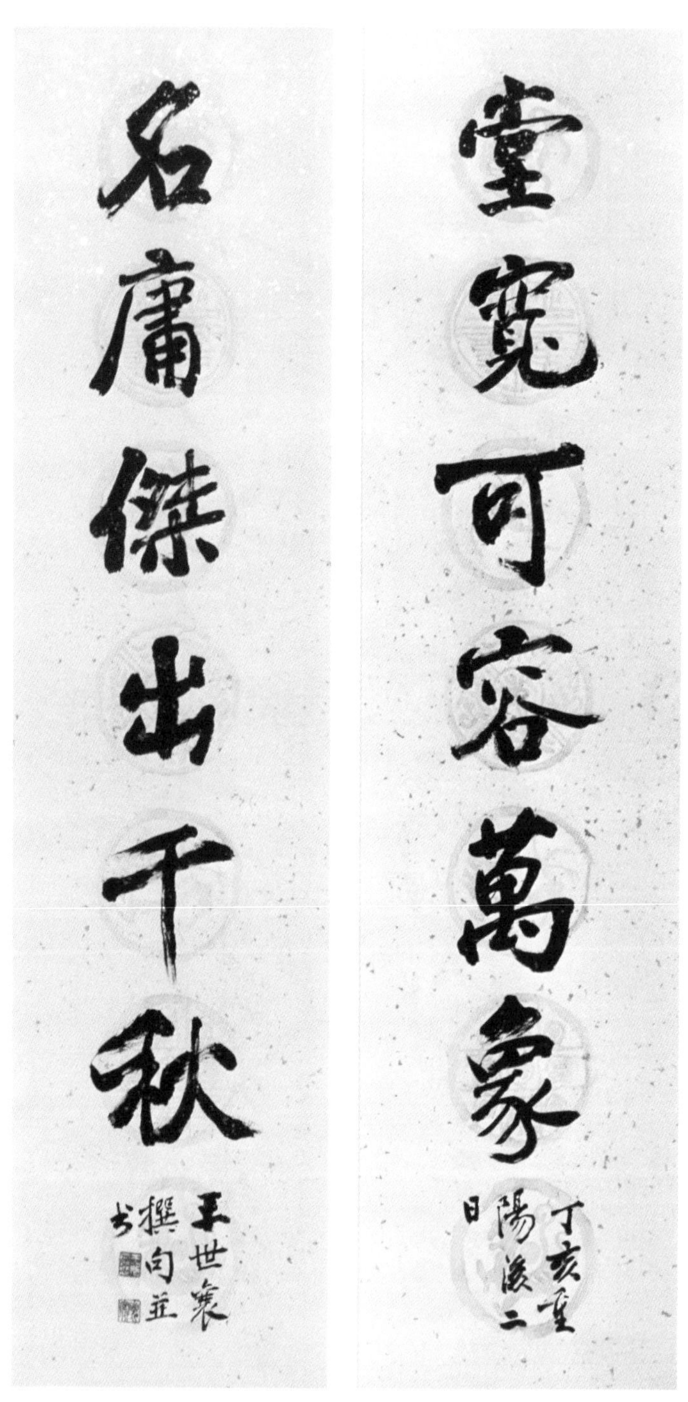

40.王世襄先生赠对联

41.张颔先生书对联

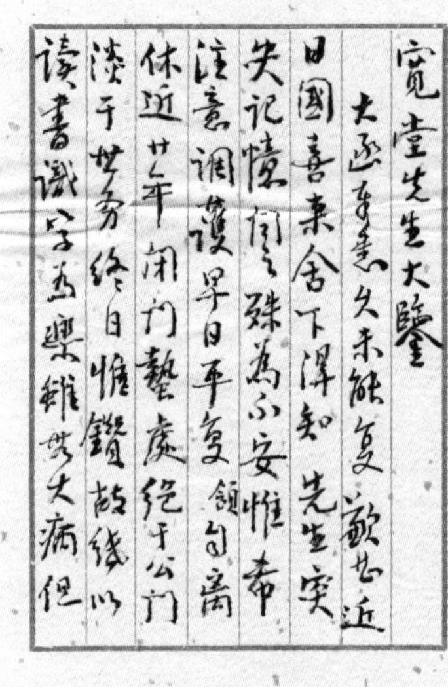

宽堂先生大鉴

大函奉悉久未能复歉甚近日园喜来舍下得知先生突失记忆闻之殊为不安惟希注意调护早日平复 颔自离休迄廿年闲门整庋绝于公门淡于世务终日惟钻故纸以读书识字为乐虽患大病但

42.张颔先生来信

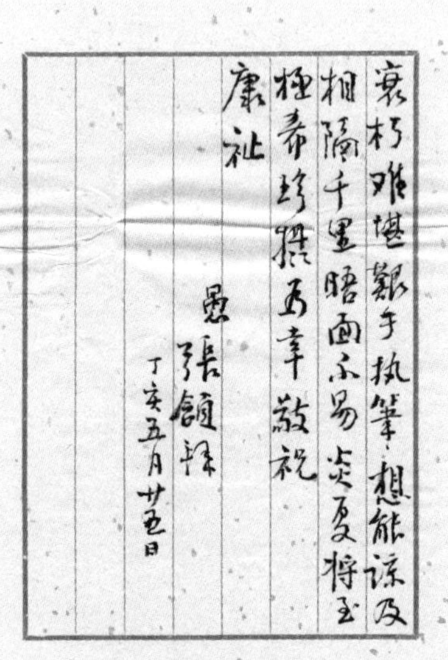

衰朽难堪艰于执笔，想能谅及相隔千里晤面不易 炎夏将至极希珍摄为幸 敬祝

康祉

愚 张颔拜

丁亥五月廿五日

43.张颔先生来信（续）

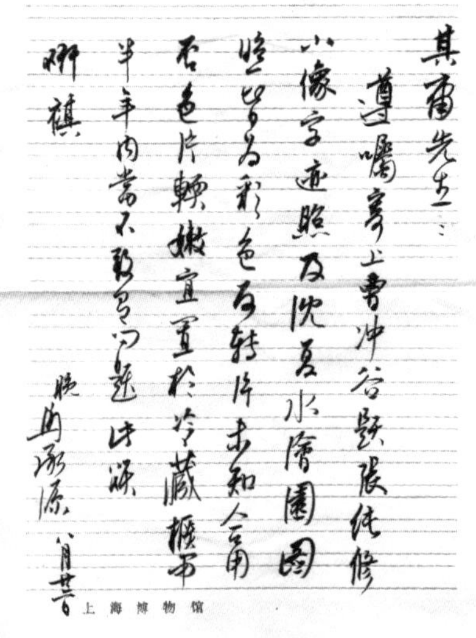

其庸先生：

遵嘱寄上曹冲谷题张纸条小像字迹照及沈石田水绘园图

上海博物馆

44.马承源先生来信

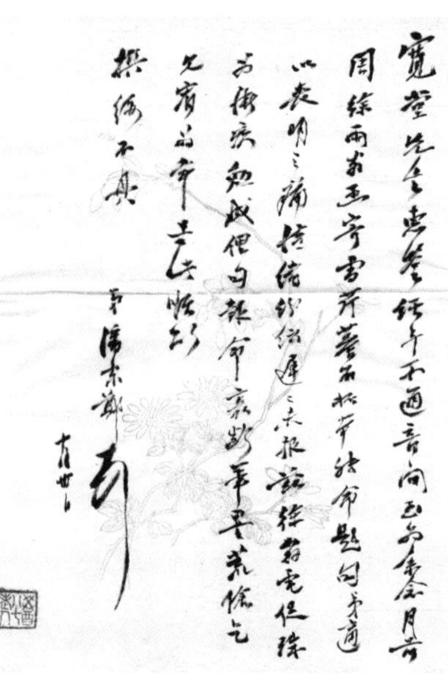

45.潘景郑先生来信

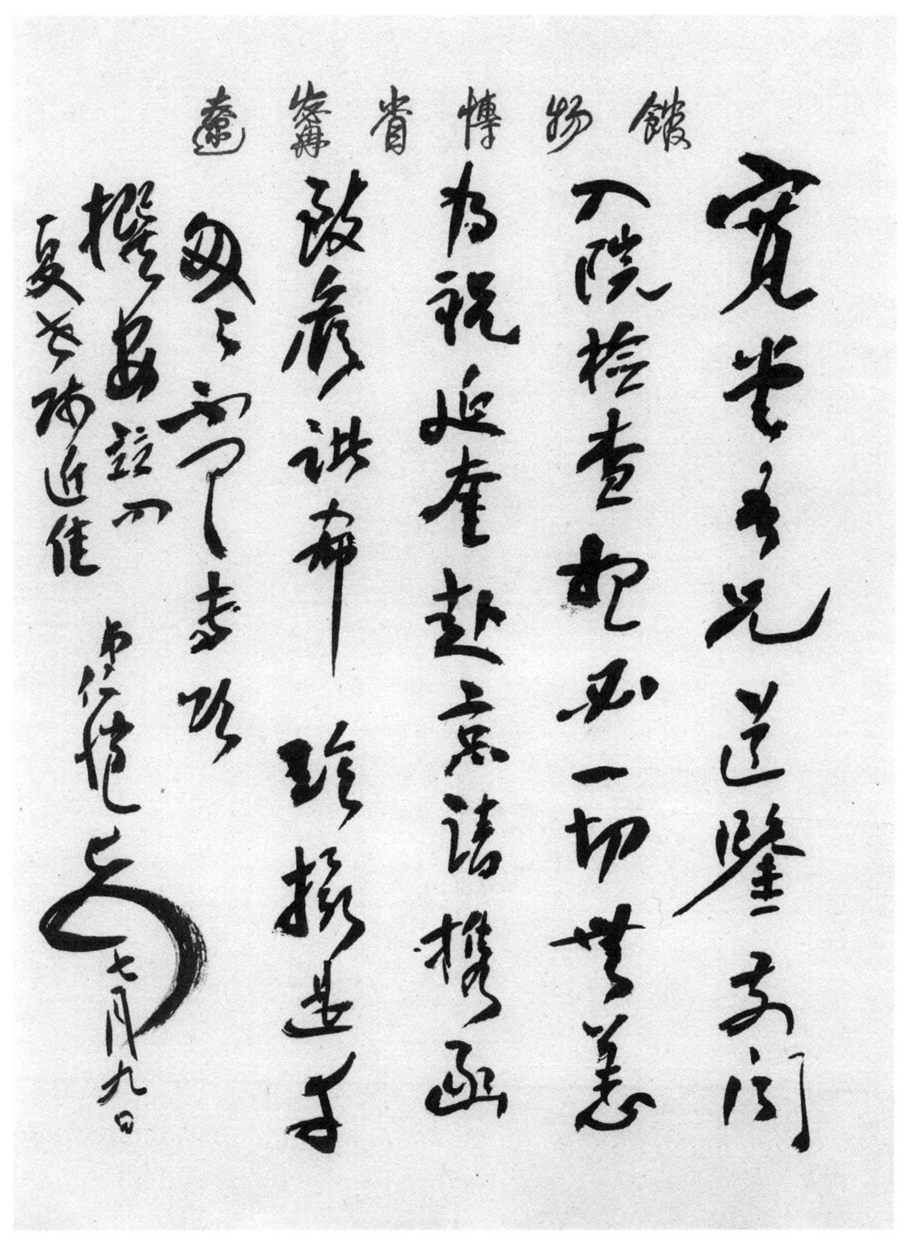

46.杨仁恺先生来信

47.徐定戡先生来信

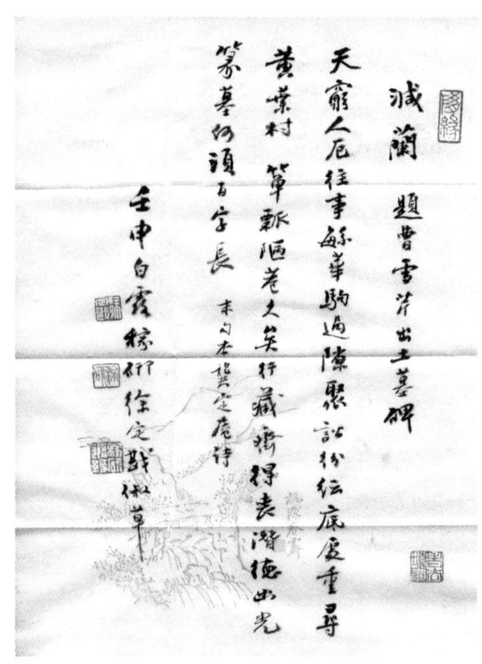

48.徐定戡先生词柬

49.陈小翠先生画轴

赴敦煌道中作

祁連嶺峻堆冰雪，嘉峪關高見戍樓。古道入村隨樹轉，山泉分派傍田流。沙平日暮風烟靜，野曠天低檉柳秋。荒磧應同春草綠，何年得作稻粱洲。

友人邀玉香山小住因寄

春晚多風雨，微寒尚著人。一年花事盡，樽酒故交親。屢念郊園趣，常嗟市巷塵。感君詩意重，欲會豈辭頻。

書拙作二首呈
其庸先生雅教
周祖謨
一九八零年二月

50.周祖谟先生赠诗

51.周一良先生参观冯其庸书画摄影展

52.季羡林先生参观画展

53.程千帆先生来信

54.程千帆先生来信（续一）

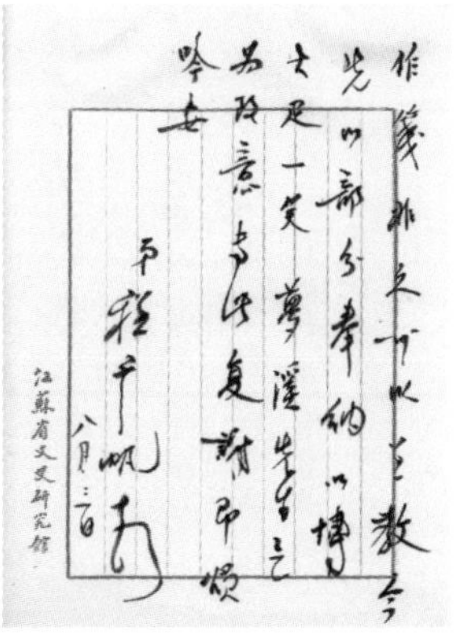

55.程千帆先生来信（续二）

56.作者与柳存仁先生

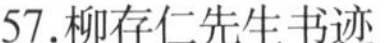

57.柳存仁先生书迹

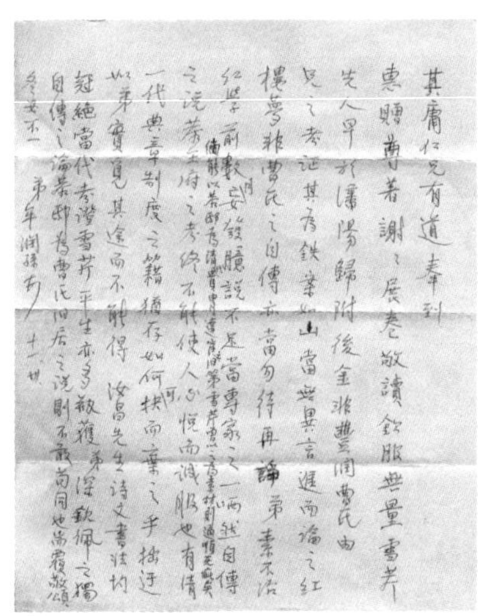

58.牟润孙先生来信

59.作者与潘受先生

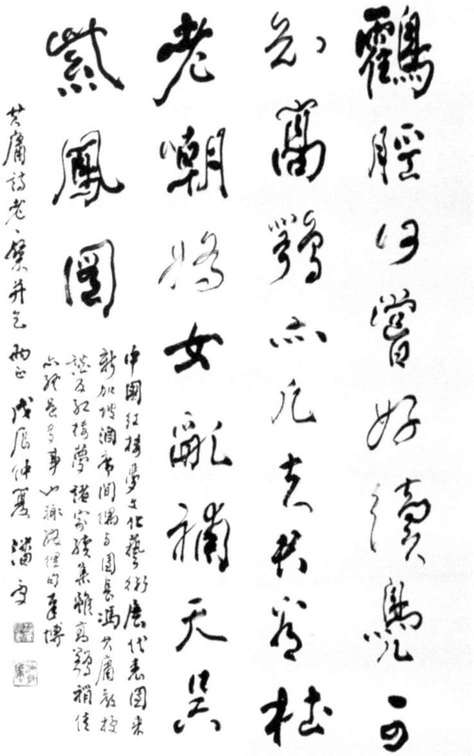

60.潘受先生赠诗

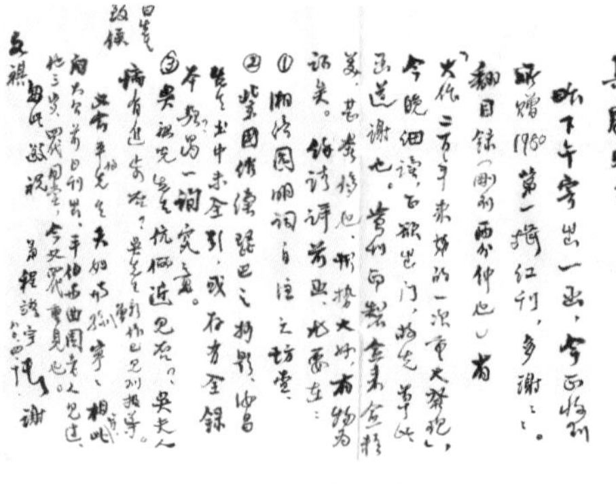

61.程靖宇先生来信

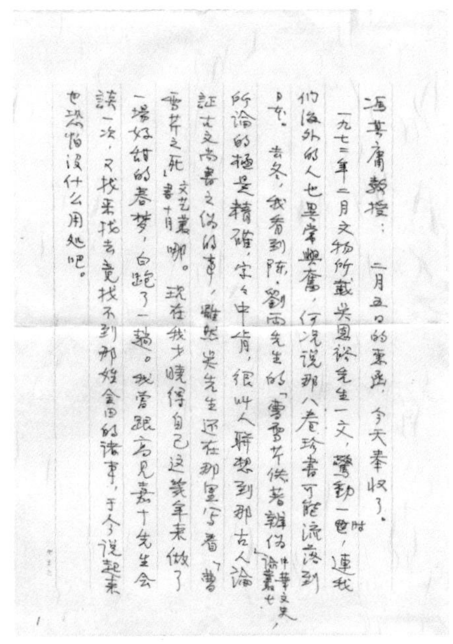

冯其庸教授：　二月五日的来函，今天奉收了。

一九七三年二月文物所载吴恩裕先生一文，惊动一时，连我们海外的人也异常兴奋，何况说那八卷珍书可能流落到日本。去冬，我看到陈、刘两先生的「曹雪芹佚著辨伪」（中华文史论丛七），所论的极是精确，字字中肯，很叫人联想到那古人论证古文尚书之伪的事，虽然吴先生还在那里写着「曹雪芹之死」（文艺丛刊第一辑）哪。现在我才晓得自己这几年来做了一场好甜的春梦，白跑了一趟。我曾跟高见嘉十先生会谈一次，又找来找去竟找不到那姓金田的诸事，于今说起来也恐怕没什么用处吧。

62.《红楼梦》日文翻译家
松枝茂夫先生来信

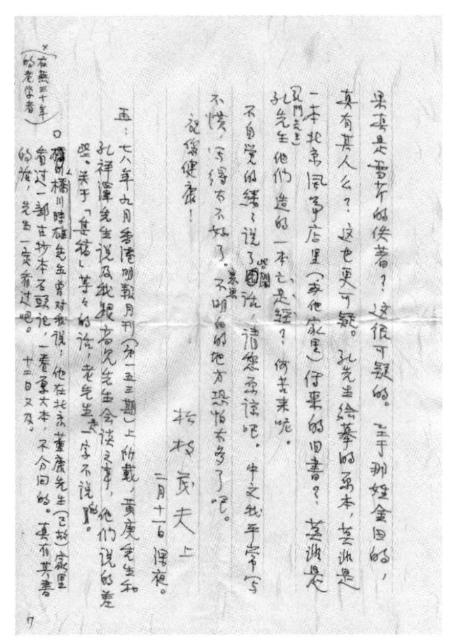

果真是雪芹的佚著？这很可疑的。至于那姓金田的，真有其人么？这也更可疑。孔先生绘摹的原本，莫非是一本北京（见门之上）风筝店里（或他家里）得来的旧书？莫非是孔先生他们造的一本[illegible]？何苦来呢。

不自觉的絮絮说了些闲话，请您原谅吧。中文我平常写不惯，写得太不好了。意思不明白的地方恐怕太多了吧。

祝您健康！

松枝茂夫上

二月十六日深夜。

再：七八年九月香港明报月刊（第一五三期）上所载，黄庚先生和孔祥泽先生说及我跟高见先生会谈之事，他们说的差些。关于「集锦」等等的话，老先生连一字不说呢。

○橋川时雄先生曾对我说：他在北京董康先生（已故）家里看过一部古抄本石头记，一套八本大本，不分回的。真有其书的话，先生一定看过吧。十二日又及。

（在燕京三十年的老学者）

63.《红楼梦》日文翻译家
松枝茂夫先生来信之末页

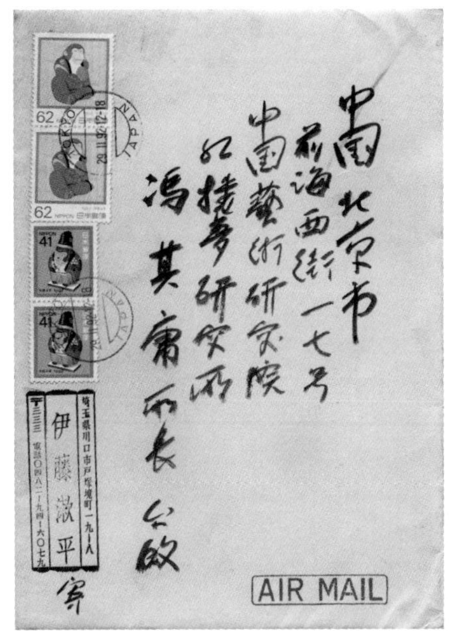

中国北京市
前海西街一七号
中国艺术研究院
红楼梦研究所
冯其庸所长　公启

埼玉県川口市戸塚境町一九一八
伊藤漱平
寄

AIR MAIL

64.伊藤漱平先生贺年信

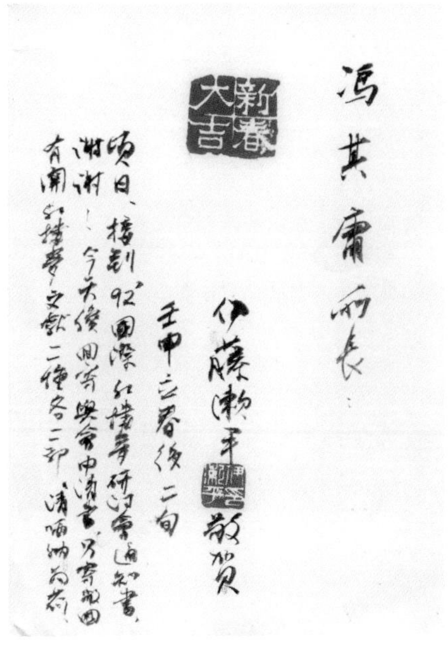

冯其庸所长

伊藤漱平　敬贺

壬申之春后二旬

顷日，接到92国际红楼梦研讨会通知书，谢谢！今天寄回与会申请书，另寄拙著有关红楼梦之献二种各二部，请哂纳为荷。

新春大吉

65.伊藤漱平先生贺年信（续）

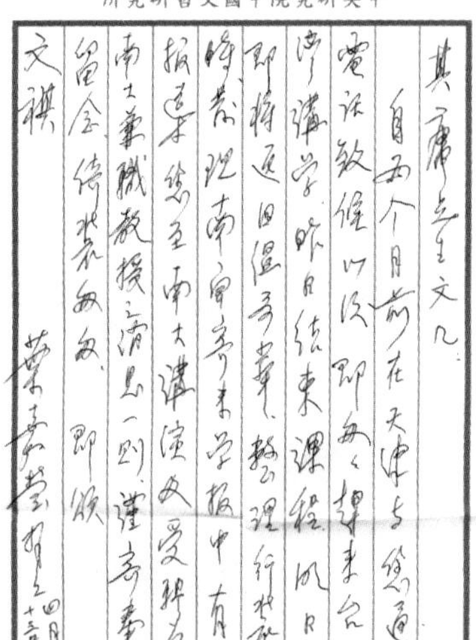

中央研究院中國文哲研究所

其庸吾兄文几：

自西个月前在天津与您通电话致候以后，即每欲想来台湾讲学，昨日结束课程，现即将返回温哥华，整理行装将拟回南开。寄来学报中有报道您至南大讲演及受聘为南大兼职教授之消息，一则谨寄奉留念。匆此敬颂

文祺

叶嘉莹拜上 四月十三日

台北市南港區研究院路二段一二八號 電話：（〇二）二七八八三六二〇 傳真：（〇二）二七八八三三七四

66.叶嘉莹先生来信

其庸同志：

八月廿四日来信收到，我也分享了你们在红学研究上所做的努力，和所得的成果的喜悦，希望继续努力，在研究上取得更大的成果。

总理曾经说过"《安娜·卡列琳娜》这部小说很好，只有中国的红楼可以抵得上。（大意）我读了《安娜》，《基督山伯爵》，莎士比亚的几本代表作，以及目前轰动一时的《根》，也许由于我的外史知识太低，并因时间及语文的不习惯，所以他们的吸引力，没有《红楼梦》对我的影响来得大。《红楼梦》中宝黛的形象，从发生、发展及其结果，从外形的表现及其内心的纯洁无邪，都是完美的，"天长地久有时尽，此恨绵绵无尽期"，这两句诗用来形容历史人物的遭遇，人物不少，但是最能当得起的还是宝

徐州师范学院学报稿纸 20×15=300 第 页

67.郭影秋先生来信

与黛。

当然，研究《红楼梦》，应当从清朝的政治经济，文化的社会基础方面，[illegible]时代的产物，是时代精神的产物，作者具有叛逆的精神。认为作者的一字一句，一诗一偈，都是为时代造题。如果这样看，那就只是与题材的[illegible]小说、戏剧、[illegible]等无异了。我对于小说、戏剧、电影研究也觉偏见，但有人却以今代人之心，度180年或四五百年以前之人之腹，把一些自在的情节，自在的活动，都做为当时人的自觉活动，这就不对头了。《红楼梦》中这一类的例子固不少，但它毕竟还保存了一些自在自为、自然趋势的活动，就这一点来说，这个作品也是有其特有的价值的。

你的身体还是要注意的，有心脏病的人

徐州师范学院学报稿纸 20×15=300 第 页

68.郭影秋先生来信（续一）

不宜劳动过度，不宜忧虑太多，万别把身体弄坏，否则使其复杂，那就太晚了。你的年事还轻，前途尚远还是有条件的，望善自珍摄。事务太多很不利，没有时间集中一定精力，否则搞这一项工作，是很困难的。保护人的健康，也是重要的任务。

祝

健康

郭影秋

八月廿九日上海

徐州师范学院学报稿纸 20×15=300 第 页

69.郭影秋先生来信（续二）

飄葉隨秋落黯然別思生
燕雲凝萬里易水隔千城
津渡無人語浮空自月明
河山終古好濁浪一時平

三載于役與畏友其庸學長譚文論藝
交傾肺肝秋夕小別情不能已信筆兩至
書以贈別
楊廷福呈稿

70.杨廷福先生诗轴

71. 杨廷福先生

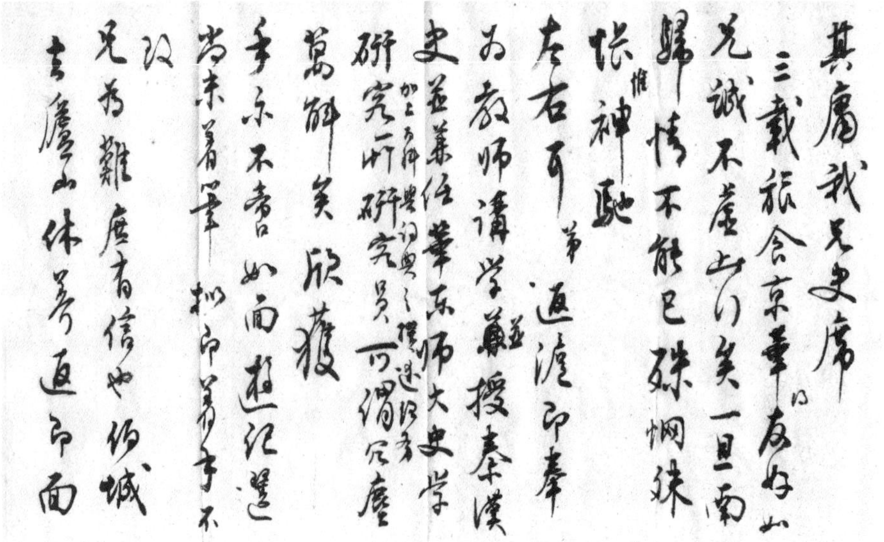

72. 杨廷福先生来信

73.杨廷福先生来信（续）

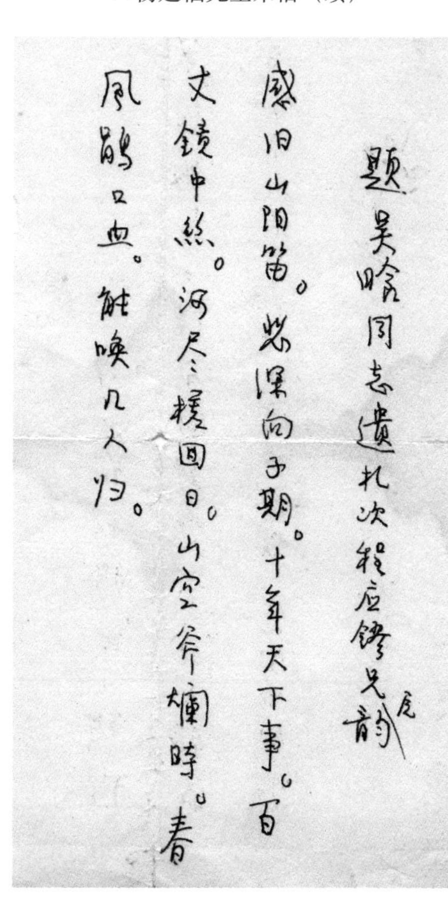

题吴晗同志遗札次程应镠兄韵

感旧山阳笛。悲深向子期。十年天下事。百丈镜中丝。河尽桡回日。山空斧烂时。春风鹃口血。能唤几人归。

74.江辛眉先生悼吴晗诗笺

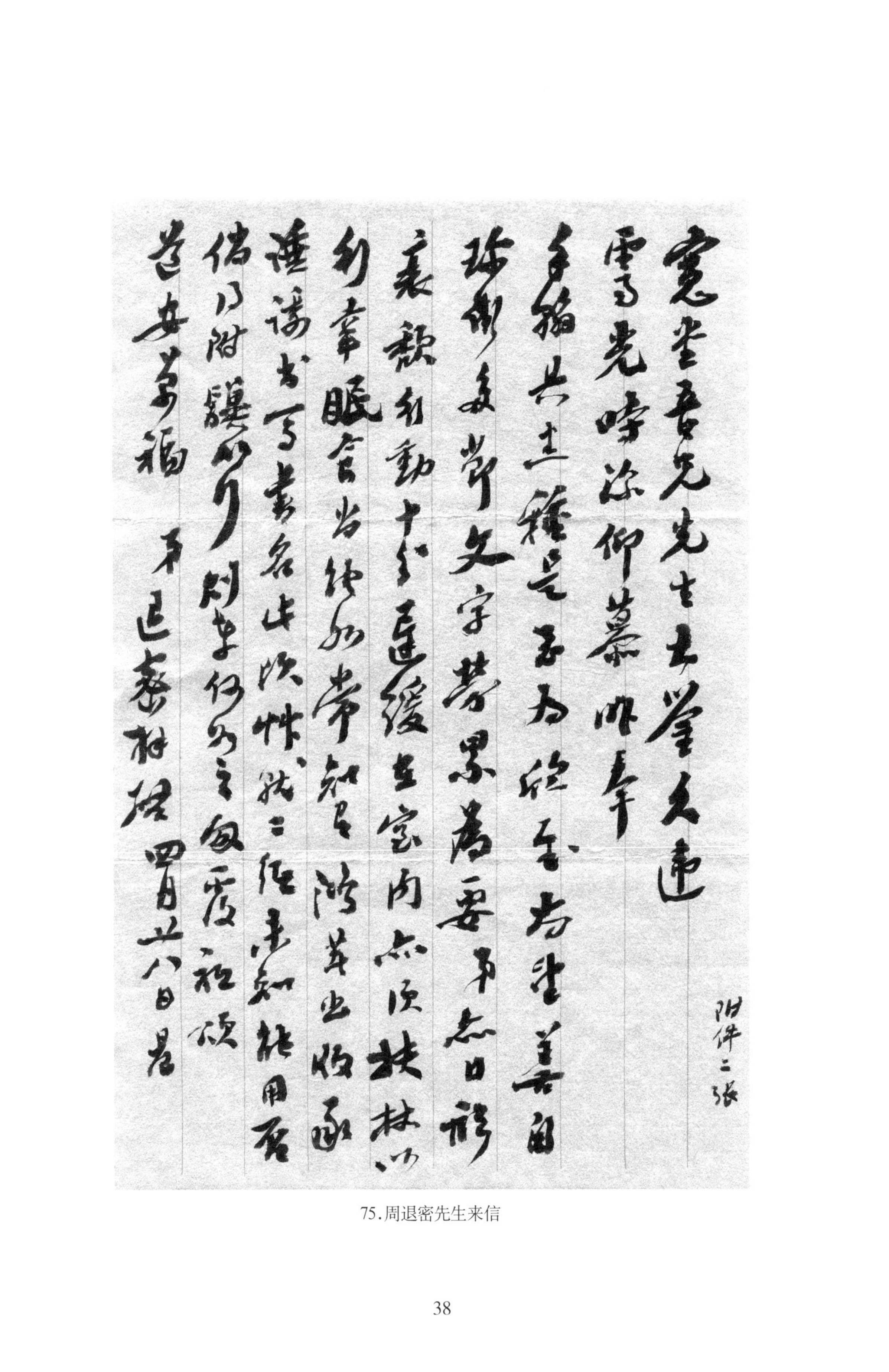

75.周退密先生来信

目　录

自序
——永不忘却的记忆…………………………………………………… 1

回忆郭沫若院长……………………………………………………… 1
忆王昆仑乡前辈
——永远芬芳的红学奇葩…………………………………………… 6
旷世奇人张伯驹
——丛碧老人诞辰一百一十周年纪念……………………………… 13
怀念国学大师谢无量先生
——谢无量先生文集序……………………………………………… 36
王蘧常先生书信录…………………………………………………… 61
怀念钱仲联先生……………………………………………………… 83
梦苕师石壁山拜墓记………………………………………………… 92
哭梦苕师……………………………………………………………… 97
哭钱仲联师 …………………………………………………………101
怀念朱东润老师 ……………………………………………………106

怀念我的老师周贻白先生 …… 111
怀念我的老师范光铸先生
——读高中一年的一段回忆 …… 120
怀念叶圣陶老人 …… 125
悼念俞平伯先生 …… 130
语可诲人　光可鉴物 …… 134
俞平伯老《重圆花烛歌》跋 …… 151
祝贺《俞平伯全集》的出版
——在《俞平伯全集》出版座谈会上的发言 …… 153
先生之风　山高水长
——送别启功先生 …… 157
悼念季羡林先生 …… 167
悼念任继愈先生 …… 170
一位崇高而平凡的老人
——沉痛悼念卓琳同志 …… 173
哭周绍良先生 …… 178
天遗老人歌 …… 181
寄怀长沙天遗老人七律二首 …… 183
长沙八老书画展序 …… 186
学人之书　格高韵古
——读张颔老《侯马盟书》及其书法 …… 188
叶嘉莹教授八十华诞祝辞 …… 196
海上呈周退翁 …… 198
怀念默涵同志 …… 200
忆光年 …… 207
怀念冯牧 …… 214

目　录

风雨艰难共此时
——怀念郭影秋校长 …… 220
哲人其萎　我怀何如
——沉痛悼念吴组缃先生 …… 225
怀念陈从周兄
——宋凡圣《陈从周研究》代序 …… 228
怀念胡华同志 …… 233
怀念姚迁同志 …… 237
林同济教授诗集序 …… 239
怀念吴甲丰先生 …… 245
怀念苏一平同志 …… 252
痛悼端木蕻良先生 …… 255
怀念史树青先生 …… 257
悼念杨宪益先生 …… 261
沉痛悼念伊藤漱平先生 …… 264
哭蒋和森 …… 268
书杨廷福、江辛眉教授二三事 …… 272
无尽的怀念
——怀念刘海粟、李一氓、杨廷福、江辛眉、祝肇年诸师友 …… 283
怀念杨廷福
——玄奘取经路线调查的回忆 …… 293
清气满人间
——读《马凯诗词存稿》 …… 299
铁马金戈入梦来
——读屈全绳先生诗集随感 …… 302

风风雨雨入长吟
——纪宝成先生《岁月诗痕》序 …… 307
云林高士旧家风
——怀念倪小迂先生 …… 315
水流云逝人安在
——怀念邓云乡兄 …… 318
坎坷平生祝季子
——怀念祝肇年兄 …… 324
吟诗又见月当头
——怀念名医巫君玉兄 …… 329
名医邓南伟传 …… 334
童稚情亲四十春
——忆画家汪海若兄 …… 336
风雨同舟六十年
——《浪花集》序 …… 342
怀念朱彤兄 …… 346
曲海说山忆吴敢
——《曲海说山录》序 …… 350
才如江海命如丝
——怀沈茹松学兄 …… 353
记梁溪诗人严古津 …… 357
可恨同时不相识
——红学家朱南铣文集序 …… 362
怀念牛维鼎同志 …… 364
等着他回来
——怀贾穗 …… 369

怀念周雁 …… 372
我所认识的瞎子阿炳 …… 374
记陶壶名家顾景舟 …… 376
宜兴的紫砂艺术 …… 379
走在世纪前列的艺术家
——记紫砂工艺大师徐秀棠 …… 383
工极而韵　紫玉蕴光
——记周桂珍大师的紫砂艺术 …… 386
清水出芙蓉　天然去雕饰
——记青年陶艺家高振宇 …… 393
青花歌
——赠青花艺术家陆履峻 …… 397
书陈复澄刀笔书画后 …… 398
黄能馥、陈娟娟和他们的服饰文化研究 …… 401
记舞蹈史家董锡玖
——读董锡玖《缤纷舞蹈文化之路》书感 …… 406
殷亚昭和她的舞蹈文化研究 …… 410
记三峡根雕艺术家魏靖宇 …… 415
工藤贤司及其汉画创作 …… 420
哭范敬宜学长兄 …… 423

后记 …… 426
再记 …… 431

自　序

——永不忘却的记忆

我家在农村，幼年晚间读书，主要用的是油灯和蜡烛。那时抗战刚开始，学校停办，老师都已逃难离去，我家无力逃难，只好在家种地。农村的孩子年龄很小就要下地劳动的，我那时才小学五年级，也照样天天下地劳动，从早到晚，忙个不停。但我天性就喜欢读书，尽管父亲没有多少文化，两个哥哥和一个姐姐都是小学水平，但我却特爱读书，还喜欢画画写字，一直乐此不疲。

白天是没有时间读书的，只有晚间和清早，所以我的读书，一直是与蜡烛和油灯相伴的。夏天蚊子多，我就躲在帐子里，点上蜡烛读书，常常到深夜，有时祖母、母亲关心我，叫我早点睡，第二天地里活重，怕我受不了。但我一等她们嘱咐完走后，照样秉烛夜读，我的不少书，如《论语》、《孟子》、《古诗源》、《古文观止》、《唐诗三百首》等等，都是躲在帐子里在烛光下读完的。有时是早晨天未亮即起来点灯读书，那时我家有一座老屋，已破旧，据说还是太平天国时的房子，我的老祖母还见过太平军，老百姓唤他们叫“长毛”，一说起“长毛”，就会谈虎色变，我还亲自听过老祖母讲“长毛”的故事。我住的那间老屋，既破且漏，窗外有一丛枇杷树，每年结许多枇杷，另外还有一棵桂花树，长得非常高大，每到八月开花，全村都漾溢着桂香。所以小时候我很喜欢在楼上的破屋里读书。晚间，月光从桂树和枇杷树间透过来，不仅是树影婆娑，而且格外清幽，如再加上几阵秋声，如络纬声、蟋蟀声、蛙声，早起则常有好多种鸟鸣声，真是一片天籁。

我后来上了农村初中，当了小学教师，也都没有离开这座危楼的小屋，早晚读书，也仍旧是蜡烛相伴。后来书渐渐地读得多了，不但是读书，就是学写文章，学写字作画，也多半是烛光相助。以至于我养成了习惯，无论读书或写字作画，都是深夜和清晨。直到现在，我还是爱惜这两段时间，我后来写的一些文章和书，也都是在这个时间里写的，当然，后来条件变了，不是油灯和蜡烛了，而是电灯了。可前几天我在旧货市场看到几个用竹片和细竹竿做的油灯架子，一如齐白石笔下画的那样，同我一起去的朋友不认识，不知道是什么玩意儿，可我看了却格外亲切，如游旧梦，如归故乡小屋，真恨不得买一两架回去作为纪念，但最终还是被现实的风吹散了旧梦！

“何当共剪西窗烛，却话巴山夜雨时。”这是李商隐怀念家人亲友的诗。杜少陵则说：“夜阑更秉烛，相对如梦寐。”那是乱离中生还与家人团聚的悲喜写照。东坡又说：“寒灯相对记畴昔，夜雨何时听萧瑟。”这是怀念子由的诗。黄山谷则说：“桃李春风一杯酒，江湖夜雨十年灯。”这是怀念远隔关山的朋友的。读古人的许多诗词，无论是写作或思念亲友，都往往与蜡烛和油灯联系在一起。

我因一是从小时起就是在烛光下读书、写作而成长的；二是我的这些文章，虽然不再是烛光而是电灯光下写的了，但大半的文章都是怀念好友或和他们斟酌切磋过的，这一层深深的友情，都贯注在文章的字里行间。但不幸的是有好多位师长和朋友都已经作古了，对我来说也只是“寒灯相对记畴昔”了。所以我为这个集子取名为《剪烛集》，一则以念友人，怀念我们析疑问难、探讨学问的往日深情，一则以记往时小楼风屋秉烛读书、慈亲关怀的“畴昔”。

2001年6月26日夜

回忆郭沫若院长

我与郭老认识，是在 1961 年 5 月。那时郭老正在研究《再生缘》并加以校点，他找不到《再生缘》作者陈端生的资料，有一次在文章里说相信国内总有人掌握这方面的资料的。我看了他的文章就想起我从小就熟读的陈云贞的《寄外书》来。我小时候不知从哪里获得一个抄本。这个抄本的小楷好得不得了，凭我的直觉，我认为比当时流行的小楷帖如《星录小楷》，如《灵飞经》等都好，因此我一直以抄本《寄外书》作为我的小楷帖加以临摹，在临摹过程中，我反复读《寄外书》，觉得文章十分动人，久而久之，我竟能全文背诵。特别是书后的八首律诗，我至今还能背诵。这个抄本我一直带在身边，记得 1954 年我到北京时还带着它，但到郭老提到此事时，我却遍找不见了。但我熟悉《寄外书》的文字，也知道在别种本子里收有此信，所以我很容易地就找到了。当时我们单位的罗髫渔同志是郭老的老同事，我就写了一封长信交罗髫渔同志转交郭老，郭老收到我的信后，就立刻派人来找我。我恰好不在家，来人就留了字条，要我到郭老住处去。我回来见到字条后，立即就去看郭老，恰好又碰上他会见德国友人，我就告诉传达室的同志我先回去了。郭老知道后，立即叫他的秘书留我，说他的会见马上就结束了，叫我不要走。果然不到几分钟，郭老就送客出来，见到了我就同我一起到他的书房，讨论起《再生缘》的作者陈端生即陈云贞的身世来了。那次谈的时间比较长，反复论证的是陈云贞是否就是陈端生，我当时觉得证据不足，郭老觉得可以确认无疑，临别郭老谢谢我为他提供的重要资料，还送我一本他刚出的《文史论集》。他在书上写了“其庸同志指正”，我说郭老是史学前辈权威，“指正”我不敢当。他说：“在学问上不存在前辈和后辈，谁说得对就要尊重谁。”说罢一直把我送了出来。

这次会见，给我突出的印象是郭老平易近人，一点也没有架子，尽管我说的意见是怀疑他的考证，但他仍然耐心倾听，并反复为我申述他的见解，简直就像对平时的熟人一样。

更想不到的是自此以后，郭老就不断给我来信，有一次来信说：我刚从飞机上下来，已写了一篇文章，是驳××的（名字我想不起来了——庸），很快就发表，请你看看有什么意见（原信已失，大意如此）。还有一次，他写给我一封长信，有好多页，字特别漂亮。他写给我的信，我一直都保存得好好的，但“文化大革命”中，红卫兵抄家，竟将这些信统统抄走了，只留下一个信封和一纸短信，现在连这点劫余也找不到了。

前些时候，天津的魏子晨同志却忽然来信告诉我，他在天津发现了郭老给我的一批信，并且可以帮我复印回来，这当然使我喜出望外了。果然过了些时候，他就把复印件寄来了，一共五页，其中一页是信封，其他四页是四封信。我看到这些信时，又是高兴，又是感慨，想不到在隔了35年后，这些信件居然还能重见。我不仅要感谢魏子晨同志，还要感谢保存者，他不仅保存完好，还同意让复印，真是欢喜无量。这些信当然是研究郭老的重要资料，尽管仍不全，特别是那封长信不见了，还有我上文复述的那封信也不见了，但一下能重见四封信，也够幸运的了。为了便于别人研究，现在就依次抄录在下面：

第一封信是：

冯其庸同志：

您的长信我昨晚返（反）复读了两遍。陈云贞的《寄外书》又提供出了新的资料，谢谢您的帮助。

关于范荄遇赦之年恐怕还要推迟。在1790年乾隆八十岁时大赦后，在1795年乾隆禅位给嘉庆时又有过一次大赦。范荄遇赦当在后一次。陈端生则活到四十五、六岁了。

因有事在手，容缓再仔细研究。

《评点女子古文观止》能假我一阅否？（仍请寄我一阅）

敬礼！

郭沫若

一九六一．五．十．

在信中写到陈云贞的《寄外书》时，在旁边又加了两竖行："此信又见《香艳丛书》第十一集，较《女子古文观止》所录更详。可知后书系节录。沫若又及"。

第二封信是：

冯其庸同志：

惠借的两种书奉还。

经过研究的结果，我所得出的结论是：陈云贞《寄外诗》是真的，《寄外书》是假的。将有文在报上发表。

此致

敬礼！

郭沫若

一九六一．六．廿〇．

第三封信是：

冯其庸同志：

谢谢您送来的《铜琶金缕》。我已经看过了，送还您。文章已在光明日报上发表，想已见到，愿听听同志们的意见。

敬礼！

郭沫若

七．一．

第四封信是：

冯其庸同志：

大作看了一遍，奉还。

我的《有关陈端生的二三事》已经写好了。发现了白坚先生的出奇的错误。不久当可见报。

敬礼！

郭沫若

九．廿七．

以上是郭老给我的四封信，我希望还有几封信如还在的话，能把复印件给我，这就非常感谢了。

在“文革”中，我校有同志去看郭老，郭老竟然还关心我，问我的情况，并嘱问候我。那时我正在挨批斗，罪名是写了不少“大毒草”文章。当时我心中非常清楚，就在心头默默地写了两首诗，记在心里，诗云：

千古文章定有知。乌台今日已无诗。
何妨海角天涯去，看尽惊涛起落时。

漫天风雨读楚辞。正是众芳摇落时。
晚节莫嫌黄菊瘦，天南尚有故人思。

“文革”以后，到1975年左右，我为了要弄清郑州博物馆藏所谓的“曹雪芹小像”的真伪，就写信给郭老，问他的意见。他很快回信说，对这个小像“我也是怀疑派”。此信全文已收录在拙著《梦边集》里，我目前手头无此书，不能全引。

后来，郭老又写文章否定王羲之《兰亭序》是真迹，坚持说王羲之的字应如南京出土的王兴之、王丹虎的墓志那样是方笔，当时我非常不同意，并请友人吴君转告郭老。吴君说其中另有原因，你就不要管了。但我当时是非常同意高二适先生的看法的。后来我间接地获交高老，高老还题一首诗书写后赠我。又过几年，高老病重去世前，还让他的亲属将他另一首诗的诗稿交给我，让我保存。

现在郭、高两公都已经去世多年了，郭老对陈端生即陈云贞的考证看来是对的，但对《兰亭序》的真伪的看法，则应该说高二适先生是正确的，尽管高先生当时处于论辩的弱方，但真理是不依地位的高低和权势的强弱为转移的，《兰亭序》真伪之辩的意义实在是很深长的！

因为郭老旧信的发现，忽然思绪纷纷，往事如云如烟，涌向心头，信笔书之，亦当山阳笛吹！

1996年11月26日夜1时于瓜饭楼

忆王昆仑乡前辈

——永远芬芳的红学奇葩

前些天，王金陵同志来电话，要我为她父亲王昆仑老先生的《红楼梦人物论》重版写篇序。王昆老是我的乡前辈，也是红学前辈，“文革”前和“文革”后我曾多次去看望他，乡音犹存，别有情味。但那时我还未研究《红楼梦》，所以话题都是家乡的事。王金陵同志是我人民大学的老同事，我们一起经历了惊天骇地的“文化大革命”，一起挨批斗，一起关牛棚，我们还暗递过信息。那时我们完全被隔绝了，根本不知道外边的世界。有一次，我从张自忠路住处到西郊人大，路经平安里，看到南墙上贴的大字报，赫然说“冯牧畏罪自杀”。我看了大吃一惊，心怦怦地跳，也不敢去问别人，到了西郊，恰好王金陵来了，又恰好看管我们的人一时走开了，我连忙问：“看到平安里的大字报没有？”王金陵马上悄悄地说：“不要信他，全是造谣，冯牧好好的，放心吧！”这一下总算让我放下了一块石头。

也是在牛棚里，我知道王昆老因为研究《红楼梦》，调查曹雪芹的家世、坟墓而被批斗，并被关进了监狱。至今我还保存着一张批斗王昆老的小报叫“风雷激”，整整一版，全是王昆老研究《红楼梦》的“罪状”。我有意保留了这一份资料，现在时隔30多年，连这张小报也将成为文物了。回首往事，真是不胜感慨。

就凭着这些，要我写篇序，也已经无可推托了，更何况我还是1948年初此书在上海首版时的第一批读者之一。那时我在上海无锡国专读书，学校里开了一门“红楼梦研究”的课，老师是刘诗荪先生，这是一门选修课。刘老师讲课十分随便，去听也可以，不听也可以，只要学期终了交一篇文章就可以得到学分。那时我醉心于词，除宋词外，正在研究太平天国时期的词人蒋鹿潭，天天准时到顾廷龙先生的合众图书馆去看资料，所以刘先生的课基本上没有听，就靠读王昆老的这本书。那时书的署名是“太愚”，也不知道是何许人。但读这本书是很有味道的，虽然如此，实际上我那时太年轻（二十多岁），读书太少，根本理解不了这本书的深刻的分析和精到的见解，只是囫囵吞枣，然后就参照书中的意思，勉强凑成一篇文章交卷换学分而已。但王昆老的这本书我却一直珍藏着，我到北京，也没有忘记带着它，可惜50年代批判胡适、俞平伯先生的时候，不知哪一位将这本书借去了没有还来，致使我失去了这本珍贵的初版书。

这本书虽然叫《红楼梦人物论》，但实际的论述，何止是人物？王昆老是从总体透视了这部书才着手写《人物论》的，因此，他在《人物论》里常常表现出对《红楼梦》的总体的认识。他说：

满清入关以后，一方面以异族的封建统治镇压汉民族的民族斗争，同时也摧残着明代以来的资本主义的幼苗。可是汉民族反异族统治的斗争，农民反地主阶级的斗争，工商业者对生产力解放的要求，有进步意识的知识分子、城市居民对个性解放、生活自由思想的发展，毕竟是无法消灭的。特别是当时比

较经济繁荣、文化昌盛的长江下游，极其显著的表现了这一特征。（代序）

又说：

> 就《红楼梦》的全书思想来看，应该说是代表了具有自由思想的知识分子、新生的青年男女不满现实制度要求改变现状的精神。这些人物斗争的集中点，是反对传统的礼教束缚。作者从自己的生活感受接受了时代思想的影响，写出以反抗为主的人物和故事，批判了封建统治集团的腐败与无能。（代序）

这两段话是1955年6月写的，比《人物论》出书晚了六七年，但距离现在也已整整50年了。这两段话之所以重要，一是它指出了时代背景中的资本主义萌芽，指出了个性解放和自由思想的发展。这恰好是理解《红楼梦》的关键，是理解《红楼梦》的基石。由此可以得知，王昆老的所有的分析和论述，是以这为前提的。我认为这是十分正确的，然而这一思想，他在40年代写《人物论》的时候早就这样认识了，并不是到了1955年才有这样的认识的，这也可以看出王昆老识力之高，认识之早。

二是它指出了全书思想是代表了具有自由思想的知识分子不满现实、要求改变现状的精神，它的斗争的集中点，是反对传统的礼教束缚。作者是接受了时代思想的影响。这里的重点，除了自由思想外，就是反传统、反礼教和时代思想的影响。反传统是一个很宽广的概念，封建礼教也是传统的一个重要组成部分，实际上当时反传统的最主要的内涵，就是反对程朱理学，也包括反对封建礼教，其重点是封建礼教对妇女的迫害。据我个人近几年的研究，曹雪芹反传统的主要内涵，是三个方面的批判：一是政治的批判；二是思想的批判；三是社会的批判。[①]思想的批判，就是反对程朱理学，反对封建礼教对妇女的残害。曹雪芹与时代思想的关系，主要是与当时国内思想界批判程朱思潮的合流。自清初到康、雍、乾时代，国内思想界如顾炎武、黄宗羲、王船山、颜元、唐甄、戴震、袁枚等思想家，一直在坚持着对程朱理学的批判，对封建帝王的王权思想的批判，批判是很强烈的，如唐甄说："自秦以来，凡为帝王者皆贼也。"[②] 对封建礼教的批判，戴震说："酷吏以法杀人，后儒以理杀人。"[③] 曹雪芹在《红楼梦》里，用巧妙的手法，写出了"成则王侯败则贼"，写出了四大家族互相勾结，一荣俱荣，一损俱损，写出了官吏们的贪赃枉法，草菅人命，这实际上是尖锐的政治批判。贾宝玉拒绝走仕途经济的道路，说圣人的书，除"明明德"外皆是杜撰，这明显地是批判程朱理学是杜撰，是曲解圣人之意。曹雪芹还明确地批判八股科举，他让贾宝玉反对读书，反对走仕途经济、升官发财的道路，也就是反对八股科举制度。这也是当时进步思想界的共同批判课题。所以王昆老早在40年代就指出了作者的这种先进思想，指出了他与时代进步思潮的合流，这确是一种远见卓识。

王昆老的《人物论》，不仅对所论人物精到准确，而且是举一得三，往往在一个人物论里，就纵横排比，涉及到不少人物，这说明他是全局在胸，然后才下笔分别作特写的。如他说：

> 《红楼梦》是中国古代最能理解妇女悲剧的书；也再没有谁能和作者曹雪芹一样，创造出那么多的妇女典型。在形形色色的女性中，作者把她们分成两大类：一种是居于当权地位的

---

① 见拙作《伟大作家曹雪芹逝世二百四十周年祭》，载《红楼梦学刊》2003年第4期。

② 唐甄《潜书·室语》。

③ 戴震《孟子字义疏证·与某书》。

人物，如贾母、王夫人、王熙凤等。而作为恋爱故事中主要人物之一的薛宝钗也是这一类中正统思想的现实的功利主义者。另一种是正和他们相对立的人物，以林黛玉为主以及晴雯、司棋、龄官、芳官、尤三姐等人。他们是和现实环境对立、反抗统治力量、要求个性解放的。

作者把令人眼花缭乱的《红楼梦》里的女性人物世界，一下就给读者区分出她们的界线来了。作者又说：

他以艰苦沉重的心情写黛玉，以郑重深曲的笔墨写宝钗，以酣畅活泼的情调写凤姐。作者又根据社会真实看出处于高贵地位、富于文化教养的小姐中，有黛玉、宝钗两种对立性格，在出身下层、受人奴役的丫鬟中，也存在着晴雯和袭人两种立场、两种性格的代表人物。

在这里，作者又用更精细的笔墨为读者指出，曹雪芹的笔墨是随人而异的，正是作者在宏观上作了这样细密的观察，所以在作个人的论析评断时，才会鞭辟入里，出人意外，发人深思。例如他评薛宝钗、林黛玉说：

（宝钗）的容貌、品德、才智，不但处处可以与黛玉为敌，而且她取得被环境所推崇喜悦的地位，成为中国封建时代最美满的女性。只有这样，才能反映出宝玉黛玉的反时代性之顽强，使人理解到正统风格以外，还有更优越的灵魂存在。

……

黛玉的博览诗书，只为了满足文艺兴趣，发挥性灵；于是

> 醉心于《西厢记》、《牡丹亭》这种浪漫传奇。那“学以致用”的宝钗对于求知就有个一定的规范，他不但认为那些“杂书移了性情，就不可救了”，甚至于说“咱们女孩儿家不认字的倒好”。
>
> ……
>
> 商业世家无形中赋予了宝钗以计较利害的性格，善于把握现实利益的人必须能控制自己的感情；她永远以平静的态度、精细的方法处理着一切。宝钗是《红楼梦》所有人物中第一个生活技术家。
>
> ……
>
> 黛玉所要的是宝玉的感情，宝钗所要的却是宝玉夫人的地位。
>
> ……
>
> 不需要恋爱只需要婚姻的宝钗。
>
> ……
>
> 宝钗在做人，黛玉在做诗；宝钗在解决婚姻，黛玉在进行恋爱；宝钗把握着现实，黛玉沉湎于意境；宝钗有计划地适应社会法则，黛玉任自然地表现自己的性灵。

这本书里像这样精辟的段落太多了，我不能把全书都抄在这篇序言里！虽然这些话都是上个世纪的40年代写下来的，但现在读起来仍然感到十分新鲜，而且有多深的内涵、多重的分量啊！对《红楼梦》能作如此深刻透辟的理解，我认为王昆老是极少数人中的一个。我可以说只要《红楼梦》存在，就需要这本《人物论》的存在，读者需要解读《红楼梦》，至少是解读《红楼梦》里的爱情、婚姻、妇女问题，这也是《红楼梦》最主要的方面，读者是不能没有这部书的。

在我的故乡太湖风景区的鼋头渚最高处，至今还保留着一幢“七十二峰山馆”，这是王昆老的旧居，有好多次重要的地下工作会议也是在这里开的，虽然他后来不住这里了，但新中国成立后，陈丕显、陈毅还曾去过，邓颖超还关心过这幢房子；我几次到鼋头渚去，总要去看看这所房子，作为对乡贤的仰慕。我现在忽发奇想，想建议再为这所房子增加一个名字，叫做“解梦山馆”，以纪念王昆老对红学的重大贡献。我希望得到金陵的理解，我想这是十分值得的，因为《红楼梦》是一部奇书，解《红楼梦》实在不容易啊！

2003 年 10 月 31 日

旷世奇人张伯驹

——丛碧老人诞辰一百一十周年纪念

张伯驹先生离开我们已经整整22年了，文化界凡知道张伯驹的人都在怀念他，怀念这一位旷世奇人。张先生家乡的人更是怀念他，明年是张先生一百一十周岁，张老家乡项城准备出版《张伯驹先生追思集》以资纪念，嘱我写序。我拜识张老，已是张老的晚年，时间是在上世纪70年代初，所以我与张老是最后十年的交往。

那时我在中国艺术研究院工作，院址即在前海西街，我下班从柳荫街走，可以过张老的门口，张老住在后海沿海，所以我经常可以顺道即去看望他，有时张老有事，就叫一位女孩给我送信，所以回想起这十年，实在是非常珍贵、值得怀念的十年。

一

大家知道，张老是一位旷世奇才，他于书画琴棋无所不通，无所不精。而且还精于戏曲，于京昆两途，可谓当行出色。

令人最不能忘的是他的书画收藏。启功先生说他是“前无古人，后无来者，天下民间收藏第一人”。这是最确切的评断。试看他无偿捐献给故宫的书画，有：

一、晋陆机《平复帖》

这是中国历史上第一件文人手迹，作于晋武帝初年，早于右军《兰亭》约百余年，是中国书法由隶变草之始。卷首有宋徽宗金字题签。曾经唐代殷浩、梁秀、宋代李玮等人收藏，后入宣和内府。

二、隋展子虔《游春图》

此是中国山水画最早期的作品。此幅前有宋徽宗题签，宣和内府所藏。①

三、唐李白《上阳台帖》

前有宋徽宗赵佶题签，卷后还有宋徽宗、元张晏、杜本等人跋，亦宣和内府所藏。大家知道，李白是中国诗歌史上伟大的浪漫主义诗人，他的墨迹也是希世之宝。

四、唐杜牧《张好好诗》

杜牧也是唐代的大诗人，他的墨迹也仅此一卷，前有宋徽宗题签，亦是宣和内府旧藏。

五、宋徽宗《雪江归棹图》

前有宋徽宗瘦金书题签，后有“宣和殿御制，天下一人”朱文押。

……

张伯驹先生捐赠给故宫博物院和吉林省博物馆的还有很多，不能一一列举，具见《张伯驹潘素捐献收藏书画集》（紫禁城出版社），共27件。这27件，特别是我上举的几件，每一件都是无价之宝，尤其是张伯驹先生在集藏这许多书画珍宝的过程中，历尽艰难，变卖房屋还是小事，还经历了绑票与险被撕票的凶险，但当此生死关头，张伯老竟置自

---

① 此卷由张老让给国家文物局，由文物局交故宫收藏。

己的生死于度外，反而嘱咐潘夫人：宁死魔窟，决不许变卖所藏古代书画赎身！这是两句铁骨铮铮、掷地有声的话。我每次读到这两句话，总觉如读《正气歌》，一种大义凛然、豪气贯空、不向邪恶势力低头的浩然正气令人肃然起敬，然而，张伯老用自己性命保护下来的这批国宝，解放以后，他却无偿地捐献给了国家，正是“分手脱相赠，平生一片心”。这又是一种什么样的境界！对于邪恶势力，寸步不让，一丝一毫也不给，对于自己的祖国，虽连城之宝，也可以脱手相赠，毫不介怀，这样的浩然胸襟，这样的大气磅礴，这样的大手笔、大气魄，求之古往今来的大藏家，能有第二人么？我深深感到张伯老境界之高，胸襟之洒脱不凡，襟期之磊落光明，举世无第二人，正是“素月分辉，明河共影，表里俱澄澈”。遗憾的是张伯老以如此坦荡磊落的胸襟，为祖国的文化事业作出了如此无可估量的奉献，到头来，却给他一顶“右派”的帽子。当陈毅副总理关心张伯老，问起此事时，张伯老回答说：“我老老实实地说：此事太出我意料，受些教育，未尝不可，但总不能那样超脱，做到无动于衷。在清醒的时候也能告诫自己：国家太大，人多，个人受点委屈不仅难免，也算不了什么，自己看古画也有过差错，为什么不许别人错送我一顶帽子呢？……我只盼望祖国真正富强起来！”我读到这段话，总禁不住潸然落泪。一个受了如此之大的冤枉打击的人，却还在为别人解释，还念念不忘祖国的富强。鲁迅说：“我以我血荐轩辕”，这句话正好是张伯老崇高爱国精神的真实写照。但是他哪里知道，他这顶帽子，哪里是党和祖国错给他的，这是大奸大恶的康生想攫取他的国宝，他坚决不允，并托周总理去索回，以致后来康生趁“反右”之机，指令他的单位把他划成“右派”！这真是活生生的一出现代的《一捧雪》。但当时的张伯老哪里会知道这些阴贼的勾当呢？难得陈毅同志在听了张伯老上面这段话后说：“你这样说，我代表党谢谢你了。你把一生所收藏的珍贵文物都献给国家，怎么会反党呢？……我通知你们单位，把结论改成拥护社会主义，拥护毛主席，拥护共产党。”这才是真正共产党的声音，国家的声音，总算当时张伯老亲耳听到了这几句金声玉振的话，也勉可稍慰他一颗饱受沧桑破碎的心了。现在我们可以告慰伯老在天之灵的是我们伟大的祖国真正富强起来了，我们的嫦娥卫星胜利地到达月球了，欧洲不少国家的民意测验也把我们伟大祖国列为世界第二强国了，我谨以这一消息，并香花醴酒，敬献于伯老和潘夫人在天之灵！

张伯老的书画收藏，还有一个与别的藏家不同之处，他本身就是第一流的书画鉴定家，他眼光锐利，识力之高，为此行之翘楚，他著有《丛碧书画录》，现引录数则，以见他识见之高：

西晋　陆机　平复帖　卷

是帖作于西晋武帝初年，早于右军兰亭约百余岁，证以西陲汉简，是由隶变草之初，故文不尽识。卷首有宋徽宗金字标签。自《宣和书谱》备见著录。入乾隆丁酉，孝圣宪皇后赐予成亲王，后归恭亲王邸，为世传，无疑晋迹。金丝织锦，虾须倭帘犹在。宋缂丝仙山楼阁包首已无存。

隋　展子虔　游春图　卷

绢本，青绿设色。是卷自宣和以迄南宋元明清，流传有绪，证以敦煌石室，六朝壁画山水，与是卷画法相同，只以卷绢与墙壁用笔傅色有粗细之分。《墨缘汇观》亦谓山峦树石空勾无皴始开唐法，合以卷内人物画法皆如六朝之俑，更可断为隋画无疑。按中国山水画，自东晋过江，中原士大夫见江山之美，抒写其情绪而作。又见佛像画背景自以青绿为始。一为梁张僧繇没骨法传自印度。是卷则上承晋顾恺之，下启唐大李将军，为中国本来青绿山水画法也。

唐　李白　上阳台帖　卷

太白墨迹世所罕见。《宣和书谱》载有《乘兴踏月》一帖，此卷后有瘦金书，未必为徽宗书。予曾见太白摩崖字，与是帖笔势同。以时代论，墨色笔法非宋人所能拟。《墨缘汇观》断为真迹，或亦有据。按《绛帖》有太白书，一望而知为伪迹，不如是卷之笔意高古。另宋缂丝兰花包首亦极精美。

略举以上三则，亦足可见伯老识见之精，第一则论《平复帖》以西陲汉简相比，指出是书法史上由隶变草之初，可谓一语破的。第二则论《游春图》，证以敦煌画六朝山水，更以六朝俑证以卷内人物画法，尤见识见精到。第三则论《上阳台》，以所见李白摩崖笔势，墨色笔法大体作了肯定，更以《绛帖》伪书作为反衬，更加重了此帖是真的分量。但中间说“《墨缘汇观》断为真迹，或亦有据”。著一“或”字，则可见此帖虽大体看来是真，终因旁证不足，不能绝对定谳，著一“或”字，仍留有余地。①

即以此数段著录，可见伯老鉴定古字画识见之精之高，文字之精而且要，用字之分寸丝毫不爽。证之当世之收藏家，几人能有此功力！

特别是伯老《丛碧书画录序》，文短而精，可比精金美玉，不可不引录：

东坡为王驸马晋卿作宝绘堂序，以烟云过眼喻之。然虽烟云过眼，而烟云固是郁于胸中也。予生逢离乱，恨少读书，三十以后嗜书画成癖，见名迹巨制虽节用举债犹事收蓄，人或有

① 启功先生有论《李白〈上阳台帖〉墨迹》，定为真迹。见《张伯驹潘素捐献收藏书画集》，紫禁城出版社 1998 年版。

訾笑焉，不悔。多年所聚，蔚然可观。每于明窗净几展卷自怡。退藏天地之大于咫尺之间，应接人物之盛于晷刻之内，陶熔气质，洗涤心胸，是烟云已与我相合矣。高士奇有云：“世人嗜好，法书名画，至竭资力以事收蓄，与决性命以饕富贵，纵嗜欲以戕生者何异。”鄙哉，斯言直市侩耳。不同于予之烟云过眼观，矧今与昔异，自鼎革以还，内府散失，转辗多入外邦，自宝其宝，犹不及麝脐翟尾，良可慨已。予之烟云过眼所获已多。故予所收蓄不必终予身为予有，但使永存吾土，世传有绪，是则予为是录之所愿也。

岁壬申中州张伯驹

请看这不足三百字的短序，其含意有多深！一是收录书画要“陶熔气质，洗涤心胸”，使自己的胸襟与烟云相合。这一点，伯老讲得多么精警！我以往教书，常常教导诸生读书首先是改变自己的气质，使自己的见解、志向、学识从不高到高，从不能到能，总之，我认为读书首先是改造自己，不要以为“改造”两字是坏字眼，要善于用在自己身上，是非常好的字眼，只有恶意地对待别人而用这个字眼，才具有不好的含意。不意我的这层意思，伯老早已讲在前头了。这篇序的第二个耀眼之点，就是“予所收蓄不必终予身为予有，但使永存吾土，世传有绪”。这样的思想可说是光芒万丈的思想。大家知道，收藏家的一个共同点是“子子孙孙永宝之”，从古到今是如此，过去人说“烟云过眼”是说自己不可能永远保住它，终要流入别人手里的，所以只是“烟云过眼”，并不是说因为只是“烟云过眼”，就自觉地无偿地去捐赠给国家。当然历史上也有过类似的事情，但也不可能如此之重和如此之多。读了这段话，我们才能十分透彻地看到伯老冰清玉洁的高尚情怀。也更可以看出，伯老之作为收藏家，与历史上的和当今的收藏家胸次境界的区别。

二

伯老毕生第二个重点是他的填词。王国维说："词人者，不失其赤子之心者也。……故后主之词，天真之词也。他人，人工之词也。""不失其赤子之心"一语，真是说到了伯老的关键处。伯老出身于贵胄公子，从军不成，从商又不成，却全身心投入了文学和艺术。人们常说，顾虎头痴绝，又说米颠痴绝，到了《红楼梦》里的贾宝玉，人们又称他"痴公子"，也有说他"似傻如狂"的，什么叫"痴"，用李卓吾的话来解释，就是"绝假纯真"。也就是说张伯老是一个无半丝虚伪造作，是一个纯而又纯的真人。只要想想别人用阴贼的手段把他打成"右派"的时候，他想的却是国家大，人多，难免有搞错。这是何等的善良天真啊！他胸中无半点机心，也就想不到别人会有坏心。当他把自己用家产、性命换来的国宝统统无偿捐献给国家时，别人说他"傻"，他却心安理得地说："予所收蓄不必终予身为予有。"这就是王国维说的"不失其赤子之心"，也就是李卓吾说的"绝假纯真"的"真人"。读张伯老的词，首先必须了解这一至关重要的一点。

伯老从三十岁开始作词，先后有《丛碧词》、《春游词》、《秦游词》、《雾中词》、《无名词》、《续断词》各集，到八十五岁临终前还填了一首《鹧鸪天》，所以实际上，从三十岁以后他从未停止过他的词笔，五十余年间，作词数千首，最后由他亲自删定的《张伯驹词集》尚存千余首，实为精华所存。

从伯老删定的词集来看，伯老的词，出入于五代两宋，而以清真、梦窗、白石的影响较多，其他各家，如李后主、晏小山、秦少游、周草窗、贺方回、史梅溪、柳永、苏东坡、黄山谷也都有沁润。

张伯老的《丛碧词》，起于三十岁（1927 年），止于五十三岁（1950 年），历时 23 年，是他的前期之作。但从他集中的第一首《八声甘州》（三十自述），已可以看出他出手不凡，气势开张，而另一首《八声甘州》则更能反映出他前期诗酒豪纵、裘马清狂的生活。词云：

> 忆长安春夜骋豪游，走马拥貂裘。指银瓶索酒，当筵看剑，往事悠悠。三月莺花已倦，一梦觉扬州。襟上啼痕在，犹滞清愁。　　又是登临怀感，听数声渔笛，落雁汀州。看残烟堆叶，零乱不胜秋。碧天长，白云无际，盼归期、帆影送轻鸥。倚阑处、才斜阳去，月又当楼。

《丛碧词》既是展现他的少年才华，也是展现他少年功力的集子，集中多依韵之作，其中尤以和周清真、吴梦窗、姜白石之词为多，而这三家都是词史上最重音律者。周清真主大晟乐府，于词律更有精研，他的《兰陵王》词是格律派的代表作。宋人毛幵《樵隐笔录》说："绍兴初，都下盛行周清真咏柳《兰陵王慢》，西楼南瓦皆歌之，谓之'渭城三迭'，以周词凡三换头，至末段声尤激越，唯教坊老笛师能倚之以节歌者。"这首词，末句连用六个仄声字，更需功力。而张伯老竟有《兰陵王》"金陵客中，依清真韵"之作。词云：

> 晚烟直。春草无人自碧。吴门外，官道夕阳，怕见青青柳丝色。红尘望故国。谁识？飘零归客。来时路，天外片帆，不尽江流泪千尺。　　萍踪问前迹。又酒剩空尊，花落残席。小楼夜雨过寒食。忆十里迢递，几番寒暖，亭长亭短又一驿。念家在天北。　　悲恻。恨凝积。叹客意阑珊，归梦沉寂。芳春有

尽愁无极。听卖杏深巷，唤饧长笛。寒宵孤枕，更漏断，似泪滴。

这首词，不仅是用周清真原韵，而且是次韵，即依清真原词的韵次，逐句逐韵填押，用韵的次序丝毫不乱。而词作本身，依然一气呵成，天然浑成，无丝毫勉强凑韵之感，这可见他的才气大功力深。这首词凡字旁加重点处，即是押韵处，读者可与周清真原词对读检核，即可见予言不谬。大家知道，苏东坡的《水龙吟》“次韵章质夫杨花词”是一首咏柳絮的千古绝唱，南宋张炎《词源》说：“词不宜强和人韵，若倡者之曲韵宽平，庶可赓歌，倘韵险，又为人所先，则必牵强赓和。句意安能融贯，徒费苦思，未见全章妥溜者。东坡次章质夫杨花《水龙吟》韵，机锋相摩，起句便合，让东坡出一头地。后片愈出愈奇，真是压倒今古。”东坡的和词已经把章质夫的原唱压倒，如今要再和此词，则同一个韵脚，已有两句在先，而且东坡已“压倒今古”，后人确是难乎其难了。但是张伯老不仅和了，而且一和再和，都是用“章质夫、苏东坡唱和韵”，这需要多么大的才气和功力？但是伯老对唐宋诸家的次韵和词，并不仅仅上举几首，在《丛碧词》里可以举出好多，特别是他还专挑古人的名作来次韵唱和，例如他唱和姜白石的《扬州慢》、《淡黄柳》、《惜红衣》、《角招》、《征招》、《暗香》、《疏影》、《琵琶仙》等等，和吴梦窗的《双双燕》、《秋思》、《新燕过妆楼》、《西子妆》、《拜星月慢》、《玉京谣》、《莺啼序》、《夜合花》、《金缕曲》等等，和周清真的《尉迟杯》、《兰陵王》、《西河》、《浪淘沙慢》、《绕佛阁》、《花犯》、《踏青游》、《庆宫春》等等，和秦观的《鹊桥仙》（连和三首），和周草窗的《瑶华》、《一枝春》、《醉花魂》，和柳永的《八声甘州》，和贺方回的《青玉案》等等。这足见伯老的早期，是有意用这种方式来训练自己、考验自己的。

从以上这些和词来看，伯老的词，确是地道的词人之词，是承唐五代及两宋格律派词人的传统，这就显得需要功力和才气。写到这里，我实在不能不再引一组《浣溪沙》咏秋（共六首），看看伯老小词的风致。

浣溪沙

秋意

黯淡云山展画叉。笛声楼外雁行斜。镜中容易换年华。　庭际渐衰书带草，墙阴初放玉簪花。西风昨夜梦还家。

前　调

秋梦

砧杵声声万里思。西堂虫语沸如丝。轻随落叶只灯知。　偏是乡遥嫌夜短，多因醒早恨眠迟。刀环盼寄总成痴。

前　调

秋心

孤客沉吟意暗伤。春人憔悴况冬郎。客中偏是觉秋长。　碎绿蕉声摇夜雨，怨红草色送斜阳。眼前愁绪太凄凉。

前　调

秋声

听到无声更可怜。长宵未许教人眠。客魂销尽一灯前。　风柝怕惊愁里梦，霜钟欲破定中禅。开门只见月当天。

前　调

秋影

霜鬓萧萧独倚栏。帘波掩映夕阳前。西风相对总无言。　一夜桐飘穿月破，数行雁过印江寒。画桡不点镜中天。

前　调

秋痕

新月掐成爪样钱。海棠欲湿泪阑干。眉峰暗锁小屏闲。　凋碧欲迷烟外路，残青难画雨中山。看来都在有无间。

请看这些短调小令，多有风致，其意境都在五代宋初之间，置之古人集中，何用多让！

通过以上这些介绍，我们基本可以看到作为一位杰出词人的张伯老，他在早期所用的功力和所呈现的才华、气质和境界了。论气质和境界，我认为只有后主、小山、道君、纳兰、梁汾可以气脉相通，但伯老毕竟有自身的经历和特点，所以他在以上诸人之外，还深受格律派词人的熏陶，因此他还有许多依韵之作。所以伯老者，不失其词人之真而又苦经锤炼者也。

伯老的《春游词》始自辛丑（1961 年），止于乙巳（1965 年），这是他中期的词作，这已是他在饱受摧残打击，生活上又迭起波折，直到流居塞外之作。他有一篇序言，对了解这一段的词极有裨益，序说：

余昔因隋展子虔《游春图》，自号“春游主人”，集词友

> 结“展春词社”。晚岁于役长春，更作《春游琐谈》、《春游词》，乃知余一生半在春游中，何巧合耶！词人先我而来者，有道君皇帝、吴汉槎。穷边绝塞，地有山川，时无春夏，恨士流人，易生离别之思，友情之感，亦有助于词境。彼者或生还，或死而未归，余则无可无不可。沧桑陵谷，世换而境迁，情同而事异。人生如梦，大地皆春，人人皆在梦中，皆在游中，无分尔我，何问主客。以是为词，随其自然而已。万物逆旅，尽作如是观。

这篇《序》，写得多么漂亮，可作晚明小品看，但细味，实伤心人语也。他说，他得了展子虔的《游春图》，遂自号“春游主人”，又结“展春词社”，后来又到了长春，又写了《春游琐谈》、《春游词》，总之，一生离不开一个“春”字，然后又说到词人中先他而来的有宋徽宗，有吴汉槎，有的生还（吴汉槎），有的未归（宋徽宗），他自己是无可无不可。实际上上面这些淡淡的话，却蕴含着多少伤心和凄楚，一直说到道君皇帝和吴汉槎之来北国。但道君是被俘，吴汉槎是被戍。伯老以此自拟，则其心底之苦可知矣。道君说：“易得凋零，更多少无情风雨?”“凭寄离恨重重，这双燕何曾，会人言语。天遥地远，万水千山，知他故宫何处？怎不思量。除梦里有时曾去。无据，和梦也新来不做。”顾贞观寄吴汉槎的《金缕曲》说：“魑魅搏人应见惯，总输他覆雨翻云手。冰与雪，周旋久。”这些话，不也就是伯老心底里的话么？当然这里说的只是比喻，不是说一定是原话。但转过来说，有哪一个词家没有熟读这几首词呢？只要不死板拘泥地理解，又有哪一句不切合伯老的身世遭遇呢？伯老不是自己也在《风入松》“题贯华阁图，阁在无锡，祀顾梁汾、纳兰容若”里说“生死交情金缕曲，飘零涕泪玉关情，词人风义至今倾”吗？总之当时伯老之远赴北国，虽有友人宋振庭之邀，实为万不得已之事，不然何以会把自己与宋徽宗、吴汉槎相比，所以《春游词》

实是叙他身世之悲的重要之作。因此词集开头第一组《浣溪沙》四首，就是咏出塞之作，词云：

浣 溪 沙

将有鸡塞之行，题秋风别意图

野草闲花半夕阳。旧时人散郁金堂。如今只剩燕双双。　明月仍留桃叶渡，春风不过牡丹江。夜来有梦怕还乡。

马后马前判暖寒。一重关似百重关。雪花飞不到长安。　极目塞榆连渤海，回头亭杏望燕山。归心争羡雁先还。

自把金尊劝酒频。骊歌一曲镇销魂。回思万事乱纷纷。　镜里相看仍故我，人间那信有长春。柳绵如雪对朝云。

时盼南云到雁鸿。还将离恨寄重重。孟婆何日转东风。　万里边关鸡塞远，百年世事蜃楼空。天涯人影月明中。

“旧时人散郁金堂。如今只剩燕双双。”“春风不过牡丹江。夜来有梦怕还乡。”“时盼南云到雁鸿。还将离恨寄重重。”这四首词，词意黯淡惨伤，足见他出关时之心情。《玉楼春》说：“垂杨绿遍伤心树，都是前游曾到处，当时争自识生张，今日何人怜小杜。”末两句人情冷暖之况，昭然可见。所以他在同调下一首词里说：“机心常懔人言畏，世路如登鬼见愁。”他真正体会到了世路的坎坷了。辛丑除夕，难得回北京一次度岁，有《定风波》词云：

> 辽海归来雪满身。相逢容易倍相亲。灯外镜中仍故我，炉火，夜阑灰尽酒犹温。　　明岁天涯应更远，肠断，春来不是故园春。几点寒梅还倚傍，才放，也难留住出关人。

北京已没有他的家了，所以“春来不是故园春”了，尽管旧日的几点寒梅还在开放，但是“也难留住出关人”了。他在长春客居，见到了杏花，就想到了道君皇帝的《燕山亭》，填了一首“长春客邸见杏花和道君”。词云：

> 楼外香融，初见一枝，淡粉浓脂凝注。碧玉盈盈，乍着新妆，羞怯倚门娇女。恨在天涯，恁禁得、黄昏残雨。离苦。忆别后旸台，几经春暮。　　相对惟有斜阳，但独自凭栏，□□无语。青骢紫陌，侧冒垂鞭，忍思旧时游处。倒转东风，还欲倩，梦婆吹去。难据。断肠句，伤心怕做。

词意惨伤，欲语还止，最后是连词也怕做了，因为做起来都是断肠句，更触动伤心。他在北国的生活，词里也有反映，他的《浣溪沙》“出关后，家无能养花者，腊尽归来，盆梅只一花一蕊，憔悴堪怜，词以慰之”，词云：

> 去后寒斋案积尘。庭除依是雪如银。小梅憔悴可怜人。　　半笑半啼应有恨，一花一蕊不成春。那堪吹笛为招魂。

案上积尘，庭除雪银，小梅也只有一花一蕊，词意凄清冷落，词所慰藉的是憔悴堪怜的小梅，但实际上就是他自己。他在一首《鹧鸪天》“癸卯除夕”里说：“饱经世事梦催梦，痴望人情心换心。”“浮生不必分真假，似醉如醒直到今。”在《庆宫春》“甲辰元旦，和清真”里说：“岁来年去，生别死离，常是牵萦。”在《眼儿媚》里说：“情深千尺，怜春是我，我是谁怜？”这些话，真是椎心泣血，一字一泪，令天下才人读之，能不放声恸哭！再看他的《浣溪沙》：

不是天生故与痴。秋痕春梦总成悲。此情欲诉少人知。　心痛有时非病酒，愁来无处可吟诗。南鸿却更到来迟。

似醉如醒过一春。残莺归去雁离群。浮云白日乱山昏。　味尽始知甘是苦，情真宁视酞如醇。待含眼泪问谁人。

马角乌头一面缘。去如流水又年年。明月那得几回圆。　岂待酒来才更醉，不须花落已先怜。有情只住奈何天。

怕到春来易断魂。满庭芳草立黄昏。落花无语似离人。　九转肠回君念我，万分心痛我知君。红笺忍检旧啼痕。

读这些词，我禁不住热泪盈眶，读这样的词，难道不有点像读后主、道君、纳兰和顾贞观《金缕曲》的味道么？这些词已经无须解释，一字一泪，一声一咽，只要你真正体会到张伯老此时在北国冰天的苦难情景，你是控制不住你的眼泪的。

终于盼到1965年（张老六十八岁）的时候（一说是1970年，七十三岁），伯老得到回京的信息了，他的《鹧鸪天》“有人关信，牧石预为治‘龙沙归客’小印以迓，赋此，喜告诸词侣”，词云：

五国边城咽暮笳。斜阳西望是吾家。孟婆倒引船儿转，马上春风入琵琶。　　金缕怨，玉关赊。不须细雨梦龙沙。乌头未白人归去，老眼犹明更看花。

前　调

有刀环信，愿随秋笳，而情怜道君矣。惜远人不知，词以见怀。

鱼雁多劳为作媒。他生缘种此生胎。贴金愿许偕潘步，留枕情因识魏才。　　桃脸笑，柳眉开。看人生入玉关来。胡笳休按文姬拍，青冢犹怜梦紫台。

请看这两首词，节奏轻快，词意欢悦朗畅，一变前调。然而，张伯老自1957年被康生陷害，划成“右派”，受尽折磨。1961年出关到长春，1970年左右回京，戍边也已近十年，真是饱经了人生的苦难和波折，所以，张伯老的《春游词》，实际上可说是他的“断肠集”。古人云：“词穷而后工”，《春游词》确实无论是思想深度、感情深度和艺术的高度，更胜于《丛碧词》。然而这是以他的苦难、眼泪和性命磨练出来的啊！从《春游词》起，以下诸集，应是他的后期词作，因为这篇文章现在的文字已经过长了，所以关于他的后期词作，只能另文再论，但是他在《雾中词》、《无名词》、《续断词》里的几首咏《红楼梦》的词，却不可不录。《雾中词》：

风 入 松

咏三六桥藏《红楼梦》三十回本，此本流落东瀛，步汝昌韵。

艳传爱食口脂红。白首梦非空。史湘云后嫁宝玉。无端嫁得金龟婿，探春嫁外藩。判天堂、地狱迷踪。宝玉曾入狱。更惜凤巢拆散，西施不洁蒙尘。王熙凤被休弃。　　此生缘断破惊风。再世愿相逢。薛宝钗以难产死。落花玉碎香犹在，妙玉流落风尘。剩招来、魂返青松。总括《红楼梦》。多少未干血泪，后人难为弹穷。指后之红学者。

风入松

和邦达答玉言属画黄叶村著书图

写来黄叶两图同。秋意笔偏浓。满林霜色斜阳外，似当时，脂面颜容。玉骨灯前瘦影，金声树里寒风。　　是真是幻已全空。难比后凋松。千年窃得情人泪，病相怜，愿步前踪。都是一场痴梦，绵绵留恨无穷。(《无名词》)

浣溪沙

秋气萧森黄叶村。疏亲远友处长贫。后来人为觅前尘。　　刻凤雕龙门尚在，望蟾卧兔砚犹存。疑真疑幻费评论。

乙卯八月晦日，往访西郊正白旗传为曹雪芹故居，北屋四间，墙壁上发现书联，书扇面诗，（中略）是日同游者有萧钟美、夏瞿禅、钟敬文、周汝昌、周笃文、李今及室人潘素等。时西风渐紧，黄叶初飘。

前　调

象鼻山西有小村。荒凉矮屋掩柴门。旧时居处出传闻。　天外飞霞思血泪，风前落木想神魂。伤心来吊可怜人。

村在象鼻山之西。曹雪芹居处虽出于传闻而思及曹雪芹之身世，对景顾影，殊可怜也。

减字木兰花

和瞿禅同游西山，重访曹雪芹故居。

西来秋气。雁影霜痕黄叶里。情意酸辛。梦忆红楼吊恨人。
碧天如浣。衰草连天天更远。南望湖山。销也无金去也难。

临江仙

立冬日，董意适邀游黑龙潭看红叶，并访白家疃传说曹雪芹故居。

西北重峦叠嶂，东南沃野平川。九重阛阓隐云烟。寒鸦残照影，霜叶晚秋天。　斯地或非或是，其人疑佛疑仙。痴情千古总缠绵。心花生梦笔，脂砚写啼笺。(《续断词》)

伯老后期的词集里，还有多首咏《红楼梦》的词，这里无法一一尽引。所谓三六桥本，是说流传到日本的一个本子，情节与今传有异，但此本后来一直未见音讯。伯老所填有关《红楼梦》的词，情真意切，而有些话是词意双关，既是咏红咏曹，也关联着自己的心声，如“天外飞霞思血泪，风前落木想神魂。伤心来吊可怜人”，如“情意酸辛，梦忆红楼吊恨人”等等。真是“既痛逝者，行自念也”。为什么这样说，首先张伯老是一位“绝假纯真”的“真人”；二是张伯老也是公子前身，黄金散尽，“落了片白茫茫大地真干净”；三是张伯老是一个“恨人”、“痴人”、“伤心人”、“可怜人”；四是张伯老是一个真词人。有这许多共通点，难怪张伯老要“对景顾影”了，以自己的身世，到了北国，想到了道君皇帝和吴汉槎，这是极自然的事。那么，面对着《红楼梦》的悲剧情节，面对着曹雪芹的绝世文采，面对着传说中的曹雪芹遗迹，能不发生共鸣吗？我觉得正是因为张伯老也是身经大故，又具有“惊采绝艳”的才华，所以他对《红楼梦》及其作者会体会如此之深，但是他是通过词，用自己的生活和感情来体会的，不是理论的阐说。

三

大家知道，张伯老是京剧专家，特别是余派艺术的传人，有人说得余叔岩真传者，只有孟小冬和张伯驹。我有幸于1947年在上海杜寿义演时看过孟小冬的《搜孤救孤》，但此后孟小冬就去香港和台湾，绝响于舞台。所以在大陆得余派真传者只有张伯老一人，他学到余派的戏有四十来出，前后从余苦学十年，余过世后，杨宝森、张文涓、李少春等都曾向张伯老学余派的戏。至于1937年为赈灾义演，大轴《空城计》张伯老饰孔明，杨小楼饰马谡，余叔岩饰王平，王凤卿饰赵云，程继仙饰马岱，成为当时的空前盛会，更是戏剧界数十年传颂不绝的盛事。上世纪50年代，张伯老还组织了“京剧基本艺术研究社”，以培养京剧的爱好者和继承人；为纪念余叔岩逝世二十周年，还把他与余叔岩合著的《乱弹音韵辑要》改订为《京剧音韵》出版。他在七十七岁高龄时，还写了《红毹纪梦诗注》，全书收七绝177首，又补注绝句22首，成为研究京剧史和京剧艺术的必备之书。张伯老对京剧从三十一岁起，不仅是苦学苦练，还不断演出，积累了丰富的舞台实践经验，而且还不断研究。所以有人说“他是继承余派演唱最准确的人”，还有人说，从研究的角度来说，孟小冬也不如张伯老。这些说法，都不是毫无根据的，所以可以说，张伯老一生的功绩中，振兴京剧，他是有卓越的贡献的。

张伯老对古琴和围棋，也是行家，现存吉林省博物馆的古琴“松风清节”，先为王世襄先生所藏，后经张伯老之介，转与吉林省博物馆。

张伯老还精通围棋，陈毅元帅也有棋癖，所以他们两人成为至交和棋友，陈毅去世前还嘱咐将他的棋盘送给伯老。

张伯老自己的书法和画，也是别树一帜，堪称一绝。对此，刘海粟老人有非常精到的评语，他说：“张伯驹爱画梅兰竹菊。再用鸟羽体写上自己的诗词，别具一番风韵。”他还说：“运笔如春蚕吐丝，笔笔中锋，夺人视线，温婉持重，飘逸酣畅，兼而有之，无浮躁藻饰之气。目前书坛，无人继之。”他还说：“丛碧兄是当代文化高原上的一座峻峰，从他广袤的心胸涌出了四条河流，那便是书画鉴藏、诗词、戏曲和书法。四种姊妹艺术互相沟通，又各具性格。堪称京华老名士，艺苑真学人。”① 我觉得刘海老的这段评语简而精，是对张伯老毕生成就的最好的概括。张伯老的书法确是前无古人，海老称之为“鸟羽体”也很得其神。大家知道，宋徽宗的书法叫“瘦金体”，这也是他的独创，也是前无古人的。至于张伯老的兰花，我认为上可以继武赵孟频、文徵明，下可以并肩薛素素。他的梅花画法，也是另辟蹊径，与众不同。总之，张伯老在书画方面也是个性鲜明，成就突出的。现在，哪怕是他的片纸只字，都已成为人们珍藏的文物了。

---

① 见《张伯驹先生追思集》。

我拜识张伯老，是在上世纪 70 年代初，那时他已从吉林回来，住在后海南沿。记得是为了筹建全国韵文学会，伯老让两位朋友来看我，与我谈这件事，我表示十分赞成，就随同这两位朋友到后海南沿伯老家里去看他。伯老家住房面积非常小，是一间南北的房子，窗口书桌上堆了一些书，伯老见我去非常高兴，但说话不多，都是同去的朋友闲谈。当时我住在张自忠路，离伯老住处不远，所以有时伯老常叫一个女孩子给我送信。1975 年以后，我调到中国艺术研究院，开始校注《红楼梦》的工作。我下班时从柳荫街走可到后海南沿，所以经常有空时，就去看他，有一次他拿出早先珂罗版影印的《平复帖》送给我，还有一次，他拿出他原藏的脂砚斋的脂砚照片送给我，因那时我正在研究和整理《红楼梦》。

1978 年旧历戊午的元旦，伯老忽然给我写了一副对子叫人送来，对句是：

其鱼有便书能达
庸鹿无为福自藏

上款是“其庸先生雅属”，下款是“戊午元旦张伯驹时年八十又一”，图章是“伯驹长寿”（阴文），“丛碧八十后印”（阳文）。这是一副藏头对，我的名字藏在上下句的第一个字。上联的句意是说多通鱼雁，下联是祝福吉祥。我接到这副对子，当然非常高兴和感谢。又隔了一些时候，伯老又送了我一副对子，联语是：

古董先生谁似我
落花时节又逢君

上联用的是《桃花扇·先声》的第一句，下联用的杜甫《江南逢李龟年》中的最后一句。我仔细琢磨，这副对子用语更有深意，实际上上句是指他自己，真是贴切之极，下句是指我，但这个“落花时节”并不是指自然季节，而是指伯老的晚年。两句联起来，就是说我这样热爱古董的人（这里的“古董”，当然是广泛的意义，是指传统文化，自然也就包含着古董和文物），到了晚年，又遇到了你。细味伯老这两句话，含有多少深意啊！我每次去看他，进门后我说了几句，一般就相对无言了，有时他翻出东西来给我看看。有时就相对默坐，潘夫人也不大插话，但这样习惯了，也就莫逆于心了，我体会到这副对子就是这种心理的写照。

伯老去世已经20多年了，我一直未能认真地写一篇文章来追念他，前些年，写过一篇《文章尚未报白头》，总写了几位我交往的老前辈，其中有一节写到张伯老，但未能尽意。这次承伯老的家乡要我写这篇文章，并要作序。作序何敢，应该请现在健在的伯老的知友写，我只能算是敬以此文奠祭于伯老和潘夫人之前，藉抒我20多年来对伯老和潘夫人怀念之心。

我填了三首词，作为本文的结束。

浣溪沙

读《丛碧词》《春游词》敬题张伯老

绝世天真绝世痴。虎头相对亦参差。人间真个有奇儿。　拱璧连城奉祖国，弥天罪祸判当时。此冤只有落花知。

才气无双折挫多。平生起落动山河。至今仍教泪滂沱。　国士高风倾万世，魍魎魅魑一尘过。春游词笔郁嵯峨。

读罢春游泪满巾。分明顽石是前身。黄金散尽只余贫。　眼里茫茫皆白地，心头郁郁唯情醇。天荒地老一真人。

2007年12月24日至2008年元旦后一日于瓜饭楼

怀念国学大师谢无量先生

——谢无量先生文集序

引　言

谢无量先生离开我们已经44年了，我与谢无量先生共事九年，从1956年到1964年。那时他由中国人民大学的吴玉章校长把他请来中国人民大学任教，人大当时还没有中文系，只有一个语文教研室，向全校各系开大一国文和语言课。教研室人数不多，一共不到20个人，都是年轻人，只有一位教语言的老师富强年龄稍大一点，讲课特别受学生欢迎。

谢无量先生到来后，吴老亲自安排在语文教研室，并嘱咐因谢老年纪大了，有病（谢老虚岁七十三岁，有心脏病），不向全校学生开课，最多与教研室青年教师座谈座谈教学和研究的经验。那时，教研室的年轻人都对谢老不大了解，连主任王食三同志也对谢老不甚清楚。但1946年我在无锡国专时，就听一门文学史的课，老师是自编的讲义，叫《文学史类编》。我是贫困学生，就分配给我刻写这部讲义，拿到这部稿子，我就有点不大理解，文学史怎么可以类编，这不等于是诗歌史、散文史等等的合编吗？但我是刚上一年级的学生，也不敢怀疑，我就到书店找参考书，一下就买到了谢无量先生早年编的《中国大文学史》和《中国妇女文学史》两种。我看了很受启发，觉得谢先生的编法，在当时来说，是贯穿了史的线索，是很科学的。但这只是我自己的想法，老师让我刻的讲义，我还是认认真真地照刻，并且还受到了老师的夸奖。不过，我从此时起，却对谢无量先生非常钦佩，也有自己的一些想法，觉得史应该按史的线索。想不到恰好是在十年以后，我竟能见到谢无量先生，并且与之共事，这真是有缘。教研室因为我对谢老略有了解，且又是同住铁狮子胡同一号的红一楼，他住丙组三层，我住丁组五层，只隔一个门洞，较为方便，所以就把联系并且照顾谢老的事交给了我，谢老也非常高兴。因此，我每个月总得去看望谢老两三次，或者是谢老写个便条叫保姆送来，让我去办有关的事。这样从 1956 年一直到 1964 年（从 1963 年起，他就开始有病）这九年间总是用这种方式联系着，我手上也积了他写给我的不少便笺，我都珍藏着，直到“文化大革命”才基本被抄光。

这九年间，有三件事是值得我回忆的，有一次是谢老和他的夫人陈雪湄女士到我家里来看我，因为我不断为他办事，表示致谢。同时，谢老忽然问我，我喜欢不喜欢他的字？我当时马上就说我当然喜欢谢老的字，对谢老的字哪有不喜欢的！他就说那你为什么不向我要字？我说谢老这么大年纪了，应酬也很多，我哪敢再开口增加谢老的麻烦。谢老就说，那不要紧，我一定给你写。过不了几天，他就给我写了一幅四尺对开的整幅，内容是写黄山谷的山芋汤诗。书法可说是谢老晚年的精品，我高兴极了。之后，又为我写了两把扇面，内容是他自己填的词，我还是第一次读到他的词作，实在可以说是第一流的作品。另一次是我到他家里去，他给我看他的诗稿，诗稿是写在一本又大又厚青麻布封面、长方形的大本子上的，像一本老式的账簿，合起来是方形。我打开诗卷一看，整部诗稿已快写完了，仅书法和行款来看，就漂亮得不得了，雅秀而又朴拙的小行书，真是扑面而来的书卷气。我真是佩服得不得了，里面的诗当时也没有来得及多读。他案上放着刚用过的小毛笔，他让我试试他的笔，我拿起他的笔简直是无法下笔，因为他用的是纯鸡毫笔，这种笔，纯用鸡毫上细毛，所以毫无弹性。以往用笔，要讲究健毫，所谓健毫，就是笔毛有弹性，这样写起来抑扬顿挫而有力。但谢老的鸡毫却完全相反，拿在手上像一团棉花，毫无弹性可言。然而谢老拿起来，却是抑扬顿挫，婉转自如，这可见他腕上的功力。还有一次是他应朱总司令的邀，去看菊花赋诗回来，我在校门口遇上他，我向他问候，他告诉我刚从朱总司令处回来。此外，我后来编注了《历代文选》，这个书的签条也是请他题的。

到了1964年秋天，我被派往陕西长安县参加"四清"工作，临行前我向他辞别，告诉他要过了年才能回来，没有想到这年的12月，他就患心脏病去世了，所以这一别，竟成了永别。等到我第二年回来，已经是人去楼空了。

现在人民大学出版社要出版谢老的文集，我觉得这是一件大好事，但承他们还有谢老的孙女谢德晶女士要我为文集写序，我实在觉得担当不起，况且我又长期患病，但我又无法推辞，只得勉强应承，就算是我对谢老的一点怀念吧。

一、时代先驱

谢无量先生于光绪十年（1884年）生于四川省乐至县，父亲是科举出身，当过知县。谢无量出生的时代已经是清代末年，离辛亥革命只有28年了。所以他从小就接触到经世致用的学识，他幼年的读书也重在经、史、子、集的实学而不再用力于八股科举了。据记载，他在戊戌政变那年（光绪二十四年，1898 年），认识了浙江著名学者汤寿潜，并与汤的女婿马一浮结为终生好友，那年他十五岁。后来，并与马一浮在上海合作创办《翻译世界》，发表西方进步的学识，传播革命思想。到晚年，马一浮还请谢老为他的诗集作序。

谢无量于十七岁那年到北京，正碰上八国联军侵入北京、屠杀人民、火烧圆明园事件，并看到各地人民强烈的反帝斗争，他激动得写了“酒酣泼地起高歌，意气直与山嵯峨”的豪壮诗句。

1901 年（十八岁）他在上海参加了章太炎、章士钊、邹容等主办的《苏报》、《国民公报》、《国民日日报》等进步报纸的编辑工作，为他们撰稿。谢无量写了宣扬邹容的《革命军》的进步思想及介绍了章太炎驳斥康有为的改良主义、骂光绪皇帝为“载湉小丑”的文章，清廷逮捕了章太炎等人，《苏报》被封，造成了轰动中外的“苏报案”。谢无量因隐藏起来，得免于难。后来，谢无量回忆说：“1901 年，即二十世纪之第一年，我颇受新潮流之影响，结识上海一班维新派如章太炎、邹容、章士钊诸人，参加《苏报》、《民国日报》等组织，并与乡人杨玉詹、苏人、廖世勷谋发起四川革命，当时我已醉心革命，所谓革命团体如‘同盟会’等，尚未发生。未几，邹容因著《革命军》入狱，我遂逃往日本。”（《谢无量自传》抄稿，以下简称《自传》）恰好在日本遇到了从美国来日本的马一浮，马赠谢无量英文版的《资本论》第一卷。这段时间，谢在日本刻苦学习日文、英文、德文、俄文，为后日的学问打好了坚实的基础，特别是他开始接触了马克思主义，读到了《资本论》。

1907 年谢应章太炎、于右任之邀，到北京任《京报》主笔，这年他二十四岁。第二年，恰逢镇压义和团的刽子手陆军第三镇统制段芝贵以 12000 两银子，买天津歌妓杨翠喜献工部尚书载振，以谋升黑龙江巡抚之职，谢无量即将此事在《京报》上披露，朝野为之震惊。清廷不得不将刚升黑龙江巡抚的段芝贵撤职，载振因受贿而辞去工部尚书之职，造成轰动一时的《京报》案。《京报》因之被封，清廷暗中逮捕谢无量等人，谢随即逃到上海。谢回忆说：“1907 年，我重游北京，为《京报》馆主笔，每日著文攻击政府，未及半年，《京报》停止出版，我复回上海。”（《自传》）

此后谢无量即致力于教学事业和学术研究，开始学术著作，并任四川存古学堂的监督（校长）。办学卓有建树，为士林所称道。

1911 年，清廷又将民间自办之铁路收归国有，然后又出卖给英、法、德、美四国银行团体，于是激起了声势浩大的保路运动，他与成都的蒲殿俊、罗伦、张澜等一起参加了这场运动，后罗伦、蒲殿俊被捕，谢即离开四川。1912 年武昌起义胜利，清廷被推翻，孙中山在南京宣誓就任临时政府大总统。谢又回上海，任《民权报》、《神州日报》主笔，并发表文章支持孙中山。1913 年袁世凯窃国，孙中山被迫下野，政治形势非常紧张，谢无量已无法参加社会活动，就继续从事学术著作，为中华书局编书，在此期间他写成《伦理精义》、《中国妇女文学史》、《中国六大文豪》等书，并加入了陈去病、柳亚子、马君武、苏曼殊等组成的南社。柳亚子任南社主任。1915 年 1 月18 日，日本向袁世凯提出了“二十一条”条约，让袁世凯出卖全东北的领土，激起了全民的愤怒，谢无量三次发表文章，反对“二十一条”，说“炎黄领土，岂容出卖”，“血肉同胞，誓与争还”。1917 年（三十四岁），孙中山看到了《神州日报》、《民权报》等发表的谢无量的文章，又读到他的《中国妇女文学史》、《中国哲学史》、《中国六大文豪》等著作，于 1917 年 6 月 6 日，写信给谢无量，约谢见面，信说：

无量先生大鉴：

国家多难，全仗贤豪群策群力，方能济事。望先生每日

（旁注：本礼拜）下午四时，驾临敝寓，会议进行，是所切祷。

手此，敬请

大安

孙　文

谢无量接信后，即按时拜见了孙中山先生，“谈论颇洽，孙先生方著孙文学说，我颇参加意见”（《自传》）。谢无量感到孙中山真正是“雄才大略，高瞻远瞩”，十分钦佩，感到中国的前途有望。从此他投身革命，意志更为坚决。1918 年，“蔡孑民先生为北大校长，陈独秀为学长，数次邀我到北大教书，我不愿离沪，托辞推谢”（《自传》）。就在此时，孙中山到广州，号召“护法”，9 月成立护法军政府，孙中山为大元帅，谢无量则不时参赞机务。同时，蔡锷在云南起义讨袁，全国反袁护国斗争声势浩大，袁世凯在一片讨袁声中死去。

1919 年（三十六岁），爆发了五四运动，反对巴黎和会上对中国战胜国地位的蔑视，在政治上提出了“民族平等”、“民族独立”的口号，在文化上提出了科学和民主，提出了文学的大众化。谢无量无疑是这场运动的积极参与者。

1923 年 3 月（四十岁），谢无量去广州，正值孙中山在广州成立陆海军大元帅大本营，并筹划北伐、改组国民党等事，孙中山安排谢在广东大学任教，以培养革命青年。1924 年，孙中山任谢无量为大本营特邀秘书，后又改任参议。据陆海军大本营公报：

命令

中华民国十三年九月十二日

任命谢无量为大本营参议

此令

中华民国陆军大元帅印

当时北方奉、直、皖军阀混战，曹锟、吴佩孚又暗投英美，企图南下消灭广州革命政府，情况危急。孙中山特派谢无量、孙科、陈剑如秘密转辗至沈阳，说服张作霖，继而又到天津说服段祺瑞，又与冯玉祥、胡景翼商讨了联合协议，终于组成了孙、张、段的三方联盟，北方暂时平静。

1924 年，谢无量由天津到上海，恰好孙中山由广州到上海。同年冯玉祥电邀孙中山北上，孙中山派谢无量先行，作北上的准备。孙中山于 1924 年 12 月 4 日到天津，“当晚肝病发作，谢多次在孙中山病榻旁晤谈，孙中山先生嘱谢先到北京相候”（谢祖仪《回忆我的父亲谢无量》）。12 月 31 日，孙中山扶病到北京，病势日趋严重，谢无量多次去探候他，孙中山先生于 1925 年 3 月 12 日病逝北京，灵柩停于中山公园。送葬时，谢无量与陈毅并列而行，他与陈毅说，“光靠这些人不行”（指走在前面的国民党高官），陈毅深善其说，可见谢无量对孙中山以后的这些国民党高官，早已有清醒的认识。谢无量在京时，与北大教授李大钊、张奚若等往还，陈毅、刘伯承曾往访谢无量。

孙中山去世后，政权落到了蒋介石这批人的手里，谢深为中国的前途忧虑，但又无能为力，更不屑与蒋、汪等同流，于是重新回到教学和学术著作上来，他先后在南京东南大学、上海中国公学、四川乐山复性书院等教书。

1927 年，谢无量任东南大学历史系主任时，教历史研究法，“即以唯物史观为主，痛驳梁启超之历史研究法，是唯物史观在中国之第一讲座”（《自传》）。

1931 年“九・一八”事变，谢无量与阿英等一起办《国难月刊》，号召全民起来抗日救亡，宣传全民抗日。1932 年，宋庆龄、蔡元培、鲁迅、杨杏佛、李公朴反对蒋介石的卖国独裁，组织“中国民权保障同盟”，谢无量积极参加了这个活动，在这个组织的影响下，形成了一股民主爱国的进步势力。同年，国民政府成立监察院，于右任任监察院长，因于与谢素有文字之交，故任命谢无量为监察委员。谢因与于的关系，不好推辞。

1937 年（五十四岁）抗日战争爆发，一时投降主义的言论甚嚣尘上，他同郭沫若、沈尹默等在上海《立报》、《大众晚报》上发表文章，批判卖国投降主义。不久，南京沦陷，国民党迁都重庆。谢无量原拟从芜湖挈家回川，到武汉时，发觉有人秘密监视他的行动，他才与夫人陈顺庵商量，由她先带全家人去四川。陈夫人生三男五女，此时全家都到了重庆，住张家花园可园一号。他自己为避监视，只身去香港，住香港六国饭店，与香港的进步人士接触。1940 年原在法国的陈雪湄因欧战爆发，巴黎无法栖身，就到香港找谢无量，不久即与谢结合。同年 4 月，蒋介石命杜月笙持蒋的手谕要谢即刻回重庆，于是谢无量回到了重庆，见蒋介石时，即当面告诉蒋介石有人监视他的行动，蒋推说不知道。7 月，因谢有心脏病不堪敌机轰炸，即迁到成都居住。这段时间，他又担任四川大学城内部中文系主任。这时谢无量的生活很困难，全靠卖字卖文度日。

1948 年，谢无量被选为南京民国代表大会代表，他住南京鼓楼医院，以心脏病为名，很少参加会议，投票时，只投居正一票，不投蒋介石的票，未等会议结束，他就去了上海，与章士钊、江庸、沈尹默等往来。1949 年 2 月回重庆。10 月回成都，随即解放。这年他六十六岁。

解放后，他受聘为川西行署参事、成都市人民代表、四川省博物馆馆长、四川省文史馆研究员等职。1956 年，谢无量被特邀为全国政协第二届第二次会议代表，会后受到毛泽东主席的邀请，由章士钊陪同，毛主席设宴款待。席间，主席还谈到他的《大文学史》，还说谢先生在苏联十月革命前就写了《王充哲学》，这是提倡唯物史观的哩。毛主席的接见和对他学识的评价，是谢无量的无上光荣。

1956 年，由中国人民大学校长吴玉章聘请谢无量为人民大学教授，谢因此迁居北京，住张自忠路人大宿舍。后来又任中央文史馆副馆长。直到 1964 年 12 月 10 日因心脏病去世，享年虚岁八十一岁。

综观谢无量的一生，他一直是时代的先驱。从光绪十年到民国元年（一岁至二十九岁），他反对科举，崇尚实学，在二十岁前，他就读到了《资本论》，产生了对马克思主义的向往。在辛亥革命前后，他始终站在历史进步的前沿，反对封建，宣传民主，宣传革命，最后受到了孙中山的知遇，追随孙中山先生，直到孙中山先生不幸逝世。在孙中山先生逝世后，他又能清醒地认识到蒋介石等人的虚伪面目，不与同流，以致受到秘密监视。解放后，他最早受到毛泽东主席的礼遇和高度的评价，并为人民的教学事业尽力。所以，谢无量先生可以毫不夸张地说，他的一生，一直是站在时代的前沿，是历史的先驱。

二、国学大师

谢无量先生著作等身，一生勤于著述，他最早的著作《伦理精义》出版于 1914 年，距今 94 年，将近一个世纪了；他最晚的著作《中国古田制考》，出版于 1923 年，距今也已 85 年了；他的另一部《佛学大纲》，出版于 1916 年，距今也已 92 年了。所以谢老的著作，离我们的时代太远了，有许多书已几乎无法找到，青年人就更不知道了。

为了便于大家了解他的著作情况，我按出版的时间，列成一表，一则让大家了解他的著作全貌，二则也让大家了解他的著作的先后序列，便于联系那个时代来阅读和研究他的学术贡献：

谢无量著作表

年份	序次	书　名	年岁	版次	出版社
1914	1	伦理精义	三十一		中华书局
1915	2	孔子	三十二		中华书局
	3	老子哲学	三十二		中华书局
	4	韩非子	三十二	4 版	中华书局
	5	朱子学派	三十二	6 版	中华书局
	6	阳明学派	三十二	8 版	中华书局
	7	中国哲学史	三十二	2 版	中华书局
1916	8	中国六大文豪	三十三	4 版	中华书局
	9	中国妇女文学史	三十三		中华书局
	10	佛学大纲	三十三		中华书局
1917	11	实用文章义法	三十四		中华书局
	12	妇女修养	三十四	6 版	中华书局
	13	国民立身训	三十四		中华书局
	14	王充哲学	三十四	8 版	中华书局
	15	诗学指南	三十四		中华书局
	16	词学指南	三十四		中华书局
1918	17	骈文指南	三十五		中华书局
	18	中国大文学史	三十五	8 版	中华书局
1923	19	中国平民之两大文豪	四十	3 版	商务印书馆
	20	古代政治思想史研究	四十		商务印书馆
	21	诗经研究	四十	8 版	商务印书馆
	22	楚辞新论	四十		商务印书馆
	23	中国古田制考	四十		商务印书馆

以上仅是谢无量的学术著作，不包括他一生的诗词文章和政论。而这一方面也是他毕生著作的极为重要的部分。要全面了解谢无量，无疑这一方面也是不可缺少的。

谢无量从小就致力于经、史、子、集的实学，而轻八股制艺，所以他没有浪费精力。而他对经、史、子、集是用过苦功的，他对集部的重要著作，也有很深的研究。特别是他在二十岁前就读了《资本论》，开始了解了马克思主义，了解了唯物史观。再加上他天资聪颖，在日本时苦攻英、日、德、俄四种语言，又学通了梵文，所以他能融通中西文化，视野开阔，见解超卓。这样的学术功底，在谢无量的同时人中，也是为数不多的。

综观谢无量的学术著作，可以用三个字来概括，这就是：通、变、用。

谢无量虽然出生于清朝末年的科举时代，但他很早就受到新思潮的影响，特别是读到了马克思的学说，所以他并没有走皓首穷经的死读书的路子，而是精通经史，还兼攻西学。所以在他的著作里，可以明显地看出他的学问的淹博通达，条理明畅，有的著作甚而至于接近通俗。比起清人的那些饾饤章句的著作，显然已是完全不同。

所谓“变”，也就是指历史的发展变革。在谢无量的《中国大文学史》、《中国妇女文学史》还有一些研究历史人物等的著作里，都鲜明地贯穿着一个史的线索，一个发展变化的脉络。王文濡在《中国大文学史》的序里说：

> 安寿谢先生无量，精于四部之学，旁通画革之文。以世界之眼光，大同之理想，奋笔为之，提纲挈领，举要治繁，品酌事例之条，明白头讫之序，覈名实而树标准，薄补苴而重完全，百家于是退听，六艺因而大明。

可见王文濡在当时即已看出了谢无量著作的史学的眼光并给以高度的评价。谢无量自己在《中国妇女文学史》的“绪言”里说：

> 兹编起自上古，暨于近世。考历代妇女文学之升降，以时系人，附其著作，合者固加以甄录，伪者亦附予辨析。固将会其渊源流别，为自来妇女文学之总要。

统观谢无量的这些著作，确实可以鲜明地看到他在叙事中贯穿着历史的发展和变革的线索。

所谓“用”，也就是功用，实用。谢无量写这些著作，虽然是学术性的著作，但却是有为而作，不是为学术而学术，不能忘记，他一开始就投身于当时革命的洪流中，“苏报案”、“京报案”等轰动全国的大事，他都是主要人物之一，尤其是后者，他更是当事人。到后来他被孙中山任命为陆海军大元帅大本营特邀秘书，所以他当时的许多著作，都是与他的革命立场分不开的，不过他所采取的不是口号式的宣传而是真正的学术研究。特别是1923年出版的《平民文学之两大文豪》，更是为了宣传当时的新文化运动，宣传平民文学和白话文学。更为难得的是，谢无量先生不仅精通古文的写作，更能写一手畅通的白话文，他的《平民文学之两大文豪》就是用最畅通的白话文写的。

以上“通”、“变”、“用”三个字如果再加以概括，就是一个“新”字。谢无量的所有著作放在当时的历史条件下来衡量，确实一个“新”字，可以概括他的总貌。

不能忘记，谢无量与鲁迅、王国维是同时代人。鲁迅比谢无量大三岁，王国维比谢无量大七岁。王国维有开创性的《宋元戏曲史》（1913年出版），稍后，鲁迅有《中国小说史略》（1923年出版），谢无量的《伦理精义》（1914年出版）、《中国哲学史》、《中国妇女文学史》（两书均于1916年出版）、《平民文学之两大文豪》（1923年出版）、《中国大文学史》（1918年出版），恰好是在王国维之后，与鲁迅是同一时期，是同一政治文化时代背景下的产物。并且在鲁迅的著作里，还申明参考过谢无量的著作，并把它列为参考书。

通观谢无量的著作，我们称他“国学大师”，可以说是恰如其分。但是我还要加一个称号，他是一位卓越的“通儒”，因为他不仅经、史、子、集贯通，佛道贯通，而且还古今中外贯通，还能翻译。

三、诗国雄才

四川在历史上是出文人和诗人的地方，汉代的司马相如、扬雄，宋代的三苏，当代的郭沫若都是四川人。不仅如此，还有不少大诗人与四川有特殊的关系，如唐代大诗人李白、杜甫，宋代大诗人陆游，都与四川有深厚的渊源，所以四川也可以说是一个诗国。谢无量就是在这样的历史条件和环境下成长起来的一位现代的大诗人，是诗国的雄才。谢无量十岁就开始写诗，一直到八十一岁去世，没有停止过他的诗笔，他毕生至少也有几千到上万首诗。可惜他的诗大半都已散失了，尤其是早期的诗，几乎已散失殆尽。我与他最后相处的九年中，亲眼看到他有厚厚的一本诗集，是他亲自手写的，其书法之精美，令人永不能忘。这部诗集，估计也有几百到上千首诗，但至今也无下落。所以现在要谈他的诗实在太困难了，只好就现在能见到的，略作简介。如他十七岁那年（1900 年）到北京，亲眼看到八国联军在北京奸淫掳掠、放火烧杀的暴行。他满怀愤激，写下了诗篇，但现在只残存三句：

> 酒酣泼地起高歌，意气直与山嵯峨。
>
> 拔剑茫茫欲问天。

还有他眼见义和团进攻八国联军，也有“男儿未死中原在，极目斜阳只涕零”等残句。

1905 年（光绪三十一年），谢无量二十二岁，自日本回来，住焦山西庵经年，有咏怀二首，诗云：

肝肠狂热久轮囷。天地悠悠不见春。
海水万年枯作井，蟠桃一夜瘦成薪。
女萝山鬼愁人也，明月江妃梦水滨。
如此虚实谁可语，苍茫独立看流尘。

玄霜漠漠九边阴。满目流亡战鼓尘。
辽鹤未归丁令梦，秦烽初激鲁连心。
寻常忧乐人皆见，每说公私义最深。
起箠明夷三太息，邑山从古有愁吟。

他题屈原像的诗说：

行忧坐叹国无人。被发狂吟泽畔身。
要识风骚真力量，楚声三户足亡秦。

他送新文化运动的战友王光祈的诗说：

西台痛哭谢皋羽，东观淹留定远侯。
投笔声威闻万里，临风涕泪亦千秋。
布衣长笑轻秦帝，残照相看类楚囚。
枯柳飘蓬无限意，还如王粲赋登楼。

他赠刘君惠的诗说：

十年繁弱暗生尘。壁上悠悠看虱轮。
裂尽目眦终一试，明朝起作射潮人。

又赠刘君惠的诗说：

猛雨催花日日残。河山垂泪发春寒。
少年忧世成狂疾，老至无能始达观。
何限猿虫随劫尽，等闲鹏鹞得天宽。
千秋扰攘凭谁问，袖手沧桑仔细看。

1925年3月，孙中山先生在北京逝世，他一直守候在侧，作悼诗云：

浅浅春池曲曲廊。阑干寸寸见回肠。
多情花底缠绵月，纵改花阴莫改香。

又有诗句云：

别有壮心营四海，笑人攘臂作三公。

他在政治上是非常清醒的，孙中山先生一死，他已看出蒋介石等人是不可能继承先生遗志的，“纵改花阴莫改香”、“笑人攘臂作三公”等诗句，已经指出了他们将争权夺利，改变先生的遗愿了。

抗日战争开始，投降主义的呼声甚嚣尘上，他悼友人德祥的诗说：

胡骑长驱五六年。尚容飞将老林泉。
据鞍矍铄翻成病，拔剑苍茫欲问天。
大义旧闻张汉帜，遗书真足愧时贤。
南中抵掌深宵语，往事低徊祗泫然。

1941年抗战正难苦的时候，他赠在上海坚守四行仓库的名将孙元良将军的诗云：

仗剑归来战血新。锦城如锦又逢春。
健儿海上夸身手，何止田横五百人。

又他答马湛翁的诗说：

钓尽西江未觉多。荒陂秋水带残荷。
旧栽斑竹仍生笋，自写黄庭不为鹅。
鼓枻便从渔父去，观濠敢望惠施过。
此间亦有捞虾渚，暂乞烟溪养碧萝。

又答马湛翁诗说：

游刃藏锋笔有神。眼前门外事如尘。
喜从韩子窥生像，幸赖扬云得铸人。
率土掷卢前竞后，钧天选梦夜连晨。
长松悲愿分明在，况为苍生惜寸鳞。

他赠沈尹默的《冬至日尹默见过并示近作》云：

独向寒溪倚钓蓑。东阳瘦沈忽来过。
素交把臂情逾挚，细字簪花味较多。
眼底几须知魏晋，炉边深与拨阴何。
新编稠叠非无意，一线微阳气渐和。

他的《瞿塘峡口》诗说：

瞿塘峡口冷烟低。白帝城头月向西。
唱到竹枝声咽处，寒猿啼鸟一时啼。

1956年，孙中山先生九十诞辰，他写诗纪念，诗云：

一九五六年十一月恭逢中山先生诞辰九十周年纪念，敬赋此诗

普天争献寿，卅载惜人亡。
善继维新国，同声起异方。
三民垂著作，四句耀盟章。
问礼从先进，匡时法后王（以俄为师）。
虚衷收壤滴，高步蹋瀛疆。
革命诚吾志，如今道已光。
苍生齐鼓舞，群帝日仓皇。
大义元无敌，鸿名自此扬。
羶行曾攘臂，粤峤忆升堂。
奉使关山黑，回车塞草黄。
弥留仍受命，感激竟佯狂。
执绋西山晚，韬精北海藏。
微躯沾疾病，薄力愧承当。
世论终思禹，孤怀昔就汤。
为邦赖贤哲，盛业正开张。
空惭旧宾客，重到一凄凉。

这年五一劳动节，他已调中国人民大学，曾写了一首庆祝劳动节的诗：

四海欢声此日同。千歌万舞庆劳工。
擎天幸有丹心在，开物全资赤手功。
帝孽魂飞惊令节，中原花发正春风。
骧言大道从今进，天下为公指顾中。

此外，他还给我写过两把扇面，其中一把是写他作的词，词调是《柳梢青》。词云：

劫外斜阳。凌波何处，空忆霓裳。流水依然，这回重到，瘦了湖光。　　锦鞶霞绉啼妆。掩半面、羞红断肠。梦冷云沈，天荒地老，一寸孤芳。

词后题记说：

一九三一年金陵大水，后湖荷蕊漂没，有藏其片萼征题者，为赋此解。

谢老的诗，风致蕴藉，语多含蓄，有言外言，味外味，韵外韵，初时还比较外露，到后来更加内敛，但如反复咏诵，就会体会到它的回甘的深意和情致。

希望谢老的诗，能够尽量征集，切勿使一代正声，沦于湮没。

四、书苑麟凤

谢无量先生是上世纪最著名的书法家，这是人所共知的。当年于右任曾说：“四川谢无量先生笔挟元气、风骨苍润，韵余于笔，我自惭弗如。”沈尹默也称赞说：“无量书法，上溯魏晋之雅健，下启一代之雄风，笔力扛鼎，奇丽清新……株守者岂能望其项背也。”以上两位大书家对谢老书法的评价是最具深度的，如说他“笔挟元气”、“韵余于笔”，说他“上溯魏晋之雅健，下启一代之雄风”等，真是说到了谢无量书法的最根本处。但如何从于、沈二老的精论来解悟谢无量的书法呢？我认为要准确地认识和评价谢老的书法，一是必须了解他的书法渊源，即他学书的历程，他所追摹的碑帖。二，必须正确认识和评价他的书法艺术的成就和他独特风格形成的诸多因素。

关于谢老的书法渊源，我们可以从他自己题跋的碑和帖的文字里窥见端倪。他题《圣教序》云：

右军风格最清真。貌似如何领得神。
浪比俗书趁姿媚，古今皮相几多人。

这首诗，明确称赞“右军风格最清真”，而批评世人只以貌取，反说右军书“姿媚”，真是皮相之论。再有谢老夫人陈雪湄曾说：“谢老在乙未年正月（1955年，七十二岁），还背临大令洛神十三行小楷一幅，这幅小楷写得端庄妍丽，神采飞扬，可以说是一件珍品。”

这一段叙述，也非常重要，证明谢老的书法于二王用功极深。陈雪湄夫人还说“无量平日师法钟王，恪守规范”，可见他确于二王和钟繇是用过苦功的。

再看他题《郑文公碑》云：

河朔贞刚见古风。北书无过郑文公。
南人姿媚徒相趁，变隶何妨有二宗。

诗后自注云："《北史文苑传序》谓南士贵乎轻绮，河朔重乎气质，匪惟文章则然，书法亦可以此例之。北书固不及南人之轻绮，而贞刚之气，犹存隶势。故楷之初变，不当专以钟王为正宗也。"《郑文公碑》原石，在山东，分上下两碑，一在平度，一在掖县。两碑我都曾去看过，尚称完好。谢老盛赞"北书无过郑文公"，并在注文里还指出，《郑文公》已启楷书之端，而且保存着篆隶之势。所以《郑文公碑》是北书中之佼佼者，谢老对《郑文公碑》作如此高的评价，可见他对此碑用功之深。

又题《广武将军碑》云：

广武本来存篆法，史官掘出新发蒙。
开张气贯千钧弩，疏秀春回二月风。

投鞭猛气正开张。气势犹堪启晋唐。
百载草深埋古碣，世人伪本竟商量。

诗后跋云："近人书法源流论称《好大王》与《广武将军》，如双峰并峙，吾友夏竺生云：《好大王》本□，有定法，有定势。《广武将军》本籀，纵笔为之，变更部位，错落天然，其妙不可方物，拟之为草篆。此碑在民国九年始发现于秦中白水县史官山麓仓圣庙前，极不易得。新出本字锋完整，始悟从前皆覆刻伪本。碑中多西羌部落之名。或完以大王，可补史之缺。”这是他对《广武将军碑》的评价，白水县仓圣庙我也曾去过，杜甫的羌村，离此也不算远。谢老说“碑中多西羌部落之名”，这是可信的，我也藏有此碑的拓本，但未能如谢老之深研。

再题《张猛龙碑》云：“或大或小，或仰或欹，藏棱蓄势，发为奇貌。虽存隶法，亦挟草情，美媲《中岳》，兼嗣《兰亭》，神行乃妙，皮袭为下，旧拓可珍，敢告知者。”《张猛龙碑》也是北碑中之极品，我早年曾得精拓的影印本，启功先生藏有精拓原本，极为珍秘。谢老指出此碑“或大或小，或仰或欹，藏棱蓄势，发为奇貌，虽存隶法，亦挟草情”几句，实在精到之极，可说尽得此碑的神髓。但是，这几句话如果用来评价或领悟谢老的书法，实在太富有启示性了。

以上这几段谢老对北碑和二王书帖的评论，足以告诉我们谢老书法的渊源，一是二王，二是北碑，这两者都是用力之深处，他的书法，实际上是深深植根于此两者，而且都不是貌取而是神行，所以如果你从皮毛上去找谢老的书法渊源，是永远也弄不清楚的。

谢老还特别重视细看碑刻原石，陈雪湄夫人说：“无量每游历名山，必攀登崇岩，寻求古刻，从其字势中吸取营养。”这段话非常重要，说明谢老不仅重早期的原拓，还要验看原碑实物，尽管不少名刻已经残损，但从众多的字里总可找出一些未残的字来细玩古人的笔法，这等于是直接看古人的原作，与古人神交。这一点，近几十年来我也是这么学习的。我在山东看了《郑文公》上下碑，在邹县多次细看《莱子侯》刻石，在曲阜孔庙，细看《孔宙碑》、《五凤刻石》，在汉中细看《石门铭》，在洛阳，细看《龙门二十品》，在长沙细看《麓山寺碑》，在真定细看《龙藏寺碑》，在这些碑刻中，总能找到一些未损的字，而悟其用笔的起止，特别是我后来还看到不少魏晋简牍，还有汉画像石之写好、画好而未刻者，真如看古人原作，对我领悟古人的笔意有很大的启发，想不到谢老早就重视这点了。

还记得一件往事，谢老到北京后，我经常能见到他和他的书法。有一次于有意无意之间，忽觉谢老的书法神韵，有似大令的《十三行》。这在当时只是一闪念，因为我藏有《十三行》帖多种，其中西湖篙伤本我也有，我几乎日日要看，也曾临过一段时间，所以在无意之间，灵光一闪，忽觉谢老的字里行间，偶然会闪耀出大令风韵。当时我并未敢以此请问谢老，及至看到陈雪湄夫人说他七十二岁还能背临《十三行》，而且精妙绝伦，这才想到我当时的闪念并非无因，如果我当时能以此感受诉之谢老，谢老一定会引为知言。

关于对谢老独特书风的解悟和评价，我个人是从两面来看的，一是谢老淹博闳通的学问和丰富的经历和人生修养，尤其是他对老庄的领悟和佛道的通解，这都会从精神上影响到他的书法的内涵和外延。谢老治文学史，对魏晋玄学也定有较深的解悟，这些不仅影响到他的书法风格，甚至也影响到他的诗风。布封说“风格就是人”，这句话说得最准确。所以，谢老的文风、诗风和书法，是他人生全部修养的融合反映，离开了谢老这样具有特殊渊深的学问修养、哲理修养的人，就无从解悟他的风格。

但是关于读帖和练字，谢老的孙女谢德晶还有一段极为重要的回忆：“他（谢无量）常教育子女不要只限于临帖，说仅仅停留在临帖的技法上，是不足取的。他还告诉我们，不要只限于纸上练字，什么地方，什么时间都能练习，比如在衣服上，腿上，桌子上……用手指作笔划练习。他特别强调要‘读帖’、‘读碑’，仔细熟记每个字的笔划，反复认真揣摩，学会练心、练眼、练手，三者融会贯通，眼一闭，字的轮廓都出现在脑海里，才能做到得心应手，心悟手从。祖父告诫我们说写字不是一朝一夕的事，需要日积月累，刻苦钻研，要有十年面壁，看虱如轮的功夫，不可以轻言射潮。”（《谢无量书法集序》）谢德晶同志记载谢老的这段话，多么精要啊！可说是有志于书法者的南津、宝筏，凡是真正的大书家，都是离不开这一途径的。

此外，我还要讲一些人所未及的事情，即谢老特殊书法风格的形成，除了上述的这些主要原因外，还有一个外在的重要因素，就是他书法的用笔。我与谢老相处九年，曾多次看到谢老写字，特别是谢老让我看他用的笔，要我试试，一试之下，我才感到大奇。因为谢老的笔是纯鸡毫，这种鸡毫现在已看不到了。它是用公鸡的尾毛，去掉中间一根硬芯，将羽毛一丝丝分开，然后加工，再制成鸡毫笔。所以拿在手里，蘸墨后着到纸上，就像一团棉花。我第一次试时，一着纸，就是一个墨团，根本无法成点划；但谢老一握管，笔尖到纸上，照样抑扬顿挫，随意婉转，这才使我佩服得五体投地。他告诉我运笔全在腕力，腕力控制得好，最软的笔毛也能有弹性，这可见谢老功力之深，也明白了谢老绵里藏针的书法的特殊风格的成因。因之，我也悟到1948年我在上海帮助白蕉布置书画展时，得知白蕉的笔也是特殊定制的。他的笔的笔芯是用有弹性的硬毫，外面裹以小儿的胎发，胎发柔和到极点而无一丝弹性，但它的附着力好，紧紧附在以硬毫为芯的笔芯上，所以他的书法刚柔相济，也成为一种独特的风格。因此一个书家特殊风格的形成，与他所用的特殊工具是有密切关系的，论书者不应不知道这一点。

我曾多次碰到谢老到琉璃厂去修笔，他曾告诉我，一支好的笔，用敝了只需请原笔工修修就可用了，千万不能抛弃后重来，因为选毫不易，笔用熟也不易。

由于我亲身经历过谢老的教诲，所以我才悟到他的书法的特殊风格形成的诸多因素，特别是最后一点，一直没有见人提到。

由于谢老的教诲，有一段时间，我也改用鸡毫，但已无法找到谢老这种鸡毫了。我所找到的是用鸡尾部最软的毫，但未去掉末梢的硬芯（这一段末梢的芯已经很软了），所以写起来还有一点弹性，但习书之后，确实改变了我过去的书风，所以到现在我也常用鸡毫来写，因为我有了这个实践，才能确切地领会到谢老独特书风的多方面的因素。我借此机会，公之于众，以求知者。

谢老用纯鸡毫写的书法，现在求之书界，恐已是无人能继了，加之谢老深厚的二王书法的功底和北碑的功底，这两者在谢老的笔下已自然融为一体，再加上他的老庄哲学和佛道思想的修养为他的书法的内涵，这样诸多因素形成的他的特殊书法风格和特殊的成就，实在是当今书苑的麟凤，我看很难找出第二家了。

因为写这篇文章，引起了我对谢老的怀念，常常在枕上成诗，现在就将它作为本文的结尾：

怀念谢无量先生

一

衮衮匡时士，似公有几人。如何半纪下，不见笛吹邻。

二

忆子少壮侯。文章震九州。笔锋除贵要，正气满全球。

三

远别才三月，归来不见君。风云世态急，君去是智人。

四

风火多年急，终来定沥雄。至今井水处，齐唱和谐风。

五

死去也非空。遗言建大同。焚香陈二老，神七到桂宫。

2008 年 11 月 28 日至 12 月 17 日于瓜饭楼

附记：本文所用珍贵史料，如谢老的自传稿本、谢老的女儿谢祖仪的《回忆我的父亲谢无量》等，都承谢老孙女谢德晶同志提供，也参阅了刘长荣、何兴明著《国学大师谢无量》一书，特此致谢。

王蘧常先生书信录

我是1946年春考入无锡国专的，当时抗战时迁到广西去的无锡国专本部还没有来得及迁回来，开学时的学生都是当年新招的。那时上海还有一个无锡国专的分部，唐文治校长委派王蘧常老师任教务长，同时也兼管新复课的无锡国专。当时在无锡的部分，记得临时负责人可能是蒋石渠先生。遇到重要的事情，就请教务长王蘧常先生来处理。

1946年开学的第一年，学校就发生了两件事，一件是学生们对个别教师的讲课不满意，要求更换教师，二是对学生的伙食质量有意见，大家交的伙食费很高而伙食太差。为这两件事情，闹得很厉害，贴出了讽刺性的文章，实际上就是后来说的“大字报”。同时还记得对某一位老师的课大家都不去听，那时还不是有组织的罢课，只是自己不愿意去听课，但也有少数非常循规蹈矩的学生还是去听课的。

学校里有了这两件事，终日惶惶不安，校方就请王蘧常先生到无锡来处理，王蘧常先生就到无锡来了。王蘧常先生声望很高，大家听到他来了，都十分高兴，立即推代表去见王老师，陈述学生的要求。哪知我被大家推为了学生代表，我无法推辞，只好怀着忐忑的心情去见王老师。王老师在办公室里倾听了我陈述的上述二条意见，我对王老师是否能接受我们的请求，实在没有把握。不料，王老师听完我的意见后，立即就作出决定：一是同意换老师。但王老师反复说明，每一个年轻教师初上讲台，总会有不熟练不适应的情况，不能因此而对这位老师存偏见，等他锻炼一段时间再上课。二是伙食要改善，伙食的经费要清楚。学生对王老师的这两条决定无不欢呼雀跃，而且立竿见影，两件事都立刻解决了。

王蘧常先生是著名的书法家，当时上海各大笺扇店都有他的润例。王老师一到无锡，无论是教师还是学生，都到无锡春麟堂笺扇店去买宣纸，一下竟把该店的宣纸买空了，等到我去买，只剩厚厚的玉版宣了。那次，王老师给我写了两副对子，对句是：

不放春秋佳日去
最难风雨故人来

天际数点眉妩翠
中流一画墨痕苍

我最早认识王蘧常老师，就是从这次当学生代表开始的，想不到王老师非但没有对我有看法，相反却留下了好感。

1947 年由于解放战争的迅猛发展，由于国内外形势的发展，学生运动风起云涌，我原先已经被推为学生代表了，运动一起，我更被推为学生会的带头人，于是我自然与同学们一起上街游行，反国民党的独裁内战，反饥饿运动，特别是美军强暴大学生沈崇事件，掀起了全国性的大学潮，无锡国专的学生会与无锡的社教学院学生会联合起来，共同举办全市大游行，影响很大，于是学校开校务会议要开除我和高滌云同学两个为首的人。据当时与会的几位老师后来告诉我，为了要开除我，教师与教师之间几乎打起来。一位教文化史的王教授，是国民党的死硬派，坚持要开除我；一位教唐诗的老教授，叫俞钟彦，别号“白门老兵”，他是国民党资历很深的人，还是李济琛的老朋友，他竟然在座位上站起来，举起茶杯，向那位王教授掷过去，而且大骂王教授不爱惜青年，不爱惜人才。由于这一闹，实际上是地下党员（当时大家不知道）的冯励青教授就起来说话，力主不能开除。主持会议的冯振心教授是从广西迁回来的，他任无锡无锡国专的教务长，他讲诗学、《说文解字》和《老子》。他的三门课我都听了，而且《说文解字》课的成绩我是全班最高的，其他两门课学得也很好，所以冯先生从心底里不愿意开除我，经冯励青先生一说，其他教师也没有附和王教授的，所以他立即就决定，同意冯励青教授的意见不开除。事后两位冯老师都给我讲了会上的情况，冯振心先生还勉励我认真读书。

但就在这时，我接到了地下组织的通知，要我立即离开无锡。所以我马上就到了上海，找了王蘧常老师，说明情况，要求转到上海无锡国专来。王老师听了我的情况后，马上就决定让我和同去的几位同学转到上海来，这样我又在上海听课，我得以认真听王蘧常先生讲《庄子》和《诸子概论》，同时还听到童书业、王佩诤、顾廷龙、葛绥成、顾佛影、刘诗荪诸先生的课。我拜识龙榆生、陈小翠、白蕉、陈定山诸先生也是在此时。

1948 年底我从无锡国专毕业后，就一直保持着与王蘧常先生的联系，直到他 1989 年 10 月逝世，前后 50 年一直没有间断。当然后来的联系方式，除了我直接到上海去看望他外，另一种方式就是不断通信。这样我就不知不觉地积存了王蘧常先生的五六十封信。大家知道，王蘧常先生的书法好，书信的文字也依然古人风度，但读他的信确是比较难读的，连启功先生都亲口对我说：你老师王瑗翁的信，我总要读几遍才能读通。这确是事实。自从王蘧常先生去世以后，有不少人向我打听王老给我的书信，想一睹风采，尤其是《十八帖》更为人们所关注。

但我现在还无法把这些信完全影印出来，故尔想出这个办法，选刊一部分，而且考虑到篇幅，还只能是刊释文，但考虑到大家希望看到他书信书法的风采，我也选刊几札，以满足大家的希望。为了便于理解，我随每件书札，略作疏解：

一、"得惠书"帖

其庸吾弟：得　惠书，为之喜不欲寐。适小极，卧榻展诵为三复，今日起床，即作报。初解放于《新闻周报》（已不能确记）中，得读　弟小品文（似论韩柳文），初以为偶同名，今日思之，殆是也。后古津弟书及吾　弟，至为欣慰。周振甫君信来，亦言曾晤　弟，故虽未得　手书，已知　近况矣。大作极思一读（毛主席加奖一文，尤思一读）。如有副本，至盼见寄。兄五三年由交大调复旦，时心脏病大发，一病九年，屡涉于危（竟有人传其已死，有远道来唁者），至六一起忽好转，居然能出门。六二年一月，哲学系有研究生四人来家受课，先秦哲学，一年后三人卒业，一人仍来，至今不辍，讲《老子》及《说文》，每星期一次，每次两小时，尚能支持。又为中华书局写《顾亭林诗集注》，现将脱稿。血压尚不高。怔忡则尚未全愈，凡此尚可告慰于吾　弟也。不耐久坐，不一一，敬问著祺。

小兄蘧敬启

十月十四日

这封信是1965年10月14日写的，我于1948年上半年在上海无锡国专读书，听王老师的课，同年12月在无锡毕业，就接受家乡前洲镇树德小学的聘请，去任小学教师。校长是孙默军，教务长可能是华昌洙。他们来聘我是有原因的，他们都是地下党员，他们知道我在无锡国专搞学生运动的情况，所以想让我到树德小学去参加他们的活动，在树小，我又与江阴的地下武工队联系上了，队长是王鹏，是王鹏到树小来找我的。但我在树小只耽了一个多月，就立即又调到锡澄公路边上的胶南中学，去补一位地下党员的缺，因为他暴露了身分连夜就出走了。我到胶南中学大约是3月初，到4月22号夜晚，解放大军就过江了。我在黑夜里迎接了解放军，第二天一早就步行到无锡，参加了解放军，在苏南行署政教组工作。确定后，我再回胶南办离校的手续。这以后工作更紧张，除了曾去上海看过王老师外，根本无时间写信，加上地址经常变动，更无法通信。后来我又到无锡市一女中，那是1949年9月，到1954年8月我调人民大学时，又去上海看望王老师。王老师知我到北京中国人民大学，特别高兴，就给我写了一封信给唐立庵（唐兰）先生，介绍我去拜见唐兰先生。信中说我好学，希望唐先生多予教导，因为王老师与唐先生是无锡国专的第一届毕业生，两人交谊甚厚，所以我到北京后，立即就到故宫拜见了唐先生，唐先生看到王老师的亲笔信，又说我好学，就特别热情，嘱咐我常去。“文革”中，我抢救了家乡新出土的五件青铜器，我还拿拓片去给唐老看，但等到铜器拿回北京时，唐老已故去了，这几件青铜器，其中最大的一件，被定名为“郏陵君鉴”，其铭文已被收录在《中国书法艺术》先秦卷。

信里提到的古津，是严古津，也是无锡国专的学生，诗人，我之专门去拜钱仲联先生学诗，就是他促成的。他对我说，你这样的喜欢学诗、这样的资质，不拜钱先生是终身憾事（当时王蘧常先生已是我的老师了，而钱先生不在无锡国专教书，所以要我单独去拜钱先生）。他对钱先生又说，其庸这样的资质，您不收他为学生，也是憾事。所以钱先生就欣然接受了，这还是1946年春天的事。

信里提到的周振甫先生，也是无锡国专的学生，比我早，我因编《历代文选》，所以常和振甫先生见面。他们两位与王老师通信时也常提及我。

二、“接惠书两种”帖

其庸吾弟：接　惠书两种，谢谢。适在病中，泄泻，病榻展读，几忘疾之在体。《新建设》一文，益我良多，宜乎得　主席之称许也。兄前星期一夜半，忽患洞泄，汗下不止，似将虚脱，至天明始略好，其后仍不能全止，迁延至一星期多，今始大愈。甚矣，吾衰也。不能多写，敬问

著祉。

小兄蘧手启

十一月十八

信中提到的《新建设》一文，是指1963年10月我写的《彻底批判封建道德》一文，该文在《新建设》发表后，就得到毛主席的赞扬。那时中央正在与以赫鲁晓夫为首的前苏联论战，中央发表了著名的“九评”，第十评还未出来，赫鲁晓夫就垮台了，所以就到九评为止。我的文章发表时，中央正在起草第六评：《两种不同的和平共处政策》，康生到主席处去商量此文的写作，主席就向他推荐我的这篇文章，说这篇文章里分析在同一个封建道德的德目里，就有两种完全不同的内容，譬如“忠”这个德目，大宋皇帝要求忠于他的封建皇朝去消灭梁山好汉，而梁山好汉，则要求大家忠于梁山起义集体，去反对大宋皇朝，所以同一个“忠”字，就有截然不同的两种内涵。毛主席说：冯其庸的这篇文

章，有材料、有观点、有分析、有说服力。他要求康生即用这种分析方法来分析马克思主义与修正主义两种不同的和平共处政策。（以上是大意，先是由林默涵，后来又由康生向我转述的。）由于主席的称赞，所以康生就找我，后来碰巧在国子监的中国书店专家服务部碰上了，当时是阿英（钱杏村）陪同康生，因阿英与我熟识，就告诉了康生，康生当即告知我上述这些情况，想调我到他那里去，另外，他还谈了不少别的事，此处不再枝蔓。

三、“前惠书悉”帖

其庸吾弟：前　惠书悉，古津云亡，为於邑（呜悒、呜咽）数日，曾寄短纸两叶属书，知其疾甚，即报之，不意邮到日，古津已前一日撒手矣（其子乙苍书言）。伤哉！鄙春节前即病，心脏不安（下略）

蘧手启

四月十三日

信里悼念的“古津”，就是上面提到的严古津，无锡国专的学生，与我同龄，比我早一届。他是无锡寨门人，与革命烈士严朴是本家。严古津是一位著名的诗人，曾受业于王蘧常、钱仲联、夏承焘诸位名家，1946 年春我特拜钱仲联先生为师，就是他极力促成的。王蘧常老师给我的信里曾说到“古津诗甚俊伟”，可见他很受前辈大师的推重。我还记得他访惠山青山湾忍草庵的诗，诗云：“白道萦回第几湾。山僧识我此孱颜。梁园旧客虽多病，看到斜阳尚倚栏。”此诗于平稳中寓风致，末句余味无尽。古津去世后，我曾有悼诗云：“旬前遗我书犹在，邀我欢言一夕温。不道春归风雨急，断肠消息到柴门。”“三十二年事已非（予与君同岁，二十一岁为订交之始，至今32年矣），夜吟对榻梦依稀。一场大梦君先觉，我犹梦中泪沾衣。”又有《悼古津》七律一首云：“小楼犹记识君时。落落风仪似牧之。卅载交亲秦塞月，一编遗墨楚人辞。岂知春去成长别，但觉秋来泪暗滋。遥想江乡云深处，吟魂又过青山祠。”古津的去世，师友皆同声叹息。

四、“手书悉”帖

手书悉，鄙已完老子《德道经》，黄帝四经、《战国策》，皆汉墓所出，独未见《孙膑兵法》，今荷远惠，欣感之至。书件已于昨日寄出，“宇”是“宇”字，见《月仪帖》，　弟言正宇先生可惠法绘，感甚！近朱大可作大篆“仰韶楼”横额见惠，颇冀正宇先生赐作韶山图，绘毛主席旧居，最所心感。横一尺二寸强，直一尺六寸强，纸乞弟代谋诸。贱躯自上次感冒后，至今畏寒，前日量血压竟高至二百十度，幸下为八十八，当无问题。不一一，敬问

近祉！

蘧启

四月廿六

严像引首可以写

这封信里可见王蘧常先生到晚年，不仅仍在研究学问，而且还特别重视新出土的文献，当时他找不到新出土的《孙膑兵法》，我为他买到一部寄去，他非常高兴。他还告诉我《月仪帖》里“宇”字的特殊写法。当时大书法家张正宇先生看到王老的字，佩服得不得了，认为王蘧常先生的书法是当世第一人。正宇先生求王老写了一幅字，答应要给王

老画幅《韶山图》写毛主席旧居。朱大可先生，原无锡国专的教授（教诗歌）为王老写了篆书横幅“仰韶楼”三字。这是因为我送了王老几片仰韶文化的彩陶片，他借此寓仰慕韶山毛主席之意。信末说“严像引首”，是指我求张正宇先生为严古津画了一幅遗像，不少师友写了悼念古津的诗词，其中有钱仲联、夏承焘等老师的作品，也有我的悼诗，欲求王老为此长卷题一引首，王老立即答应了。此卷由我去请人裱成后，送给古津之子乙苍保存纪念。

五、“久不得足下书”帖

其庸吾弟：久不得　足下书，甚念甚念。贤劳何似？前接唐立庵、周振甫信，皆言及　足下，振甫言“独立乱流中”，尤不易得也。闻之喜甚。兄多病，不一一，顺问

近祉！

小兄蘧状

上巳

这是“文化大革命”中的一封信。时间已记不准，可能是1967年春天。我是“文革”一开始就被“打倒”的，罪名是“反动学术权威”。其实我哪里是什么“权威”，不过是为了要打倒我，特意把我拔高而已。因为我一开始就受批判，所以我哪一派都未参加，也不可能参加。再说在运动开始前，中央就下调令调我到中央文革去工作，人民大学党委会讨论通过后就由孙泱副校长亲自拿着党委的决定和中央的调令来找我（当时我住张自忠路一号），要我即去中央文革报到。孙校长原是朱总司令的秘书，我是他到人大来后认识的，多次接触后，感到他为人朴实，没有官气，所以我们关系较亲密。我就对孙校长说实话，我

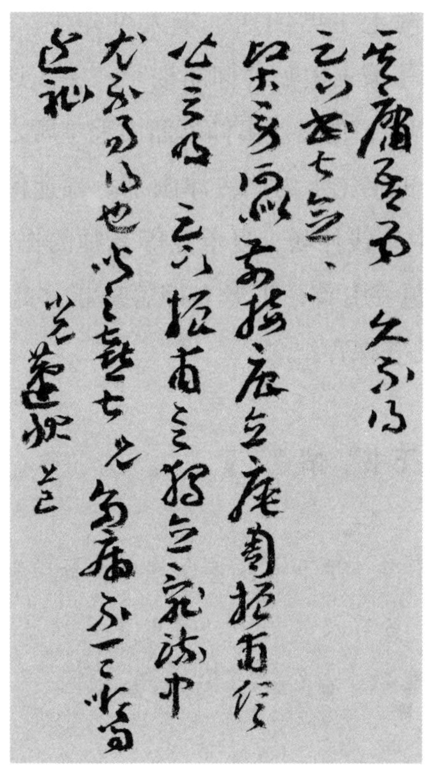

说：我不懂什么叫“文化大革命”，不敢去。他从学校的利益着想，力劝我去，我虽然答应了，但一直未去报到。人大当时最早被“打倒”的除我以外，还有胡华同志。他教中国革命史，他是红小鬼出身，从延安过来的。他被“打倒”后，有一次在铁一号门口拐角处遇上我，他见四周无人，就对我说：“老冯，我们太冤枉了，我一直在革命队伍里，怎么变成反革命了呢？我相信你也一样，我真想不通。”我就与他开玩笑说：你不要把自己看得太高了，这场“文化大革命”会是为了打倒我们而发动的吗？肯定另有重大的原因，现在还看不出来，我们是被这阵飓风卷倒了，将来总会清楚的，关键是我们不能跟着乱来。他听了觉得我分析得有道理，所以我始终没有参与任何一派，他也一样，我连所谓“揭发”别人的大字报都没有贴一张，只是由他们批判我。在第一场大批斗我时，我在心里默默地写了一首诗：“千古文章定有知。乌台今日

已无诗。何妨海角天涯去，看尽惊涛起落时。”这首诗就是我当时思想的真实记录。当时王老师一直接不到我的信，十分担心，就向周振甫、唐兰先生打听我的消息。因为我哪一派都不参加，所以说我“独立乱流中”。王老师知道了这个情况，特别高兴，特意写来了这封信。

六、“夏历元辰”帖

其庸吾弟：夏历元辰接　弟惠我《南山苍松图》并笔润三十元，厚谊深情，感泐莫名。图，气象俊伟，适郑学弢弟在旁，亦大为欣赏（亦国专毕业，云在徐州师院曾一晤弟）。题签数字，乃得如此厚润，为之惭怍。此次贱辰赠诗颇多，并及海外，拟装一长卷，恳　弟亦惠我一诗，以光篇幅。附上宣纸一帧。　大集已读，论京剧数篇，精辟之至，三四两小儿亦争相传阅。　弟劳太过，鄙为之心悸。记得前已劝戒，今更郑重言之，千万不可过劳，（竭力摆脱，不可犹豫），至要至要！红学之盛，乃及域外，得　弟阐发，当更光大，企予望之。茹松住嘉兴中基路262号，近在安徽亳县工作。此问

近好！

小兄蘧

二月十九

这封信里说到的《南山苍松图》，是我为祝王老师八十大寿而画的，其实我那时还不会画画，只是表示对老师的敬意而已。画的后面还有一段长跋，记我向老师问学的经过和老师对我的关切。信里提到的郑学弢先生，是国专的学生，是我的学长。当时我论戏曲的《春草集》刚出版，里面有论京剧《青梅煮酒论英雄》、《麒派杰作乌龙院》等文章。

他们都爱看京戏，所以也都愿看我的文章。王老师还一再要我写诗，其实我诗也是学写。王老师特别在信中一再嘱咐我不可过劳，足见他拳拳爱我之心，而且这样的嘱咐，几乎每信都要提及，使我深深感到老师爱我，真正如父如兄。信末提到的沈茹松，是我的同班同学，诗书画皆通，书法作章草，颇能得王老师的笔意。尤其与众不同的，他是诗书画的快手捷才，要作诗，可说是出口成章，謦咳立就，可惜他的命运太坏，受了不少冤枉挫折，最后早逝，没有能用尽他的才华。

七、“久未通问”帖

其庸弟：久未通问，时时驰念。（中略）顷闻唐山地震，波及京都亦甚剧，　弟亦受惊否，至为驰念，特问
近好！

蘧

七月三十日晚

1976 年夏天，唐山发生大地震，当时我住在张自忠路人大宿舍五层楼上，突然从床上把我震到地上。我还未明白是怎么回事时，随着书架上的书纷纷落地，关着的房门也一下被震开了，我猛然省悟是大地震，立刻到隔壁房里叫醒孩子和我爱人，他们也正在惊慌失措。这时震得更剧烈了，耳中只听得不少东西纷纷落地，一片倒塌声。我的大门一会被震开，一会又被震闭，我拉着孩子正要往楼下跑时，忽然大门外一根竖放着的长木倒下来卡住了我的大门，人不能出去，我使劲将大门顶开一条缝，伸手把横木推开，才算开了大门直往楼下跑。此时震波不断，耳中只有纷纷的倒塌声，我跑到校门口钟楼前时，眼看着钟楼在大幅度地摇晃，看样子很快要倒下来了，但突然又不摇了，震动停止了。当晚我

们都露宿在校门外马路边。这就是当时惊慌万分的一幕。我还未来得及写信告诉王老师，老师却来信问候了，足见老师对我的关切。

八、“论红楼梦庚辰本”帖

其庸吾弟：论红楼梦庚辰本寄到，虽在酷暑中，居然读一过，考证精确之至。寄到时适太炎门人金君在坐，见　足下题字，大为欣赏（所书是钢笔字）。兄仍多病，近两足大肿，几不能纳履，行路挥汗，不一一，敬问

著祉！

小兄蘧

七月八日

1975年我们开始校注《红楼梦》时，讨论用哪一种本子作底本的问题。我主张用庚辰本，有的同志主张用戚序本，也有主张用杨藏本的，看法不一，争论很激烈。这时刚好“四人帮”被打倒，大家热烈参加揭批“四人帮”，小组工作暂停，我利用这个空隙，认真将己卯本与庚辰本逐字逐句地作了校对。因为我已与吴恩裕先生一起考证出了己卯本是怡亲王府的抄本，并于当年3月24日《光明日报》上发表了《己卯本〈石头记〉散失部分的发现及其意义》一文，对《石头记》抄本研究获得了重大的突破。当我认真用己卯本与庚辰本对校的时候，想不到竟意外地发现庚辰本的底本就是己卯本。己卯本残存四十一回又两个半回，尚缺三十七回又两个半回，其残缺部分恰好可从庚辰本补见。庚辰本的行款、空白、错字，部分笔迹和全部脂批都与己卯本一样。己卯本上的全部脂批，庚辰本只漏抄一个字，连己卯本上的衍文，庚辰本也照抄了。特别是庚辰本上还保留了一个避讳的“祥”字，把“祥”字

写作“袿”，与己卯本的避讳一模一样。而且还可以查出，庚辰本的抄手中，有二人就是原己卯本的抄手。这些相同的特征，说明了庚辰本与己卯本特殊的血缘关系。因为庚辰本和己卯本都是多人合抄的，所以他们必须保持原底本的行款格式，否则分抄后就合成不起来。但在乾隆二

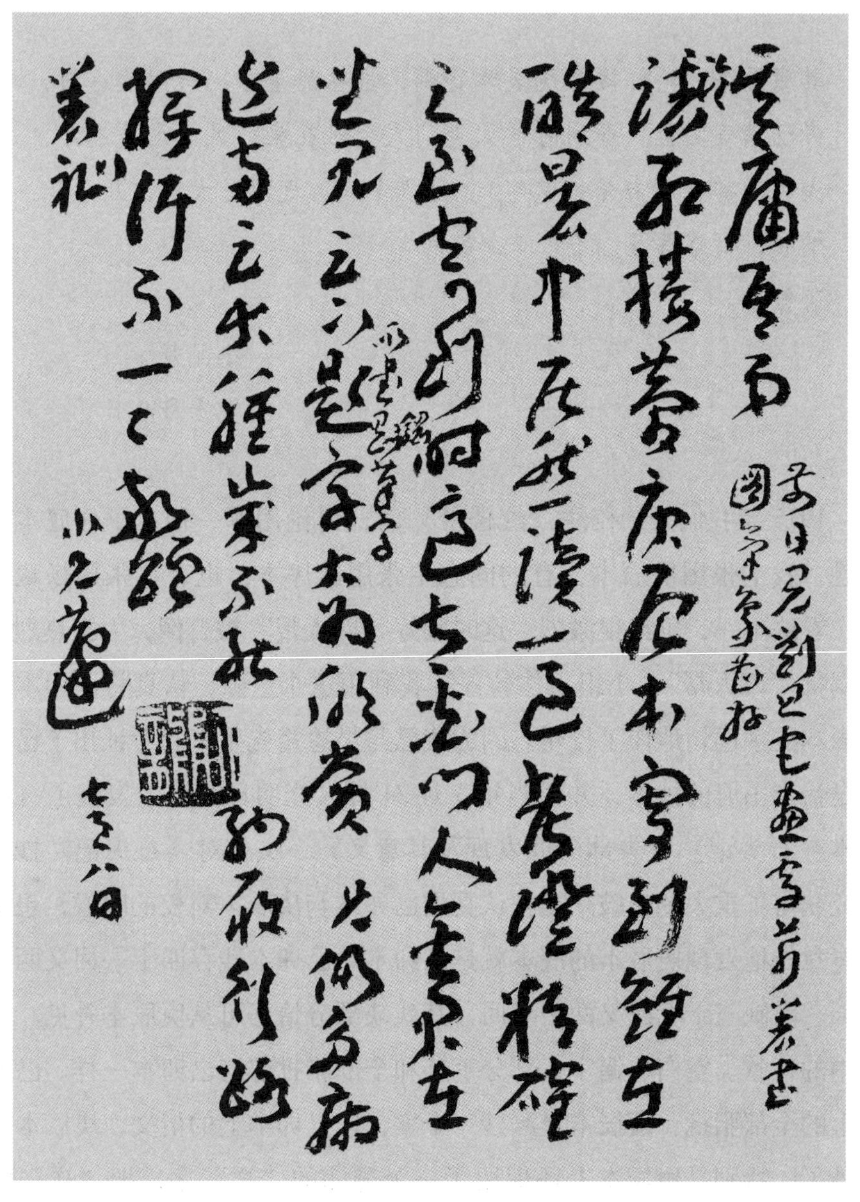

十四年的时候，社会上还没有抄本流传，所以怡亲王府抄《石头记》，其底本只能是从曹頫或曹雪芹手里借到，何况怡亲王府与曹家有特殊关系，连雍正都有明确谕旨，所以其底本来源只可能是从曹家人手里直接借到。由此又可得知，无论是庚辰本或己卯本的款式，都无意中保留了曹雪芹原稿的格式，这就更显得这两个抄本的可贵。我在《论庚辰本》里，主要是论证了上述这些重要的问题。我的《论庚辰本》后来也发现有个别错误，但不是上述这些根本问题，而是把现代人陶洙用朱笔将庚辰本上的异文过录到己卯本上的文字，误认为是己卯本上原有的朱笔旁改文字，庚辰本在过录时都把它抄成正文了，这是把事情弄颠倒了。但除此之外，己卯本与庚辰本之间，还有少量文字的差异。我在《论庚辰本》里也已郑重地提出了这一点（因为除了陶洙转抄到己卯本上的文字外，还有未转抄过去的异文）。这一点，正是至今还未能解决的问题。

我的《论庚辰本》是1977年5月20日开始动笔，到同年7月23日完成，前后两个月，共10万字。此书先在香港《大公报》连载，然后由上海文艺出版社出版，此书出版后获得学术界普遍的重视，所以王老师读完此书后特来信大加奖勉，足见老师对我的关切。

信中提到的太炎门人金君，不知是否是原国专的老师金德建教授，他治《史记》学。我后来一直忘记问老师，所以至今成为悬案。

九、“手书悉”帖

其庸吾弟：手书悉，人民大学恢复，兄早知　弟必归。前日得立庵书，谓自香港回（为展览古物）即患风痹，不能行动，但语焉不详，驰念之至，　弟有暇能往一省否？朱君大可近患肺癌，此皆大不快事。昨日胡君曲园言，此次书法向日展出，彼邦人士盛称中国古有王羲之，今有王××，可谓不虞之誉，

以其过情太甚，为之深愧。　弟于兄书有嗜痂之癖，特为　弟言之，不足外人道也。畏暑，不一一，顺问

近好！

兄启

七月七日

人民大学复校，最早是李新同志（原人大教务长）的呼吁和奔走，并让我起草向中央的报告书，后来郭影秋校长又竭力奔走呼吁，我也参与了起草复校的报告，后来终于得到中央批准恢复了。人大的停办，本来就是“四人帮”的阴谋，因为人大的不少老教授都是延安来的，深知江青的底细，我亲自听到原人大铁一号传达室的一位老红军（经过长征）说江青的许多坏事，人大的老教授对江青太了解了，成为她的心病。所以“四人帮”要解散人大。人大恢复后，我自然就又回到了人大。

信中提到的立庵，就是前面提到的唐兰先生。故宫到香港去办展览，唐老作为老专家，在国内外声望很高，所以应邀同去，但回来后就得病，等到王老师来信要我去看望时，可能已经来不及了，我现在只保留唐老给我的一个便条，时间是在我告诉他我家乡出土青铜器之后。便条说：

其庸同志

承嘱题画兰，久未动笔，甚歉。兹附上。战国铜鉴，能否设法归公否？甚念，至少能得一拓本和照片为幸！致

敬礼！

唐　兰

7 日

题画兰，记得是陈从周兄托我求他题的。“郡陵君鉴”等五件青铜器，

经过很长时间的安排才妥善运到北京，运到北京时，唐兰先生已经去世了，他未能看到，非常遗憾。后来我交给了南博的姚迁馆长，是无偿的捐赠，我只要求他给我一个收条，后来除收条外还给我一份裱好的拓本。可惜已经无法给唐老看了。那时，中国到日本去办了一次书法展，日本书法界对王蘧常先生的书法，推崇得不得了，认为中国古有王羲之，今有王蘧常。我是从日本朋友和另几位朋友处知道这个评价的，后来，王老师在这封信里也提到了。

十、“哀悼廷福”帖

其庸吾弟：书悉，哀悼廷福竟至不能卒读。兄挽一联云：

斯人斯疾，耄老何堪祝予痛。（子路死，孔子曰：天祝予。祝，断也。谓断其传道也。）

亦儒亦法，瀛海多传诂律文。（沈寐师辑古律，有律诂篇。廷福多释古律，故以为比。）

侯画集题签，仅数字，乃得此数，此　弟之惠也。闻　弟有出国之行，确否？此问

近祉！

蘧常手启

六、十

杨廷福，也是无锡国专的学生，精于史学，尤精唐律，并研究玄奘，有《玄奘年谱》，为研究玄奘的著名著作。廷福还是一位诗人，诗极好，“四人帮”时，有《丙辰咄咄吟》律诗六章，感慨苍凉，读之令人泪下，江辛眉兄有和诗，哀音如诉。郁勃回荡，皆刺世（“四人帮”）之作，予为之笺证而刻之，一时都中吟人竞相传观。未几“四人帮”垮

台。廷福应中华书局邀来京参加《大唐西域记》的笺证，王蘧常师特写信嘱他来见我，倾谈之余，一见如故，从此每周必三见，直至书成回沪，予笺其《丙辰咄咄吟》亦在此时。廷福与辛眉皆一时俊才，但两人皆被错划为“右派”，20年饱受痛苦。“四人帮”垮台后，1983年，廷福参加在意大利召开的国际法学会议，讨论古代律法，廷福两篇论唐律的论文，震动律学界，誉满学海，日本因之派副教授来向他进修唐律。可惜廷福竟于1985年5月因癌症病逝，终年未满六十岁。王蘧常先生的挽联，就是在此时写的。廷福去世后八个月，诗友江辛眉竟也因癌症去世。辛眉也是王老的学生，从此王老师失去了一对传学的门人，我则失去了我最好的学友和诗友。

十一、“承问”帖

承问右军书法，予何人斯，敢有雌黄，必不得已，姑妄言。《淳化》所收，比《奉举》，看《安和》、《喻嫂》、《清和》各帖，势颇纵放，殆近痛快，然似非绝诣。其后行云流水，多任自然，实难攀跻，愈晚愈入化境，此书圣之所以为圣与！予曾临摹数百次，故略知其窍要，敢为　弟言之。

王蘧常（印章）

关于王羲之的书法，是我与运天多次请教老师，老师才在信中提及的，这是他最后写的《十八帖》里的一封信。我拿到《十八帖》回到北京，没有几天老师就仙逝了，所以所有《十八帖》里涉及的问题，都没有来得及进一步向他请教。他信中说《淳化阁帖》里的《奉举》等四帖，我们同样没有来得及请他深讲，但这封信里的大致意思是可以领会到的，就是说收在《阁帖》里的以上各帖，虽然看起来已经很“痛快”、“纵放”了，但还不是王书的最高境界，王书的最高境界是“行云流水”、“多任自然”，而且是愈老愈入化境。我体会这几句话是十分精要的，也是说到王书的最关键处。就我个人多年学王的体会，我认为王羲之的书法，发展到流传到日本去的《丧乱》等五帖，真可以当王老师说的“行云流水”、“多任自然”、“愈入化境”这三句话。还有现藏辽宁博物馆的《万岁通天帖》里的数帖，也可当此评。但我的体会，已无法就正于老师了，只好作为自己的一点领悟而已！

十二、“逸梅”帖

近郑逸梅先生索　弟与我长笺，将入名人尺牍中，兄不能割爱，特报　足下一笑。

蘧常章草（印章）

有一次，我从银川回来，给王老师写了一封长信，信是用四尺对开横幅写的，记得一封信写了三张四尺对开的长幅，合起来就是一丈二尺长，信是写我在宁夏各地参观的历史古迹，我跑了很多地方，西夏王陵、贺兰山、六盘山、古萧关、固原秦长城等我都看了，所以信写得很长。这封信被郑逸梅先生看到了，说是天下第一长信，要收到名人尺牍中。王老师舍不得给他，就写信告诉我，并要我下次去上海时，去见见郑老，如能为他写一封长信则更好。不久我去上海，就去拜望了郑老，谈得很高兴，我也答应一定给他写封长信，谈西部景色。我回京后因为事多，没有马上写，拖了一段时间，想不到郑老竟去世了，遂成为永远的憾事。

十三、“运天”帖

运天弟言　足下有米癖，得之黄河两岸及秦陇，大至数十斤，小亦数斤，古人所作归装，无此伟观，令人欣羡。

蘧常章草（印章）

上世纪80年代，我多次到兰州。西北师范大学有位张瑾老师，是教外语的，她告诉我在兰州附近的黄河古河床里，有许多石头，其中有一些色彩花纹都很漂亮，她还把她收集的几块拿给我看，确实很漂亮。我就请她带着到了黄河古道，我从古河道里拣到了一批石头，回到兰州洗净以后，又选了一批，其中有一块特别奇特，就像一棵天然的大白菜，大小也与大白菜一样大，绿叶白茎，叶脉也很清楚，根部还显得较粗，与真的白菜一模一样。还有几块是色彩斑斓，非常耀眼。张瑾老师送给我的一块尤为好看，有如一幅天然的抽象画。其余还有十多块，都别具一格，以后张老师还多次远道托人带石头来，现在我还保存着一批黄河石。可惜张瑾老师不久即去世了。有一年黄河水枯，刘家峡以下一段河道基本无水，露出来不少难得见到的好看的石头，附近的人都去挑选。他们来信要我去，我因事未能去。据说那一次是天然的机会，出来了不少美石。以后我也随时注意这种奇石，但我没有那么多的精力和时间，所以没有继续收集。王老师信中所说的，就是我从甘肃黄河古河道里找到带回来的一批石头。我还喜欢大型的太湖石，最近我得到两块奇石，一块重27吨，高5米，壁立如峻峰，而中间崩裂一巨隙约3米长，10公分宽，前后均可洞见。另一块约10吨重，又是另一种特殊造型，满身是漏孔，石势向右倾驰，有如飞云。前一块我取名为“天惊”，取“石破天惊”之意，后一块取名为“奔云”，状其势也。两块奇石都请考古专家张颔老先生为我写了古篆文，刻在石上。张老是著名的《侯马盟书》的破译者，又是古文字专家，又是著名的书法家，两石由他题写，自然倍加增色。我又题了诗也刻在石上，由此，这两块石头，加上原有的两块，就成为我小园中的一景。因为我素来喜欢欣赏奇石，所以王老师说我有“米癖”。可惜我新得的这两块奇石，已无法告知王老师了。

十四、“题南山图”帖

其庸吾弟：前有信，恳题《南山同寿图》，想邀 览，但后发觉纸未附寄，兹补去。（横写）知 弟繁忙，且将出国，不应以不急之务相烦，惟 弟相知之深，而无一言，终引为憾。但得一绝句可耳。此问

近祉！

小兄蘧白

四月三十日

近香港《新夜报》连续登载三日，题曰：章草第一手王××，可谓不虞之誉。

这封信是王蘧常先生八十岁时给我写的，他要我题朋友祝贺他八十大寿画的《南山同寿图》，同寿是指同时祝师母的寿。那时我正要去美国，记得我除题诗外，还另画了一幅《南山苍松图》并加了长跋，祝贺老师的八十大寿。我题的诗是：“书苑当今第一流。文章马杜合同俦。春风桃李花开日，共祝伏翁添海筹。”老师极为欣赏，此事前已提到。后来到老师九十大寿时，我题了一首长诗《明两老人歌》。老师一直许我能写诗，但实际上我还算不上能诗。

以上我列举了十四封王蘧常先生给我的信，并作了疏解。从我的释文中，可以看到王蘧常先生的书简风格，有人评论说，宛然晋贤风致；从我附的几件书信墨迹来看，也可看到王蘧常先生的章草，实在已把章草发展到了极致，也就是说，已经不同于章草而自成一体了。所以谢稚柳先生就说，王蘧常先生的草书，是王草而不是章草，是章草的升华和变革，已经到了书法的至高境界。前面第十一帖中引王老师论王羲之书法的最高境界是“行云流水”、“多任自然”、“愈老愈入化境”，这几句话正可以用来论王蘧常先生的一部分书法精品。

2008 年 7 月 29 日晚 10 时

怀念钱仲联先生

最近听说钱仲联先生病了，我打电话到他家里去，接电话的人说：钱老病了，在医院里。我立即打电话给苏州的朋友钱金泉先生，请他代我到医院去看望钱老。钱先生从医院里给我来电话说：钱老是病了，医生说是胃病，不准吃东西，可钱老饿得顶不住了……又过了几天，钱先生又来电话说，钱老的病，重新作了诊断，不是胃病，是肠子上的问题，要开刀切除。钱老已经九十四岁了，我真担心他的身体能否承受！一个星期过去了，今天一早，我给钱老家里打电话，想问问开刀后的情况，不想接电话的人说，钱老已经回来了，你自己给他说罢。接着就是钱老沉稳而响亮的声音，说：谢谢你的关心，我已经从医院里出来个哉！钱金泉先生曾代你来看过多次，非常感谢。我开刀很成功，切除了一段肠子，现在总算一个大关过了。我听了非常高兴，不敢与他多讲，只说祝他健康长寿，下次去苏州时再去看他。这是钱仲联先生最近的情况。

回想往事，我是1946年春天拜见仲联先生的，那时我刚考进无锡国专本科，而仲联先生已不在无锡国专任教。我的好友，也是仲联先生真正的入室弟子诗人严古津，特别把仲联先生从苏州请来，约好在无锡公园茶室见面。我是以一个刚刚入学的青年学生来拜见这位鼎鼎大名的诗坛泰斗的。见面之后，我道了对先生的仰慕之忱，虽然仲联先生已不在无锡国专任教，但我是专诚来拜仲联先生为师的！古津兄也代道了我的诚意，仲联先生莞尔而笑。这是我拜识仲联先生的开始，那年我才虚龄二十五岁，仲联先生也才四十出头，可那时他已经是诗名满天下了。

第二年，1947年岁在丁亥，古津赠我仲联先生的亲笔新作《八声甘州》词，词云：

> 蓦桃花都傍战尘开，春风冷于秋。倚乱山高处，万松撼碧，如此危楼。望里浮云起灭，东海有回流。鬓底残阳影，红下昆丘。　　携手江湖倦侣，念南征岁月，歌哭同舟。更梦肠百折，夜夜绕峰头。算余生、阅残千劫，甚重来、不是旧金瓯。人双老，睇栏干外，来日神州。
>
> 丁亥仲春，偕内子登虞山望海楼，
>
> 调寄《八声甘州》。梦苕

这幅仲联先生的墨迹，我一直什袭珍藏着，前年我特地加以精裱，带到苏州去拜见钱老，我问钱老：还记得这幅字吗？他看后第一句话就说：这不是给你写的，这是给古津写的。我说真是这样，这是古津当时就送给我的，我一直珍藏到现在。他算算，说已经半个多世纪了，真是难得。他脱口就说，我当时就说“东海有回流”，不是现在日本人又用经济侵略的方式重来了吗？我惊叹钱老如此高龄而思路依旧那么敏捷，记忆力依旧那么好！

我从钱老问学的过程中，钱老曾给我写过不少信，这些信都不是泛泛的问候，而都是有学术内容的，虽然经过半个多世纪的播迁，已经散失了一部分，但总算我还保存着一部分，现在重读这些信，真是如忆旧梦，如晤故友，会唤起你的许多历史的记忆，如1973年3月给我的信说：

其庸同志：两次　手教敬悉。　尊诗格韵高绝，叹佩叹佩！放翁诗注事，姑俟一时间。原意欲存之于大图书馆，让人知有此书，得以查阅，不致区区苦心，湮没无知耳。瞿禅先生七十四高龄新婚，开古稀新例。古津曾约渠秋后游苏，未知其腰脚如何？古津同门为绘红绿梅为祝，命弟为诗，录奉　粲正。

嘤墨和香一写之。好春消息在高枝。

绿华新降红禅笑，正是孤山月上时。

匆匆即致

敬礼

同门弟钱仲联顿首

七月二十三日

信中所说放翁诗注事，钱老有《陆放翁诗全集注》稿本，“文革”前交上海中华书局编辑所，“文革”爆发，此书未能出版，并书稿也无法找回，后来我托了陈向平同志，查到了此稿，还给了钱老。1973 年，钱老生活困难（当时工资未全发），想托我将此稿让给图书馆作为藏稿，以解决当时的生活困难。我得信后，力劝钱老取消此意，另想办法解决困难。“四人帮”垮台后，此书后来终于得到出版。

信中提到的“瞿禅先生”，就是词学泰斗夏承焘先生，也是无锡国专的老师。夫人去世后，与吴闻女士结婚，吴闻是夏先生在无锡国专时的学生，诗词佛学都好，且写得一手好书法，能与瞿禅先生的墨迹乱真。后来瞿禅先生的许多书札和书法，都是吴闻代笔，几乎无法辨认是代笔还是原书。瞿禅先生晚年给我的书法和信札，有的是瞿老亲笔，有的是吴闻代笔，有的还写明是吴闻代书，关于夏瞿老，我当别有纪念文章。可惜瞿禅先生去世后不久，吴闻同志也去世了，这是无可奈何的损失！

1973 年 9 月，仲联先生又给我来一信，信里寄了两首为我题画的诗，一首是题画墨荷的，诗云：

涨天十丈墨荷工。百草千花孰与同。
临水浑知珍惜意，不教摇落向秋风。

其庸同志绘赠墨荷，小诗报谢，即请　是正。

弟仲联呈稿

八月二十六

先数日有谢函，谅达记室。

另一首是题我画的墨葡萄的，诗云：

马乳龙须墨晕香。扶来倒架意何长。
分明璎珞诸天会，不待金茎肺已凉。

其庸诗人同志画赠葡萄，小诗报谢，即请　是正。

同门弟钱梦苕

这两首诗寄来前，先生先寄我一信，告知我题诗事，可惜那封信现在找不到了，幸而第二封寄诗笺的信完好无损，我依旧珍藏着。

1974年6月，钱老又给我一信，信云：

其庸同志史席：

手教奉悉已多日，知　尊撰《红楼梦》研究（指当时我写的《曹雪芹家世新考》）不日将修改告成，欣快无限，唯盼早日出书。贱恙天热后稍减轻，但发展到左臂剧痛，仍在服药中。五、六天以前曾上一函，同时并邮呈《中国古代文学》第三册一本（未挂号，想不致遗失），此时谅达　左右。渴望　指正谬

误。弟于小说戏曲都是外行，拟说中大胆妄论，自知未必是也。恩裕先生来时，弟曾赋《买陂塘》一词，兹录奉 教正

买陂塘

甲寅初夏（1974年）恩裕先生过访吴门，因同游织造局旧圃

葑门西，苍烟乔木，馀春和梦归早。七襄当日机声里，曾记补天人到。钗凤杳，剩一角红楼，妆点沧桑稿。云荒地老。看水涸方塘，苔封败碣，何况不周倒。 畸笏叟，逢尔定呼同调，零编收拾多少？飘然青埂峰头过（池有石假山一，花石纲故物也），犹有幻尘能道。歌好了，为稗史旁搜，踏遍吴宫草。巢痕试扫。正燕子飞来，不应还问，王谢旧堂好。

恩裕先生在苏时，曾面诺书一小幅相赠，晤及时恳代为催索为感。并求 公也写同样大小的一张（象见赠葡萄画幅大小足矣）见赠，内容乞写尊诗，如与《红楼梦》有关的尤妙。无餍之求，尚希 谅而恕之。匆复，敬承

道履

同门弟仲联顿首

六月二十四日

1974年，吴恩裕先生到苏州调查织造局旧址，由我写信给钱老，钱老欣然陪同前往，并填此《买陂塘》词为赠，足见仲联先生深情。后来此词钱老又用宣纸手书一幅赠我，并加跋云：

甲寅初夏，吴恩裕先生过访吴门，因同游织造局旧圃，池中矗立太湖石一，与留园之冠云峰并为花石纲故物，调寄《买

陂塘》。

其庸同志诗人教正

同门弟梦苕

这幅墨迹，我也于前些年同时装裱珍藏。吴恩裕先生回京后，曾为我盛称钱老亲为导游之盛情。不久即作书法一幅相谢。1975 年，钱老又寄我一信，说：

其庸同志：手示敬悉，知今春　文旌有南来之讯，良为欣慰，扫榻以待。弟虽病足，尚能扶杖陪游，如有同来之人较多，则师院招待所亦可寄宿，虽□铺尚不恶。　拙著承多方设法，深感不安。估计学报大概不大可能容纳此庞大体积，姑听之而已。　公为古津制遗像，足征风义，率成题诗一律，附呈　教正。匆上敬颂

新春万福

弟仲联顿首

人日

其庸同志请张正宇先生绘古津遗像，

为题一律，以当哀挽

讲肆逢君卅载前。侵寻羸疾到华颠。年来正喜耽长句，冬尽谁知叹逝川（君逝于立春前一日）。苦为佳儿伤葛帔（用任昉儿事），不堪遗像对蒲禅（君耽内学，苏诗“坐依蒲褐禅”）。平生风义犹龙子（冯梦龙字犹龙），遥想临风一泫然。

其庸同志正

弟仲联呈稿

信中所说为古津遗像题诗事，是因为古津于1974年端午前，携角黍去杭州探望夏承焘先生，当时还在“文革”中，夏老处境亦很艰难，所以古津特意去看慰他，携去粽子（角黍），因为是端午令节，又是纪念诗人屈原的民俗，而夏先生又是词宗，所以他特意带了粽子去，以表他对夏老虔敬之意。古津与夏老见面后，两人都很兴奋，快谈竟日，当天古津住到他弟弟处，不意竟大吐血，其实他的肺病已经很重了，次日即由他女儿接回无锡，到1975年立春前一日逝去。古津之逝，我非常伤痛，特为恳请大艺术家张正宇老先生为他画像，夏瞿老为他遗像题词，又请海上王瑗仲师写引首，再请钱仲联师题诗，装裱成卷，交其子乙苍以作永久的纪念，上面这首诗，就是仲联先生为此而作的。

以后，我有很长一段时间不去苏州，因此也少与仲联先生联系，但先生的健康和行止，却时萦心怀。

前些年，我为吴梅村墓事，常去苏州，因此得再拜先生于寓所。快谈间，偶及梅村《后东皋草堂歌》，原以为此诗已逸，不可得见。后予友尹光华君见告，此诗梅村原作在今上海博物馆，后歌并前歌均书于董其昌山水长卷之后，故目录失载。后予检《中国古代书画图目》第三卷于280页至281页，果于董其昌山水卷后由梅村亲书此前后二歌，后歌末复有梅村跋云：

> 余以壬申九月游虞山，稼翁招饮东皋草堂，极欢而罢。已，稼翁同牧斋先生被急征于京师。予相劳请室，为作前歌。又十余年，再游虞山，值稼翁道阻不归。过东皋则断垣流水，无复昔时景物矣！乃作后歌，其长公伯申兄出董宗伯卷并书其上。登高望远，云山邈然，俯仰盛衰，掷笔太息。
>
> 梅村吴伟业

钱老听此消息，极为欣快，并已著论面世。但近日又有佳音，原传梅村《爱山台上巳宴序》早已佚失，但上月上海博物馆王运天兄忽来电相告，收到一卷梅村手卷，书《爱山台上巳宴序》，经鉴定，确为真迹。同时收进的还有一轴梅村的梅花图轴，亦为真迹。此两事，因为钱老在病中，尚未告知他。

去年10月，我在上海举行《玄奘取经之路暨大西部摄影展》，先一年，我把我的西部摄影《瀚海劫尘》集送给钱老消闲赏鉴，谁知钱老看后，为之兴奋不已。9月中，我托钱金泉兄去看钱老，告诉他我在上海办影展事，能不能请他题诗，他立即答应了，钱先生与他稍谈片刻即告辞回家，不想他刚回到家里，就接到钱老电话，说诗已写好，请你来拿罢。钱兄又立即再去把诗取回来，原以为是一个诗笺，谁想他老先生竟是写一个四尺整幅。诗云：

二〇〇〇年秋举行“冯其庸教授发现·考实玄奘取经路线暨大西部摄影展”于上海，闻讯神驰，以孱躯病后不克亲往观光，爰赋诗二首志贺

一

七踏天山天外天。楞严中有地行仙。
慈恩归路君亲证，法相神光照大千。

二

红学专门众所宗。画书摄影更能工。
何人一手超三绝，四海堂堂独此公。

九十三叟钱仲联书于吴趋

钱老先生以九十三岁的高龄，诗思如此之快、之工，恐怕并世难得第二人。

展览开幕前，我专程去看钱老，一则谢他的赐诗，二则请问他如有兴趣，我用车接他去上海，看后再送他回来。他说看是很想看，只是年龄大了，深怕远出，只好多看看您的画册了！

刚写到这里，又接到苏州钱金泉先生的电话，说他刚去看过钱老，钱老刚入睡，未敢惊动他。但据家里人告诉说，手术后恢复得不算好，特别是钱老不大肯治疗。钱先生电话里告诉我说，他的肠病，不是一般的病，而是当前的剧疾。虽然手术成功，还必须加紧治疗，以收全效。

但愿这位诗坛的词宗，能够康复如初，让我们再去苏台听他论诗，再拜读他的迅若飘风、粲如春花的新诗长歌。

但愿他健康长寿！

2001年6月25日夜至26日晨写毕于

京东且住草堂

补记

去年11月22日，我再去苏州看望钱老，钱老见我去，特别高兴，快谈一小时。他手术出院后，还为我作一长诗，七百余字。此次见面，竟写一手卷见赠，足证钱老康复如初，故急补叙数语，以慰天下之怀钱老者。

宽堂谨识

2002年元月5日

梦苕师石壁山拜墓记

去年秋天，我到苏州拜候钱梦苕（仲联）师，说到多年前我曾在邓尉石壁山下找到了清初大诗人吴梅村的墓地，后来又在朋友的捐助、吴县文化局的主持下，重修了久已湮没无闻的吴梅村墓。梦苕师听后，非常高兴，说：明年春天你来，我们一同到梅村墓上去看看。梦苕师的这一动议，我当然求之不得。梦苕师是当今词坛的祭酒、诗国的盟主。他当时已九十四岁，能去300年前大诗人吴梅村的墓园，那当然是当今诗坛、词场的佳话了。

不料我自去冬一直到今春，都在病中，直到6月初，才觉稍稍好些。我原曾接受南京东南大学的邀请，去作一次讲演，就趁此机会到南京完此任务，随即转道去扬州、无锡。

我在无锡，给钱金泉兄通了话，请他转告梦苕师，我于6月16日清晨到苏州，在虹桥饭店吃早餐，然后即去拜望先生，请他问问先生是否能去梅村墓。很快金泉兄即来电话，说："先生说去！"可见先生不仅记忆好，而且兴致甚高。

6月16日清晨，我准时到苏州，早餐后，即同内子夏菉涓和钱金泉先生一起到钱老家。钱老早已端坐等候，见我去非常高兴，坐定后，钱老即将香港天地图书公司新出的由钱老选注的《近代诗三百首》送我，并认真地说："书是天地图书公司送的，要我签名送你，现在已签好名哉！"我当然欢喜无量，没有想到他说："还有一件东西送你，是我赠你的一首词，已写成小幅。"说完，他就把词幅展开，原来是先生写的一首《水龙吟》，词云：

飞天神女何来，明珰翠羽全身宝。东流不尽，一江春水，较才多少。红学专门，画禅南北，慧珠高照。看鹏图九万，风斯在下，有斥鷃，供君笑。　昆阆早曾插脚，下天山，气吞圆峤。碧霄下顾，苔痕帘室，几人来到。抱拍儒玄，步君趋尚，聆君清教。望所向，诗城蹴踏，踢千夫倒。

词后落款云："水龙吟，敬贻　其庸学人两正。壬午夏，钱仲联，时年九十五。"这完全是我意想不到的厚赐。特别是去年先生患病入院手术，手术后一星期，竟自己坚持回来，说还有一件事要做。不想他竟用两个晚上写了一首赐我的七百余字的长诗，并为我写成了手卷，现在又赐词，真是无上之赐了。尤其是诗中对我的夸奖，使我十分汗颜，这是长者对晚辈的勉励和厚望，还有先生的自谦和对我的赐称，也只能作为晚辈学习的楷模，我自己当然不能当其一二的。

我在拜领了先生所赐后，即将新出的《剪烛集》奉呈给先生斧正。另外，我的学生纪峰前不久特地到苏州为先生做了一尊塑像，极其传神。塑像是铜铸的，先生深为满意。我为先生的像题了一首诗，诗云：

诗是昆仑郁苍苍。文是黄河万里浪。
平生百拜虞山路，今日黄金铸子昂。

此诗未按诗律，所以事先我寄给先生请教。先生复信说："诗极好，只是我不敢当!"这次我用绢本写成一个小幅装裱后带来，一并奉献给先生，先生看后极为高兴。因为要到邓尉石壁山下去看吴梅村墓，从先生住处到石壁山，约有一小时汽车行程，所以我们不敢多耽搁，很快由先生的研究生陈国安君扶先生上车，直开石壁山。到吴墓前已接近中午，大家簇拥先生踏上通吴墓的小路，直到墓地。墓在万树丛中，是在吴梅村旧墓的墓基上重建的，旧墓周围原有很大的墓地。80 年代我来调查时，周围还很宽畅，现在墓地都已种满梅树了。先生到梅村墓前时，立即对着墓碑后的圆坟深深地三鞠躬，我们也随着先生行礼。礼毕，先生仔细看了由我新题的墓碑和两旁新刻的《吴梅村墓重建记》和《吴伟业传》。后两碑只是匆匆一览，事毕我们就扶先生登车。先生说：应该建议开一墓道，立一墓门，便于后人凭吊。我想，先生的建议是十分中肯的，我还想应该将墓地适当扩大，现在，实在太小了！车子回程时，竟直开苏州的老松鹤楼，原来先生已命人安排在松鹤楼吃饭，先生还嘱咐说一定要在苏州最好的菜馆请我吃饭，我得知后，深为不安，但也只好恭敬不如从命了。

到了松鹤楼坐定后，我侧坐陪侍先生。先生忽然问我说："你认为吴梅村的《圆圆曲》哪几句最好?"对这突如其来的问话，我竟不知如何回答。因为"冲冠一怒为红颜"是当时就盛传的名句，连吴三桂都"赍重币求去此诗"，可见这句诗的分量了，先生当然不会是问此句，必定是先生另有妙解。所以我只好问先生是哪几句最好，先生随口就回答说是"当时只受声名累，贵戚名豪竞延致。一斛明珠万斛愁，关山飘泊腰支细。错怨狂风扬落花，无边春色来天地"这几句最好。我怕先生九十五岁的高龄，长途归来太累了，不敢再问，以免他再讲下去。但这六句，尤其是最后两句，实在是全诗的转折点，上句是悲，下句是喜，上句是合，下句是开。我这样理解，不知是否能得先生之意，只好等下次再拜先生时叩问了。

到饭罢，已近两点了，我问先生累不累，先生却说："不累!"看他的神态也确实不像累，但不论如何，该让先生休息了，于是送先生上车，我也回虹桥宾馆休息。第二天清早我即去上海，一宿即回北京。

去年，先生约我去看梅村墓时，我曾对先生半开玩笑地说："先生拜吴梅村墓，应有词以纪其盛!"这次从吴墓回来时，我又提此事。果然，到7月1日，先生就寄出他的新作《贺新凉》词，但此信我一直未收到。7月9日，我又因急病住进医院，我在医院里十分惦记先生的新词，打电话告诉先生他寄的信没有收到。先生在电话里说："没有关系，我再寄，你一定要好好治病!"我真为先生的这种精神所感动，果然，没有多久，重写的信托钱金泉兄快件寄来了，词云：

贺新凉

其庸诗人偕谒吴梅村墓。墓为君新考定核实重建者，颇为壮观。

诗派尊初祖。数曼殊、南侵年代，梅村独步。姹紫嫣红归把笔，睥睨渔洋旗鼓。彼一逝、早如飞羽。东涧曝书差挹拍，问他家、高下谁龙虎？输此老，自千古。　　娄东家衖吴东旅，诉衷情、淮南鸡犬，不随仙去。遗冢堂堂斜照外，今有冯唐频顾。把当日、丰碑重树。我客吴趋同拜谒，仰光芒、石壁山前路。伟业在，伟如许！

其庸方家两正

壬午夏九十五岁钱仲联未是草

我在病床上拜读这首词，心情非常激动。我情不自禁地反复诵读，很快就背熟了。更可喜的是原寄的那封信，也收到了，而且后寄的对初稿略有改动，于是这首词的两种版本都在我手里，这正是意想不到的喜事。

这几天来，我为先生的词所感动，不能安眠，竟也用先生的韵，学填了一首《贺新凉》。词云：

贺新凉

壬午夏，从梦苕师谒梅村墓于石壁山前，墓为予考定后募资重建于原址之上者。梦苕师作《贺新凉》词赐寄，因用原韵勉成此阕。

底事冲冠怒。为红颜、天惊石破，只君能语。魑魅魍魉同一貉，忍见故宫狐兔。天已堕、臣心如剖。故旧慷慨都赴死，问儒翁、何处逃秦土？天地窄，寸心苦。　　一枝诗笔千秋赋。捧心肝、哀词几阕，尽倾肺腑。我叹此翁天欲丧，幸有文章终古。更认得、松楸故堵。重树丰碑石壁下，仰词翁、百岁来瞻顾。魂应在，感知遇。

二〇〇二年七月十六日作，
七月二十二日改定于三〇五医院

我这首词当然是呈给先生的作业，所谓“白头门生”，我去年已过了虚岁八十的生日，头发也确实白了，面对着老师，自然是名副其实的“白头门生”了！

梦苕师以九十五岁的高龄，不辞辛劳，远至邓尉石壁山下参拜诗人吴梅村墓，这是当今文坛的一段佳话，何况他还有词作。我在医院里病榻岑寂，因援笔作记，以谢世之关切钱梦苕师者！

2002 年 7 月 24 日夜写于三〇五医院

哭梦苕师

自12月4日下午2时得知梦苕师去世消息后，病中身痛（予患带状疱疹）心痛，转辗不已。积数日，乃为悼诗十章。今病略减，稍加序次，不敢云诗，长歌当哭而已。

一

噩耗传来痛失声。先生从此隔音尘。
师门六十年间事，回首沧桑泪满巾。

二

日寇初降举国欢。先生接我五湖干。
焚香先下深深拜，从此先生刮目看。

三

艰难时势文革年。换米将用陆子笺。

我与先生勤擘划，终留全集到人间。

“文革”中，先生生活困窘，写信给我欲卖掉他笺注的《陆放翁全集》稿，我劝他万万不能卖，终于保存了此稿，今已出版。

四

文革将收又评红。姑苏再拜梦苕翁。

先生指点瑞云石，此是曹家旧影踪。

原苏州织造府花园中的瑞云峰，是曹家故物，今尚存，由先生带领我去参观。

五

天荒地老一梅翁。石壁山前得旧冢。

我与先生同展拜，新词一阕祭诗雄。

吴梅村墓予于十数年前考得，后加重修，去岁，偕先生展拜，先生作《贺新凉》词纪实。

六

去岁先生得恶症。三天住院即回乘。
谁知彻夜挥诗笔，赐我长歌气峻崚。

去岁，先生因癌症手术住院。手术后不数日即坚持回家，竟以一日夜之力，赐我七百字之长诗。

七

今岁先生病益深。秋间相见泪涔涔。
谁知此别竟长别，噩耗传来泪雨淋。

八

归去先生天地哀。江山从此失雄才。
孟公一去蔡州空，五百年间不再来。

九

先生归去天地秋。万木无声只低头。
我识天公悲切意，奇才如此不可求。

十

先生去矣万心春。花圈白幡接素龙。
我在京都缠病榻，南天洒泪送茗公。

2003年12月8日未定草，12月30日
夜12时，重加抄录于京东且住草堂，
时去梦茗师仙逝已逾兼旬矣

哭钱仲联师

12 月 4 日下午两点左右，我因患带状疱疹剧痛后处在半昏迷状态，忽然床头的电话铃把我惊醒了，我拿起话筒一听，是苏州陈国安兄来的电话。他说：今天中午 12 时 18 分，仲联先生去世了，他走时很安详，还握着他的手。我听此消息，如受猛雷袭击，不禁失声痛哭。按理按情，我都应该去苏州送别先生，可我当时连在床上翻个身都要剧痛，更不可能下地走路，正在万般无奈的时候，又接到了仲联先生的长公子和钱金泉兄来的电话。金泉兄说，保姆告诉他，先生住进医院后没有几天，就吵着要回来，说："冯先生要来看我，我一定要回去接待。"大家知道，先生的性子是万牛也挽不转的，所以只好送他回来。回来后整整四天，连梦里都在喊冯先生的名字，直到去世。先生的长公子接着说："我们看到你对先父的感情如此之深，令我感激不尽……"我听到说先生疾革时一直在喊我的名字，真令我悲痛万分，只恨我被恶病缠身，不能行动半步。我只好伏枕拟了一副挽联，用电话告诉陈国安兄，请他为我写后放在先生的灵前。联语云："噩耗飞来，正病榻支离疑是梦，梦也难收痛泪；流光倒去，算师恩半世般般真，真情万劫不磨。"之后，我每当疱疹剧痛过后，就思念先生，伏在枕上，陆续写了十首哭先生的诗。

回忆去年6月16日，我还与梦苕师一起去邓尉石壁山参拜吴梅村墓，先生还填了一首《贺新凉》词寄我。那时，先生身体多好！去年9月是先生九十五岁华诞，我于春末，即请我的学生纪峰到苏州来为梦苕师造像，怕先生高龄不能久坐，每天只工作一个多小时，经过四五天，先生的塑像完成，先生看了极为满意，说形神俱备。纪峰近年来已为季羡林、启功、刘海粟诸大师做过造像，都极成功，所以我请他来为先生造像，以备秋天祝寿之用。我为先生的造像题了一首诗，诗云："诗是昆仑郁苍苍。文是黄河万里浪。平生百拜虞山路，今日黄金铸子昂。"因为此诗不守律，所以我先寄给先生看看，是否可以？先生随即回答说：

其庸学人撰席：久懒疏候，忽奉五月八日　赐函，欣慰无涯。已入初夏，想　贵恙当日趋康复。承赐铸铜像并惠诗，诗佳甚，受之实不敢当，感荷　隆情在心，上月贱体亦卧床两次，挂盐水瓶，幸得痊愈，年事已高，势必如此也。匆匆，复谢。并颂撰安。

钱仲联顿首

二〇〇二．五．十三

先生还特意在信上加盖了印章，我收到此信后，知蒙先生许可，即用绢写成一个条幅，裱好后于先生寿诞之期9月25日早晨送到先生家里，先生看后，十分高兴，连说"谢谢"。纪峰所作的铜像，则早已放在先生的客厅里，真是形神兼妙。据保姆说，先生极爱此像，每天晚上睡前，必用毛巾把像盖上，还说："我去睡觉了，你也休息罢。"可见先生对此像的珍爱。当天同去的还有钱金泉、马骥两兄，马骥带去两册康熙刻本《岭海见闻》，此书已残，首页有藏章，印文曰"楞仙"。马兄说这个藏章可能与钱老有关，请钱老看看，先生接过书后一看，就说：

“这是我祖父的图章。”说完，马上问他的长公子说：“这方图章可能还在你那里吧?”学增兄马上就说：“在我那里，在我那里。”接着先生就讲起了一段往事，他说：抗战时日本人轰炸，把先生的老家全炸掉了，事后，对门邻居从瓦砾中拣到这方图章，知是钱家之物，就送还了钱家，他说这是赵之谦刻的。先生说到这里，兴致甚高，就说他幼年时祖父一直让他抄书，抄了有七八部，当时觉得很苦，后来就慢慢有兴趣了，他说他读古书就是从这里开始的。后来这批抄本到了北京，有人从琉璃厂买到了，请先生核对，但已不是先生幼年所抄，而是他祖父另外请人抄的。这次谈话较多，怕先生过劳，我们随即辞别。

第二天，我去参加了先生的祝寿典礼，先生看到全国60多所院校派人来祝贺，正是满堂佳宾。看先生此时精神矍铄，我心里想，梦苕师如此好的精神状态，真是神明不衰，寿过百年，必然可期。谁知仅仅过了一年多点，就遭此变故。念之能不心痛!

还记得去年11月27日，我再到苏州看梦苕师，那时他告诉我有胃病，只能吃流汁，精神虽较前差些，但感觉不会有什么问题。此后我就一直保持电话联系，有时是由保姆接，有时由他自己接，有时是金泉兄代我去看望他后打电话给我告知情况。今年10月1日，我又打过一次电话，保姆说：近日还好，还能出来看一会电视，但耳朵全聋了，打电话也听不见了。我想老人耳聋是常事，不一定不好，有时还可减少一点干扰。

10月21日，我再去苏州看望仲联先生，同去者仍是金泉兄和马骥兄，先生见到我去，非常高兴。我看先生比前是瘦多了，但神气好像还好。说话之间，先生反将沙发让出来叫我和金泉兄坐，自己坐在硬椅子上。我说万万不可，硬将他扶在他常坐的轮椅上，我侧坐着与他说话。他的声音已很低，但大致我还能听清。他说：严迪昌也是癌症，很重。我想把话题引开，就说我已读到先生校理的《钱牧斋全集》，印得很好，资料也极全，完成了一件历史任务。他就说他自己的全集也要出，但量太大，要分几次出版。我问是哪个出版社出，他说是河北教育出版社。我说很好。底下他的话声很低，听不清楚，我就握他的手。他说他的手已经很冷，没有一点热气了，他已穿上棉裤了。我说你是老年人，快百岁了，与年轻人不能比，好好休养就会好起来的。他说："让你这么远来看我，我很感谢。"我说这是我们应该的。说到这里，我看先生的眼里已满含泪水，金泉兄示意我快告辞罢，此时马骥兄拿出带去的先生的书，请他签名，他拿起笔来就写"仲联署"三字，笔力仍很遒劲，字也写得与平时一样。我心头一喜，觉得先生精力尚好，可能会度过此劫。于是向先生告辞，先生仍坚持要送，我们苦辞不得，仍让保姆扶着他送我们到门口，我向先生鞠躬而别。走出来时，我的眼泪已经夺眶而出了。我对金泉兄说：我看先生神气还好，手里还有劲，也许能拖到明年。金泉兄说："不可能了，不可能了。老人已是油干灯尽，说走就会走的。"我听了心里很难过，到了上海，晚上想着梦苕师，实在睡不着，就在枕上写了两首诗：

二〇〇三年十月廿一日，重过苏州，再拜梦苕师。时师患癌症已扩散，甚清癯，犹兀坐待予至，低眉细语，不忍闻也。

一

秋老姑苏又一过。金阊门里拜维摩。
拈花丈室凄然语，使我心头泪暗沱。

二

先生老矣癯且清。兀坐低眉一古真。

哭钱仲联师

拜罢维摩挥泪别，重来能否见先生。

我们拜别先生才一个多月，没有想到先生就飘然而去了。回思往事，如烟似梦，而先生的音容，始终在我的眼前浮动，能不凄然泣下！

我于1946年拜梦苕师为师，到1947年又见到王瑗仲先生，1948年又正式从瑗仲师学诸子学，从此与两位恩师再也没有间断过往来，现在两位恩师都走了，只有此时我才真正体会到“江山空蔡州”的滋味。大家知道，“江南二仲”是学界的泰斗，平时能见一位已不容易，我却有幸早在将近60年前就先后拜两位先生为师了，这是老天对我的恩赐，可惜我资质鲁钝，终有负于两位名师的栽培，真是愧对先生。

也就是从现在起，我的恩师都不在了，从此再也没有如父如兄的长辈来教导我督责我了。我当永远记住恩师的教训，他们的治学和为人，永远是我的榜样，他们的人虽然走了，但他们的典型却会在我的心里永存！

2003年12月30日夜10时草于京东且住草堂，

时疱疹未愈，余痛仍作，不能尽意也

怀念朱东润老师

朱东润先生，是我的老师，他离开我们已经两年又一个月了，我至今还未写悼念他的文章。然而，并不是我忘记了他老人家，更不是不想写——我至今还保存着那份令人痛苦的“讣告”，而是我想多了解一点他后来的情况再写，因为我深深地尊敬他和怀念他。但同时又传闻他遭受了很多苦难，这就更使我想多知道他的情况了，然而这样的等待并没有得到什么。

我是1946年的春天，进入无锡国专以后不久才认识朱先生的。具体的日期自然已记不起了，可能朱先生是开学稍后一些才来的。当时同学中都传说着朱先生的学识，对朱先生的到来，大家怀着极大的兴奋和希望。

我当时听朱先生的两门课，一门是《史记》，一门是杜诗。后来又旁听过一段时间他开的《诗经》。朱先生极负盛名的“传叙文学”课，我反倒没有能听，不是不想听，而是与我的必修课冲突，所以不能如愿以偿。

朱先生讲《史记》，主要是据他的著作《史记考索》，但他特别重视原著的阅读和讲解。因为不阅读原著，根本就谈不上研究。印象最深的还是先生讲《项羽本纪》。当时我把《项羽本纪》几乎都背熟了，由《项羽本纪》联系到《报任少卿书》。我深深被司马迁的遭遇和他的“疏宕有奇气”的文章所震动了，他的“死有重于泰山，有轻于鸿毛”的震聋发聩的语言，启发着我当时的心灵。

想不到20年后的“文化大革命”中，这句话竟成为我可以挡“横逆之来”的精神力量。当我听到老舍先生自沉、陈笑雨同志上吊等等惊心动魄的消息的时候，我常默念这句话，从中得到了激励。有一次，突然听到了一位好友自绝的消息以后，我痛苦地写了一首悼念他的诗：

哭君归去太匆匆。未必阮郎已路穷。
绝世聪明千载恨，泰山一掷等轻鸿。

这首诗，既痛这位朋友的死，又责备他不能如司马迁那样明生死，定去留。我所以特别受到司马迁的人格力量和精神力量的感化，不能不追思朱先生的教育。我深深感到朱先生开的这门课，使我终身受益，司马迁的精神将永远鼓励我明生死，定去留。

朱先生开的“杜诗”这门课，也是我十分喜欢的。事实上，无论是《史记》也好，杜诗也好，在以前我早已都粗粗地读过了，但听朱先生讲课就不大一样了，一则可以从朱先生的讲解中辨正自己过去的理解，误者正之，是者定之；二则是朱先生的讲解，可以顿开我的茅塞，例如我自己读杜诗的时候，只知道仇兆鳌的《杜诗详注》是集大成者，拼命死读；朱先生的讲解则不然，往往征引各家，细加评析，而且他特别推重浦起龙的《读杜心解》，讲课时常常引用，这样也就引起了我的兴趣，买了《读杜心解》的木刻本来认真阅读。而且，从此以后，我就广搜杜诗的各种注本，加以汇参，例如杨伦的《杜诗镜铨》、钱谦益的《杜诗钱注》等等，我都想法拿来阅读，这样使我眼界为之一宽。

在读杜诗时，杜甫坎坷的一生，杜甫执着的人生态度，通过朱先生的讲解，尤其深深地感染着我。我感到，从屈原开始的中国知识分子的命运和道路，总是很坎坷的。屈原是如此，司马迁是如此，杜甫也是如此。屈原是怀着一颗炽热的忧国忧民的心自沉于汨罗江的，司马迁则是为了直言，为了对汉武帝尽拳拳之忱，也是为了朋友，敢冒天下之大不韪，挺身而出。他终于受到了“极刑”。然而他却“就极刑而无愠色”！为的是要完成他的“究天人之际，通古今之变，成一家之言”的不朽著作《史记》。屈原和司马迁，都是用他们的拳拳爱国爱民之心，用他们自己的生命来进行写作的，可以说他们的著作就是他们的生命的象征，意志和精神的象征，也是他们的人格的象征。可是司马迁到底是如何死的，至今还不知道，可见得这位著作如日月、精神炳天地的震古烁今的巨人，在当时不过被当作无足轻重的小臣而已，以至于他的死，会如草木一样无声无息不为人知，更不会见之于著录。

至于苦念着“盗贼本王臣”的杜甫，他写出了“朱门酒肉臭，路有冻死骨”的名句，他怀着“致君尧舜上，再使风俗淳”的梦想，最后在写完了他最后一首诗《风疾舟中伏枕书怀》后，就死在“漂泊西南天地间”的湘江船上了，他仿佛走的是屈原的同一条道路。尽管杜甫去世的地点有种种传闻和怀疑，但是他的惊天动地的诗篇，他的忧国忧民的心是无可怀疑的，是千百年来人所共认的。

我怀念着朱先生，想着他开的这两门课，当时的情景如在目前，特别是朱先生能朗诵诗和文，朗诵时的音节、情韵都是随着不同的作品内容而有所不同的。朗诵时他的声音并不大，但却满室洋溢着诗人的情韵。他在朗诵《项羽本纪》时，不疾不徐，犹如侃侃而谈，但到激烈紧张处，则节奏随之变换，使你的情绪也随之起伏。尤其是他在朗诵杜诗时，更显得动听，至今我还十分清楚地记得他朗诵前后《出塞》、《三吏》、《三别》、《同谷七歌》等诗的情景，有时如叙述，有时如哀叹，有时如呼号，有时也有点像啜泣。他朗诵《哀江头》、《哀王孙》的时候，则又是一种声调和节奏，与朗诵前后《出塞》迥然不同。特别是他朗诵七律《秋兴》八首和《诸将》五首等，真是感慨苍凉，一唱三叹，令人为之低徊不已。还有他朗诵五律《别房太尉墓》也是令人难忘的。尽管他的嗓音不高，然而却满室可以听到。使大家感受更深的是一种诗人的情韵，是一种俯仰古今的感慨，是一种人生的咏叹！可惜现在已经再也听不到朱先生的声音了！

每当我想到朱先生，想到朱先生开的这两门课，想到他的朗诵，想到他的情韵的时候，我总是不知不觉地要把他与司马迁和杜甫融合起来；不幸的是听说他后来的情景也太凄惨了。是不是中国的诗人、学问家都命里注定要走同一条道路的呢？我当然不信，但我又找不到解释。听说“文革”中师母受刺激自杀了，房子也被造反派占领了，先生孤身一人。我所知道的先生的情况，就这可怜的一点点，因为当时我自己也不自由，更无法详细知道先生的一切。

我还记得大概是40年前，我最初见到先生时，先生送给我的《公羊探故》这篇文章的油印本，上面印着先生的一首七律。这首诗我爱读极了，后来却没有见到先生在别处印出来。最近我在写这篇文章的时候，先生的这首诗又从我的记忆深处跑出来了，怕今后忘记，我赶快把它记在这里：

露气催寒入晓霜。萧萧鬓发又重阳。
下帷应使尘生甑，披衣始觉叶满床。
旧史湮沦存假马，大经寂寞有公羊。
千秋寤寐吾岂敢，披卷呼儿一与商。

先生的诗写得很好，但先生却从不轻易示人以诗，也因之我们很少能读到他的诗，这实在是很可惜的。

朱先生是一位了不起的书法家，这是大家都知道的，但是先生的书法究竟好在哪里呢？好到何等程度呢？依我看，朱先生的书法：篆书、隶书、行草都是第一流的。他的书法不但功夫深，而且情韵好，拙朴中有书卷气，法度中有流动的意态，安详沉静，书法的境界实在已到了炉火纯青，可以说“意之所致，笔力曲折无不尽意”了，因为我没有看过先生的楷书，所以不敢妄说，但以上三种书法，我是见得很多的，而且先生还给我写过好多幅字，我至今还珍藏着。

我最后见先生的一面，是1986年初夏。这年年初，正是朱先生的九秩大庆，但事先我并不知道，到上海后，我才得知。于是我请王运天兄陪同我一起去拜见老师，向他请安。我虽然已经有多年不见先生了，但我看他精神仍很好，他看见我去，非常高兴，十分健谈。我看到墙上还保留着记得是1946年君遂兄在无锡冷摊上买到的那幅边寿民的《芦雁》。我想到君遂兄的不幸早逝，特别是师母的不幸，面对着高龄的老师，真不知如何安慰他，只好尽量避开这些话题，拣别的讲。想不到这次见面后，不到两年，先生就逝世了。当噩耗传来的时候，我忍受着无穷的悲哀的袭击！

朱先生是留下了极其丰富的学术成果而离开我们的，同时也是满怀着他的爱国爱民的热情，带着自身的坎坷不幸和痛苦而离开我们的。我每次想起朱先生，就很自然地想起他所开的两门课《史记》和杜诗，也就很自然地把他的遭遇与司马迁和杜甫的悲惨遭遇联系起来了。

朱先生已经离我们而去了，人的一生究竟应该是欢乐的还是悲惨的呢？我至今尚未得到解答。

1990年3月27日夜2时写于扬州，

时距先生逝世已两年一个月又十七天矣

怀念我的老师周贻白先生

一

我最初知道周贻白先生的名字是在抗日战争后期，大约是 1944 年末或 1945 年春。那时我在无锡当小学教师，平时喜欢跑旧书店看书，有一次买到的几本线装书上都有“贻白藏书”的图章，经了解，这时周先生生活很困难，经常卖书度日。抗战胜利后的第一年，我考入无锡国专，不久，周先生来任教，我才第一次见到周先生，也就成了他的学生。他当时开一门目录学课，我选修了这门课，但他讲的目录学，我现在已经记不得了。我一直没有忘记的是他待人坦率诚恳的态度以及他当时正在认真地为中华书局写《中国戏剧史》稿子的情况。那时我与另外几位同学经常到他家去玩。他常常放下写作，与我们谈做学问的事。记得是 1947 年，当时的演剧九队到无锡来，住在秦淮海祠堂里，田汉和洪深也来了。演剧队在无锡演出了《丽人行》等剧，周先生曾同我们去看过田汉和洪深。这以后不久，我因为学生运动的事，离开了无锡国专，到了上海，与周先生分别了。而周先生也在 1948 年 1 月与欧阳予倩一起到香港去了。

据我当时知道的点滴情况，周先生的经历是很艰苦的。他的父亲是一个唱湘剧老生的票友，周先生从小就由他父亲训练武功，学会了翻腾扑跌。后来他又去当过织地毯的学徒，也在文明戏班、湘剧班、京剧班演过戏，还曾参加过杂技团，搭棚演出过杂技，有过一段街头艺人的流浪生活，之后又到武昌师范大学旁听，还任过一家小报的校对，当过小学教员等等。总之，当时他的生活毫无保障，全靠自己的挣扎。

北伐以后，他在上海参加了田汉的南国电影剧社，以后又与阿英、夏衍、张庚等人接触，接受了一些进步思想的影响，也写了一些作品。抗战以后，他加入了上海抗日救亡协会，后来又参加了戏剧救亡协会的工作，因为撰写宣扬民族意识的剧本，曾受到日军监禁。他到无锡大概是在 1942 年，当时仍在汉奸特务机关的监视之下。

我与周先生于 1948 年在无锡分别后，直到 1954 年我到北京后才重新见面。他告诉我，他是于 1950 年初应欧阳予倩和田汉的邀约，从香港回到了北京，参加中央戏剧学院筹建工作的。在周先生不幸去世后，我还见到了当初欧阳予倩给他的信，信的末尾说："从此《邪和》、《子夜》之歌永成绝响，代之以'咱们工人有力量'矣！"我还见到欧阳予倩送给周先生的几首诗，是新中国成立前夕他们同寓香港时写的，抄在下面，以作历史的记忆：

无题四绝呈姬公华裔

一

作品游街理太差。随时拂袖好还家。
长沙老几由来硬，走遍江湖不信邪。

二

活该懒问短和长。老子当场有主张。
国士无双如不识，《邪和》《子夜》管他娘。

三

帽子横飞不用慌。先生早已设重防。
寄情千载分前后，大胆摊书尽古装。

四

余子纷纭不搭山。大江高唱入云间。
浮生万事聊从俗，鸥鹭何曾一日闲。

赠 贻 白

曾磨铁砚点铅黄。击楫临风意气扬。
毡垫何曾因自暖，钳锤亦复为人忙。
择仁不为严刑改，嫉俗翻惊恶梦长。
只有坚贞堪自傲，湘山湘水意偏长。

桃花不疑庵主哼哼韵

从诗里，可以清楚地看到当时欧阳予倩和周先生他们的爱国热忱和革命意气。确实当时全国的解放对他是极大的鼓舞。

二

他回到北京以后，就积极地投入了新中国的建设工作，热诚地从事戏剧教学事业。他发愤研究中国戏曲史，早在1935年左右就写成《中国戏剧史略》、《中国剧场史》两书，1936年由商务印书馆出版，后来又写成了《中国戏剧史》。新中国成立以后，他一方面积极地从事教学活动，一方面仍坚持戏曲史的研究工作。新中国成立20多年来，他著有《中国戏剧史长编》、《中国戏剧史讲座》、《戏曲演唱论著辑释》、《明人杂剧选注》、《中国戏曲论集》等书，约300万字左右，在戏曲史的研究上起了重要的作用。

1979年出版的《中国戏曲发展史纲要》是周先生一生最后的一部著作。它包括了作者一生研究中国戏曲历史的重要成果和心得。

早在1957年春天，周先生应中国戏剧家协会的邀请，为有关单位的戏剧工作者讲授中国戏剧史，后来根据讲课记录，整理成《中国戏剧史讲座》一书，由戏剧家协会出版。这是一部深入浅出的通俗读物，对于普及戏曲历史知识有一定影响，但当时有读者在《戏剧报》上提出意见，指出作者没有从政治、经济和阶级分析的角度看问题。周先生虚心地接受了意见，决定把他在中央戏剧学院讲授的《大纲》毁稿，认真学习马克思列宁主义，重新研究，另写讲义。1959年春天，学院招收了一个编导班，他开始用新编的《纲要》为同学讲授，同时还不断听取对新《纲要》的意见，准备进一步修改。1960年秋季，他应邀到上海戏剧学院讲中国戏剧史，这个班的学员水平较高，除大专文科毕业生外，大部分是来自各地有实践经验的编导人员。他们代表着16个剧种，不仅希望知道中国戏曲发展的历史情况，而且要求了解地方剧种的特色和渊源流派。为了适应这一新的学习要求，周先生对原来的《纲要》再次进行改写并增添了若干新的章节。1961年4月间，他参加了高教部召开的文科教材会议，决定由他编写供专门学校和中等戏曲学校用的《中国戏剧史》各一部。会后，他对《纲要》又一次重加整理，并交付打印，拟作专门学校的教材。这就是后来出版的这部《中国戏曲发展史纲要》。

周先生的治学态度是严肃认真、谦虚谨慎的。本书在没有出版之前，他已经四易其稿了。如果周先生尚在，这次出版，为了精益求精，相信他还会五易其稿的。十分可贵的是他在学术思想上对自己的严格要求，力求按照马列主义和毛泽东思想，用辩证唯物主义和历史唯物主义的观点，对戏曲历史现象进行正确的分析和解释。例如关于戏剧的来源问题，作者在学习了马列主义和毛泽东同志的著作以后，毅然摒弃了他原来认为戏剧来自宫廷的陈旧观点，在书中论述了劳动人民在戏剧产生和发展中的作用，注意到封建统治阶级和人民群众之间的阶级斗争在戏剧领域内的反映。治学思想上的严格要求，是作者多次易稿仍未能完全惬意的主要原因。此外，周先生还非常注意调查研究，特别是书中的戏曲声腔和地方戏部分，是他多年调查所得，其中包括大量新中国成立后的新发现和新的研究成果，如魏良辅《南词引证》的发现，把昆曲的形成时间上推至元末明初；叶调元《汉皋竹枝词》的发现，经周先生的研究，认为在京剧皮、黄合演之前，早在嘉庆末年汉剧就先京剧出现了皮、黄合演的局面（过去多年戏剧界认为皮、黄合演是由京剧创始的）。这样，汉剧对京剧的影响就应重新估价。1956年于湖口、都昌发现的青阳腔，使我们找到了弋阳腔的变种，对明代流行的各种曲集以及它们所代表的声腔，有了进一步认识；对于现在各地高腔剧种以及徽戏的形成，在研究上有重要意义。我们还从福建的莆仙戏和梨园戏及其他古老剧种中找到古南戏的遗响。还有其他许多重要的发现，周先生都十分关心而且进行了认真的研究。周先生曾和汉剧、川剧、湘剧、徽剧、婺剧、同州梆子、蒲州梆子、西安梆子、山西梆子及其他几十个剧种的老艺人进行了多次座谈、调查。他把自己的研究所得，大部分都包容在本书之内了。书中关于近代地方戏的部分，是在他以前出版的几部戏剧史中没有写过的。总之，周先生的治学方法是注重实地调查，反对单从古书堆里讨生活的。

当然，在这部著作中，仍然会有不足之处，乃至错误。但是，周先生在学术上努力学习和争取用马克思列宁主义、毛泽东思想指导科学研究的积极精神，虚心听取意见、修正错误的谦逊态度，重视调查研究、实事求是的治学方法，是值得我们学习的。遗憾的是，他今天已不可能对这部著作进行修改了。但是该书的成就，总该是瑕不掩瑜的。至于怎样弥补书中的不足之处，这将是今天戏剧工作者的任务了。

三

关于周先生对中国戏曲史研究的全面成就，应该由戏曲工作者和广大群众去评价。我个人感觉，他的研究成果对中国戏曲史这门学科的建立和发展，是有贡献的。

在封建时代和旧中国的戏曲，一向是被轻贱和糟蹋的，艺术凋零，资料散佚。要想把戏曲整理出一个史的系统来，并且是由一个人独立完成，其筚路蓝缕是可以想见的。何况周先生经济困窘，许多珍本秘籍，全凭抄借。就在如此艰苦的条件下，周先生于 1947 年写作了一部 30 余万字的《中国戏剧史》。这是一部资料比较丰富、内容比较广泛的戏曲通史。在这之前，只有 1915 年出版的王国维的《宋元戏曲考》。后来虽又陆续出版了几部其他断代史，也都不是全史。可以说全史还是从周先生开始的。固然，用今天的观点看，这距离科学的史学要求还较远，可是在当时他把庞杂零散的戏曲史料，经过爬罗剔抉，旁搜远绍，清理出一个初步系统来，并对戏曲史中若干重要问题进行了认真的考证。这对中国戏曲史这门学科的建立是有意义的，也是个良好的开端。加上前面提到的周先生的其他一系列著作以及其他几位戏曲史研究者的专著和论文，虽然我们今天戏曲史科学研究仍然是一个非常薄弱的环节，但至少可以说算是初具规模了，这个成绩是应该包括周先生的贡献在内的。我们今天从事戏曲研究工作的同志，手头总是离不开周先生的著作，就是一个明证。

周先生的戏曲史还有一个鲜明的特点：他是联系舞台演出来讲戏曲发展的。本来戏曲是舞台艺术，但王国维以来的一些戏曲史著作，往往只讲戏曲词章，这是不能说明戏曲历史全貌的。正如我们不能把戏剧只理解成为“案头剧”一样，因为这种最富有群众性的艺术形式主要还是通过舞台演出和广大群众发生联系的。不讲舞台演出，就不可能真正进入戏剧的历史领域来探讨它的发展规律。周先生在他的著作中，从唐宋以来的各种戏剧演出形式（包括音乐、表演、服装、化妆），都有所探讨和论述。为了协助演员了解古代戏曲演唱的方法，他出版了《戏曲演唱论著辑释》一书，对古籍中的疑义难字，详为剖析，这也说明，周先生一向是把戏曲作为舞台艺术看待的，因此十分注意舞台演出。他的戏曲史给予我们的戏曲概念，不是躺在桌面上的死物，而是活跃在历史长河中的一种立体的活的艺术，使我们能从今天的舞台演出中看到它的某种历史渊源。这是难能可贵的。结合演出，研究戏曲历史的发展，这一特点和周先生熟悉舞台实践是分不开的。他早年是湘剧演员，唱武丑，在他六十余岁高龄时，高兴起来还能来个属于“毯子功”的“倒毛”。他是有一定舞台实践经验的。这为他研究戏曲史提供了优越的条件。

周先生对戏曲历史研究是有创见的。特别是对戏曲声腔的研究，他最早提出中国戏曲声腔三大源流的看法（著有专文，新中国成立初期发表在《新戏曲》上，后来收在 1960 年出版的《中国戏曲论集》内）。他认为："中国的戏剧，在声腔上可以分为三大源流，即昆曲、弋阳腔（一名高腔，又作京腔）、梆子腔。"此说一出，戏剧界曾进行热烈探讨，当然是有争议的。有的说，应该是四大源流，加上皮、黄系统；有的说，应该是五大源流，加上民间小戏系统。可是有一个事实是肯定的，就是戏曲声腔的发展不是散乱无章的，它是有自身的渊源、流派、系统的。周先生的创见之可贵处就在于他根据丰富的资料和调查所得，从声腔之间的内在联系和它们的历史衍变中间，初步清理出一个声腔系统来，从而为探讨戏曲声腔发展的规律性提供一个重要线索。

周先生研究中国戏曲史还有一个特点，就是他的知识广博，从经史诗文乃至里巷之间的风俗俚语，他都作为研究戏曲史必备的知识，广采博访，兀兀穷年，所以他的著作总是以资料丰富见长，他的三卷本的《中国戏剧史》使用了约两千种资料。较之已经出版的各种戏曲史专著，他引用的资料应该说是最丰富的。这是我们今天研究中国戏曲史的一个便利条件。此外，由于他的知识广博，他为我们解决了若干阅读古典戏曲剧作中的文字困难。他注释的《明人杂剧选》，其中若干难辞、僻典，都畅然通晓。

周先生对戏曲考证和戏剧文物鉴定方面，也有一定贡献，如他写的《南宋杂剧的舞台人物形象》一文，对两幅描绘杂剧的南宋画页的内容鉴定，一般是没有异议的。《侯马董氏墓中五个砖俑的研究》、《元代壁画中的元剧演出形式》诸文，也都有他自己的独到见解。

周先生对戏曲史研究的贡献，当然不只这些。这里只是就本人所见，略述一二。

对于中国戏曲史的研究，目前还仅仅是一个开头，要写出一部或几部像样的中国戏曲史来，还有待于广大戏曲研究者的努力，尤其是经过"四人帮"的大破坏以后，这个工作更加艰巨了，但也更加迫切了。为了做好这个工作，也为了继承戏曲遗产，目前迫切需要做好传统剧目的抢救工作和对各种地方剧种的调查工作，因为这是研究的第一步。我相信我们的戏曲研究者是能够出色地完成这个任务的。周先生的这部遗著的出版，对我们完成上述任务，应该说也是一个很大的鞭策。

1978 年 11 月 11 日夜 12 时于上海锦江饭店

2000 年 3 月 12 日修改并分节

怀念我的老师范光铸先生

——读高中一年的一段回忆

我是1943年毕业于前洲镇青城中学的，当年夏天，考入了省立无锡工业专科学校，读高中一年级，学校在无锡城里学前街，所以我就离开老家，寄宿在学校里了。这个学校是工业专科，重数、理、化，而我却特别喜欢文科，喜欢古典文学，喜欢诗词，我读初中时数、理、化的成绩都很差，也不知道这次怎么会录取的？

到了这个新的学校里，我仍旧喜欢古典诗词，也喜欢书法和绘画。当时学校的教师阵容是很强的，记得国文老师就有好多位。我知道的就有四五位。范光铸老师是教印染的，印染有一项图案画课，我的图案画画得好，很得范先生的夸奖，加上范先生写得一手好字，写《麓山寺碑》功夫很深，他年纪又轻，比我只大十来岁，就像我的大哥，所以很快我们就成为了朋友。我常到他房间里玩，看他写字，还一起论书论画，讨论碑帖，他自己常常临习的《麓山寺碑》就是一个很珍贵的拓本。范先生看我特别喜欢诗词，就给我说，你去读《红楼梦》罢，那里边尽是讲做诗的。我以为《红楼梦》真是讲做诗的，连忙去找来读，谁知是说书中人都是喜欢做诗的，而不是教你做诗，这与我的希望不一样，加上我当时正沉浸在《水浒》、《三国演义》的长枪大战、金戈铁马之中，喜欢江湖侠士、英雄豪杰，而《红楼梦》里却是一群女孩子，开卷就是脂粉气，与《水浒》的豪侠完全不一样。所以我只读了一半就不读了。其实这是我的文化水平还很低，还不能理解曹雪芹的深意，也还不能领会曹雪芹天才的文笔。但范先生是第一个向我推荐《红楼梦》的，在此之前我根本不知道世界上有一部《红楼梦》。

因为我喜欢诗词和书画，我还特别得到国文老师张潮象先生的赏识，也得到另一位国文老师顾钦伯先生的喜欢。张潮象先生第一个出题命我做诗，还给我的诗批了“清快，有诗才!”的评语，还介绍大画家诸健秋先生与我认识。我那时已由诸先生的弟子邵雪泥君介绍认识诸先生了，但再由张老师的介绍，诸先生就更加重视我了。顾钦伯先生不但指点我做诗，经常把他写的诗给我看，还给我介绍了元代大画家倪云林的谪系后代画家和诗人倪小迂先生，直到无锡解放后，我与顾钦伯、倪小迂先生还有一段交往。当时，我因家庭贫困，无力供我读书，只读了一年，就失学仍回老家农村种地了。

但我与范先生的交往却没有终止，因为范先生的老家是堰桥，离我的老家前洲镇只有五公里，所以有一次，范先生居然步行到我家里来看我了，我这一喜真正是无法形容，范先生在我家吃了一顿便饭，下午我送他回去，后来我也到堰桥去看望范先生。那是 1944 年的寒假期间。1945 年的春天，范先生还为我写过一幅字。到了 8 月 15 日，日寇投降了，记得那天我正在农村老家，我的表弟邓南伟和几个同学到村里来找我，我们又步行到镇上，一路上经过松坟岗、葫芦头河，月色特别明亮，我们这群年轻人彻夜狂欢，庆祝胜利，庆祝祖国的新生!

1946 年春天，我考入无锡国专，虽然与我原先读书的无锡工专只一河之隔，但我却再未见到范先生。可能那时范先生已不在工专了。

这样的睽别，一直隔了近 40 年，直到我到了北京，在中国人民大学任教，有一天突然接到了范先生的来信，这使我喜出望外，真是喜从天降。范先生说：

其庸兄：

阔别三十余载，方今始得尊所，回忆曩昔，归乡探亲，族兄曾谓予曰：“前洲冯某某之弟与汝莫逆，现供职于北京某大学。”苦无地址见告，未果。文化大革命期间，蒙受五七干校洗涮，两年后始返原单位，意志消沉，百念俱灰，时以考古、文物等刊物以自遣，见有《天马考析》一文，继而又见有关《红楼梦》等论著，惊疑不定。虑同名与同姓，既无地址，没法联系。最近期间，工余之暇，阅读《历代文选》，内有数篇系兄注释。读毕，阅《前言》，末具于人大红楼，谅非君莫属矣！为特驰函前来，如蒙不弃，烦乞见教，临书匆匆，不尽一一，耑此函陈，顺颂

教安！

弟 范光铸顿首

十二月十九日晚

读完这封信，我非常激动，几十年的音信断绝，一下又接上了，我立即复了他一封长信，详告别后的情况，并请他也快来信，告诉我别后的种种，很快，我又得到了他的来信，这封信说：

其庸吾弟：

手书欣悉，快慰奚如，藉悉荣任高职，可喜可贺。函称“先生”，愧汗交并，不若称兄道弟较为亲热。铸自离锡以后入中国蚕丝公司，由青岛而至嘉兴，解放后调职上海，迄今已卅

余年矣！毕生精力，服务于丝绸印染，职称工程师，相当于教授级别。所享者公出车旅可乘软席而已！余无可告，碌碌如恒。我总公司设立于北京，壮年时间，经常来回于京沪间，现年六十有三，赴京之机会日鲜，得便当趋前访晤。回忆以往，恍犹如昨。哀去日之长，苦来日之短，人生若梦，不胜慨然。贮存年历一本，幸未他赠，现尚及时，为特寄奉，国画十二幅，印工精湛，仿佛如真，内数页出自名家，谅所爱好，供青庐补壁，绻念旧情，聊表寸衷，至希莞纳。如公出沪上，请事先告知，恭候大驾，因经常外出，以免枉顾失迎。铸仅瘦削老弱，尚称健康，堪可告慰。卅余年忙于工务，久疏书法，字里行间，已无北海风味。数年前曾公出广州，游七星岩，在岩洞门处见李邕碑石，文物保管说明，曰“马蹄碑”。国内仅存北海真迹二方，此其一也。惜因时间匆促，未能仔细观摩。七星岩景色宜人，不亚于西子湖畔。岁底将迁新居，故未将蜗居住址告知。临颖神驰，不尽所怀，草此布复，顺颂

近好

光铸手上

一、十、

这两封信，都是我从旧箱子里找出来的，前一封信有信封，封面上写“上海中山东一路17号上海丝绸进出口公司六楼范寄”，从这个封面，可得知他的工作单位，但信封上的邮票都被集邮的人剪掉了，仔细辨认背后的邮戳，可认出“198?年12月2?”等字样，但无法辨认出究竟是哪一年，第二封信是紧接着我的复信的，所以日期是1月10日，可惜这封信又因他即将搬家，未将新址告我，也未告我旧址（第二封信现在连信封也已没有了）。估计当时是想搬完家就来信的，我一直等着

他的来信，不料却从此没有了信息。

隔了多年，范老师的亲人来找我，告诉我范老师不幸的消息，而且很可能是在重病期间遭人谋财暗害的，因为当时他身边没有亲人，而房内的保险柜被打开了，柜子里的贵重物品和黄金首饰等都已荡然无存了。开始家人不了解情况，在哀痛中也未想到其他，等到事后追思，才发现种种极为明显的可疑迹象，但已经是无可追查了！

我与范老师相叙最长的时间就是1943年下半年到1944年上半年，后来他虽曾来过我家，我也曾去过他家，但这只不过是短促的一聚，而且这都还是在解放前。好容易隔了将近40年，各自又都经过了“文革”一场噩梦，终于又联系上了，正想好好地长久欢聚，哪里想到才通了两封信，又突然断了信息，而且是永远的断绝，从范老师的两封信，大家可以感到，范老师对我是何等的热情而真诚啊！事实上，我对范老师也完全是一样，我们虽是师生，实际上却真像亲兄弟。可恨老天爷不肯成人之美，也不佑好人，竟让这样一位有专长、有学问，待人一贯热情真诚的人遭此劫难！

范老师的种种往事，始终在我心头，挥之不去，最近因为找东西，忽然找到了范老师的这两封信，我再也压制不住自己了，千万思念，终于奔泻了出来！我写这篇文章，既是为了纪念，也是为了让长久压积在胸中的思念得以释放！

2010年7月18日夜11时于京华瓜饭楼

怀念叶圣陶老人

叶圣陶老人离开我们已经一年多了，但我至今还没有能写一点文字来悼念他，这件事在我的心头越来越感到是一种感情的压力，是一种自责，古诗说：“中心藏之，何日忘之。”从圣老去世到现在，我的心情就是这样。一位我衷心尊敬的老前辈，而且是我长期受到他的教导的老前辈的逝世，不要说是一年多来我没有忘记，就是一辈子我也不会忘记的。

最令人遗憾的是追悼会之前，我打电话给治丧委员会，请给我送一个花圈，电话里说：实在对不起，花圈已没地方可摆了，所有可摆的地方都摆满了，现在还有不少单位和个人要求送，我们实在没有办法了，请你原谅！我听了当然一方面感到十分遗憾，但另一方面，也深深感到老人的德高望重！圣老的逝世，给社会的震动，给社会带来的悲哀，只要看看这送花圈的情况，就完全可以明白了。我们失去了他，社会失去了他，真正使我有“江山空蔡州”之感！

追悼会那天，确实是空前的，人们怀着崇敬和悲哀，衣襟上别着白花，一个个向他的遗体告别，我凝视着老人慈祥的面容，仿佛是安详地睡着，一如往常。老人一生对人民所做的贡献，一生的业绩，是留给后人无穷的精神财富，我们当永远珍惜它，学习它，圣老是可以安心地

“休息”了。

我与圣老的交往是在20世纪70年代初，那是老友陈从周兄的介绍，因为圣老住在东四八条，我住十条，相去很近，所以我常能去看望他，向他请教。还曾在他家的圆桌上一起吃过饭，饭前我们都喝一杯绍兴黄酒，这是典型的江南家庭风味，圣老原籍是苏州，我是无锡，所以这样的家庭风味，感到非常亲切。

每次我去圣老家看望他，他总是老规矩，端坐在客厅向南的沙发上，让我也与他一起坐。我总是侧坐在老人左侧的沙发上，陪同闲话，有时话话家常或朋友的信息，有时谈谈文艺界的情况。至善同志总是每次在一起谈话，我称至善同志叫“小叶老”。实际上他比我大得多，也是我的前辈，但因为与圣老要有所区别，只好加一个“小”字了。

有一次我去圣老家，正值他院中的海棠盛开，圣老兴致很高，邀我与他和“小叶老”，记得还有另外一位客人一起照了一张相，过不多久，圣老还亲自写信将照片寄给我，我一直珍藏着，现在想找这张照片和信，反倒一时找不着了。

圣老写得一手好篆书，篆法完全是李斯或李阳冰的一路，端庄匀称，结构谨严，笔笔中锋，如果要放在光线里透视，我看准看得出笔画中收一缕笔直的墨线。我几次想向圣老求字，但总觉得他年事已高，很不好意思启齿，所以一直没有求他，现在想想，真正非常懊悔！

我从1975年起开始校订《红楼梦》，当时我去请他当校订组的顾问，他立即答应了。之后我们每校订完一部分，就给他送去，请他审阅，他与至善同志总是十分认真地在原稿上批注，写出详尽的意见，我们都尽可能地将他改动的地方再作修改，尽管这个校订本至今还有许多工作要做，而且在排印中，也还有一些排错的字和排错的标点符号（现在已陆续改正了不少），也还有失校的地方，但能够达到目前的样子，这与叶老和至善同志的亲自帮助批改审定是分不开的。至今我手头还保存着两封圣老写给我谈校订本的信，看看这两封信，读者就更可以清楚圣老是如何关怀我们的校注工作了：

一

其庸同志惠鉴：我与至善皆性急，嘱看稿到手即看，今日上午看毕。原文及注释各一册，意见记录一叠，顷已固封交邮挂号寄上。所提诸端自不能尽合，偏见妄揣难免，希公等酌采之耳，即请撰安。

叶圣陶上

（1976）廿一日下午五点

前数日得从周书，言下月或来京，好消息也。又及。

二

其庸同志惠鉴：上周寄去稿件必承收览。昨夕与至善闲谈，彼提出两处点句之意见，似属可取，今为写录于另纸，作为前稿之补遗。至希察阅。余不一，即请撰安。

叶圣陶上

七月廿七日午前

附在这封信一起的，还有一页信纸，写了两条修改意见，我觉得分析得很对，现在也一起抄录下来，一则感念圣老和至善同志的盛意和辛劳，二则也可供读者参考。下面就是所附意见：

292 页 10、11 行①“再不许吃人嘴上擦的胭脂了，与那爱

① 按：指原校订本的大字征求意见本页码。

红的毛病儿。”

人民文学出版社1972年直排本此处作“再不许弄花儿，弄粉儿，偷着吃人嘴上擦的胭脂，和那个爱红的毛病儿了。”与新校本文字有异。

什么叫“爱红的毛病儿”不懂，且不管它，总之是袭人要宝玉改的一种毛病。“再不许……那爱红的毛病儿”话说不通，“毛病儿”前边要来个动词才行，如说“再不许犯那爱红的毛病儿了”，这才成句话。现在是说了不许吃胭脂再说一项，用个连词“与”连上，才说到“毛病儿”，宝玉听得厌烦了，就抢着说“都改，都改”。对于那爱红的“毛病儿”该怎么样，袭人还没有说出来。因此，“毛病儿”之下决不能用句号。从前人在此等处没有办法，现在咱们却有办法，在“毛病儿”之下用个删节号（六个点子），表示话没说完，极为适当。

304页倒4、倒3行“一个作爷的，还赖我们这几个钱，连我也不放在眼里。”

人文本作“一个做爷的，还赖我们这几个钱，——连我也瞧不起！”与新校本文字有异。

且不管文字异同，两本都在“做爷的”和“几个钱”之下用逗号，不合莺儿当时说话的语气。应当作“一个做爷的还赖我们，这几个钱连我也不放在眼里”。

这两封信离开今天转瞬已经12年了，《红楼梦》新校注本出版到现在也已经6年了。而叶圣老却已离开了我们。重读这些信，怎么能不让我们对他产生无尽的怀念呢？

《红楼梦》是一部经天纬地的伟大杰作，是我国数千年传统文化的结晶，是全人类的共同的精神财富，我们有责任把这部名著校注得更加完善，把红学的研究引向更加广阔的前景，把红学的队伍更加扩大。我深深感到红学是一门包罗万象的大学问，是一定会永远发展下去的一门专门学问。在这门大学问面前，任何人都还没有资格夸耀自己，有如面对着大海，任何人都不敢说他已经穷尽了这大海的一切。

让我们永远怀念叶圣老，学习他的一丝不苟、字斟句酌的严肃态度，对文化工作的高度负责的态度！

让红学在认真严肃的笃实学风下得到更大的发展。

1988 年 10 月 23 日于南京中山大厦旅次

悼念俞平伯先生

前些时，我出差到兰州，因为工作忙，连报纸都看不到，10 月 16 日那天，无意中见到了报纸，随手一翻，却看到了俞平老不幸逝世的消息。俞老卧病已甚久，在北京出来前，我想去看他，朋友说你回来去看也不迟，他目前已不清楚了，去了也不知道是谁，就这样被耽误下来了。

这个不幸的消息传来，引起了我种种的思绪。

我小时家境贫寒，抗战开始我小学五年级就失学了，当时除了读《水浒》、《三国演义》、《聊斋》之类的书外，就没有其他书好读，有一次，偶然得到了《读词偶得》和《清真词释》，这是俞老的著作，但我也不知道俞老是何许人，只是觉得他讲解词意，层层剖析，使我慢慢地有些懂了，也慢慢地悟到如何来读词。但实际上我懂得的还是极肤浅的，只好说有点启蒙而已。

那时，我还得到一部《水云楼词》，也是这样半懂不懂地读下来的，后来我却一直喜欢读诗词，应该说俞老的著作是我的启蒙老师。

我还喜欢读小说，《三国》和《水浒》是不知读了多少遍了，连里头的一些回目和句子，都能背诵一些，还有《西厢记》也是这样似懂非懂地读下来的。有一次，无意中得到了一部《浮生六记》，是俞先生整理的本子，记得前面还有一幅沈三白的画，还有一张沈三白住宅的照片，现在再要找这个本子已经不大容易了，可当时这个本子我珍藏了很多年。我非常爱读这本书，沈三白的文笔，我也不知不觉地受他的影响，但这一切，都是从俞老的这本书来的。特别是书中讲到沧浪亭，这是苏州的一处名迹，我曾多次去寻访，企图找到沈复的住处，但终究渺不可得。书中还讲到东高山，这离我家只有五公里，我也去寻访过，当然也是一片迷茫，我还去过扬州，到过金匮山，企图寻找沈三白可怜的夫人陈芸的坟墓，但荒烟蔓草，早已无可踪迹了。

去年，上海博物馆举行冒辟疆文物展览，我意外地见到了沈三白的一幅册页真迹，画的是冒家水绘园，并有三白的长题，这是我数十年来第一次见到沈复的真迹，比俞老整理的《浮生六记》前面附的照片，更加来得真切入味了。

这一切，我都想找一个空闲的时间与俞老聊聊天，他一定会非常有兴趣的。犹记数年前，我同上海老友陈从周一起去看俞老，从周兄是俞老的老友，我们到了三里河俞老的家里，俞老很高兴地从房间里一个人扶着墙壁慢慢地走出来，然后又从墙壁摸到椅子，再从椅子摸到八仙桌，然后一步步挪过来。并不是俞老眼睛看不见，眼睛是看得见的。他一面摸着墙壁椅子走路，一边还给我们说话，他说这样比别人搀着还要可靠，可以自己做主，不让人牵着走。

俞老见到我们去，非常高兴，几十年的往事和家常，以及苏州故家的种种往事，谈得十分亲切有味。俞老已经重听了，有时他听不清我们的话，就自己说开来了，现在想想当时的生活情趣，多么有真味啊！

我还记得第四次文代会的时候，俞老出席了会议，我们去看望他，他非常高兴，还一起拍了照。

1979 年《红楼梦学刊》创刊的时候，不少学术界、红学界的著名人士都到了，周扬、茅盾、叶圣陶、顾颉刚、王昆仑、俞平伯、启功、吴组缃、吴恩裕、吴世昌、周汝昌……统统到了，这真正是学术界的一次盛会，现在当年参加这个盛会的老一辈学者已经有好多位去世了，真正是盛会难再了。

1980年6月，美国威斯康辛举行国际红学研讨会，俞先生是被特别邀请的一位，我受大会的委托去面请俞老，俞老很幽默地说，我习惯光着脚不穿袜子的，怎么能去美国呢！但是后来俞老还是带去了一封大会的贺信，可见俞老对这次学术会议还是十分关心的。

1979年4月，我记不清为了什么事要去看俞老，怕干扰他，我先请王湜华同志先约定时间，俞老很快就写信给王湜华，说："其庸先生有惠来之意，感谢，盼约良晤。匆复，即颂文安。平伯，四月六日。"后来我即去拜望了他，当时谈了什么事，现在竟记不起来了。

还有一次，俞老托人转送我两幅他的法书册页，是俞老的词作。这真是望外之赐。我是很想请俞老写字的，但考虑到他年事已高，再去烦劳他，实在心里过意不去，故而一直没有提出请求，不想俞老竟会有此意外之赐，亦可见长者之深情。

前些年法国学人、红学家陈庆浩兄要拜见俞老，我陪同他一起去拜见了他，晤谈也很高兴。

特别是前两年德国汉学家史华兹先生翻译了《浮生六记》德文本，在翻译过程中，史华兹先生常来与我商量，并请我为德文本写叙，我同时建议请俞老题"浮生六记"四字，印在扉页上。史华兹先生非常高兴，即委托我去求俞老，俞老欣然命笔，即由俞成同志寄给我。谁知这个德译本刚刚出版，俞老的题字即印在扉页上，等到这个本子寄来时，俞老已经逝世了。我只好拿着这个本子，到俞老的灵前向他行礼默告，将书请俞成同志安放在他的灵前！

听俞成同志说，俞老自己还是很清楚的，去年九十岁与他祝寿的时候，他就说过了九十岁，就不会太久了。这次卧病以后，他更十分清楚，说一定要等亚运会结束后自己再“走”。果然，亚运会结束不久，俞老就真的长行了。俞成同志说，俞老临终时，简直就像是安详地睡着了。是的，我想俞老也真的是睡着了！

这使我想起俞老在下放干校期间，人不堪其忧，俞老却在劳动之余，依然照样唱昆曲。局外人以为是幽默，我私心以为这才是俞老的本色，至于是歌是哭，只有俞老心中自知了。

现在一切都已过去了，我心中永远感到遗憾的是没有能在他长行之前再见上一面。

1990年11月5日夜，客兰州，时方从临洮归来

语可诲人　光可鉴物*

俞平老于去年10月逝世，噩耗传来，不胜痛悼，于时，我在天水，不能往吊。今年1月中，周颖南大兄自新加坡来，携来平老与他通信的复印稿，沉鼓鼓的两大包。他告诉我说，平老与他的通信已结集，很快出版，要我赶写一叙。看样子已经事属紧迫，无可推委，只得惶恐应命。

我与平老交往，已是平老的晚年，且因为平老年高，我也不敢多去打扰他，因而也就失去了不少请教的机会。此番面对着这么一大堆俞老的信件，又要我作序，我自然应该认真拜读。前前后后，我在这匆迫的时间里，一共读了三遍，我深深感到这对我是补上了十年学，或者说，弥补了我未能与平老多所请教的遗憾。

我国的文学传统，是十分重视书信的。在著名的《昭明文选》里，就收有书信三卷。司马迁《报任少卿书》，魏文帝《与吴质书》，嵇康《与山巨源绝交书》等等，都收在文选里。至今流传下来的墨迹，则更是不可胜数，较早的有陆机的《平复帖》，王羲之的《丧乱帖》、《孔侍中帖》等，还有转成石刻的《十七帖》，至于唐宋元明清各朝的名人尺牍，更是难计其数。

---

* 本文为《俞平伯周颖南通信集》叙。

俞平老是当代著名的学者，著名的“红学家”，他与颖南大兄的通信，自1978年10月13日起[①]，到去年9月3日最后一封信，在这短短的12年中，已经是积书盈尺了。这还仅仅是平老给颖南大兄一个人的信，推想过去他与其他人的通信，如他早年与顾颉刚的通信，及他在信中不时提到的他与叶圣陶老的通信，还有与王伯祥、谢国桢诸老的通信，总之，他一辈子所作的书信，不知该有多少？可这是平老创作的一个重要部分啊！如今在平老去世三个月后，颖南兄已经将此书信集编好付刊，这种精神实在令人感动。也可以稍慰平老于地下。平老的书信，是学问的渊薮，也是他生平的实录。他对往事的回忆，他对朋友的怀念，他对诗词的论评，他不经意间留下来的散文精品，以及他对“红学”的关切，还有作为书信文学，他在这方面留下的典范，特别是他一生襟怀磊落，豁达率真，对他的夫人则六十余年伉俪情深，一往如昔，这一切，都洋溢在他的书信里。我们只要随便翻读，就会感到这些书信语可诲人，光可鉴物。

平老是一位高寿的老人，整整活了将近一个世纪。又是一位早年成名的作家，他在二十岁以后就异军突起，步入文坛了。所以他的前尘梦影，稍一回忆，对后人来说，就成为历史实录。在这部书信集里，处处可以见到。例如1979年“五四”周甲纪念，他写《追忆往事诗》十章云：

一

星星之火可燎原，如睹江河发源始。
后此神州日日新，太学举幡辉青史。

① 见本日书信。

二

风雨操场昔会逢[①]。登坛号召血书雄。
喧呼声彻闲门巷，惊耳谁家丈室中[②]。

三

马缨花发半城红[③]。振臂扬徽此日同。
一自权门撄众怒，赵家楼焰已腾空[④]。

四

罢课争将罢市连。新闻组好作宣传。
已教巨贾无青眼，又向当街散白钱[⑤]。

五

风生蘋末启舆谈。何用文心别苦甘。
同学少年多好事，一班刊物竟成三[⑥]。

六

阅人成世水成川。小驻京华六十年[⑦]。
及见天街民主化，重瞻魏阙峻于前。

---

① 原注：1919 年 5 月 3 日晚，在京北河沿北京大学预科之风雨操场，召开京师各高等学校学生大会。

② 原注：时侍亲寓居东华门箭杆胡同，与大学后垣比邻。

③ 原注：京师道树，旧多马缨花，俗称绒花，天安门前尤盛。

④ 原注：曹汝霖住东单赵家楼胡同。

⑤ 原注：参加北大学生会新闻组时，偕友访京商会会长，要求罢市，欲散发传单而纸张不足，代以送殡用之纸钱，上加朱戳标语，其不谙世情如此。

⑥ 原注：先是北大中国文学门班中同学主持期刊凡三，《新潮》为其中之一。

⑦ 原注：1915 年来京，迄今 65 年，其间离京他往者数载。

七

清明时节家家雨，[①] 五月花开分外鲜。
“四五”真堪随“五四”，积薪之象后居先。

八

“外抗强权”如反霸，“内除国贼”抵锄奸。[②]
昔年学子孤军起，今日工农万口欢。

九

北河沿浅柳毵毵。军幕森严忆“六三”。[③]
唤醒群伦增愤激，呼声遍应大江南。[④]

十

吾年二十态犹孩。[⑤] 得遇千秋创局开。
耄及更教谈往事，竹枝渔鼓尽堪咍。

一九七八年十二月作于北京

以上十首追忆往事诗，历历叙述60年前五四运动的前前后后，诸如学生大游行、北大预科风雨操场上的学生大会、火烧赵家楼、市民的大罢市、北大《新潮》期刊的诞生、1919年6月3日北洋政府军逮捕学生的

---

① 原注：丙辰清明节微雨。

② 原注：引文八字，乃“五四”时口号。

③ 原注：北河沿西岸清泽学馆，后为北大预科，又称三院。其年6月3日北洋政府军警拘禁各校生徒于此。残柳乾河，帐篷罗布。

④ 原注：其后政府慑于众议，巴黎和约山东条款卒未签字。

⑤ 原注：当时余浮慕新学，向往民主而知解良浅。

“六三”事件等等，皆是当时的史实，可补史籍之失载。又如追怀顾颉刚先生的《思往日》五首附跋，记述他与顾老的交往和共研《石头记》的情况，不仅使我们可以得知两位大学者的深厚友谊，而且诗味醇厚深永，加以跋文稍稍阐发，令人把玩不已。

思往日 五首附跋

——追怀顾颉刚先生

其　一

昔年共论《红楼梦》，南北鳞鸿互唱酬。
今日还教成故事，零星残墨荷甄留。

一九二一年与兄商谈《石头记》，后编入《红楼梦辨》中，乃吾二人之共同成绩。当时函札往还颇多，于今一字俱无。兄处独存其稿，闻《红楼梦学刊》将甄录之，亦鸿雪缘也。

其　二

少同里闬未相识，信宿君家壬戌年。
正是江南樱笋好，明朝同泛五湖船。

一九二二年初夏，予将游美国，自杭往苏，访兄于悬桥巷寓，承留止宿，泛舟行春桥外。自十六岁离苏州，其后重来，匆匆逆旅，吴趋坊曲，挈伴同游，六十年中亦惟有此耳。

其　三

悲守穷庐业已荒。悴梨新柿各经霜。
灯前有客跫然至，慰我萧寥情意长。

一九五四年甲午秋夕，承见访于北京齐化门故居。呴沫情殷，论文往迹，不复道矣。

其　四

朋簪三五尽吴音。合向耆英会上寻。

秘笈果然人快睹，征文考献遂初心。

六十年代初，兄每约吴门旧雨作真率之会，余浙籍也而生长苏州，亦得预焉。会时偶出珍翰异书相示。

君夙藏《桐桥倚棹录》，盖孤本也，予为题绝句十八章。其十七云："梓乡文献费搜寻，夙稔君家雅意深。盼得流传人快读，岂惟声价重鸡林。"其后此书于一九八〇年重印。

其　五

毅心魄力迥气俦。长记闲谈一句留。

叹息比邻成隔世，而君著述已千秋。

兄尝以吴语语我夫妇云："吾弗是会做，吾是肯做。"生平坚毅宏远之怀，略见于斯。晚岁多病，常住医院。离在三里河，与舍下毗邻。余去秋造访，于榻前把晤，面呈近刊词稿乞正，君呼小女读之，光景宛在目前，何期与故人遽尔长别哉！

一九八一年四月十三日，北京

1970 年，俞老下放到河南息县，于乡居生活，后来也颇多忆述，他在 1984 年 6 月 24 日给颖南兄的信中说：

新岁以来，体愈软弱，写作极少，兹抄奉一诗博粲，虽只廿八字，于昔下放河南居乡情况颇能概括，所居为农民弃屋，其敝陋不能想像，若遇大风雨雪皆有危险。经岁平安，感谢上苍，并非诗情，乃是实感，遂以白话写之，如是而已。

诗云：

忆庚戌田居事诗 并识

出水银鳞不自怜。相依一往宛如前。
旧茅未为秋风破，经岁平安全谢天。

一九七〇年在息县东岳集，借住农家废舍，东风夜卷茅栊，幸居停夜起维修，翌晨犹见残茅，飘浮塘上。遂忆杜诗《茅屋为秋风所破歌》云云。方喜其适逢诗景，忧患余生，溺人必笑，初不觉处境之险也。

耐圃[1]后有《鹧鸪天》词云：

愁雨雪，变晴阴。农村广阔记犹新。友人相过居邻好，汲井分柴助我勤。

于艰虞中见襟怀之开朗焉。而今人去三春，那更西窗剪烛，栖尘月梦，何幸天怜；促柱幺弦，终归辍响，昔日曾睹吾茅舍者，家中亦只韦柰、润民挈女华栋三人耳，设使他年重到，旧迹都迷，又不知其作何感想也。

我们读他给颖南兄的这封信，这首诗，诗后的附记，他夫人的《鹧鸪天》词，以及词后的短文，可以想见，这位七十老翁的乡居生活是何等艰难，而他和他夫人的襟怀又是何等的朗照！住在破茅屋里，突然遇上了大风雨，人也不堪其苦，可俞老却“方喜其适逢诗景”，俞夫人则说“农村广阔记犹新”，这是何等的襟怀！

---

① 俞老的夫人许宝驯。

特别要提到的是俞老的《临江仙》纪事词，兹引录如下：

丙丁之际，有纪时事之《临江仙》，近稍流传而词或未安，改写于左：

周甲良辰虚度，一年容易秋冬。休夸时世若为容。新妆传卫里，裙样出唐宫。　　任尔追踪雉曌，终归啜泣途穷。所诛褒妲是英雄。生花南史笔，愧煞北门公。

己未正月

附注：

一、周甲两句谓婚姻六十年。

二、时世，犹言时妆。花间词“点翠匀红时世”。

三、天津于明代始设卫，曰天津卫。俗称卫里，今亦罕用。

四、雉，汉吕后名。曌，即照字，唐武后名，自造此字。

五、《诗经》：“啜其泣矣，何嗟及矣。”

六、杜甫《北征》诗：“不闻夏殷衰，中自诛褒妲”，谓杨妃。

七、南史氏，春秋时齐之太史，承上句借谓诗史。

八、北门学士，唐时谄事武后者。

平戏涂

很明显，这首词是鞭笞江青的，“丙丁之际”是1976年和1977年，词题就写明了“纪时事”，江青于1976年（丙辰）垮台，词语说“新妆传卫里”，“任尔追踪雉曌”，则毫无疑问是指江青。

我们统观以上所引的四组忆旧之作，从五四运动起，到他与顾颉刚通信讨论《红楼梦》，1970年他下放河南息县，一直到“丙丁之际”“四人帮”垮台，概括了多少重要史事。“后之视今，亦犹今之视昔”，现在距离“四人帮”垮台，转瞬又已经首尾16年了，俞老的这些追忆，也真正成为了史诗。

这里，我还要提到的是，在他与颖南兄的通信里，有很长一段时间是商量《重圆花烛歌》的问题，他与叶圣陶老、谢国桢老也曾多次通信讨论此诗。此诗后来由颖南兄将俞老的手书和谢老的写本以及各家的题跋合印成册，以庆祝俞老九十华诞，我也曾为此卷写过跋文。从俞老晚年的诗作来说，这无疑是压卷之作，虽然是《重圆花烛歌》，但实际上也是一首史诗，全诗一百句，从1917年俞老与许氏表姊结婚起，一直写到1977年，中间60年来的重大史事皆有概括，但恰恰省略了1966年开始的“文化大革命”。俞老的这种省略，当然不是疏忽，也不是害怕，因为诉说“文化大革命”中遭受的灾难，一般来说，是毋庸害怕的，更没有什么“难言之隐”。俞老之所以不写这一段，是因为这是人所共知、人所共经的一场历史性的大灾难，现在灾难刚刚过去，余痛犹存，即使要说也说不完，倒不如不说也罢。所以我认为这一段“空白”，反而更使读者低徊思量，真是“此时无声胜有声”。我的这种体会，是否切合实际，现在平老已经不在，无从质证，只好姑妄言之而已。至于这首诗的艺术手法，我认为是融《秦妇吟》和“梅村体”于一炉，去其华赡，增其质实。我的这种想法，是否能得其十一，也只能说是姑妄言之。

大家知道，俞平老不仅是学问大家，诗词名家，而且还是“五四”时期新文学运动的先驱和闯将，他的新诗集《冬夜》、《西还》、《忆》，他的散文集《杂拌儿》、《燕知草》、《杂拌儿之二》等等，曾著名于世。这里摘录二通书信和二篇短文，以见俞平老散文的风采。有人曾说，平老的散文是受《红楼梦》和《浮生六记》的影响，平老曾郑重说明，与其说他是受《红楼梦》和《浮生六记》的影响，毋宁说是受六朝四六骈文的影响来得符合实际，现在先引录平老的书信。

颖南兄：

多日未通书问，以情怀甚劣，偃卧斗室，笔墨抛荒故也。

以内子之丧，承远致电音，旋奉手书吊唁，情意深厚，殁存均感！丧事至简，一日而毕。室内一切如旧，而伊人杳然。固知以理遣情，奈无处不枨触何。贱体幸粗安，堪纾
远念。

前为　兄题诗卷者，若北京张伯驹，上海李宝森皆作古人矣，不胜叹惋。若去岁佳游，诚可念也。

闻吴下曲园近有修复之说，云1985年可落成，自是佳讯，得见与否，未可定也。

言为心声，其辞多感，谅察为幸。

匆颂
俪祉，不具

平　伯

82.3.7.

致荒芜①

示新诗，浣诵欣快。多历忧患，诗与年进，而一管狼毫，犹不减当年之勇，若弟者偶尔命笔，情多衰飒，弥觉不逮。近访圣翁（叶圣陶老人——引者）得一章，音旨尚和，即以候教。以精神惝恍，涉笔易讹，奈何！

十一月十日

读以上两封信，虽然不能说是六朝四六骈文，但晋贤翰札和六朝文体的影响，依然可以寻绎。所以平老自述，信是实话。现在再摘录短文如下：

① 此信是节录。

读“送春诗”书后①

余近句云：“儿情空自许，无复古来人。”（意即古时人，但“古、来”亦可分读，谓古人与来者也。）

顷上海汪补齐（葆楫）先生惠赠其先兄　应千日记印本（前岁曾见其手稿本），读之颇多感想。其宣统辛亥二月朔日记云：“送春诗所见甚夥，求其扫除翳障，独辟畦町者，实属不可多得，某报载有送春绝句云：‘春竟归何处？年年说送春。可怜春自在，送尽古今人。’作者不详，一憾事也。”

赏音非虚，其遗憾诚有如君所言者。末句与上述拙作相似，七十余年后亦巧遇也。少小同在吴门，君出就学，我则家居，坊巷咫尺，无缘识面，其草桥同学，若伯祥、颉刚、圣陶者，其后皆为我忘年之交，共臻耄耋，而君独早世，观其遗文，美志不遂，良可痛惜。

时一九八五年乙丑春，平伯读后记

癸亥年初五之梦

平　伯

似在老君堂旧寓，得一古书琴谱之类，闻妻在隔壁吟唱。其曲名《辞祠禄词》（注），只听了三数句，清晰能理解。文词雅驯，似唐宋八家，音调和平宛转，有似阳关三叠，醉翁操，歌罢寂然。初不拟出视，以不觉其身故，亦无伤逝之怀。

① 原件无题，这是我暂拟的。——庸

于时天色阴沉欲雨，心情黯淡。旋醒，天甫黎明。

予昔有《梦雨吟》云："闻声思觌对，睹影记前姿。"今则空闻声而不睹影，又岂能觌对耶？晨起九点书。时润儿夫妇在返天津途中，一九八三年二月十七日。

注：一名三同音字。宋人祠禄为大臣宫观虚衔，略似今之退休养老金。

槐客平生

谈"咏花绝句"

平　伯

昔有京师看花绝句云：

燕京游赏影匆匆。桃杏先春不耐风。
得见花王须秉烛，藤萝纡紫海棠红。

梨英未必逊丁香。素艳同登白玉堂。
何事春归恼红药，折为瓶供殿群芳。

以其平易，每以应属书者。

顷重阅儿时残帙，毗陵程惠英女史著《凤双飞》弹词，其第五十回开篇云：

梅花落尽杏花红。艳李夭桃向日秾。
自是梨花多薄命，不关轻薄五更风。

其三、四句意颇凄凉。忆前人句云："自是桃花贪结子，错教人怨五更风。"相似而更深美，不知二者是否有关？即余之旧作，是逞臆闲吟，抑效颦唱本书，亦茫如捕风矣。

甲子岁正月十四日，亡妻二周年纪念

书于北京三里河

以上三篇文章，总共只有六百来字，但每一篇都是写得珠圆玉润，曲折尽意，而且余味无穷，这实在是已经到了小品文的至高境界，这也才显出俞平老作为散文大家的风范。

最后，我们当然不会忘记俞平老更是一位“红学”大家，在他的通信里，是不可能不涉及到“红学”的，事实上，也确是从不同的角度涉及到了“红学”。现在我把这些涉及“红学”的信，择其要者，引述如下：

1979 年 5 月，《红楼梦学刊》创刊，红学界举行大会，这是一次难得的红学盛会，当时红学界的前辈全部到了，计有茅盾、王昆仑、叶圣陶、俞平伯、顾颉刚、吴组缃、启功、吴世昌、吴恩裕、周汝昌、张毕来、端木蕻良等等。先是学刊编委会邀请俞老任顾问，俞老因年高婉辞，后来邀请他参加成立大会，他欣然允诺。他在会后 1979 年6 月2 日的信中说：

> 上月《红楼梦学刊》开会颇盛，我非编委，亦偕圣翁列席，港报有传真照片，未知得见否？

可见俞老对这次盛会是很重视的，事实上这一次确是红学界群贤毕至的盛会，现在上述与会的 12 位老人，已经有 7 位去世了。

俞老对 1980 年6 月在美国威斯康辛大学召开的国际《红楼梦》学术研讨会，也是十分关心的，曾在好多次信中提及此事，如 1980 年 1 月 1 日的信中说：

> 《红楼梦》讨论会，将于六月中旬在美国威斯康辛开会，策纵来书意甚恳切，我自因衰病未能去，负此佳约，但总需写些诗歌文章以酬远人之望，亦不能草率，故颇费心。

他在1980年7月2日的信里说：

《红楼》本是难题，我的说法不免错误，批判原可，但不宜将学术与政治混淆。现得到澄清便好。承　热情关垂，感谢感谢！

威斯康辛盛会情况，略见报载。如有人以电子计算机来研“红”，得到前八十，后四十回是一人所作之结论，诚海外奇谈也……

《红楼梦》成为“红学”，说者纷纷，目迷五色。我旧学抛荒，新知缺少，自不能多谈，只觉得宜作文艺、小说观，若历史、政治等尚在其次，此意亦未向他人谈也。

又他在1980年7月14日的信里说：

承惠“红会文件”，首尾完整，阅之有味。论文中似以余英时、潘重规为较好，未知然否？“红学”索隐派祖蔡孑民，考证派宗胡适之（虽骂胡适，仍脱不了胡的范围）。考证派虽煊赫，独霸文坛，其实一般社会，广大群众的趣味仍离不开索隐，所谓双峰并峙，各有千秋也。于今似皆途穷矣。索隐即白话“猜谜”，猜来猜去，各猜各的，既不揭穿谜底，则终古无证明之日，只可在茶余酒后作谈助耳，海外此派似尚兴旺。考证切实，佳矣，却限于材料。材料不足，则伪造之，补拟之，例如曹雪芹像有二，近来知道皆非也。一或姓俞，一或姓潘，而同字雪芹。殆所谓“走火入魔”者欤！拉杂书之，以博一笑，不足为外人道也。

俞老在另外一些信里，还有一些关于“红会”的谈论，但大致相同，这里不再重复。

在俞老的信里反复谈论得较多的一件事，是关于吴世昌与周汝昌有关曹雪芹佚诗真伪问题的争论。

如1980年7月2日的信说：

周汝昌拟补曹诗，先不明言，近始说出，态度不甚明朗。吴世昌却硬说是真雪芹作，周决做不出，在港《广角镜》以长文攻击，且涉政治，更为不妥。

又同年7月10日信说：

周拟补三诗，如当时明说就好。吴武断第一首为曹氏原作却无证据，只说诗做得好，周决计做不出，不能说服人。

又同年7月14日信说：

前者兄托我请顾老写字，我只将纸送去，转述仰慕之意，未及其他。当二十年代之初，顾和我讨论《红楼梦》，以后即未再谈。及至写来一看，即此补拟之作，颇出意外。即转寄兄，而申明我表存疑，以诗虽尚佳，而来历不明也。今吴周之争，周则勉强交代，吴则盛气凌人，不知尚有后文否？我未参与，亦听之任之耳。

承嘱写字不难，而措词匪易。顾认为真笔，可以应人书，我知其拟作，即无从再提。确证其伪，与顾书对照，显彰友人之失；含糊其词，愈增来者之疑惑，即所谓“不必要的争论”也，以有此困难，遂未能应　嘱，务乞谅之为幸。

此外，在早些时候，即1980年3月5日和3月18日，当顾老写好此诗后，他就反复说：

> 顾翁自动写此诗，殊可喜。如有笺道谢，我可转去。
>
> 此诗之真伪，我却不敢定。因众说不同也。
>
> 三月五日

> 所传雪芹诗句，难定是否原作，而顾翁墨迹堪珍，良朋酒边致赏，不虚矣。
>
> 平启
>
> 三月十八日

对于这首所谓曹雪芹的佚诗的态度，俞平老自始至终一直抱不信任的态度，对两家的批评，也显得十分公正。特别是他对顾老所写此诗，真是投鼠忌器，但他仍旧把它分开，对老朋友的书法，推重爱护备至，对所书的诗句，则仍持不信任态度，两者泾渭分明，清浊不能含糊。前辈学人的这种严正不阿的凛凛风范，实在是后学的楷模。

俞平老的这部通信集，实在是一份丰富的遗产，其内容决不是这短短的叙文所能表述完的，亦只能是取一勺以见大海而已。

1987年7月7日，平老曾自题云：

> 历历前尘吾倦说，方知四纪阻华年。

确实，俞平老没有能给我们留下他的传记或者回忆录来，从这方面来看，也许这位经受了长时期的惊涛骇浪的老人是“倦说”“前尘”了。但是，当我一次又一次地读完了这部书信集后，我又兴奋地感到，其实他没有“倦说”，相反，他却通过书信的方式，给他的知友，也是给后人，说了许多许多。这应该说，是颖南兄的一大功劳。

1988年，下距这位老人逝世大约不到两年的时候，他写下了以下的诗句：

不敢妄为些子事，只因曾读数行书。
严霜烈日都经过，次第春风到草庐。

儒林外史录是诗只半首，可惜也。戊辰晚秋写于京师赠颖南兄留念

俞平伯

这首诗，仿佛是这位老人的总结，或者是他的偈语。他写下这首诗，大概也是有所寄托的罢。当然，这仍是我的臆说。

1991年2月10日夜1时于京华宽堂

俞平伯老《重圆花烛歌》跋

予少未窥《红楼》而嗜词，故未知世间有“红学”，更未知“红学”有俞老也。然因酷好词，于词集词学之书则广搜而勤读之，乃得读俞老所著《读词偶得》、《清真词释》两书，时在民国壬午、癸未至丁亥、戊子间，因而予初从词学得识俞老也。又予于说部，除《水浒》、《三国》而外，酷好《浮生六记》，予所读之《六记》，即俞老之定本也，故予从《浮生六记》又得识俞老也，时尚在读词之前。

予读《红楼》至晚，治“红学”则更晚，故予知“红学”中之俞老实自50年代始。然予于“红学”所知甚少，于俞老之“红学”所知更少，虽读其书而未敢随人有所是非也。其后因海上陈从周兄之介，曾数数拜访俞老，70年代末，《红楼梦学刊》创办，创刊会上，茅盾、顾颉刚、王昆仑、启元白、吴世昌、吴恩裕诸老俱在。俞老亦临盛会，之后，予遂数数得奉謦咳。前岁德国汉学家史华兹先生译《浮生六记》德文本毕，欲请俞老题签，予为求之，俞老乃欣然挥毫。又法籍华人学者陈庆浩兄治“红学”有声海外，欲求奉访，予乃为之作介，俞老亦欣然延接。此数事，乃予与俞老相交之落落者也。

客岁，颖南大兄出俞老《重圆花烛歌》手卷，题识琳琅，几尽一时耆硕，展卷之余，予既感俞老之至情，复钦俞老之盛德，乃为作歌曰：

云山苍苍。海水茫茫。
至情盛德，山高水长。
噫我中华，虎举龙翔。
风云变幻，时日愈将。
欢彼初阳，熠熠辉光。
凡我妇子，乃瞻乃望。
猗欤俞老，学术煌煌。
为颂为祷，既寿且康。

己巳夏8月11日夜2时于京华瓜饭楼，
8月13日晨书于恭王府
后学冯其庸敬题

祝贺《俞平伯全集》的出版

——在《俞平伯全集》出版座谈会上的发言

《俞平伯全集》隆重地出版了，这是我国学术界的一件大事，也是文艺界的一件大事。

全集送来后，我粗粗地读了一部分，还没有来得及读更多。我初读的印象，从出版的角度来说，这部书有三大优点：第一是全集整理编辑得好。俞先生是一代大家，正如出版说明里说的："凡一切经史子集，笺疏训诂，以及西学诗文、新式思想，无不供其齿颊，纵横颠倒，一以贯之，在'五四'以来新旧诗词、散文、古典文学研究领域均有建树，业绩非凡，卓为名家。"为这样一位大家编全集，确实不是一件容易的事，而现在这部全集编得有条不紊，次序井然，不能不说是本书的一大优点。第二是全集的版式设计和校对，非常精到认真。俞先生的全集，要设计得妥帖大方，而又前后统一，实在是一件烦琐而又马虎不得的事。现在翻开全书，一页页依次看下去，都觉得落落大方，令人心怡目畅。特别是植字和校对，全集比别的书难度要大得多，但我这几天读的，如《读词偶得》、《清真词释》等，都未发现错别字，当此"无错不成书"的时候，全集竟能做到无错，这可说是一大奇迹。第三是全集的装帧设计，实际上是“豪华落尽见真醇”，是“归真返朴”。封面的色调，好比给俞平老穿上了一领青衫，真是“青青子矜，悠悠我心”，这有多么得体啊！一部书从出版的角度来说，有这样三大特点亦即三大优点，我觉得也就颇为难得了，这足见出版社对出这部全集是十分尽心的，也足见出版社的专业水平是较高的，否则拿不出这样的成果来。但是这部书还有非常重要的一点，就是顾老起潜先生的题签，端庄稳重，可说是此书的画龙点睛之笔。顾老是俞老同时代的人，又同是大学者，全集由顾老来题端庄的楷书，真是最理想也没有了，可说是“珠联璧合”。

我读俞先生的书较早，但与他本人接触却较晚。我在上初中一年级的时候，酷爱读词，真如俞先生所说的，“最大的困难为‘读不断’”。“读不断”的问题后来我自己解决了，一是多读、反复读，先找出韵脚，也就慢慢地读断了；二是我买到万红友的《词律》，这下我对照词谱，就完全解决了断句的问题。现在《词律》有排印本，找起来不难，可我那时是日寇侵略时期，家乡沦陷了，生命都朝不保夕，但我终于找到了这部木版本的《词律》，视同珍宝，因为它解决了我读词的第一难题。但紧跟着来的是理解的问题，能读断了但还不能正确地理解，这可比第一个难题难多了，恰在这时我读到了俞先生的《读词偶得》和《清真词释》，真是如拨云雾而见青天，尽管当时我是一个初中生，对俞老的书的理解极其有限，但毕竟是理解了一些了，所以从那时起，我就熟读温、韦、冯、李诸家直到两宋各家。所以我的读词，是由俞老发蒙的。我那时的《读词偶得》、《清真词释》两书一直保存到今天。

我受俞老发蒙的另一部书是《浮生六记》。抗战开始后，我失学在家种地，无书可读，也不知从哪里弄到了《浮生六记》，还是俞老校点整理的。前面有《序》，就是收到全集里的那篇。记得那本书，前面还有苏州沧浪亭畔沈三白旧居的一张照片，还有沈三白的一幅画。可惜这本书在解放初丢失了。我自从读了《浮生六记》后，更加加深了对俞老的印象，对《六记》本身也是百读不厌。书中记载沈复曾在我家附近的东高山住过，我还为此而到东高山寻访遗迹，但未能得其影踪。书中还记到陈芸死后葬扬州金桂山之麓，后来我到了扬州，专门到金桂山去调查，也杳无踪迹，前好些年，我忽然在上海博物馆看到了沈复画的冒辟疆的《水绘园图》，真是奇遇，我即拍了照片。这张画，记得就是俞老整理本里面用的。冒辟疆是顺、康时人，沈复生于乾隆二十八年，当然是为冒氏的后人画的。沈三白恰好生于曹雪芹死后一年，如按阳历算，是在同一年，即1763年2月12日曹雪芹死，同年11月23日沈复生。两个才子，一样的文笔，死生相续，也是一段佳话。

我无论是读诗词或是读小说，都是从俞老的著作先得发蒙的，但我得见俞老，却在我读俞老的书以后四十年。那大约是在70年代后期，是我的好友陈从周兄陪我去拜见俞老的。因为从周是俞老的好朋友，我又是从周的好朋友，所以我们见面后一见如故，谈得很投缘，毫无拘束。记得1979年的那一天，我去拜访俞老，征询他能不能去出席美国召开的《红楼梦》国际研讨会，他非常风趣地说，我一不穿皮鞋，二不穿袜子——他指指他的脚说，这样子能去开会吗？

俞老是新红学的代表人物，是本世纪红学的大家，有人问我对俞老有关红学的评价，我是后学，岂可妄评前辈。但新红学对旧红学是一次革命，是一次开创性的前进，这是人所共知的，这是历史的结论。要评价俞平老的红学，首先是承认这个基本事实。要不是胡适、俞平老的努力，红学还停止在索隐派的迷雾里，哪还可能有红学的今天？所以新红学派突破和粉碎旧红学索隐派的迷障，为后来的红学开辟新路，这是一大功绩。特别是新红学派在红学方面的主要学术成果，都是为当代的红学所接受的，如《红楼梦》的作者是曹雪芹以及曹雪芹的织造家世，如红学的版本学特别是对脂砚斋评本的重视，如对脂砚斋其人的研究，对脂砚斋评语的研究等等，所以今天的红学对以往的新红学是继承、选汰和发展，而不是绝对的批判和抛弃。特别是俞平老的红学，是全集里洋洋三大卷，占全集的十分之三，其中不少真知灼见，是我们红学的一份重要遗产，自当珍惜。

令人遗憾的是时至今日，竟有人又在提倡索隐派了，而且益之以“太极红楼”！真是沉渣泛起。他们竟然把走回头路当作前进的方向，用以迷惑世人！

但这也正好用来与新红学和当今的红学对照一下，互为镜子，看看谁是在真的前进，谁是在倒着前进，谁是在把问题弄清，谁又是在把问题弄混，而且怕把问题弄清，阻碍把问题弄清！事实上他们不是提倡立论要有根据而是实行立论不要根据，可以任意想象，进而歪曲根据、篡改根据、伪造根据。他们喜欢的不是理论上的澄清而是理论上的混乱和随意。他们喜欢的不是马克思主义的唯物而是崇拜唯心！

所以，从红学的角度来说，全集的出版，对红学也是一桩好事。因为世间的真学问是不怕比较和不怕历史检验的，而世间的假学问，骗人的把戏，哪怕吹得更响，到头来总归要被人识破的。被搅浑的水，不可能永远浑下去，到头来总归是会被澄清的。

在今天，俞平老的全集能隆重出版，俞平老的成就和业绩终于能让世人共同看到，这说明真实的东西是打不倒的，世间只有真实的东西最有生命力！

俞平老一生为人本色，为学问也是本色，即没有一点虚伪造作，没有一点夸张。读他的文章，无论是研究性的文章还是创作，都是地地道道的本色，这实在是做人和做学问的最高境界，请问世间有几人能做到这地地道道的本色？

非常难得的是这部洋洋十卷本的全集，是用精到的本色装帧起来的，而不是花里花哨的装裹，这是装帧者的水平，这是俞老的幸福！让我再说一句：“青青子衿，悠悠我心！”

1998年3月19日夜10时于京东且住草堂

先生之风　山高水长

——送别启功先生

我与启功先生认识，回忆起来，已有40多年了。记得最早见到启先生，大概是50年代《红楼梦》批判运动的时候，那时中宣部或作协经常作大报告，各大学的教师、作家协会会员都要去听报告，会后还编组讨论。当时我在何其芳、蔡仪、王朝闻这些老同志的组里，启先生不知在哪一个组，但因为听大报告，全体都在一堂，所以常能碰见。那时我初到北京，才三十岁刚出头，启先生比我大十二岁，也不过四十多岁。不过那时只是认识，并未交往，加上我住在西郊人大，课程多，又是新来乍到，人生地不熟，所以很少出来，只是埋头教书。但启功先生的大名却在这时早已听说了，所以每逢听报告时，总要注意看看启先生有没有来。

我正式与启先生有交往是到1975年了，那年国务院文化组成立《红楼梦》校订组，袁水拍同志任组长，我与李希凡任副组长。当时校订组聘请了一批老专家当顾问，如吴世昌、吴恩裕、周汝昌、启功先生等都是。启先生那时住在小乘巷，校订组在恭王府，离得很近，所以有问题时就常去请教。经常是吕启祥同志陪同我去的，因为启祥原是北师大的，与启先生较熟，所以一起去比较方便。

启先生当时就名气很大，但他的住房却十分简陋，甚至可说是破烂。我们去，他更多的是给我们讲讲清代满人的风俗习惯等等，因为这涉及到《红楼梦》的注释。

1980 年夏天，美国威斯康辛大学周策纵、赵冈等教授发起，召开国际《红楼梦》研讨会，俞平伯先生和我，还有陈毓罴都是被正式邀请的，后来又增加了周汝昌。为了向大会送礼，我请上海朱屺瞻老画家作了一幅画，请百岁老人苏局仙写了一幅字，苏老还特意为大会题了一首诗。在北京我想请启功先生写一幅字，有一天，我独自去小乘巷看望启老，并说明来意，没想到启先生不仅满口答应，并立即在靠窗的不大的画桌上铺好了纸，然后说干脆咱们合作一幅画罢。我听后吓了一跳，我说我根本不会画，怎敢和先生合作，真是胆大妄为了，我坚辞不能。但启先生却非常热情，而且一定要我先画，我被逼无奈，只好勉强画了两笔，然后由启先生一手完成，居然是一幅非常完美的水墨葡萄，由启先生加了题。实际上这幅画有四分之三是启先生画的，即此一点，也可见启先生之宽厚和奖励后进之心。

1992 年我在扬州，车锡伦教授告诉我，他的朋友赵桂芝手里有一部明刻本《书史纪原》，前面有董其昌墨书原叙，有曹寅的楝亭藏书章，书末有“雪芹校字”四字墨书，行楷，书中并有墨笔校定的字。我听后感到此书及“雪芹校字”等墨迹，值得介绍给学界作研究，我就请车锡伦同志写篇详细的文章作介绍，并拍摄相关的照片同时刊登。文章和照片寄来后，我即将照片送给启功先生鉴定，过不久，启先生就给我来电话，说他感到“雪芹校字”四字模糊不清，有水迹，是否有改动的痕迹？过了两天，启先生又来电话，说他用最大的放大镜看了，觉得字迹清晰，无改动痕迹，有水迹。他原来感到有改动等等，是他的眼睛不好，换了好的放大镜，加上隔了几天，眼睛好了些，所以看起来就很清晰了。他说他已写了信给我。不久，我就收到了启先生的信，信说：

冯老：

照片俱看过，午间电话面陈，再看乃有误辨处，“校字”处，实水湿痕迹，并非挖补。至其真伪问题，实不易说，因至今未见其真迹何似。如果前些年双钩书序字作章草者可算真迹，则此四字与彼颇不相似，如果彼双钩本不够真迹，则此四字更无从比较矣。不知　高明以为如何？专此敬颂

新年万福！

弟启功敬上，廿七日

承惠罐头，无任感谢！

信中所说“前些年双钩书序字作章草者”是指吴恩裕先生撰文推介的孔祥泽钞藏的《废艺斋集稿》的序言，传为据雪芹真迹双钩，当时因无旁证，无可作是否。现在“雪芹校字”四字又作行楷，与前章草体判然有别，故更难定论。启先生是书画鉴定大师，其识见之精，为世所仅见。即论此“雪芹校字”四字，亦重在实证，不务虚空妄测，故雪芹之字，前序后校，都只能并存共研，不能片面作结论，我相信或者说希望若干年后，有雪芹可信之真迹出现，再作定论，我觉得这种可能性并不是不存在的。

启先生给我的信不多，因为一般情况下都通电话，有特别重要的事我就直接到启先生住处去请教，所以写信的机会很少。但有一封信非常特殊，也很少见，应该介绍一下。事情是这样的，有一次我为了我现在想不起来的一件什么事，写信请教启先生，我在信末具名“晚冯其庸敬上”。启先生收到后，他即复我一信，将我写的那个“晚”字撕下来，贴在他的信纸中间，在下面写了三行字：

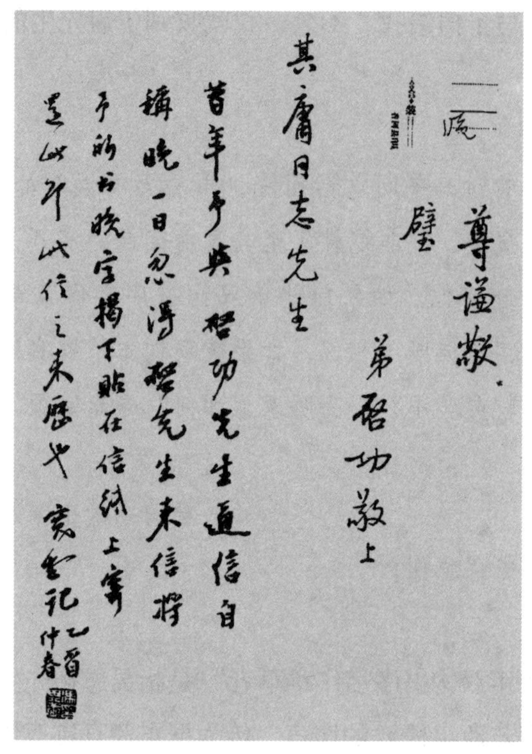

尊谦敬璧

弟启功敬上

其庸同志先生

这封信的内容就是“尊谦敬璧”四个字，意思是退还我自称的那个“晚”字，他不敢当，而具名时却用了一个“弟”字，这实在是令人坐立不安的事。这封信既风趣，更反映出启先生的谦逊和蔼，真正是仁者之风。

2001 年 2 月 24 日，启先生到我住处来。先是柴剑虹同志告诉我，说启先生要来看我。我与柴剑虹说，我不敢当，且先生年事已高，我又住在通县，路太远，往来费时间，请他无论如何不要来，我去看他就是了。柴剑虹说，启先生坚持要来，你就不要太违背他的盛意了。这样我就不好再辞了。

启先生是上午10时左右到的，我在门口恭候，同来的有柴剑虹、李经国两兄，谭凤嬛也来了。启先生一进门，看到园子里的两块假山石，就连声说好。这时整个园子还是冬天的景色，没有一点绿意，所以看到两块太湖石，特别显眼。启先生喜欢小动物，奇怪的是我家里养的狗，见启先生来都一声不叫，启先生还伸手去摸它，它也很亲和，如对熟人一样，看来动物也有灵性。

进入我的画室，看了乱七八糟放着的东西，启先生反倒说好，说这应该叫“瓜饭楼博物馆”。接着我们就在里间的沙发上坐下来。启先生看着我的一件北魏普泰辛亥（节闵帝元恭年号，二月改，明年四月即废，公元531年）铜造像，说这些东西都要拓拓片，然后照相，尤其是画室里带文字的古陶器、瓦当等都应该拓下来，将来印成书，就可以作为历史资料使用了。我又拿出一张溥心畬的山水条幅，请他看看是真是假。他一看就说，这是溥心畬先生的东西，当时溥心畬的画红得很，来不及画，他有好多位助手，先是溥心畬自己画，把主要部分都画出来，然后让助手去加补衬，然后再由他自己添补画定，再由他题诗加款。当时他的画都是这样的，所以有人问他请他画的画画好没有？他往往说：问问他们好了没有？这就是说他画完了交给助手了。当然启先生说的，并不是溥心畬的画每张都如此，不过是说有一部分画就是这样的生产过程。启先生是当年跟溥心畬学画的，所以能了解得如此清楚，这种情况，除了启先生这样与溥心畬有特殊渊源的人以外，外人是无从得知的。非常凑巧的是我在《红楼梦》校订组工作，后来搬到恭王府后花园办公，我的办公室在大假山后面的房子里，房子连接着画廊，我的办公室恰好就是当年溥心畬的画室，而我对溥心畬的画又是极为钦佩的，当年号称“南张北溥”，南张是张大千，北溥就是溥心畬，就我的感悟来说，我喜欢北溥甚于南张，因为我觉得北溥画里宋元的骨子深厚。这当然只能算是我个人的喜好了。

在画室里我特别提到美国波斯顿博物馆新出的一部大画册，印得非常精，价很贵。启先生马上就说，他买了两部，一部送人了。我请教他画册里的一幅山水，郑孝胥题“北苑真笔”，是不是董源的真迹？启先生马上就说，这是一幅金代的作品，郑孝胥的题识是不确的。启先生说这幅画里的炕完全是北方的生活方式。我想到沈阳故宫现在还保留着这样的大炕。启先生说，董源是南唐钟陵人（今江西进贤），在南唐做官，不可能画出北方的炕来，从画的时代风格来看，这是一幅金代的画。听启先生这么一说，后来我细检画册，果见画中室内土炕非常清楚，足见先生精鉴细入毫芒。启先生还给我讲，传世的《溪山行旅图》，传为范宽真笔，画上有极细字书“臣范宽画”。启先生说，范宽是他的绰号，他原名中正，字仲立，因性情宽缓，人们就叫他“范宽”。世上的画家没有画画而用绰号的，特别有一个“臣”字，是对皇上的称呼。譬如京剧《遇皇后》，包拯见到皇后说“臣包黑见驾”，岂非笑话。所以启先生说这幅画是范宽的画法，也是一幅好画，但是别人用范宽的笔法画的，不能看作是范宽的真笔。启先生此论，更令人感到他的精鉴，真是烛照无遗。

启先生那天在我处耽了两个多小时，直到饭前，才送先生进城吃饭。

2001 年启先生到我住处时，身体还很好，穿的衣服比我还少，4 月份我在美术馆开画展时，启先生还给我题展标，之后的两年，启先生身体虽然有所下降，但基本上还是好的，后来因为肾脏的问题，腰间穿了孔，装了一个皮囊，又因为走路吃力，用了轮椅，在轮椅前还放了一张小方桌，启先生想往前移动时，先移动小方桌，所以启先生与我说笑说：我现在是“赐紫金鱼袋”，又用四条腿走路了。我安慰他说，我的老校长，无锡国专的唐文治校长，腰间一直挂着一个皮袋子，还给我们讲课。所以您不必顾虑，慢慢适应就是了。他听了也觉得很有道理。

去年 12 月，我去看他，他对我说，年龄大了，行动不便，他很想念周绍良、王世襄等几位老友。我说干脆我来约一个时间，请几位老人团聚一次，叫做×老会如何？他听了很感兴趣，但当时天气太冷，到真要聚集的时候，又遇到种种实际困难，所以未敢贸然举行。今年1月9日，我与他送一种饮料去，这种饮料有一定的保健和治疗作用，是他知道我用这种饮料后一再拜托我代他买的。9号下午我给他送去时，他已经睡了，我就未敢惊动他。

过了几天，听说启先生住院了，柴剑虹同志来看我时，告诉我这个消息，还带来一本书，说是启先生入院前交给他的。启先生说：我现在看不了这个书了（是考证玉门关、阳关的书），你给我送给冯其庸罢，他还能看这个书。当时我听剑虹说时，还只当是以往他常犯的心脏病，想着他在医院里保养比在家里条件要好些，当时我根本没有想到他不能回来，到4月9号我与李经国一起到医院看望他时，启先生已不省人事，在他耳边说话时，也无反应了，我看着他真是痛苦万分，但是只能徒唤奈何而已！

我与启先生相交40年，深深感到：他是一个道德高尚、是非分明的人，对社会、对人们充满着同情心、善心。他幼年当过小喇嘛，有一次我与他一起到雍和宫去，他对我说，他小时候就是雍和宫的小喇嘛，说罢，还让我看他行五体投地礼。所以启先生从小就有一片佛心、善心，也就是菩萨心肠。我认为这是人向善向恶潜藏在内心的最关键的一点。启先生经常说要做善人，要做与人为善的人，切不要与人为恶。可一场“文化大革命”，却是导人为恶，让不少人向恶了。但恶是对社会没有好处的，社会还是要走向善。我们现在提倡建设和谐社会，这就更须要善，更须要学习启功先生这样的与人为善的热肠善心。

从学问来说，启先生是当之无愧的大学问家，是国学大师。他在学问上，真正是融会圆通。他当然是书画鉴定大师，他在鉴定上当然是“好眼力”。但这个“好眼力”，不是生理上的而是学问上的，若说生理上的，他的眼力特别不好，晚年眼球上有黄斑，常常看不清。所以他的“好眼力”是学问上的，是功夫上的。正是因为这样，他能看出号称

“绝妙好词”的《曹娥碑》的文辞不通，能释读历来无人能释读的陆机《平复帖》，能指出历来无人道出之怀仁集圣教序书经咒部分颇有误字，能对《兰亭序》作出系统而精细的辨析，指出神龙本上历来无人注意的“每”字原是“一”字，后改为“每”字，这样微茫奥妙之秘，能揭出六朝墓志笔法，可于高昌墓砖墨迹中探索得之，他说：“高昌墓志出土以后，屡见奇品，其结体、点画，无不与北碑相通。且多属墨迹，无刊凿之失，视为书丹未刻之北碑，殆无不可。”能释读《快雪时晴》帖中“未果为结力不次”这个历来无人能解的难句。以上这些，都是碑帖鉴定学上历来无解的难题，但经启功先生的辨析，皆能涣然冰释，读后令人顿解千百年疑团。

所以启先生作为国学大师，还有一些特殊情况，就是他既是传统的经史子集方面的一代鸿儒、国学大师，但他又是越出经史子集，在书画鉴定、金石碑帖学方面的顶尖人物，他一生解决了这一范围内的不少疑案，我上面所举的只是少而又少的一部分，所以从这方面来说，他又是最顶尖的书画金石碑帖方面的鉴定大师。我为什么要把这两重大师身份合在一起写，因为这两重身份既有它的共同性，又有它的特殊性，单说其一，不说其二，就把问题简单化和浅化了。所以总括一句话，启先生既是国学大师，又是鉴定大师，这两方面都是他的专长，而具备这种情况的，历史上并不是很多的，所以像启先生这样的博学宏通、显幽烛微的通才实在是很难得的。

启先生不仅是国学大师，是书画文物鉴定专家，而且还是一位杰出的教育家。可以说，他一辈子没有离开讲堂，他的许多专著都是为教学而写的，所以他真是门墙桃李，满园芬芳。作为一个教师，除了自己的业务要特别专精，给学生以正确的指导，而且要循循善诱，使学生乐闻夫子之言而不倦外，老师还必须爱才，爱自己的学生。我几次碰到启先生买了书送给自己的学生，为了研究生的答辩，有一次启先生还亲自跑到我张自忠路的五层楼上请我去主持答辩，非常抱歉，那天我又恰好不在，当然我是应邀而去了。后来有几次答辩，也都是启先生亲自写请帖派专人送来的。启先生自身出于艰难贫困，知道读书之难，这一点我深能体会启先生之心，因为我也是从小就从贫困艰苦中学习的，所以每见清寒的学生，特别是清寒而又苦学、又敏悟精进的学生，就特别同情他们。我与启先生一样，深知天下贫困而有德有才的青年是不少的，就需要有人去发现他、扶持他，使他们感受到温暖，使他们感到自己不孤单，最后使他成为国家的有用人才，使他们有益于社会。启先生的一生，我感到他正是这样做的。

当然，社会上最最知道的是启功先生是一位大书法家、一位大画家。这更没有错，可以说启先生是当今最最著名的书画家，甚至可说无出其右。从历史上来看，有谁的书法能风靡全社会到如此程度，这实在是历史上从未有过的现象。大家知道，当年王羲之的字受到士大夫阶层的极大推崇，后来更受到唐太宗、武则天的宝爱，但这都是上层社会；下层社会喜爱王羲之的字，也有一些记录，譬如题扇桥的故事，笼鹅换《黄庭经》的故事等等。但使全社会为之风靡如启功书法，确是前所未有。启先生的画，我认为绝对是一流的大师，可惜自 1957 年受到不应受的重大挫折后，启先生愤而不再作画，所以社会上见得较少。直到大约上世纪 80 年代以后，启先生又重新作画，前几年出了启先生的画册，人们才能普遍地看到他精妙绝伦的画作，我甚至认为更高于他的书法。可惜一场浩劫，使他几十年停笔，使我国的艺术宝库里少了一大批传世名作，这实在是无可弥补的损失。

自从启先生于 6 月 30 日凌晨 2 时 25 分去世，我于早 8 时得到消息后，我的心情一直沉浸在悲痛之中，我于当天即写了五首哭启先生的诗。7 月 1 日，我去北师大启先生灵堂吊唁，其心情的沉痛是无法形容的，只觉得似乎这个世界顿时空了，我这才深深体会到王维哭孟浩然的诗："江山空蔡州。"

从师大回来，我一直记着7月7日要去八宝山告别先生的遗体，我早早地约好了车，事先说好7点半就从家里出发，以免路上堵车，耽误大事。6号晚上，我怎样也不能入睡，一直在朦胧状态，好不容易到天亮前，大约是四五点钟的时候，我迷迷糊糊地睡着了，却忽然见先生在我的房门口，仍旧是微笑着。我睡在床上，看着先生一如往常，我也如平常一样说启先生您来了，说完这句话，倏然而觉，只觉得刚才所见，仍在眼前。我不禁失声痛哭，我想这是先生来告别了，因为2001年他曾来过，所以能认路。我含着眼泪，又写了送别先生的三首诗：

七月七日送启功先生大归

一

伤心含泪送公行。从此幽冥隔路程。
梦里纵然来会见，只怕灯昏看不明。

二

先生一路须慢行。遇到崎岖不可惊。
世上风波都历尽，何愁恶鬼再施横。

三

先生归去勿匆忙。手里轻藤莫暂忘。
遇到狂徒竟须打，崎岖暗径要提防。

2005年8月1日于瓜饭楼

悼念季羡林先生

今天早上9时20分，我接到电话，说季羡林先生去世了。我当时直觉的反应是“不可能”，一定是搞错了。我要他们核实，但5分钟后又来电话说核实过了，确是季羡林先生。这一下我几乎懵了。

我已经记不清是哪一年与季老有交往的了，反正几十年了，在我的脑子里都是一连串的往事：有一年我带着雕塑家纪峰到未名湖畔季老家里，告诉他这是青年雕塑家纪峰，来给你做一个像。季老只是微微点头，仍旧与我说话。在旁边的李玉洁老师却心里犯嘀咕，这么年轻的人，能行吗？这是她的心里话，没有说出来。我与季老随便说着，大约有半小时过去了，却见到纪峰手里一个活生生的季老的头像，季老说还没有看到他塑呢，怎么就出来了，真像啊！这时李老师就说出了上面这段心里话，然后说想不到真能，像极了，比以前别人塑的都好。之后，季老一连要纪峰为他做了三个像，一个是与真人一样大的坐在门外未名湖边的像，一个是比真人还要大一点的站像，我为这个站像题了一首诗，刻在像后，诗云：

学贯东西一寿翁。文章道德警顽聋。

昆仑北海漫相拟，毕竟何如此真龙。

隔了好几年，季老要我将此诗写成小幅，装在镜框里，这就是直到现在还放在他病房里的那首诗。

2005 年 9 月中，我到医院看季老，告诉他人民大学创建了“国学院”，要我回去任院长，我说我想在国学院里增设“西域历史语言研究所”，从事中国西部文化、历史、语言、民俗、艺术方面的研究，其中特别是西域中古时期的多种语言，急需培养人才继承下去，以应国家将来不时之需，因为西部是西方敌对势力觊觎的地方，不会永久安静的，我们得有所准备。为此我写了一封信给胡总书记和温总理，我说希望季老能支持这件事，我们一起签名。季老说，这是他多年的愿望，但一直没有能实现。这时，李玉洁老师就说，那你就签名罢，不是现在有机会实现了吗？于是李老师就把我打印好的信放在季老的面前，季老大体看了一遍，就在信上签了名。等到李老师拿给我看时，却发现季老把名字签在我的后边，明明在我的名字前面空了很多，是留给他签名的，他却偏签在我的后面。我对季老说，这样不好罢。季老说，你是国学院院长，你带头，我支持你。

这封信是 9 月 20 号左右送上去的，9 月 24 日我就到了乌鲁木齐，26 日我与中央台的同志一起从米兰进入罗布泊去楼兰，10 月1 日，我们到达罗布泊，我在营帐里利用卫星电话给北京通话，家里却告诉我，胡总书记和温总理已经批示了，并要求高教部和财政部大力支持，这样我们的“西域历史语言研究所”在党中央的大力支持下就正式成立了。我在大沙漠里停留了 17 天，历经罗布泊、楼兰、龙城、白龙堆、三陇沙直到进玉门关到敦煌，我此行的目的，是为了确证玄奘取经东归入长安前在西域的最后一段路程，是经罗布泊、楼兰然后入玉门关的。调查的结果是确证了这一点。回到北京后我急忙去看季老，把胡总书记、温总理的批示告诉了他，他也非常高兴。我还把我去罗布泊、楼兰调查玄奘的归路，证实与玄奘《大唐西域记》里所记一致，他尤为高兴，说到当年校注《大唐西域记》时，就是无法去西域实地调查，这次总算完了这个宿愿。

还有一次我去看季老时，是与纪峰、海英一起去的，我们还带了一个小型的摄像机，这时李秘书因为生病，已是杨锐秘书了。杨秘书安排得十分认真周到，当季老见到我时，非常高兴，他告诉我，他在医院里是“假冒伪劣”，因为他没有病，却冒充病人，岂非假冒伪劣！他还说，他在医院里已完成了一部80万字的《糖史》，详细地记述了糖传入中国的历史过程。他告诉我，他的书都已捐出去了，现在全凭记忆，他的脑子还好，还能做点事，否则在医院里就不好过了。

我问到他的身体时，他十分有信心地说，活过一百岁再多一点，看来没有什么问题。他说他没有病，就是腿不能走路，其他都无问题。我看他的身体和精神状态，也觉得活过一百岁是不成问题的。

我每次去医院时，谈话的时间总要超过规定的时间，这次超过得更多了，所以医院就来干预了，但季老却非常不高兴地说，他想多谈一些时间，希望他们不要管得太死。

所以在我的脑子里，认为季老总要活一百多岁，根本没有想到会有什么意外。哪知天总是不能随人愿的，今天早晨终于传来了这个不幸的消息了。据说，他走得很平稳，就像睡着一样。

也许，季老真是睡着了，愿季老睡得安安稳稳，别再打扰他了。

2009年7月11日夜11时于瓜饭楼

悼念任继愈先生

任老去世了!

这个消息是同季羡林先生去世的消息同时传来的，一个早晨，同时失去两位我们尊敬的老人、尊敬的学界耆宿，真正使我觉得难以接受，所以，2009 年 7 月 11 日，将是我们记忆中永远难忘的日子。

去年春节期间，中央台组织 12 位老人一起聚会，其中有任老也有我，因为我与任老有一段时间没有见面了，这次见面非常高兴。任老的家乡为任老建“任继愈学术馆”，特意来请我题写馆名，我很快就为他们写好了，任老知道了也十分高兴，所以这次见面，还一起照了相。我问他身体怎么样，他说没有什么，挺好。说完，他还给中央台题了几个大字，我看他写字很爽利，随意挥洒，一点也不吃力。当时我感到他身体确实很好。我是知道他有癌症的，但这时，我却感到癌症也奈何他不得，所以我为他的安全大放宽心。

还是好几年前，我在美术馆举行画展时，任老不仅来参加了开幕式，还极认真地看了我的画，他对我说，还是传统的味道好，他还说，画画实际上是离不开读书，离不开诗词和学问的，所谓“诗书画”嘛，所以光有技术不行。当他看到我的西部摄影时，尤其感到兴趣，他说你的摄影，既是历史的也是文化的，而且还是风光的，这就有了内涵。他说归根到底，还是读书和学问的问题。

前些年，我的《论红楼梦思想》出版了，我去国图开会，带了一本书去送他，会后我到他的办公室将书送给他，他一看是论《红楼梦》思想，就大体看了一下提要，对我说：这就对了。大家讨论《红楼梦》，连个思想都没有弄清楚，怎么能讨论得深呢？几十年来，就是没有一本专谈《红楼梦》思想的书，这下好了，终于有这样一本书了，而且我看了提要，《红楼梦》产生在乾隆时期，是离不开明清之际的历史的，这是一个历史转变时期，到乾隆时期社会变化较明末清初已经很明显了，社会的思想矛盾、社会矛盾也愈加尖锐了，你从这个角度来分析《红楼梦》的思想，我想是有道理的。任老的这一席话，既给我以鼓励，也给我以启示，所以我一直铭记着他的这段话。

2005 年 1 月，我的《瓜饭楼重校评批红楼梦》由辽宁人民出版社出版，在人民大会堂举行首发式，承蒙石宗源署长、邬书林副署长亲自参加，而想不到他们竟把任老也请来了，石署长作了热情洋溢的重要的讲话，最后请德高望重的任老讲话，不想任老竟说他已大体看过这部书了（书是事先就送给他的），他说这是一部传世之作。他说研究《红楼梦》的书太多了，但这部书却与众不同，是经过认真研究的一部学术著作。任老的讲话不长，但听得出来他是非常认真地讲这段话的。

任老住院已经有一段时间了，我经常从国家图书馆出版社的郭又陵社长和中央台的郭改云同志处得到消息，起先是不让探望，因为正在实施治疗，前几天，郭又陵社长来电话说，任老情况不好，医院已准许探望了，要看他也就是这一周了，再晚可能来不及了。我听了这个消息，就在本周二到北京医院去探望任老，到病房后，任老已不省人事了，而且癌症给他带来许多痛苦，我看着心里实在不忍，但又无法解除他的痛苦。所以这两天，我心里一直惦记着任老，不知道究竟怎么办！

正当我思念之际，这个消息终于传来了。人总是免不了这个归宿的，任老带着最后的痛苦离开了我们，却给我们留下了不朽的等身的学术著作，任老永远在我们的文化史、学术史上放射着光芒，照耀着后代！

2009 年 7 月 12 日于瓜饭楼

一位崇高而平凡的老人

——沉痛悼念卓琳同志

我们尊敬的卓琳老人去世了！

吕启祥同志在当天的晚上电话通知我，我一时感到意外，感到悲痛。

卓琳同志，是一位可敬的、慈祥的、令人永不忘怀的老人，革命的前辈同志。

1997 年的一天，中国艺术研究院张庆善同志告诉我，卓琳同志的秘书来约我与她谈话，那时我正在南方，未能应约。我听说后，心里有点犹豫，不知道要谈什么？

隔了些天，王秘书又来电话，说卓琳同志约我去谈谈。谈话的内容他没有说，因此我一直在想，是谈什么问题呢？还没有等我想明白，王秘书又来电话了，电话接通后，直接就由卓琳同志给我通话，说没有别的事，就想约我谈谈《红楼梦》的问题，纯粹聊天，还说，你可多邀几个人嘛！这样我就完全明白了，立即就确定了时间，到时我们去看卓琳同志。

那是 1997 年 10 月 14 日上午 9 点，同去的有吕启祥、张庆善、杜锦华、林冠夫、傅冬冬等。我们到时，王同志已在门口等候我们了。一路进去，直到原小平同志办公室，卓琳同志坐在沙发里，经一一介绍，虽然是第一次见面，但名字她都很熟悉。我坐在她的左侧，据说这是小平同志当年的坐处。先是由我大致介绍了红学界的情况，讨论的一些问题，接着是由张庆善介绍《红楼梦学刊》的情况，随后就开始漫谈。谈话间，我感到她对红学界的情况非常熟悉，不少人的书和文章她都读过。对曹雪芹祖籍的争论，她说她赞成辽阳说，“你那个《五庆堂谱》的研究材料那么丰富，证据充足，而丰润说却毫无根据”。她还说：“我儿子说要到沈阳辽阳去，原来是去帮我调查。他带回来一本你的《曹雪芹家世新考》，其实我早就看过了。我觉得你说的都是有根据的。”

她说，她到过我们《红楼梦学刊》编辑部，接待她的叫孙玉明，跟她谈了个把小时。她说孙很客气，“他看我年纪大了，就要帮我找车送我回去，我说我有车，他送我到大门口，看到了我的车才回去”。

“我看你们编辑部的房子太小太旧了，条件太差了，但你们却编出了《红楼梦学刊》这样的好书，我每期都看，我订了《学刊》。”她接着说：“我读了你们的书，总得为你们做点事嘛，要谢谢你们嘛！你们有什么困难吗？我可以帮助你们。”

我回答说没有多大困难，谢谢你的关心。这时傅冬冬就说困难主要是房子和经费。卓琳同志就说，房子是公家的事，我管不了；经费问题，我自己没有钱，但我可叫儿子去找有钱的人帮忙。她马上就说给你找××万怎样？我连忙就说：太多了，办一个学刊用不了那么多钱。钱多了也麻烦，我们不会管理，有一半就足够了。她说：也是，那就先想法一半吧。

这时，正好是上海朱淡文同志因严重摔伤在病危期间，我向她提到朱淡文的情况，请问她能不能帮忙。她说她读过朱谈文的文章，她可以叫××人来帮忙，她要我写个材料给她。

最后，我还问到小平同志是不是喜欢读金庸的小说。她说他很喜欢，常读，接见金庸就是因为读了他的小说。“那时我们没有钱，只好请国外的朋友（卓琳同志说了名字，我忘记了）帮忙，结果托人带来一皮箱全是金庸的书。”

这次谈话，她还问到王利器先生的情况，一直到11时，才站起来与大家合影，然后告辞。

之后不久，她真的找到了一位热心帮助我们的人捐了一笔赠款，数字也不小，但她一再嘱咐：一不要谢，二不要宣传，更不要提她的名字，也不希望公开捐款人的名字。所以我们除了直接向捐款人表示诚挚的谢意外，始终没有敢公开这件事。

到了1997年10月29日，我接到她的来信，说：

冯其庸同志：

前几天与你及诸位红学家晤谈后很高兴，但所说捐助问题，当时我考虑不周，数目大了点。回来想了想，还是减半为好，望谅解！

上海朱淡文同志的事，接信后，我即托人打电话给上海市副市长（他原是上海市秘书长，我们去上海时都是他管接待的具体事，所以很熟悉），请他关照一下此事，希望能住院治疗，如果费用问题有困难，我可以解决。他回答说，他派人去了解下情况。现还未见回话。你的信第二天我就转去了。

天气渐凉了，大家都年纪大了，望各自珍重为上，谨祝各位

平安！

卓琳谨上

97.10.29.

到了11月11日，卓琳同志又给我一信，详细开列了朱淡文的用药情况，并说她仔细读了朱淡文的文章，确实写得很好。

朱淡文的病，在卓琳同志的关心和上海市委的照顾下，终于从死亡线上抢救了回来。开始还失去记忆，后来记忆也逐渐有所恢复，这实在是卓琳同志慈爱关怀的结果，真让人感激不尽。

1998年4月11日，我又接到卓琳同志的来信，信说：

冯其庸、张庆善、蔡义江同志：

今年年前年后，我因忙于其他杂事，后又患眼疾，治疗些时候，本来早就想写信给红学会诸君约谈的，今天接到蔡义江同志来信，我很抱歉，请谅解。这两天，天也暖和了，请你们下周方便的时候来这里（我家里）。我因为有腰腿疼的病，不能走远道，所以也不能再自己去红学会了，你们定在那天，请呼叫王世斌同志，告诉你们来的日期即行，祝

大家好！

卓　琳

1998.4.11.

这封信是送到红学会的，当时我与庆善都在外地，学会的同志大概通知了蔡义江，义江同志就先去了。我从外地回来时，庆善也已回来了，就约好于4月30日上午9时半去看她。见面后非常高兴，她精神很好，头脑也很清楚，开口就问我钱用完了没有，我说还没有敢用呢！学刊日常开支不多，一般可以维持，不到有重大的活动，不会去用这个钱。她说，给你们钱是让你们用的，你们的条件也太苦了，用完了再想法，不要不用。接着就是随便谈，谈到了新拍的《水浒传》，也谈到了我即将举办的书画展，后来又谈到朱淡文的问题，她说她已嘱上海的同志关心

照顾朱淡文了。我还与她谈到宁夏罗英、丁力写的《岳飞传》的问题，我说这部书写得极好。她说没有地方出就交给邓朴方的华夏出版社出。那天谈得很高兴，直到11时才告辞出来，她还嘱咐我们抽时间再去。

2005年1月，我的《瓜饭楼重校评批红楼梦》出版，我签好了一部书要送给卓琳同志，但出版总署的石署长告诉我，他已送给卓琳同志了，所以这部书至今还在我的书架上。

前年，我碰到邓楠同志，我问起他母亲的身体，他说还好，还是原来的状况。我听了很高兴，因为卓琳同志年龄究竟大了，又是中央的老同志，我们不能随意去打扰她，虽然大家都很想念她。

现在卓琳同志不幸去世了，听到这个消息，我们心里都很难过。多年的交往，她给我的印象：她是一位慈祥、谦和而又聪明智慧的老人，她勤于读书，明辨事理，她的读书是真读书，所以对有争论的问题她能一清二楚。尤其令人尊敬的是，以她的经历、身份和地位，她却始终谨言慎行，依旧保持着一个普通人的本色，虽然历经大风大浪，却依然故我，宠辱不惊，不改其节。一个普通人保持普通的本色，这是自然的事，一个像卓琳同志这样的人能一辈子是普通人的本色，这实在太让人敬仰了。司马迁说："桃李不言，下自成蹊。"我认为卓琳同志就是这样一位永远让人们心头保存着敬意的人。我相信，历史会记住这样一位有特殊经历、特殊贡献而又自守谨严的人，人们的心头也会永远保存着她静默而崇高、不凡而又平凡朴素的形象。

2009年8月1日夜2时于瓜饭楼

哭周绍良先生

一

启翁哭罢哭周翁。从此文场失二雄。

百载原期传旧业，如今万事已成空。

启翁于6月30日夜逝世，周翁于8月21日夜逝世，相隔仅52日。

二

先生与我旧缘深。六十年前结墨林。

难得一回聆雅韵，始知易水有真音。

上世纪50年代中，周先生与张子高、张䌹伯等先生筹组墨会，各出藏墨赏鉴，特邀予与会，予曾数往。后因故停止，然予因此略知墨道也。

三

先生与我曾结邻。恰好东西住对门。

难得楼头初一见，絮言两忘计时辰。

初，予到京住张自忠路人大宿舍，予与先生长女对门，先生常来，故得时时相见。

四

先生红学是鹏鲲。两卷新书育后昆。

到老难忘脂砚斋，书来劝我要深论。

先生所著《红楼梦卷》及《红楼梦书录》（与朱南铣合作）、《红楼梦研究》嘉惠后学，至今不替。

五

先生内典忒精醇。与我论谈古像真。

话到秦州麦积寺，摩崖大佛尚无论。

先生是中国佛教协会常务副会长兼秘书长，与赵朴老共事，故精于内典，尤长于鉴定佛像，予曾以金铜佛像照片数十帧请教，先生能确指各像之时代，甚至产地。并为予述麦积山三大佛，至今尚无人能证其出自何经典。

六

先生去矣万般空。南望平畴泪酾风。
往事仍如常日去，伤心从此不重逢。

先生晚年住京东黑庄户，与予相去甚近，在予南面，而平畴相隔，四围绿野，相望而不相接也。予曾多次往访，欢若平生。先生或时以电话相通，以慰岑寂。

2005 年 8 月 23 日晚于瓜饭楼

天遗老人歌

逸夫老子[①]九十四。挥毫犹如骏马驷。下笔千言不自止，思来云外神鬼使。我昨养疴海之曲，偶写山水寄所思。半以颐养半卧赏，岂论笔墨只自熹。为使知己稍展眉，千里邮投博一睟。岂知老人豁心眼，把卷便作摩诘笥。从头一一仔细读，竟如座师阅卷试。山隩水曲皆电扫，樵径茅舍无一遗。亦见扁舟待明月，亦见扫径延客至。亦闻梵呗清磬响，亦见深山藏古寺。亦见乌桕霜叶红，亦见遥峰凝远翠。亦见千丈泻飞瀑，亦见澄潭映碧珥。亦见古木如老僧，亦见危崖蒙薜荔。亦感山深似太古，亦感峰高裂目眦。亦知幽谷神仙府，亦知桃源避秦地。亦知连峰塞广宇，亦知洪荒世所弃。画中三二逸民氏，不识前朝与今治。只知四时山花落，岂解流光异世事。老人不知画卷尽，犹觉摩崖可题字。读罢此图长太息，挥毫竟作琼琚赐。一泻千里数十韵，奔腾错落任恣肆。忽如沧海湧洪涛，忽如怒马勒峻陂。忽如广陵得知音，忽如清夜闻笛吹。

① 虞逸夫先生，别号“天遗老人”、“万有楼主”，1915 年生。博通儒、玄、佛学，与马一浮先生游。晚年以诗、书法自娱。

悠悠身世共艰危，把卷我先心已醉。梦里如闻山阳笛，风前欲洒向秀泪。茫茫世事皆如此，不堪回首当日始。我拜此老才如海，我惜此老命遭忌。难得苍天尚有眼，留得此老作世瑞。我谢此老赐琼玖，欲共此老痛一醉。醉里混茫入太初，长避世途绝欺伪。醒来同君麋鹿游，一卷德道究无为。

丁亥春暮冯其庸未是草

寄怀长沙天遗老人七律二首

一

望断长天一纸书。故人消息近何如。
草书长想僧怀素，新句还思老杜居。
岳麓山前叶黄否，洞庭湖上浪高无。
何时共挈耒阳酒，同醉汨罗酹大夫。

二

茫茫尘世几知音，尚有天南老逸襟。
闭目尽知三代事，开门不识歧路深。
身縻缧绁三十载，心在昆仑最上岑。
练得冰天傲骨在，挥毫犹挟抟风临。

2007 年 8 月 2 日于瓜饭楼

附：

题瓜饭楼云山烟水图长卷

一片翠云从天落，光照四壁香满屋。开缄如见摩诘画，水墨淋漓非青绿。未暇从容作卧游，且将好景当诗读。冯子本是湖海士，才艺早已惊老宿。为订古史多纰漏，迹遍九州穷大漠。胸中五岳森嵯峨，眼空寻常闲丘壑。白首相倾同襟期，知我向往心所欲。非珠非玉非金龟，志在山林友麋鹿。买山无钱笔有神，为写此图慰幽独。大痴风骨半千韵，秀丽浑厚并一幅。高峰突兀耸天阊，连山如龙盘地轴。鳞爪飞动隐现中，势如腾翔起又伏。修瀑挂空喷玉屑，恍如白虹饮涧渎。巨石礌砢虎豹卧，或若熊罴相追逐。层峦叠嶂疑无地，忽露空旷豁心目。水木澄鲜媚一家，小舟半出茆舍角。如入桃源逢渔父，把竿危坐钓寒渌。遥望孤亭若有待，恰好横琴安棋局。物外田园知几许，竹树森环散岩谷。居人本是上皇遗，不习机事守太朴。长养儿孙食天禄，不识君威能祸福。元酒满池不用酤，山花四时果自熟。天籁悦耳胜笙簧，风月清嘉异尘俗。巢由瓢钵应犹在，洞天石扉蔽萝幄。自许无忝古逸民，欲往从之同所乐。

宽堂兄年登耄耋，且又多病，而壮心犹昔，不惜费工旬月，成此长卷，见者无不叹美，以为无上奇迹。非忘老忘病兼忘天下者，勿能为也。书来属题，吾初不知如何下笔，思之思之，精思之极，一若真有鬼神通之者，忽尔思路顿开，瀑泻泉涌，不可遏抑。逸藻俊语，络绎自至，若宿构然。通篇情景交融，波澜层出，开阖纵恣，而又一气贯注，不劳剪裁，自然成章。结尾别出新意，若从天外飞来，悠然神往，颇有摇曳不尽之致，尤为惬心。吾以望百之年，苟非杰构在前，吾亦不能得此长句也。盖是神感之力欤?质之宽堂，以为如何?勿笑!勿笑!

虞逸夫于长沙万有楼时年九十又四

长沙八老书画展序

长沙者，古之名郡也。昔舜巡苍梧而殁，二妃哭殒湘江，泪洒湘竹成斑，至今斑竹犹存。而辞祖屈原，以日月经天之伟词，行吟湘水，成离骚、九歌之巨作，沉汨罗以终。降及有唐，诗圣杜公，扁舟飘摇于湘波，乃有伏枕书怀之绝笔。于时书僧怀素，挟如椽之笔，作龙蛇之书。而北海李邕，勒铭麓山，遂与素师行草相映，留书史之奇迹，证云山之翰缘。至于宋代，更有岳麓书院之建，传圣贤之古训，扬中华之文明。迄于近世，毛泽东以百世之雄才，换日月之新天，军旅之余，复奋椽笔作狂草，如麓山之松风，如洞庭之波澜，实继素师而新之；而其词笔，则指点江山，激扬文字，北国风光，何减大江东去，视汉祖之《大风》，魏武之《短歌》，彼乃未免气短，而此则雄视千古，举众志以扫寇，抛长缨而缚龙，成万世之伟业，留百代之篇章。故长沙者，实间气之所钟，而灵秀之所毓也。而今乃有八老书画展之盛举。八老者：虞逸夫、杨应修、刘迪耕、胡六皆、练肖河、何光年、史穆诸老也。虞老以九五之高龄，书入汉魏，文章辞赋，继史汉而镕唐宋者也。其余诸老，皆胸罗万卷，笔含灵珠。翰墨所挥，实才气书馨之所播也。况当今之世，书风浮躁，竞夸疾走，而不事蕴蓄。故八老之展，实移世风而树高标之举也。昔少陵有《饮中八仙歌》，夫饮而称仙，则翰苑才耆，人间宿儒，不更仙乎？是故八老者，实书中之八仙也，而八老书画展者，何啻八仙书画展乎？庸远处京华，病躯不堪趋走，仰望南岳，云山迢递，不胜低徊仰慕之思。乃勉操病笔，缀以芜词，聊申仰瞻之诚，未尽区区私怀，惟颂典范与南岳长存，风仪共湘水同流云尔！

戊子长夏宽堂冯其庸拜手于京东石破天惊山馆

学人之书　格高韵古

——读张颔老《侯马盟书》及其书法

前些时候，太原薛国喜同志来电话，要我为张颔老的书法集作序。张老是学术大家，他毕生从事考古发掘，精通古文字，精研古史，并精于天文历法、古地理学，而且还精于音韵训诂之学。他的《侯马盟书》一书，为考古界、学术界的一颗耀眼的巨星，郭沫若先生称赞说："张颔同志和其它同志的努力是大有贡献的。"日本学者东京大学教授、古文字学家松丸道雄先生于1999年庆贺张颔老从事文物考古工作五十年暨八十华诞的贺信中说："欣闻先生迎接'从事文物考古工作五十年暨八十华诞'之喜，衷心为您祝贺。由于从1978年日中两国恢复国交，中国学术界的消息渐渐开始流传到我国，先生的令名立刻就以代表中国古文字学界的研究者传到我国，受到日本古文字学者的注目，普遍著称于我国的学术界。其研究范围以商周青铜器铭文为首，涉及到泉币文字、玺印、镜铭、朱文盟书等许多方面，可谓充分掌握一切古文字资料，环视斯学，几乎无人能完成如此全面的研究，而且先生的贡献不限于学问，在书法、篆刻等与古文字关系甚深的艺术方面，先生精妙入神，这一点亦是现代学者所未能企及也。"郭沫若先生对张颔先生的赞扬，特别是松丸道雄先生这封贺信对张颔老治古文字学的概括，应该说是毫不夸张而又极为精到的，但若论张颔老的学术领域和学术成就来说，我还略有补充，这准备放到后面来谈。

我认为要谈张颔老的书法，必须首先谈他的学术，因为他不是专业的书法家，而他是真正的学问家，特别是古文字和古史专家。我拜读了他的《侯马盟书》，对他钦佩无已。他从5000多件纷乱的玉片石片盟书中，梳理出盟书的六大类加以条理区别，并对这六大类一一加以笺释，既考定了主盟人赵鞅，也考出了他的敌对者"赵稷"、"中行寅"等，既考出了盟誓的确切地点，更考出了盟辞的确切时间。我读《侯马盟书》中的前六考和后五考，简直如看他斩关夺寨，层层攻坚，也如看他破解难题，好比抽茧剥蕉，步步深入，最后得出结论。他每解一道难题都是旁征博引，四面贯通，每作一个结论，都是步步为营，敲钉转脚，不可动摇。从他这前后十一考中，可以看到，张颔老的学识，是立体化的而不是平面化的。何谓立体化？这当然是我杜撰的新词，我的意思是说，读书不能单识书面文字，还要知道文字背后的史实，要四面贯通，而不能只知其一。张颔老在作这些论证时，不仅仅是识读这些古字，而且与相关的古籍贯通起来，在识读古字时，又运用了音韵学、训诂学，有的求之读音，有的求之字形，特别是那些一字多形的字，有的多到六七个甚至七八个字形，最后还是被认定它就是某一个字，这真是只有具大法眼，才能见真如。我有时想，这简直是孙悟空识妖魔变相，不管你有多少变相，最后还是被孙悟空一眼看出它的原形。不识别这些多形的异体同字，就不知春秋战国文字之紊乱，更不知秦始皇统一文字之必然、之万世大功。特别是那篇《历朔考》，张颔老竟通过一条盟辞所载"十又一月甲寅朏，乙丑敢用一元□告于丕显晋公"的辞句，考出这条盟辞记录的时间是"晋定公十六年（公元前496年）十一月十三日"，而证以史实，这个结论完全与史实相符。读张老的《丛考》和《续丛考》，使人感到张颔老似乎就是生活在那个时代，目击着那些史事，甚至连当时的天象历法、地理交通、盟誓仪规、语词特征、文字异同、“国际”亲疏等等，都了解得清清楚楚，了如指掌。读书精博到如此程度，这不是任何考古学者或古文字学者所能做得到的，这也就是我说的立体化的意思。我曾多次说过，历史是圆柱形的而不是平面形的，因为是圆柱形的，所以它面面相连，面面相通，形成立体，所以你必须了解整个圆柱，才能准确了解历史，了解诸种历史事件、历史现象的交叉关系。张颔老恰恰是把历史立体化了，把他所考订的事件立体化了，这是他治学的一大特色，也是他能够创造种种奇迹的一大原因。

我还拜读了张颔老的《张颔学术文集》，其中如《“贏簋”探解》、《宴孳方鼎铭文考释》、《庚儿鼎解》、《陈喜壶辨》、《山西万荣出土错金鸟书戈铭文考释》、《匏形壶与“匏瓜”星》（其余文章还未读完）等等，均贯穿了他一贯谨严的学风，不仅仅是地下出土文物与文献的对证这种双重证据法，而且连青铜器制作的工艺流程都细致地考察到。他对陈喜壶的考辨，可说是独解众疑而又对“喜”字的识读提出了存疑，这种一丝不苟的实事求是的精神，更显出他对学术极端严肃的态度。他对错金鸟书的识读，固然已独具只眼，但更见其功力和匠心的是他考出了器主是吴王僚，而且是分析了大量的相关文献而得出的这个结论，只要认真读他的论文，就会一步步跟着他的指引和辨析而信服他的结论。他的《“贏簋”探解》，由这件青铜器上的一个图形，而考出“骡、驴、駃、騠”等动物的形态功能区别及传入汉族地区的最早时间以及中间很长一段时间失载的原因等等，真是事事有据，令人信服无疑。而且即使是没有文字记载可据的分析（失载的原因），也是逻辑谨严，事理昭昭，使人心许首肯。他对“匏形壶与‘匏瓜’星”的考析，由一件青铜器的器形而涉及天文星座以及《诗经》等古文献，直到老百姓的日用器具，给人意想不到地展现了另一个从天上到地下到人间的学术境界，叫人无法不心悦诚服。张颔老的思路之敏捷宽广，是来自他学识的宽广，进一步还来自他读书的博而精研深究，万事不仅仅求其然而且还求其所以然。所以张老的这些文章，不仅教人以可靠的新知，而且示人以金针、指人以径路、度人出迷津。张颔老的《古币文编》，则是展现了另一个文字天地，全书“所收字目三百二十二条，字形四千五百七十八字，合文字目六十六条，字形二百零三字，附录字目五百零九条，字形九百四十一字，总共收入字目八百九十七条，字形五千七百二十二字。其中取之于出土实物拓本者三千九百三十六字，取之于谱籍著录者一千七百八十六字”（见本书《叙言》）。此书不仅收录精严，取材宏博而有据，收字之富，至今无出其右，为研藏古钱币者必备，而且此书全是张颔老手书，字字精整可据，可说下真迹一等。于此，更可见张颔老治学之精审。凡他的学术领域，考察之精博，可说毫发无遗。治学至此，亦可以说至矣尽矣，无以加矣！

此外，张颔老还有对秦诅楚文的考订和临摹，也值得一提。张老说：“诅楚文是公元前三一二年即楚怀王十七年亦即秦惠文王后元十三年秦国发兵击楚祭神时对楚国之诅咒文辞，世传诅楚文有巫咸、湫渊、亚驼三石，其文辞雷同，唯所祝告之神号不同，……余以为三石文字残泐互见，字形亦互有差异，……三石文中之婚姻字皆作婚，由此可知三石悉为唐显庆二年以后避讳之作，况秦在统一文字之前，惯用籀文。籀文婚字作[illegible]而不作[illegible]、[illegible]，故知今传之拓本，均非来至原石，悉为唐宋人所作。”张颔老的这一论断，自是卓见，他举婚字为例，尤足说明问题。这里我还可以补充一例，按秦石鼓文吾字作[illegible]，今“湫渤”、“巫咸”两石，各有吾字三个，共六个，皆作[illegible]，很明显这个吾字，已是后世简化的吾字，不是古籀文字，足见张老所论，牢不可破。

张老除对考古发掘、古文字、古历法、古史地、秦汉及先秦古籍、音韵训诂学、古钱币学等等，皆有精深的研究而且能融会贯通外，还能自做仪器，如他曾自做测算天象的仪器“旋机”、“司南”（指南人）、“太原授时塔”（无影塔）、“天文指掌图”等等，2006 年我去拜访他时，还见到他所制“旋机”，不想后来被人偷走了。他据自制的仪器测算天象，完全能与历史记载相吻合。1974 年 4 月 14 日，他还收到著名天文学家席泽宗先生的来信，说“今年 1 月 20 日到 28 日春节前后，您在日面上观测到的现象，的确是黑子，这几天，只有云南天文台和北京天文馆有观测记录，您就是第三家了，实属难能可贵！有些观测资料可补两台之不足”。以个人的研究力量，竟能观测到太阳的黑子，就是天文台也只有两家能看到，这样的奇迹，真正是“难能可贵”！

还有一点，张颔老除上述广阔的学术领域外，他还能诗、能画、能书法、能篆刻，他还把普希金的小说《射击》改写成长诗《西里维奥》，由此，我们更可以看到他由学术领域又跨到了文学领域和艺术领域。

以上这些，就是我说的“还要略加补充”的部分。

了解了张颔老在学术上的巨大成就，我们就可以来谈他的书法的成就和特色了。

第一，张颔老不是专业的书法家，我们在上面费这么多篇幅来介绍他在学术上的巨大成就，就是为了说明他是一位具有杰出成就的学人，学人才是他的本色，如果不认识他是一位杰出的学人，而是把他仅仅看作是一位书法家，那就根本错了，或者说错了一大半。正因为他不是专业的书法家，所以他的书法不入“时流”，也无半点媚俗之气，甚至他只用来自娱而不求人知，他在书法里说：“但有诗书娱小我，殊无兴趣见大人。”他还在《汾午宿舍铭》中说：“斗室三间，混沌一片，锅碗瓢盆，油盐米面，断简残篇，纸墨笔砚。闭门扫轨，乐居无倦，主人谁何，淳于曼倩。金紫文章，蒙不筱辩。”还有一件书法说：“平生多幼稚，老大更胡涂。常爱泼冷水，惯提不开壶。”从这些书法的词句来看，张老是一位淡于名利，品格高尚，不喜欢张扬，可以说是隐于市、隐于学的人。他连自己的学问都不愿多加张扬，更何况于他的书法。所以他从来不承认自己是书法家，更从不会以书法骄人。这是张老做人的特点，也是他个性的天然呈露，恰恰是这些，形成了他个人的个性特点，从而也形成了他书法的个性特色。

第二，书如其人。张老是古文字专家、古史专家、考古专家。由于他的专业，也使他的书法呈现了与众不同的特色，他的学术传世之作是《侯马盟书》及精研古器物、古史的文章。他写的这一类的古篆文，直接逼近原物，可说下真迹一等。他有一些摹写在原石上的作品，几乎可以乱真。因此他写的《侯马盟书》一类的古篆，用笔都是出锋的，无论是起笔还是收笔都出锋。我细看《侯马盟书》原件的照片，也都是出锋的。《侯马盟书》的时代是春秋晚期，也是我们现在所看到的用毛笔书写文字的最早原迹，这是真正的真迹，没有经过镌刻。由于这一启发我又查阅了不少秦汉时的简牍，发现那简牍上的字也是出锋的。由此可见我国最早时期的毛笔书法从古籀到汉隶（写在简牍上的），也都是出锋的，有别于后来的逆笔藏锋。当然各地出土的此类简牍，书写风格有差异，出锋程度不相同，但大体上都是出锋而不是逆笔藏锋却是相同的。所以我认为张颔老所写的《侯马盟书》的古篆，是最近真迹，他没有为了书法美而改变古人的笔法。而张颔老所写的这类古篆，其用笔之圆熟流利，结体之繁复而又端秀，令人越看越爱看，越看越有内涵。

第三，书法中蕴含着文化、历史、文采。他与有些专业书法家临写古篆、汉隶或楷行，只是照帖摹写，依样画葫芦，没有自己的文采者完全不一样。特别是张老写的那首《僚戈歌》，使人想到了韩愈的《石鼓歌》和苏轼的《石鼓歌》，真是可以后先辉映。还有那副自撰的合文对联：“三千余年上下古，七十二家文字奇。”此联三处用合文，使人觉得古意盎然，别开生面，为以往对联所未见。

张老所写的别种书体，也都脱俗耐看，别具新意。综合以上各点，概括起来，可以说张老的书法，是：“学人之书，格高韵古。”

我这一段时间在拜读张老的大著和书法时，受益匪浅，因效黄山谷赠半山老人诗体，作了一组赠张颔老的诗，这里先录五首以为此文之殿，并敬请张颔老教正。

效庭坚赠半山老人诗体呈张颔老

一

半世风狂雨骤，功成侯马盟书。
若问老翁功力，穿透千重简疏。

二

一篇陈喜笺证。思入精微杳冥。
举世何人堪比，雨花只此一庭。

三

读公巨著难眠。历法天文洞穿。
学究天人之际，身居陋室半廛。

四

一双望九衰翁。案上难题百重。
公已书山万仞，我正步步景从。

五

念公早失慈亲。我亦童年苦辛。

检点平生事业，无愧依旧清贫。

2008 年 5 月 24 日夜 12 时于瓜饭楼

叶嘉莹教授八十华诞祝辞

我与叶嘉莹教授于1980年在美国威斯康辛大学第一届国际《红楼梦》研讨会上相识，至今20多年来一直保持着密切的联系。

我敬佩叶先生的学识，尤其在中国古典诗词的研究上，她的成就之高，是当今首屈一指的，是我衷心钦佩的。我有两位老师是近现代中国诗坛上的权威，一位是王瑗仲先生，一位是钱仲联先生，人称“江南二仲”。我对两位恩师终身敬仰，敬仰他们渊博的学识和崇高的品德，但他们是前辈，是上一代的高峰。而叶先生是属于我们现代的。叶先生不仅精于传统的诗词学，而且能冶中西文化学识于一炉，因为时代和条件使然，所以叶先生的学识又与我的两位老师有所不同，叶先生是更切近我们时代的一位大师，她的学术成就也确实赢得了崇高的世界声誉。

我敬佩叶先生的另一面是叶先生崇高的品格，我与叶先生是同龄，我们各自的经历不同，但都受过不少艰难困苦，而叶先生始终不忘祖国，不忘祖国的人民，不忘祖国的文化，而且数十年如一日。我感受到她对祖国的一片赤子之心，这就是她的崇高之处。所以我要用“崇高”两个字，因为仅仅说“高尚”还不十分贴切。

我敬佩叶先生孜孜不倦地为祖国的教育事业竭尽心力，她不仅长期在南开教书，而且一直在奔走筹划建立中西文化交流中心，还愿意把自己的房产贡献出来，我为此也协助叶先生奔走，惭愧的是由于种种原因，我未能帮叶先生促成其事，因为毕竟不是我个人能力所能促成的，至今我心里一直感到遗憾。

我刚从大西部回来，我横穿了塔克拉玛干大沙漠，目睹祖国大西部日新月异的变化，我感到我们的祖国在飞速前进，那末叶先生的赤诚的献身祖国的精神和力量，也就自然汇合到祖国的伟大事业之中。

我谨以挚诚之心，敬祝叶嘉莹先生健康长寿，敬祝她的事业更加辉煌。为了表达我的敬意，我画了一幅梅花，象征着叶先生经历了苦寒而得到了举世的芬芳，象征着叶先生的精神和成就是经得起苦寒而会万世流芳！

冯其庸谨献

2004年10月20日

海上呈周退翁

一

九十衰翁诗笔健。唾壶击碎读新篇。
平生独爱周公句，戛玉敲金字字圆。

二

四海何人敲短韵。申江尚有周先生。
新诗却比梅花瘦，老干槎枒铁骨铮。

三

不见稼翁[1]已十年。更无消息到窗前。
举头常望中天月，料得清光到枕边。

冯其庸未定草

2005年8月25日

① 词人徐定戡，字稼轩，号稼翁，与周退密诗老是知交，晚岁移居澳大利亚，可从周翁处得其信息。

怀念默涵同志

前些时候，报纸报导林默涵同志去世了。我看到这条消息，顿时思绪翻腾，许多往事一齐蓦上心头，但一时我竟想不起我是什么时候开始与默涵同志接触的了。我记得较为清楚的有几件事。

一是默涵同志让我写批判封建道德的文章。记得是上世纪 60 年代前期，大约是 1963 年的下半年，中宣部筹划开一次全国的戏曲工作会议，讨论传统戏的整理问题。那时戏曲表演现代生活的问题已经搞了好长一段时间了，比较成功地表现现代生活的戏曲《红灯记》和《芦荡火种》也已经快上演了，我应阿甲、袁世海、李少春的邀请，多次去看了《红灯记》的排练和参加讨论，还应赵燕侠的邀请，看了她主演的《芦荡火种》，后来我写了第一篇评论《芦荡火种》（后改名《沙家浜》）的文章在 1964 年 6 月 6 日的《文汇报》发表。1963 年的下半年，有一次，单位通知我到中宣部林默涵同志处去，我去后，他就告诉我，我与李希凡同志要参加戏曲工作会议，还要担任戏曲表现现代生活的样板戏的评论员。同时告诉我大会要讨论两个重点问题，一个是关于传统戏曲中的封建道德问题，另一个是关于传统戏曲中的鬼魂问题。对这两个问题如何分析，如何处理，要写出理论文章来，准备给大会讨论用。他说让我写封建道德的问题，另一个问题请希凡同志来写。至于如何写，有哪些问题要解决，一概没有提，要让我写出初稿来以后他再提意见。

之后，就安排我住在翠明庄中央组织部招待所。因为时间很紧迫，我对这个问题事先又没有研究，所以从准备资料到写成文章整整写了一个月。文章的题目叫《彻底批判封建道德》。我从甲骨文的“孝”字写起，说到道德的产生，道德的内涵和作用，道德的阶级性，在不同情况下道德内涵的变异，还有如何看待清官问题和廉洁的道德等等。一共写了有三万字。交给默涵同志后，过了几天，默涵就找我，说文章已看过了，文章写得很深入，说理很清楚，但太学术气，而且也太长。他说叫全国的戏曲演员如何能读懂。我被他一语提醒，才恍然大悟，自己只是从学术上和理论上考虑问题，根本没有考虑给谁看的问题。默涵说：你是文章快手，给你三天时间，重写一篇，要尽量通俗化，不能超过八千字，因为文章要交《光明日报》发表，报纸一整版就是八千字，所以最长也只能八千字。因为离开会的时间已经很紧了，我只好再回到翠明庄，大约用了三天时间写了一篇八千字的文章，题目叫《不应当把糟粕当精华》。默涵同志看后，表示满意，就发表在 1963 年 9 月 14 日的《光明日报》上，并与希凡同志写的鬼戏问题的文章一同作为即将召开的戏曲会议的文件发给与会者讨论。

我原先写的那篇三万字的长文，恰好遇到《新建设》杂志来约稿，我就交给了《新建设》。《新建设》拿去后就立即全文发表，我已经觉得很意外了，没有想到还有更意外的事，这篇文章竟让毛泽东主席看到了，并且作了重要的讲话。那时，我已由中宣部借调去参加批判苏联文艺路线的写作组，住在颐和园作协休养所，领导是林默涵和张光年，一起参加写作的有袁水拍、李希凡、谢永旺、黎曙光、陈默等人。水拍同志因为事忙，只来了几次。一个星期一的早上，我刚到写作组，谢永旺就对我说：告诉你一个好消息，你的文章得到了毛主席的赞扬。他说一会默涵同志来，你就知道了。不一会，默涵同志到了，果然叫我到他办公室去，坐下来后就告诉我，康生到主席那里去商量写“六评”（《两种不同的和平共处政策》）的事，主席问康生，你看过冯其庸批判封建道德的文章没有？康生说没有看到。主席就说你去找这篇文章看看，这篇文章写得有材料，有观点，有分析，有说服力。文章说，同一个德目，不同立场不同阶级的人就有不同的内涵，比如“忠”，大宋皇帝要求别人忠于他，忠于大宋皇朝，但水泊梁山的好汉却要求忠于梁山起义团体而反对大宋皇朝，所以，同一个“忠”字，就有两种对立的内涵。主席说，可以按照这个方法，来说明同一个“和平共处”政策，马克思主义者与修正主义者的内涵是不同的。

康生找到了《新建设》上我的这篇文章，仔细阅读了，并加了不少称赞的批语，将此事和他批过的文章交给了周扬。周扬再将此事转告了默涵，文章也交给了默涵。所以默涵拿出文章来叫我仔细看看康老（那时还在“文革”前，大家都还不认识康生的大奸大恶面目）的批语，可以抄录下来，原件仍由他还康生。

之后不久，我在国子监中国书店专家服务部看书，忽然进来了两个人，其中一位就是我很熟的钱杏邨即阿英同志，阿英一见我，就对那个人说，你要找的人就在这里。那人问是谁？阿英说：冯其庸。随即阿英即为我作介绍，说这是康老。康生一听说是我，连忙叫我坐到他一起，就详细地告诉我主席看我的文章这件事，还说主席十分称赞你的这篇文章，接着又问我他的批件看到了没有，我说已经看到了，谢谢你的鼓励。他说你是否参加到“九评”的写作组来，我说我已在默涵、光年同志领导的批判苏联文艺路线的写作组了，他就说那也好。他又说，等文章写完后他把我调到他那里去，我说我的课很重，每周四节课，共12小时，还要自编两种教材，我调走了，学生上课就有问题了。他说等暑假再调。他还说前不久，他从莫斯科回来，在飞机上看《聊斋志异》，选了几十篇，回来后没有时间了，你是否拿去再选一部分然后加注，算我们合作出一本书。我听后吓了一跳，我怎敢与他合作出书！我连忙用上面所说的课务太重，还要编两种讲义的事婉谢了。当时他还说：我知道你能画画，你给我画幅画。我连忙说我不会画画，但我知道你的字写得很好，想求你写幅字，他说那容易，你给我画画我就给你写字，咱们交换。说完他又问我：看过电影《桃花扇》没有？我说没有看过。他说你看一看写篇批判文章罢，这是妓女文学。那时《桃花扇》还未放映，所以我说等以后再说罢。当时还谈了一些其他问题，我对他的一口山东诸城土话一句也听不懂，都是阿英同志翻译的。当时他给了我电话，要我放暑假就告诉他，他就让秘书去把我调出来。但我喜欢教学和学术工作，不愿到政府部门去，所以一直没有敢再与他联系。

第二件事是默涵同志调我参加中宣部的写作组，写批判苏联文艺路线的文章。上文已经提到，写作组是住在颐和园的“云松巢”。那是作协的休养所。当时中宣部调我的时候是通知人大中文系的，但中文系的领导不愿我出来，就一直没有通知我。后来中宣部急了，就直接电话找我，问我接到通知没有。我说没有接到系里的通知，只是由李希凡、谢永旺侧面告诉了我。后来中宣部就直接给我一个通知，告知我已通知系里，要我立即按时报到，我拿了这个通知再到系里，系里才同意我去报到。

那时调去的人都住在颐和园，默涵、光年同志也一样（只有水拍同志没有来住），所以我们朝夕相处大约有将近一年的时间，我们的任务是批判苏联的电影，所以经常要进城去看内部播出的苏联影片，同时也看苏联文艺方面的资料，我们是在一个总题目下分头各写一部分，然后再由光年、默涵同志综合成一篇完整的文章。每到饭后或晚饭后，我们总要坐在一起聊天，聊天的内容非常自由随便，既谈写作的问题，也谈文艺界其他方面的问题，默涵和光年没有一点点架子，有时晚饭后，还一起到颐和园后山山冈上去散步，边走边聊，有时就到昆明湖边或长廊里散步聊天。这样相处一年的过程，相互之间，增加了不少了解。有一次，我在默涵同志房间里谈完文章以后，默涵对我说，调我的时候，你们系里很不愿意让你出来，还说了一些你有名利思想之类的话，其实无非是怕你太突出而已。他要我不要把这些事放在心上，要严格要求自己。他还说我们对你是了解的，所以最后直接通知你来报到了。有一次，大家在室外的一个平台上聊天，光年同志还对我说了不少要我注意的情况，我深深感受到他们对我的关切。

大约到1964年的4月，由光年署名的那篇大文章写出来了，但由于当时国际斗争的形势发展很快（中共中央的“九评”已发表到第八评，第九评于同年7月14日发表，10月赫鲁晓夫垮台），已不适宜用文艺批评的方式了，随着中宣部其他工作也紧张起来，所以到这年的初夏，小组就停止了，但这一年左右与默涵、光年和其他几位同志的相聚，可说是我平生最难忘的事。

第三件事是“文革”后为祝肇年同志平反的事。“四人帮”垮台后，周扬、默涵同志也得到了解放，后来默涵同志任文化部副部长，主管为“文革”中受诬陷的文化部系统的干部平反的事。

有一天夜里，中央戏剧学院的祝肇年教授来找我，我与肇年都是周贻白先生的学生，但我是1946年无锡国专时候的学生，肇年是解放以后周先生在中央戏剧学院的学生，由于周先生的介绍，我们论文谈艺非常投合，但“文革”中，我们都遭了大难，可能他比我还严重，因此他的夫人得了精神病。他告诉了我“文革”中诬陷他的种种“罪名”，他觉得他永世不得翻身了，没有活路了。我告诉他我的“罪名”一点也不轻，现在“四人帮”已经垮台了，上面已经在着手平反冤狱了，对平反一定要有信心。于是他带着几分希望回去了。

过了些时，他又来找我，说果然在开始平反了，而且学校的组织已经在处理他的问题了，但负责此事的还是原先的那些人，只是给他去掉了几条一般性的“罪名”，其他“罪名”还都保留，要他签字。他问我可不可以签，因为他的夫人的精神病就是被这些“罪名”吓出来的，如果先平反掉一点，也许对她的病会有好处。我说这不是办法，而且你如果签了字，不等于承认了未被平反的那些“罪名”了吗？我问他你们学校的平反工作上面归哪里管？他说归文化部林默涵同志管。我一听就说，你不要急，我明天就到文化部找默涵同志。

第二天，我找到了默涵同志，见面后非常高兴，大家已是劫后余生了。我急着就把戏剧学院祝肇年平反的事告诉他，我问他平反的标准是什么？默涵说标准是平反到把诬陷不实之罪彻底平掉，还他原来的真实面目。不到这个标准，就不算平反。他还告诉我，你去给祝肇年说，必须还他本来面目，不把诬陷之罪全部推翻，不要签字。我听了默涵同志斩钉截铁的话，激动得真想为肇年向默涵叩头。回家后，我立即把这话告诉了肇年，肇年当然高兴得不得了，但他又问，真的能做到这样吗？我嘱咐他你要绝对相信默涵同志的话，于是他怀着强烈的希望回去了。

过了几天，他又来找我，说又去掉了一点了，要不要签字？我说彻底干净了没有，他说还有一半，我说你只记住一条，不彻底平反，你就绝对不要签字。于是又这样来回了二三次。有一次，他非常高兴地来找我，说终于全部平反了，背了十年的种种罪名现在一条也没有了，与“文革”前一模一样了，所以他签了字。说到这里，他由衷地说我要去向默涵同志叩头拜谢！又过了一段时间，我见到了默涵同志，他主动地告诉我，戏剧学院祝肇年的问题彻底解决了，他亲自看了他的结论。他说戏剧学院是个重灾区，受害的人很多，但只有一个标准，彻底平反！我深深感到默涵同志在十年大劫以后，依旧是那样严正不阿，依然是那样平易近人！

默涵同志离休后，我与吕启祥同志还常常去看他，有一次，我告诉他我们的《红楼梦大辞典》出版了。他看了这部书，非常高兴。因为在1979年《红楼梦学刊》创刊的会上，默涵同志就向我提出三个任务，一是要写一部《红楼梦概论》，二是要编一部《红楼梦辞典》，三是要到北京图书馆去讲《红楼梦》，因为《红楼梦》不是一般读者都能看懂的。至此默涵的嘱咐完成了小一半，后来北京图书馆也去讲了，《概论》也出版了，但他已病得较重了。

我的记忆里，有关默涵同志的事还有不少，我希望慢慢地都能回忆起来。因为这是历史，它包括着事业、经验、痛苦、教训和友情，我们经历了十年生死大劫，我们要让我们经历的灾难、痛苦，我们付出的惨痛的代价变成力量，加倍努力工作，庶几不负今天这个伟大的时代！

听说默涵同志有遗言，要把他的骨灰撒在颐和园，说他还提到了光年、希凡、谢永旺和我，可见默涵对我们这一段时间的相聚也是留下了深刻的印象的！

2008年2月5日夜，

旧历丁亥小除夕

忆光年

光年同志是我的前辈，他比我大整整 11 岁，但我们习惯叫他“光年同志”，有时还没大没小地直叫“光年”。当然这不是当面称呼，只是在朋友之间谈论时，说到他有时就直叫“光年”。

我“文革”前的日记，在“文革”中全部被“造反派”毁掉了，我现在记忆力又很差，去年又曾一度患失忆症，所以想起以往的事，真似雾里看花，一片模糊。我记得我最早认识光年，可能是 1954 年批判俞平伯先生的《红楼梦研究》和胡适的新红学派的时候。那时，经常有大报告，记得杨献珍、孙定国、周扬等都作过报告。报告完后，就是分组讨论。我还记得我是与何其芳同志一组，光年同志记得也在这一组，我可能就是在这时认识他的。因为批判运动历时很长，所以这种分组讨论的次数也较多，后来就慢慢熟识了。

就在我还未认识光年同志以前，实际上我已对他非常崇敬了，因为我自听到《黄河大合唱》后，我对“光未然”这个名字产生了崇敬之情。觉得“光未然”这三个字是很神圣的，他是中华民族力量的象征。到了北京，也就是在这场运动的学习讨论期间，我才知道“光未然”就是张光年，当我把这两个名字合而为一以后，自然这份崇敬心情就同样倾注在“张光年”这个名字上了。

我直接与光年同志接触，是1956年的事，那时批判俞平伯先生的《红楼梦研究》的事已近尾声，光年同志在这之前已调去当《文艺报》主编，他收到了一篇读者来稿，是批评俞平伯先生的。光年把稿子寄给了何其芳同志，请他看看能不能发。其芳同志告诉他，这篇文章太粗暴，不讲道理，不能发。这样，光年就把我找去，先让我看这篇文章，看后我也觉得文章太简单化，没有说服力，光年就说那就你来改，你重写一篇都可以，要快。这样我就接受了这个任务，把文章带回家，仔细读了这篇文章，又把俞先生的文章及有关材料，特别是《红楼梦》相关的部分认真读了，最后改完了这篇文章，实际上等于是重写了这篇文章。文章交给光年后，光年又请其芳同志审读，其芳同志告知光年，这篇文章可用，是讲道理的，也没有粗暴的词句。光年非常高兴，就对我说了其芳同志的意见。他觉得这篇文章等于是我重写的，是否干脆用我的名字发表？当时我觉得不妥，因为我是改别人的稿子，文章中还有一部分是原稿的文字，不应该因为我的改动而变成我的文章。光年觉得我讲得有道理，这样这篇文章就仍用原作者的名字发表了。后来这位作者也很感谢《文艺报》对他的帮助。

1963年，中宣部和作协成立了批判以赫鲁晓夫为首的苏联修正主义文艺路线的写作组。成员是：林默涵、张光年、袁水拍、李希凡、黎之、谢永旺、陈默和我。调我的时候特别麻烦，单位不让我去，初时我压根儿不知道。后来默涵同志直接打了电话给系领导，还给我直接发了通知，让我×月×日去报到，这才算得到系里的许可，让我去报到。

我们住在颐和园“云松巢”作协的休养所。任务是分小题撰写批判苏联的修正主义文艺路线，然后再由默涵和光年合成一篇大文章。我们的日常工作就是看有关苏联的文艺资料和电影片子、讨论，然后写作。那时我们都住在颐和园，默涵和光年也同住在那里。在工作之余，大家就在宿舍前的一个凉亭式的建筑里坐谈聊天。一般在晚饭后，都会走到后山山冈上散步，因为我们是住在佛香阁的西边，已经在半山以上了，要走上山冈也很方便，有时就沿着湖边散步。我们散步的时候，总是游人已经散尽，偌大一个颐和园，安静得有如深山幽谷。其实这才是颐和园最美的时刻。还有早晨太阳将升未升到初升的时候，有时朝霞满天，配合着蜿蜒的山冈和参差错落的亭台楼阁，再看湖上的十七孔桥，缥缈如带，而西边玉泉山的塔影亭亭相映，真是一幅最美的古典园林佳景。每到这种时刻，想想《牡丹亭》里《游园》的佳句，真正会感到人在画图中。有一次初雪后的夜晚，月亮已经出来了，空气特别新鲜，记得就是光年或默涵提出大家到后山山冈上踏月散步，我们一路谈笑，有时头顶会碰到低亚的树枝，崩下雪来，连宿鸟都被惊飞，我们则溅得满身是雪，又引起哄然而笑。这种情景，让我想到东坡的《承天寺夜游》，其情景何等相似。

别以为我们生活得那么潇洒和轻松，其实我们心头都压着重负，生怕完不成中央交的任务。因为与我们同时，中央正在陆续发表有名的“九评”,① 我们的写作，是安排在这一系列的评论中的。“九评”的写作是毛主席亲自主持的，由康生管这个写作班子。文章发表前，都由主席最后定稿，有时主席还亲自修改，有时还画龙点睛地加上几句警句。写到“六评”的时候，毛主席还让康生参考我的《彻底批判封建道德》一文，为此康生还找到了我，要我到他那边去。我告诉他我已在默涵、光年处写批判苏联文艺路线的文章了，所以才作罢。当时我们虽然在这湖光山色之中，虽然有时还谈笑聊天，但每个人实际的心情是颇有压力的。后来由于政治斗争的形势发展很快，由于赫鲁晓夫经不起毛泽东的

---

① “九评”是中共中央评赫鲁晓夫修正主义路线的文章总称，原计划是写十篇，到第九评发表时，赫鲁晓夫就垮台了，所以只发到“九评”。

如椽之笔和他内部不可克服的矛盾，很快就垮台了。因为苏联的局势改变了，所以中央的评论也就停止了，而由默涵、光年同志合成的那篇大文章，也同样停发了。

我们在颐和园整整一年，我不仅在写作上经历了锻炼，更在人事上得到了经验，我最深的感受是感到默涵、光年正是文章和理论的大家，而他们待人的风范，始终平易近人，虽然他们年纪比我们长一辈，但却完全平等相处，没有任何官气，所以我们什么想法都敢说。他们也对我们无话不谈，甚至光年有一次还明确告诉我不要太天真，要注意自己的背后。结合我的经历，我的亲身感受，这样的提醒，真使我感切五中。

我们写作小组的其他成员，也使我深受教益，他们都是各有专长，值得我学习。所以一年的相处，结下了很深的情谊。我还记得中间周扬同志还来过几次，水拍同志因本身的事忙，开头来了几天，后来就一直没有来。我们到1964年的下半年就结束了，隔了一年，“文化大革命”就爆发了。我们各自都被淹没在这场洪涛之中，连各自的消息都完全断了。

我记得“四人帮”垮台后我第一次见到光年时，老远地与他招呼，他从人群中走过来与我握手。我想不到他第一句话就说：“我要谢谢您的救命之恩!”这句话弄得我丈二和尚摸不着头脑，我问他是怎么回事？他说：在颐和园时你教我做气功，我一直没有断，到“文革”中批斗我时，我就默默做气功，被关禁时，我也默默做气功，正是这样，我逃过了这一劫。所以我说要谢谢你！这样我才恍然大悟。他说他到现在还在做，不过比我教他的方法，根据自己的体会又有了些变化，他觉得这对养生真有用。

“四人帮”垮台后，大家忙着揭批“四人帮”，中央成立了清理江青材料的工作组，我与光年一起参加清理工作。我被派去认检江青的一批东西，这批东西都是从别人处抄来的，我的任务是去辨认这些东西的来历。我去了几天，没有能认出什么来。这件事情被光年记到了他的《文坛回春记事》里了，我原有这本书，现在找不到了，无法查对原话，只好记个大概。在以后一段揭批“四人帮”的过程中，我与光年、默涵又经常见面。周扬被释回来后，我还去看过他，一切都在往正常的秩序转变。

记得是2000年12月27日，我曾专程去看过光年同志，他住崇文门。见面后非常高兴，谈了很长时间。那时他已是八十八岁的高龄了，身体还很好，也很乐观，尤其是我去看他，他十分高兴，拿出好多种书来送我。这次，他又旧事重提，说多亏我教他做气功。他说他现在已可随时随地做气功，说着他站在窗口就做起气功来。他说主要是调节呼吸，掌握了要领，就可以不拘形式，自由运作。我觉得他的体会是正确而深刻的，记得郭老（沫若）早年也曾做过气功，而且他连坐电车里都能做气功，这与光年的体会是完会一致的。古人的所谓“吐纳”，实际上也就是指呼吸。光年现在的做法，是排除了一切神秘和迷信的成分，还气功以纯真的养生之道①。所以光年对我说，他没有什么毛病，他对自己的健康很有信心，我当时看了他的身体和精神状态，觉得他到百岁是不成问题的。特别是我去时，带了新做的赠他的五首诗，进门时因为太高兴了，他没有顾得上看诗，这时，他拿起我的诗稿，认真读了一遍，说太好了，又说我太谦虚了。我说你整整长了我一辈，自然应当如此。这样我就告别了。我告诉他我住通县，离得很远，这次是专程来的，过些时会再来看您。哪里能想到这次竟是最后的一次见面，临别时他送我到门口，也竟成了永别！

此别后过了不多久，刚入2001年一个多月，1月28日，光年竟以心脏病不治长逝了，这是谁也没有想到的。因为他一直没有心脏病，他自己一点也不知道，他还对我说他没有什么病，想不到竟以此而不治。他的去世，离我去看他整整只有一个月，我是第二天见报后才知道的，

---

① 我与光年同志学的气功，是医疗养生的气功，有专著，叫《因是子静坐法》。这种医疗养生气功，以前不少人会做，郭老在书里有文章。

面对着这个噩耗，我静静地坐着，只觉得人太渺茫了，人的生命太不可把握了！而光年的去世，中国文坛的损失太大了，司马迁说“死有重于泰山”，光年的去世，真是“泰山之重”啊！我更没有想到，我赠他的五首诗，竟成了最后永别的诗。现在我把它作为这篇悼念文章的结尾。让读者也稍微感受一点光年同志对朋友和晚辈的风仪和真诚吧。

赠光年同志前辈

一

曾共名园把酒卮。清风明月细论诗。
十年浩劫幸同过，老去相逢鬓已丝。

二

黄河一曲动神州。亿万男儿尽寇仇。
誓掷头颅洒热血，中华自古不低头。

三

犹记当年意态真。风生谈笑即成文。
先生直是生花笔，我是程门立雪人。

四

平生遭际实堪伤。射影含沙未识防。
多谢先生为指点，始知身后有魑伥。

五

名园景物最难忘。踏雪松岗意兴长。
月色如霜良夜寂，唯闻佳语大河横。

庚辰十二月初吉未定草

2008 年 8 月 5 日夜 10 时于瓜饭楼

怀念冯牧

冯牧离开我们转瞬已经13年了，但在我的心里却始终活跃着他的形象，好像他并没有离开我们。我是1954年到北京的，那时《新观察》连载冯至的《杜甫传》，所以我一直是《新观察》的读者。1957年12月，冯牧从云南调到北京，任《新观察》的主编，我的印象里还留着他在《新观察》的印象。那大概是1958年了。但那时并没建交，只是见到而已。我与他真正认识并成为朋友，是他担任《文艺报》的副主编的时候，那是1960年的事。那时，光年是主编。侯金镜也是副主编。《文艺报》是当年文学青年最爱读的一份刊物，从中可以学到新的文艺理论，了解全国的文艺动态，而且经常举行座谈会。我每次到《文艺报》，总会遇见冯牧或侯金镜。他们两位，是我当时非常尊敬的人，而他们又特别随和，一点没有架子，真使你有一见如故的感觉。

我与冯牧逐渐更加亲近起来，是因为他对京戏和传统的地方戏很内行，尤其是京戏，因此我们常在《戏剧报》讨论戏剧的座谈会上见面。尤其是有一段时间厉慧良来京演出，差不多是引起了轰动，而我与冯牧一样，特别喜欢厉慧良的表演。他有一篇极为精彩的文章，发在《戏剧报》上，这篇文章我读了好多遍，一直到“文革”才被抄没。我从

1959 年国庆起，也陆续在《戏剧报》发表文章，最初的一篇是《三看“二度梅”》，是赏析汉剧陈伯华的表演的，这篇文章得到了田汉同志的欣赏，还为此而请我与翦伯赞、吴晗等几位前辈在曲园酒家吃饭。对厉慧良的戏，我也写过一篇短文，发表在《人民日报》上。所以我与冯牧的这种共同爱好，碰到后话就多起来了。记得有一次，厉慧良演出《拿高登》，他在原有的表演里，加进了一段“醉打”，写高登抢了女人高兴得喝得酩酊大醉，这时青面虎等四位英雄打进来了，于是场面上出现了一大段“醉打”，高登带着朦胧的醉意，凭着他艺高胆大，不把四人放在眼里，但开打以后，发觉来者不善，才惊醒呕吐。酒醒后更是拼命挣扎。这一段舞台身段，真是妩媚极了，既符合人物剧情，又丰富了表演。但有的老观众，却觉得无此必要。厉慧良到我家里听我的意见，我极力称赞这段戏的表演，我认为传统戏也是可以发展的，不是一成不变的，这是正当的发展，不是画蛇添足。后来我到冯牧家里，谈起了这出戏，冯牧也看过他的表演，我们的看法完全一样，后来这出戏的演法，就算确定下来了。

早先冯牧住在灯市西口的黄图岗，我住张自忠路，离他很近，所以我常去他家里，有时葛洛同志也过来聊天，因为他与冯牧紧邻。我记不起来他是什么时候搬到木樨地 24 号楼去的了，虽然远多了，但我也常去，因为那里还有苏一平同志和张君秋。我去一次可以看望三位。

冯牧的星期天也是很忙的，一是看他的人多，二是电话多。我也碰到过他心情不愉快的时候。他是一位非常耿直的人，我与他交往几十年，从没有听他说过一句敷衍别人的话或虚假的话。有时生气，总是为了作协的什么事情，我因为不搞现当代文学，所以不大了解情况，也不便过问，但有时冯牧也会给我说两句，我感到他是正义感非常强的人，真是是非分明。

我永远忘不了的是“文革”中的一幕。“文革”一开始，我在人民大学是最早被“打倒”的，初时还可以回家。有一次，我从西郊人民大学乘公交车回张自忠路，经过平安里拐弯处，看到南墙上一大片大字报，说冯牧“畏罪自杀”。这一惊真是非同小可，我在车上几乎不能自持。回到家里一夜没有睡着，几乎时时想哭。第二天去西郊人大，再过平安里，大字报依然如故，我到了学校关禁我们的地方，因为我去得早，只有王金陵在，别人还没有来。我就问王金陵，你看到平安里的大字报没有？他说是不是关于冯牧的大字报？我说正是。他却说，你太天真了，这完全是造谣，冯牧被他们批斗了，这是事实。但为什么要自杀，有什么罪！你放心吧，千万不要相信他们的谣言。这几句话说得斩钉截铁，让我坚信不疑，这样我也算缓过气来。“文革”后我见到冯牧，首先我告诉他这件事，他说他们造的谣多着呢，他被关在里面，反而不知道。

1975 年，我被借调到国务院文化组（即文化部，当时叫文化组）《红楼梦》校订组工作，属当时文化部文学艺术研究所，工作就在前海西街 17 号。1976 年“四人帮”垮台后，我经常参加有关揭批“四人帮”的会议，当时一起参加会议的，有冯牧、光年、周扬、默涵等一批老同志，记得有一次茅盾也来了，因此我常能与冯牧见面。

这一段时间里，有一种造谣，说《红楼梦》校订组是“四人帮”搞的，要解散。弄得人心惶惶。但这个组的成立经过，我和希凡还有组里的人是十分清楚的。是我起草写的报告，由袁水拍同志送到国务院文化组批准后成立的。与“四人帮”毫无瓜葛。那时，冯牧是文化部政策研究室主要负责人。我即去找冯牧，冯牧说，《红楼梦》校订工作是国家的项目，怎么是“四人帮”搞的呢？这个工作不能取消，你快去找贺敬之请他明确指示（当时敬之是“四人帮”垮台后的文化部长）。我立即去找了敬之同志，敬之同志明确说：《红楼梦》校订组与“四人帮”无关，这项工作不能停，而且要加快。我立即把这个指示向苏一平同志报告，一平同志一直是支持这项工作的，有了敬之和冯牧的明确意见，大家也就稳定下来了，工作也就继续下去。

1978年，原文化部文学艺术研究所升格为“中国艺术研究院”，由敬之同志以文化部长兼研究院院长，冯牧同志任常务副院长，苏一平同志任党委书记。这当然是一个天大的喜讯，我当时即与冯牧同志写了一封信，这封信最近承程小玲同志给找出来了，现在引录如下，这封信的信面是写“冯牧同志收”，里面是写：

敬之，冯牧同志：

得知部里决定成立文学艺术研究院，并且是由您们两位和一平同志等一起领导，消息传来，十分高兴。我坚信在您们的领导下，这个院是一定能办得生气勃勃的，能作出成绩来的。

随着院的成立，各种机构都要进行调整和重新安排，我建议在这个院里，设立《红楼梦》研究所或室，这样一位伟大作家和这样一部伟大作品，没有一个专门研究的机构，实在与我们的国家不相称。周扬同志最近多次与我谈过要文研所成立《红楼梦》研究组，但听说由于某种原因，至今成立不起来。不管怎样，我认为我们应抓紧时机立即成立，如成立“所”有困难，可以先成立“室”，逐步扩大。人员也仍可先借后调，当然能调的就先调。总之，机不可失，我们一直规划着一整套研究《红楼梦》的书，现将书单及简单的说明附后，其中一半以上的书，都已落实，有两种已出版或正在出版。我们相信在院的正确领导下，大家是可以做出成绩来的。以上建议是否

可行，请考虑，致

敬礼！

冯其庸

八月五日

（书单略）

这封信送给冯牧以后，过了一段时间，部里就正式批准成立“《红楼梦》研究所”了。我们的《红楼梦》新校注本于1982年由人民文学社出第一版，前后经过7年。在这7年中，历经艰难和风雨，但总算完成了任务。然而，要不是当时贺敬之、冯牧、苏一平三位的一贯大力支持，这个任务是不可能完成的。袁水拍同志受“四人帮”的牵涉，有一段时间受到了批判，但他毕竟与“四人帮”不是一回事。《红楼梦》校订组的成立，最初他还亲自看过一部分稿子等，我们不应该忘记他的首创之功。

1979年10月，第四次文代会召开，冯牧任秘书长，与默涵同志等一起筹备大会，我与希凡等当选为代表，我曾向冯牧建议大会的晚会，邀请张文涓来唱《搜孤救孤》，张文涓是孟小冬的传人，后来冯牧与默涵商量后，就邀请了张文涓来演出。我还记得那一场晚会也是盛况空前。不久，冯牧在第三次中国作家代表大会上，当选为中国作协主席团成员、作协副主席、书记处常务书记。

此后，我与冯牧同志的联系，一直比较密切，经常是我去看他，他到了木樨地后，我还经常在他家吃饭，他的老姐姐和九弟冯先铭也都很熟悉，而且还是冯牧特为我介绍的，有时我请冯牧到我家吃饭时，他也欣然就来。那时我住张自忠路宿舍，要爬五层楼，他也不嫌劳累，正是清风故人，一如家常。

冯牧是一直有病的，我与他订交的第一次起，他总是手里要拿着一个氧气的盒子，不时要向鼻孔喷两下，我们看惯了，也不把他当为病了。

1995 年 1 月他高烧住院，初以为是一般的病，住两天医院就出来了，后来他还参加了《中国作家》杂志创刊十周年的纪念活动，而且还讲了话，人们更以为他没有问题了。延至后来，病愈来愈重了，我几次要去探视，都因为我患感冒，不能探视。后来他的病房隔离了，只能从玻璃窗外看望。正好是 8 月 2 日，我要去新疆吐鲁番开会，我想回来后再去看吧，也许可以撤除隔离了。

我是 8 月 3 日到吐鲁番，会后又去南疆喀什，上帕米尔高原，下山后又去叶城棋盘乡等地调查玄奘取经东归的路线。直到 9 月 6 日下午才回到北京。一到家，家人即告知我冯牧同志已于昨日下午 2 时去世了，这个消息，让我伤痛万分，想不到相交 40 年，竟未能为他送别，我悔恨没有能早回来两天。

9 月 20 日，是八宝山送别冯牧的一天，我 8 时赶到八宝山，9 时告别冯牧的遗体，他仍然与往常一样，平静安详。

冯牧是一位理论家、散文家、文艺工作的领导人，但他又是一位始终一贯的朴素平淡，与人平等随和，就像一位普普通通的平常人一样的平常人。我觉得冯牧本身，就是一篇最高境界的散文，而他的文境，他的真诚，他的风范却永远令人思慕不已！就像一篇隽永的古典散文一样，永远让人在心头念诵！

2008 年 8 月 4 日 10 时于瓜饭楼

风雨艰难共此时

——怀念郭影秋校长

郭影秋校长是1963年到中国人民大学来任职的，记得在全校的欢迎会上，尊敬的吴玉章老校长曾对大家说：我给你们请来了一位好校长。吴老德高望重，一言九鼎，从此我对郭校长一直怀着深深的敬意和信任，尽管在此之前我未与郭校长有任何接触。

事情非常凑巧，我有一位前辈朋友叫陈向平，任上海中华书局上海编辑所的总编，他常来北京开会，会前或会后总要来看看我，那时我住铁狮子胡同一号红一楼丁组九号，郭校长就住在我楼下西侧的小院。陈向平先生是郭校长早在徐州时期的老朋友，所以他每次必去看郭校长，有时是先去看郭校长，回头再来看我。因此之故，我与郭校长又有了一层间接的关系。向平同志是一位厚德的老同志，我一直与他保持着联系，可惜，一场“文化大革命”以后，我就再没有得到他的消息，但是我一直深深地怀念着他。

郭校长到任的时候，正是三年困难时期刚刚过去，而党的路线方针又急剧地开始向“左”的时候，到1966年终于爆发了“文化大革命”。在1966年4月或5月，我忽然接到校党委的决定通知，通知我中央文革要调我去，经校党委讨论，一致同意并作了决定，通知我去中央文革报到。这个决定是由副校长孙泱亲自到我住处告诉我的，还带来了报到的介绍信。孙校长原任朱总司令的秘书，到人大后我与他有过多次接触，印象极好，为人极平和，所以他传达完党委的决定后又嘱咐我尽快去报到，说这场“文化大革命”谁也不清楚，心里没有底，你到中央文革后，至少可以多了解一些情况，免得跟不上形势。孙校长走后，我心里一直不安静，我心想我根本不明白什么叫“文化大革命”，怎么能去工作呢？但又是党委的决定，郭校长是书记，我当然是信任的，包括孙校长，也决无别的意思，只是为了学校不至于在这场大运动中跟不上形势。我考虑再三，一直不敢去报到，拖了两个来月，这时以彭真同志为首的北京市委被撤消了，中央重新任命了新市委，郭校长任市委文教书记。很快郭校长就找我去，问我愿不愿到北京市委去，他任文教书记，让我去担任《北京日报》社论的写作；另外，也问到我想不想去中央文革。我向他说了实话，我说我心里没有底，不想去中央文革，还是跟您一起去市委罢，我可以心里踏实一些。他听了很高兴，这样就决定跟他一起去北京市委。

去北京市委给我的第一个任务是写新市委的第一篇《北京日报》社论。这是郭校长给的任务，社论组一共三个人，各写一篇，内容由自己斟酌，总的意思是向党中央表明新市委的立场和态度。我写的一篇题为“热烈欢呼中央的英明决定”（大意），交上去后，与其他两篇送上面审定，很快，到夜里12点左右，就来电话，要我速到报社看校样，说最后选定的是我写的一篇，并说了一些称赞的话。我立即就到报社，校对完到家已经深夜1点多了。第二天一早报纸就出来了，我也看到了这篇赫然在目的社论，自己也很高兴，总算没有辜负郭校长的信托。郭校长见到我也很高兴，说审稿会上都称赞这篇社论的思想好、文笔好。但不想过了一个多星期，形势就大变了。据说当时江青等人看了这篇社论，还有新市委上任后的一些举措，大为不满，说新市委是右的（具体罪名一直未弄清），立即就把新市委又打倒了。我很快就回到人大，一回到校里就是疾风暴雨的批斗。而没有几天，郭校长也被造反派弄回来了，那是一个恐怖的深夜，我已被禁闭在西郊系里，只听广场上的高音喇叭大声呼叫，批斗郭校长，很快我也被押到了广场。那时我还年轻，四十岁刚过，可郭校长年岁已高了，经不起这样的折磨了，我眼看着这种场景，忧心如焚，但又无可奈何。

还有一次，人大校园广场上开批斗郭校长的大会，是为了所谓的“二月兵变”的事。那次，连小平同志都被他们弄来了，亏得小平同志，他在广场的台上说，“二月兵变”没有这个事，人民解放军谁也调不动，只有毛主席才有调动军队的权力，所以不可能有什么“二月兵变”，郭影秋同志更没有调兵的权力！多亏小平同志的这几句话，才免去郭校长的这一条莫须有的罪名。

之后就没有听说过开这样的大会，我也就不可能再见到郭校长了！

总算一场噩梦过去了，我也从江西余江干校回到了北京。回京后就打听郭校长的消息，他因“文革”中被摧残致疾，在上海瑞金医院治疗，我趁去上海之便，特地去瑞金医院看望过他几次，每次去都非常高兴，快谈忘时，总要护士提醒我，才不得不依依离去。后来他回到北京治疗，我去看他就更方便了。1980 年我应美国的邀请，到美国去开《红楼梦》国际研讨会，临行前去看郭校长，他嘱咐我：你的名片要印“中国人民大学教授”。我说，我现在还未评上教授，我是 1963 年评的副教授，一直没有给我评教授。他说，不管这些了，你就是印“教授”，学校要过问，就说是我嘱咐的，我也会告诉有关的同志。所以就这样我就当了一回临时教授。

还有一次，我与郭校长闲谈，闲谈中他说到了我，说我有成就。我当然知道这是他的鼓励，论学问，实在是没有任何时候可以自足的，我还差得很远。但我对郭校长说，就是这样，我还受到了不少批判，可以说没有一次学术运动不批判我的，然而，不管如何批判，我仍旧坚信学问是要艰苦踏实地长期钻研的，要有自信和决心，要受得了别人的误解，也要受得了别人的打击。我随口背诵了一段张岱《陶庵梦忆序》里的话，说："名心一点，如佛家舍利，虽劫火猛烈，烧之终不去也。"他听后莞尔而笑。我说这里的"名心"，决不是"名利"之心，而是追求真理、追求学术之心。只有真正是追求真理，才会不怕劫火之猛烈，如果仅仅是追求个人名利，就不可能那么执着了！我说我这些话，也只有对您才能实说。我说，我读过您的《李定国纪年》，那是花了多么大的功夫啊！那是用多大的追求、执着才能完成的事业啊！我告诉他李定国的军队在破桂林定南王孔有德时，曹雪芹的堂房老祖宗曹德先等三百余口都烧死在桂林城，后来清皇朝为了旌表忠烈，还将曹德先赐葬房山县张坊镇沈家庵村，我还找到了曹家的墓地。我说当我在研究这一问题时，不止一次地研读他的大著《李定国纪年》，从中得到不少启示。他听了也很有兴趣，说想不到李定国与曹家还有这么一段关系。

因为我的家与郭校长住得很近，所以我常到郭校长家去看望凌静同志。凌静同志喜欢书法和碑帖，因此我们常在一起谈论书法和碑帖，那时她身体还健，还常到我的五层楼上来闲谈，看帖。我的《龙门二十品》初拓本、金冬心书法条幅真迹等，她都拿回去仔细观摹，临了还我时，她竟亲手为我用塑料布缝成口袋，将《龙门二十品》及金冬心书条幅都装入口袋，她说这样不易损坏。至今我的这两件藏品，还保存着凌静同志亲手为缝的口袋。

由于这样，我与郭校长的两位儿子，少陵和又陵，也都有来往。起先还是凌静同志带他们来的，后来则他们与我自己来往了。少陵已经多年不见了，又陵却时常见面，保持着联系。

郭影秋校长和凌静同志，是二位老革命家，是学者型的领导，没有一点官气，非常平易近人，所以我在他们两位面前，真是无话不谈，毫无顾虑。我与他们接触时，眼里只是二位长辈、学者和朋友，没有把他们看作什么什么长或官，所以即使说错了话，也不会以此给你上纲论罪，你尽可以放心。在那个年代，能这样讲话的，一般的朋友都不多，何况是这样高层的领导！可就是这一些，它让人们历久难忘，常念常新，常念常亲！

2001 年 5 月 5 日 12 时于京东且住草堂

哲人其萎　我怀何如

——沉痛悼念吴组缃先生

吴组缃先生不幸去世了。我怀着十分沉痛的心情，写下了这句话。

吴组缃先生是北京大学的著名教授，是学术界的老前辈，也是红学界的老前辈。吴组缃先生的去世，是学术界的重大损失，更是红学界的重大损失！

吴组缃先生是中国红楼梦学会的第一任会长，所以，组缃先生的去世，使中国红楼梦学会失去了一位老会长，失去了一位红学的权威！

我于1954年8月到京，不久就赶上了批判胡适、俞平伯先生的《红楼梦》研究的运动。那时，我对《红楼梦》尚无研究，也不能置一词；但“运动”却迫使我学习，除认真读《红楼梦》之外，就是读当时报刊发表的文章。在那么多的文章中，给我印象最深，深到至今不能忘记的就是吴组缃先生的那篇《论贾宝玉典型形象》。我读到的是一个油印本子，时间大概已是1956年了。后来这篇文章在《北京大学学报》发表了，但我一直保存着这个油印本，虽经“文化大革命”也没有丢失，“文化大革命”前有时我还拿出来重读过。现在已将40年了，这个油印本估计还在我的书堆里。

这篇文章之所以给我以如此深刻的印象，就是因为吴先生对《红楼梦》及贾宝玉这个典型分析得深刻，能发人深思。吴先生在文章里很少引用马克思主义的词句，但他的分析却是历史唯物主义的分析，他把贾宝玉置于那个特定的历史时代，特定的封建贵族大家庭的具体生活环境，来作严格的现实主义的细致分析，在他的文章里读不到用“左”的词句来掩盖贫乏内容的“花腔”。

最近，我借到了吴先生的《说稗集》，又重读了这篇长文，感觉仍是那么新鲜。

我听说在“文化大革命”中吴先生吃过不少苦头，原因是他不肯随“风”说假话，说违心的话。那时正在批判30年代的文艺路线，但吴先生却坚持不能一笔抹煞！在那时敢于说与“时势”完全相对的意见的能有几人？吴先生却就是敢于屹立于“时势”之上的一人！

我认识吴先生已想不起是什么时候开始的了。1954年以后的批判运动中，全国文联经常有报告会，会后就是小组讨论，我参加过当时的很多次报告会和讨论会，回想我见到吴组缃先生是在那时的讨论会上，但那时还未建立联系。一直到1979年下半年《红楼梦学刊》创刊，举行了一次极为盛大的创刊会。在这次会上当时所有的红学界前辈全到了，而且还有文艺界的重要领导。记得文艺界的领导有茅盾、周扬、林默涵。红学界的老前辈有顾颉刚、俞平伯、王昆仑、启功、王利器、吴世昌、吴恩裕、端木蕻良、周汝昌等。吴组缃先生也参加了那次盛会，这就是我与组缃先生建立关系的开始。到1980年7月哈尔滨第一次全国红学会议，中国红楼梦学会正式成立，吴组缃先生当选为中国红楼梦学会会长，我忝为副会长兼秘书长，之后，我与吴先生的接触就日益增多了。1988年5月，在安徽芜湖召开第六次全国《红楼梦》研讨会。这一次，吴先生也出席了会议，并且在会上作了三次重要的发言，给了与会者以最大的满足，也使这次学术会议大大增强了它的学术气氛。吴先生的这三次发言，后来在 1989 年第一期的《红楼梦学刊》上刊登了，受到了广大读者的热烈欢迎。

此外，《红楼梦学刊》编辑部举行重要会议时，记得吴先生也出席过两次，并且都讲了话。

我还记得有几次，我与邓庆佑、吕启祥、沈天佑一起去看望他，每次见到他，他总是要快谈移日。可惜我们都与吴先生的住处离得较远，不能经常见面，失去了经常请教的机会。

我与吴先生长期的接触过程中，深感吴先生不仅文章照耀后世，而且他的道德一直在教育当代。吴先生是出名的正直无私的人。文艺界和学术界有时有些是非或争论，是学术争论，吴先生总是说之以理；属于是非之争，吴先生总是以严正的态度，明辨是非，往往还仗义执言，面折人过。所以吴先生常被人看成是道义的威慑力量。在红学界尤其是如此。

当前“红学”又是异说纵横的时候，但定睛细看，却实际是“假”说纵横，商业界造假的歪风竟然侵入了“学界”，或者说商业竟然利用学术这块牌子大搞假冒伪劣。而不少报刊，也竟然紧跟吹捧，不遗余力。可见目前利用学术作幌子，大肆宣传假货的风气还在蔓延。倘若吴组缃先生还在，对此浊流，一定会愤然起来仗义执言的。

但是足以告慰吴先生的是，对此来潮汹涌的种种异说，整个红学界几乎无人理睬，可见“红学”的这个阵地，还是有深厚的学术为其基石的，并不是想动摇就可以动摇的。但可忧的倒是“红学”以外的人，对此不了解，面对着这种汹涌的宣传攻势和广告攻势，就难免要上当受骗了！

面对着这样的社会现实，在沉痛悼念吴组缃先生的时候，我自然而然地想起了：哲人其萎，我怀何如！

1994 年 9 月 17 日于京华宽堂

怀念陈从周兄

——宋凡圣《陈从周研究》代序

从周兄离开我们已经快十年了，我常常想念他，尤其是在夜深人静的时候，一种忆旧的思绪就会涌上心头。记得好多年前，刘海粟老人九十岁的时候，我与他聊天，他说年龄大了最容易念旧，他常常一个人独坐的时候，怀念故友，眼泪就不自主地流下来了。我当时还不到这个年龄，还体会不到这种心境，何况那时我的同辈朋友都健在，所以对他的话，还感受不深。现在转瞬20年过去了，我的同辈朋友，甚至略晚我一点的朋友好多位都已不在了，所以我经常想到海老的这句话，也经常处在这种心境之中。

我与从周相识，先是诗友严古津的推介，古津一再要从周来看我，因为那时他常到北京来；继之是王瑗仲老师也一再嘱他来看我，当然他们两位也都嘱咐过我，一定要与从周成为好朋友。果然，有一天，从周兄欣欣然来了，见面时只说了一句：我就是陈从周。余下就用不着多说了。我们一见面就好像是几十年的老朋友，真是脱略行迹，一见如故。

从周是古建园林专家，这方面不用多说，我要说也是外行话。但有几件事倒还可一提。一是他应邀去美国为大都会博物馆建中国古典园林“明轩”。园子建成后，恰好我去美国讲学，我特地抽空到大都会博物馆去看了明轩，虽然建筑面积不大，却具有独特的中国古典园林美的特色，具有浓厚的诗意。我坐在庭院中的假山石边，听着不少久居海外的华人在啧啧称奇，觉得想不到在这里能看到故园风物，看到纯正的中国文化、中国气派。我在那里从室内到室外，反复了几次，总觉得看不够。据说，不仅建材尽是明代的，连匾上“明轩”两字也是集文徵明的，真是“明”到家了。我想只有纯粹是从中国古典文化中浸润出来的人，才会有这种超脱的情怀。从周是一位诗人，所以我看这个园子就是他的一首诗。回来后我把我的感受说给他听，他高兴极了，他说你老兄能看到我的心里，我确是要让这个园子有诗意。

还有一次，建筑大师贝聿铭来北京承建设计香山饭店，从周说，我一定要让贝老与你见面。我说很好，定个时间我与你一起去拜访他。他说你不用管，自然会安排见面的时间的，这样我就静等他的消息，准备去拜访贝老。不料左等没有消息，右等没有消息，我想一定是他们很忙，暂时没有时间了。哪知有一天中午，从周兄突然来了电话。他说你快下来，贝老来了，我们都在你隔壁十条口的一家饭馆里等你，在楼上。这出奇的安排，真让我意想不到，我赶到饭馆楼上，果然他二人在，见我去，都十分高兴。从周说，也不要你去拜贝老，也不要贝老来看你，这样在你附近，两得其便。这是我与贝老第一次见面，席间却一字未谈古建，都是谈昆曲。我是昆曲迷，不想贝老也喜欢昆曲，从周当然更是迷此了。说到昆曲，我与昆曲泰斗俞振飞先生也有缘，不仅看过他的不少绝唱，还与他交谈过，我与周传瑛、王传松、华传浩、张娴，还有南京的张继青，北京的侯玉山、韩世昌、白玉生、侯永奎都比较熟，所以三个人愈谈兴愈浓，恨不能立即到戏园子里一聆雅奏。可惜自从这次与贝老见面后，却再无机会见面，只在脑子里永远保留着这一次的雅谈。

从周与俞平伯老是好友，我与平老也较熟，有一次从周到京，说要去看平老，我说我恰好有事要找平老，就与他同去。平老见到我们两个人去，也特别高兴，天南地北，无所不谈。我说我受人之托，特来邀请您的。1980 年要在美国威斯康辛大学举办国际《红楼梦》研讨会，周策纵、赵冈两先生委托我来请您去开会。平老听了我的话后，却突然伸出了两只脚，对我说，我这双一辈子不穿袜子的脚，能光着脚板到美国去吗？说罢哈哈大笑。

还有一次，从周要去看叶圣陶老。叶老住在东四八条，离我很近，我与他也很熟，所以就与他一起去了。叶老见我们两个乡友去，非常高兴，除了聊天外，还留我们吃饭。一张圆桌，饭前老规矩，一小杯绍兴黄酒。当时我正在主持校订《红楼梦》的工作，我们的校订稿，都请叶老还有叶至善老（我们敬称他小叶老）看过，所以去后的话题也很多。

当时我住在恭王府的后花园，我的办公室就是溥心畬的画室"蝠厅"。我请从周去看看这个恭王府的花园，从周说王府东路的建筑，都是康熙前的建筑；中路和西路，都是乾隆时期的。花园部分，东边的大围墙肯定是康熙前的老建筑，其用砖的尺寸，只有北京的帝王庙与它相似。花园的主假山，是康熙时期的建筑，用黄土色假山石，石过梁，洞腹较小，这都是康熙时期的叠山法。假山中两棵古树，是与假山同时植下去的，所以长到现在，已嵌入山石，与假山成为一体了。园中进门的"绣衣峰"，窈窕有风致，但这已是后添的，两边的土岗及山石，都是后来的，石材用青色云片石堆砌，与中间的主山显然不同。土岗的气氛很好，但杂树丛生，无一棵古树，可证其堆砌年代较主山晚得多。从周的一席话，把这个名园解析得清清楚楚，使我出入于这座名园，也觉得心中有数了。

从周的诗词散文，都极清丽，有晚明风度。他寄给我的《羊城余咏》，有一首诗说："高楼百尺水沉沉。花市羊城动客心。人影衣香来异国，老夫依旧汉儒生。"诗当然极好。有一年，我们的老师王瑗仲先生八十大寿，我到了上海，立刻就去拜见老师。老师见我去，非常高兴，正在聊天，从周兄却上楼来了，我与王老师当然都很高兴，还没有来得及招呼，想不到从周已走到老师面前，立即就双膝跪下向老师三拜，老师连忙把他扶起来。这时，在我的脑子里忽然跳出了他的诗句："老夫依旧汉儒生。"他真正依旧是一腔古人襟怀。他还对老师说，一日为师，终生为父，这个师生关系是永远改变不了的，你不论在什么时候永远是我的老师。从周的为人就是这样的古朴而又赤诚。

从周是园艺家，又是书画家，他爱做手杖，曾为我做过三支手杖。一支是请吴门矫毅先生刻"冯其庸游山杖，吴门矫毅刻，陈从周奉赠"。另一支是请无锡戴引之先生刻的，刻"从头越"三字，下面是"陈从周先生命刻，赠冯其庸先生"。还有一支未刻字，但杖材极别致，名叫"铁骨铜皮"。这种杖材，木心色黑而坚，外包厚皮如树肉，最特殊处是此木四周露骨，随处可见漆黑的树骨，但又只露二三寸，即由树肉包裹，然后又在另处露骨，一支手杖上，可以看到到处是铁骨，也可以看到包裹铁骨、色黄如金的"铜皮"。这三支手杖我都很喜欢，但却没有认真用过。我到帕米尔高原最高处三次；我去罗布泊、楼兰、龙城、白龙堆，在沙漠里 17 天；我两次穿越塔克拉玛干大沙漠；我翻越天山经"老虎口"到一号冰川，这许多险途远途，都没有敢带从周做的手杖，为什么？我爱它至极，怕远途丢失。我只是在园子里散步，才拿着它。

现在我又不大敢拿它了，因为一拿起它，我就想到从周，真如海老说的，有时禁不住要流泪。

我的思绪已经不可遏止了，我只好硬生生地用一首怀念他的诗，来煞止这篇忆旧的短文，聊当山阳笛吹。

怀念从周兄

不见斯人已十年。梦中常忆说园篇。
胸藏缩地房公术，囊乏谈天酤酒钱。
南国欣存玲透玉，海西尚有大明椽。
人生百岁如朝露，君是长生不老仙。

2009年4月25日夜1时于瓜饭楼

怀念胡华同志

我是1954年到北京人民大学的，初到人大时，我什么也不知道，慢慢地逐渐知道了当时人大的一批著名的教授，其中有一位是年轻的教中国革命史和党史的胡华。但我并不认识，因为我是教古典文学的，专业不同，开会也不在一起。

1956年，我迁到城里铁狮子胡同一号红一楼居住，胡华也正好住在铁一号红楼里，于是我们碰头的机会就多起来了，不久也就互相熟识了。那时，我们还都很年轻，只有三十多岁，他生于1921年，我生于1924年，他比我大3岁。具体的细节我现在已记不住了，但当时印象最深的是他很朴实，也很随和，每谈到具体的做学问的事时，虽然专业不同，但基本的道理却是相通的，如重视调查研究，重视第一手的历史资料等等，因此不知不觉，我们就比较亲近。加上我是地地道道的农民出身，在家种过十多年地，而他也来自浙江奉化的农村，他母亲也是勤劳的农民，所以我们有许多自然相通的地方。

但有一点是很不同的，他很早就参加了革命，并且跋涉千里到了延安，又从延安来到北京，我却一直在闭塞的农村，直到1946年在无锡国专的时候，才开始接触到革命的思想，逐渐参加了一些党所安排的活动，所以这一点我比他后进得多。

还有一点我们比较相同的是，那时（从50年代到60年代）思想很“左”，而且愈来愈“左”，我努力跟也总是跟不上。最重要的一点是，不论当时运动多么紧张，我始终不放松读书做学问，所以，每到运动来时，总要挨批判，说是走的“白专”道路。听说胡华的情景也是一样，由于这一点，也促使我们的心理很相通。

我至今记得清楚的是三件事：

1966年“文化大革命”刚爆发的时候，我和他就最早受到全校的批判。我当时自己的理解是因为中央文革要调我去，调令到了校党委，校党委作出决定，命令我去报到，我却拖延不去；后来彭真被打倒，北京成立新市委，郭影秋校长去当市委文教书记，他希望我跟他一起去，让我参加写《北京日报》的社论。我当时感到中央文革和北京市委，我总得去一处，所以我就答应跟郭校长到北京市委去。哪知我去后写的第一篇社论，初时受到中央和北京市委的极大的好评，继而被江青等人视为“右”的言论，加上新市委的其他一些问题不能都紧跟中央文革，所以新市委很快就被打倒，而我写的那篇社论，也起了导火线的作用。所以我被作为全校的重点来批斗。这是我当时自己的理解（其实并不对，其原因很复杂，不是几句话可以说清的），所以我当时心里较坦然，因为我觉得我并没有别的什么事情。

但想不明白的是为什么从小就参加革命，而且是从延安来的胡华，也作为全校的批斗对象，我确实有点不理解。但我后来就想明白了，因为看到全国运动的声势，忽然悟到，这决不是批判几个人的问题，这其中必定还有重大的原因，还没有显示出来，我想通了这一点，反倒心里踏实了许多。

有一次，我在铁一号左边十字路口的右侧拐角处，碰到了胡华。胡华看左右没有人，就拉我走到墙根边说：老冯，我们太冤枉了，我从小就参加革命，怎么变成了反革命了呢？你也是一样，你是农民出身，也是解放前就参加了革命，怎么也成了反革命了呢？我实在想不通。

当时，他的情绪非常激动。我立即把我的想法告诉他：我说这场声势浩大的运动决不是为我们两个人搞的，也不是为全国的所谓“反动学术权威”搞的，肯定另有原因。我说：我相信我们两人都没有问题，我们是被这场飓风卷进去了。我们千万要冷静，由他们批去，现在辩解也没有用。我还特别对他说，我们千万不能参加他们的任何一派，我们自己不能乱。

他听了我的话，觉得很有道理，心里也就稍微松了一点。我们怕被别人看见，看见了又要加上种种罪名了，因此就匆匆分手。

过了一段时间，毛泽东的《我的一张大字报》出来了，全国的形势顿时大变，而这时被打倒的人几乎已是大批大批的了，在人大再也不只是我们两人了。正在这时，我俩又在大门口见面了，正值无人。我俩就在大门口右侧（西边）的石狮子旁站住了说话，我匆忙地说：你看到了《我的一张大字报》了吗？他说：看到了，看到了，你说得真对！现在问题逐渐清楚了。问题在上面，不在我们。我说我们还是要清醒，不能参与任何活动。他说：对，对！因为我们就在大门口，不敢多说，就匆匆分手了。我自己下定决心，不贴任何人的大字报，不去“揭发”任何人或“事”。但不久，我就被管制起来了，之后，就有很长时间见不到胡华，因为他也同样被管制起来了。

后来，我们语文系和其他几个系被安排到江西余江去种茶和种水稻，还开山打石头。就是这样，也没有停止对我和与我同样的人的批判。只是次数少了，气氛也与前大不一样了。

我是1972年从干校回到北京的，当时不少人早已“解放”，宣告没有问题，恢复自由了。我是1972年回来后给我作“结论”的，可能是全校最晚的了，因为他们总想给我定点什么“罪名”，但有中央的政策在，我又没有什么问题可抓，实在无法给我定什么罪，不仅如此，连原先我不知道的安在我头上的“问题”，也全都澄清了。

大约就在这之后不久，我又在铁一号的大门口遇到胡华了。此时他早已“解放”，还他清白，还他自由了。我们见到了，心情非常高兴，站在校门口互相问候，回忆前两次在极度紧张的形势下的相遇，想到我们私下的分析和互相的嘱咐，不觉相视而笑！

……

遗憾的是他走得太早了，要如现在我俩再能相聚一次，该有多好啊！

2008年12月19日夜12时于瓜饭楼

怀念姚迁同志

姚迁同志离开我们已经20年了，我常常会想到他，但是却一直没有写怀念他的文章，不是我不肯写，而是怕想起那段情景，也怕把我所知道的写出来。

我清楚地记得，当时我正待命去前苏联鉴定《石头记》抄本，这是李一氓老先生安排的，是由国务院、外交部、文化部会签的，当时让我与另两位同志在北京等待签证，不要离开北京，所以我写了一封信给姚迁同志，我嘱咐他不要着急，不必怕，等我苏联回来后就去看他。我这封信是徐湖平同志亲自交给他的，他读后泪如雨下，连连说："来不及了，来不及了！"湖平同志没有听明白他的意思，以为他说的是整他的人们，谁知就在当天夜里他就走了，只留下满地的香烟头和斑斑的泪痕。原来他说的"来不及了"是指他自己已决心用自己的生命来抗争了！

我从苏联回来后就到了南京，了解了全部情况，我回京后就向有关方面作了大声的呼吁，终于胡耀邦总书记很快就作出决定，派调查组去南京认真调查后彻底平反，于报上公布。开追悼会时，我特意赶到了南京。但这都是晚了，人已经没有了，还有什么可说呢？

姚迁是一个真正的好人，他既精于业务，又忠于职守，而且热情待人，没有想到这样一个好人会受到诬陷，竟会受冤而死！

鲁迅曾说他开始不明白向秀的《思旧赋》为什么会写得这么短，后来明白了是那个时代不许他多说，多说了要惹祸。我之所以不愿意写却与向秀不一样，也不会怕写多了会惹祸，这都是不会的。我相信我们今天的时代，今天的中央领导，就是当时的中央领导我也是坚信的，否则就不会向他们呼吁了。

我之所以不愿意写，是写来辛酸，是不愿把这些事再叫人去咀嚼，更不愿叫那些不怀好意的人拿去当攻击我们的话柄。

我当时就写过哭姚迁的八首律诗，还有哭姚迁给另外一位同志写的诗，也都没有发表，原因也是一样。我爱我们的国家、党、事业，这些已经过去的事就藏在心里罢，何况总书记胡耀邦同志还亲自批示调查平反呢？足见我们的党、时代是伟大而光明的，所以我的眼泪也忍住了，我的笔也忍住了！所以我的回忆文章也写不长了！

昨天夜里4点钟，此事又忽然涌上心头，我随口吟了一首诗：

廿年不见故人来。我有长歌不敢哀。
之子已随流水去，人间何处觅琴台。

这里的“之子”是说耀邦同志，要不是他怎么能那么快就平反昭雪呢？可惜耀邦同志也去了！

2004年10月2日于京东瓜饭楼

林同济教授诗集序

林同济教授，是著名学者、诗人、莎士比亚研究专家、翻译家。我认识林老已经是很晚了，那是 1978 年 6 月。先是我为上海老画家朱屺瞻先生的画册写了一篇长序，后来又为屺老的画题了一些诗，林老看了我的文章，感到我们同是屺老画的爱好者和崇拜者，我们在中国画方面，尤其是对朱屺老的画，有着非常一致的看法，所以林老不顾七十二岁的高龄，竟然要跑到我的五层楼上来会晤，等到我要说我去看他时，他已挂断电话，直到我处来了。那是 1978 年的 6 月 6 日。

林老清瘦而健谈，因为有了朱屺瞻先生的一层关系，所以我们一见如故，谈得十分高兴，而对朱屺老的画，我们的评价是很高的。第二天，林老即给我来了一信，信里托我办两件事。一是托我收集叶帅的诗，他要请他的妹妹林同端翻成英文向世界流传，二是他要请我约见周扬同志。第二件事，记得我当时就转告周扬同志，后来可能是见面了，因为我后来听到周扬同志谈到林老，极加称赞。

这之后，我在上海朱屺老的梅花草堂里还曾晤见过林老，那时林老为朱老题了新作的《浮想小写》十二图，并写了一篇笔墨情致非常好的短叙。

但从此以后却没有能再见到林老，只是从报上看到他几次外出的报道，直到他在美国不幸逝世，我也是从报上看到的。初看这个消息时，实在不敢也不愿相信，但这是现实，感情是改变不了现实的。

与林老相接触给我的一个最突出的印象，是他的崇高的炽热的爱国主义思想和强烈的民族精神、民族意识。他说："祖国不富强，我无心悠闲度日"，"等中国强了，人民富了，我才安心"。他对韩美林说："美林的画扎根在中国的土壤中，他可以接受外来的雨和露，但是根不能拔！"这些话，包含着多么崇高的爱国主义思想和民族精神啊！不能忘记，林老是受过极大的冤错的，20 年来被错划右派，这是什么样的日子！我的前辈朋友和同辈朋友中，有不少是受过这种奇冤的，因而我深知此中血泪，林老自也不能例外。但是林老却始终不提一字，一到这个错冤改正后，就奋起直追，一定要把失去的时间追回来，而且一心以国家民族的兴旺为念，毫不计及个人的得失荣辱！这是何等博大的襟怀！这样的襟怀，是与屈原、司马迁、杜甫、陆游等先贤一脉相承的，是中华民族的脊梁！林老之所以受人尊敬，不仅仅是他的爱国思想，更为难得的是他是受尽挫折、百劫余生的人！国家让他受错受冤受罪，而他却拳拳爱护国家，以国家的荣辱为自己的荣辱。他说："母亲越是穷，才越不能离开她。"这是闪耀着光芒的语言，是我们民族思想的精华。中华民族的历史传统，就有一批一批献身祖国、献身人民的豪杰，他们真正是"富贵不能淫，贫贱不能移，威武不能屈"的"大丈夫"！林老是无愧于这一行列的一员。

林老是一位真正的诗人。

诗人，首先要有一颗赤子之心，要有正直不阿的品格，林老就是一位童心未泯、正直不阿的诗人。抗战时他的《书愤》二首云：

又是嚣嚣东海尘。苦看赵璧入西秦。

长城自坏谁言战，大计多乖失在人。
无米能炊才算巧，有书可读未为贫。
帐前尤得听经者，火尽应传不绝薪。

竟欲降苗舞舜干，金陵王业诩偏安。
请缨那许羁南越，挝鼓终须骂老瞒。
两眼看人应作白，一心许国总如丹。
狂澜欲挽宁难事，缺月当头已似盘。

他的《抗战入滇遇雨僧》云：

竟向穷天续旧欢。多怀欲共酒杯宽。
五洲风物随冬尽，百战山河染血看。
岂有祖龙无博浪，终当票鹞致呼韩①。
此来何限匆匆恨，易水风高浅梦寒。

这些诗，都可以作为抗战时的诗史来读。

林老与当时许多著名的书画家都有深交。其中如刘海粟、朱屺瞻、唐云、张大壮、谢之光、黄幻吾等，林老都曾为他们题过画，如为海粟大师题墨菊云：

握手相看鬓两霜。未销意气旧昂扬。
持将一代纵横笔，写出秋风几朵香。

① 原注云：霍票姚，汉史师古注：姚仄声，荀悦《汉纪》作票鹞，亦仄，今读音飘遥，盖从服虔注。说见《苕溪渔隐丛谈》。

又题海粟大师的黄山图云：

咫尺岧峣万象包。拈来绕指只清寥。
平生未能低头处，输与黄山一折腰。①

又和刘海粟《水龙吟》梅花词云：

十年谁遣参商，天涯原是比邻耳。相逢一笑，皤皤两首，吾侪老矣。酽酒三杯，波涛中坐，平生意气。抚峥嵘岁月，乘除物我，昨非也，今应是。　　记取罗浮梦未，正迷漫，云天无际。一枝庾岭，绛云掠影，清香飘蕊。伴月魂归，捣霜骨换，默将春溉。致风水流本意，犯三冬冻，博生花慰。

题朱屺瞻画苏州奇柏云：

剖腹依然千岁姿。擎云盘错两龙枝。
放颃不向雷鞭屈，好为人间吐一奇。

题朱屺瞻画《浮想小诗》“清洗”云：

雌黄迷紫夺朱心。披甲横行腐草阴。
十月风高霜洗脐，一灯破梦笑成擒。

题朱屺瞻山水册云：

① 原注云：图有“黄山是我师”印。

屺翁探源不师古。意脱前贤法自主。
解衣丹墨十斗倾，磅礴山河气如虎。
林峦水石态万殊，咫尺之间千里睹。
雄奇苍劲浑天真，妙化痴涛熔董巨。
兴高飞思入寂寥，飘忽笔头起风雨。
砰然落纸破时空，依稀色势来西土。
为言画本神游耳，旧楮云烟宁我阻。
昨日晴窗一梦憨，百出瀛洲与天姥。
我昔闻诗于大父，诗亦何曾界吴楚。
骚魂只解性灵翔，顿足不妨鸲鹆舞。
展册摩挲两无言，一笑邻鸡喔喔午。

题唐云画竹云：

春转梢头有鸟知。青光一抹入樽迟。
梦曾风影娟娟净，冰雪相看可此枝。

题吴青霞画双鱼图云：

凌空水阁散仙居。过眼千帆入梦如。
偶爱江清风暖处，沙光蘋影一双鱼。

海上诗老陈兼与先生评林老诗云：“大都窈渺清警，奇突处亦有几分昌谷之意。”此语当是对林老诗作之的评。

林老对李贺的诗是有深刻的研究的，他曾校阅李贺诗集古今版本二十余种，并拟著《李贺诗歌集疑误字质证》一书，可惜书未成而林老已经归去。然而就我的见闻所及，林老发表的对李贺诗研究的成果，已为当代李贺研究的专家所吸取，这也稍可告慰林老于地下了。

当然大家都知道，林老是莎士比亚研究的专家，他去世前一年去英国，也是为了参加在伦敦举行的第十九次国际莎士比亚年会，而他在美国突然逝世，也是倒在讲演莎士比亚的讲台上的。他在莎学研究方面的业绩是举世公认的，自然也将被人们继承和发扬。

林老，从本质上说，他是一位诗人。而同时又是一位中西兼精、具有深厚的中国传统学术文化造诣的学者。

林老，是一个纯正的中国人。

1997 年 11 月 18 日晨 6 时写毕于京东且住草堂，

时在林老逝世 19 周年前二日

怀念吴甲丰先生

我与吴甲丰先生相交已有20多年了。

1975年我因校注新本《红楼梦》的任务被借调到文化部《红楼梦》校注组，工作地点就在中国艺术研究院的院部原恭王府。甲丰同志在美研所上班，所以经常能碰到，但那时一般只是点点头，偶尔也有立谈几句。过了些时候，美术界讨论印象派问题，甲丰同志写了《印象派的再认识》一书，由三联出版。此书出版后反映强烈，一致好评，记得有一次我们在院门口碰头，也谈到了这本书的问题。这本书之所以受到热烈欢迎，一是甲丰同志的专业水平高，论析鞭辟入里，发人之所未发，二是通过这个问题，批判了过去特别是“四人帮”时代的种种极“左”的错误观点，为印象派正了名。因为当时“四人帮”垮台不久，学术思想领域里还很混乱，此书起到了廓清的作用。

甲丰同志的本家吴世昌先生是我的前辈好友，因此吴世昌先生我们也常常作为话题，可当时大家忙于本身的工作，很少能长谈。1990年我搬到了红庙北里，恰好与甲丰同志对门。我还没有去之前，就听人说，甲丰同志盼望我早点住过去。后来我终于住过去了，这一下真是对门而居，朝夕相见。

这以后我们就无所不谈。

首先谈到的当然是绘画，起因是我看到了他的一幅山水册页，我很赞赏，我认为在石涛与石谿之间。他听了很高兴，他说他本来是画画的，后来不画了，现在也几乎无人知道他会画画了。中国画他喜欢石涛石谿的风格，不是甜俗的路子，不迎合世俗。我说石谿比石涛更超脱，笔墨的味道更足。我们也谈到了郑板桥，郑板桥的兰竹，自创一径，也不容易。但他的画，骨子里还有点俗，他画竹子也都有定式，比起石涛就不如石涛自然随意。特别是我们都不喜欢他的书法，比起他的画，骨子里还要俗气，给人以做作的感觉，也有点像是那时的美术字。当然这是一种苛论，就事论事，他的书法自成一家，也不容易了。

吴先生的书法也是拙朴而有骨气的，粗一看，好像有点笨拙，细看就可以欣赏出他的凝重而古拙的内涵，尤其难得的是不沾染一点点俗气，是以可贵。

吴先生房间里还有他自作的一幅鸬鹚，我也很欣赏，我说很有点林风眠的味道而又不是模仿林风眠，他说这张画是被他夫人从纸篓里拿出来的，裱后看看，还确实不错，所以有时自己往往也是看不准的。

他房间里还有一幅很突出的作品，就是黄永玉画的螃蟹，一串四只，已经煮得通红了。这当然有特殊的纪念意义。看到这幅画，自然会想到那一段的特殊生活。记得在“四人帮”大批“黑画”的时候，永玉是首当其冲，原因是画了一幅一只眼开一只眼闭的猫头鹰，于是就以为是“恶毒攻击”。自己做了亏心事的人，就以为人人都在骂他，所以睁眼看出去，都是对自己嘲骂的眼睛，这恰好是绝妙的自供。

我们常谈的另一个问题，就是旧体诗词。吴先生的旧学底子很深，对诗词尤其爱好，而且写得好。我原先并不知道，有一次他来看我，我正好写了一幅条幅，是写我自己的诗。吴先生非常赞赏，说是唐诗的味道。这样我们就经常以诗为论题，他也经常把他的诗拿来给我看。例如他赠朱丹同志的《鹧鸪天》，词前并有小叙云：

鹧鸪天

丙辰（1976年）暮春，访朱丹途中口占，时在清明节后十余日。朱丹家在东郊垂杨柳村，居高楼之最高层，离城区甚远，往访有“路漫漫其修远兮”之感，途中转车之站曰：“栏杆市”，有酒肆可小饮。

扑面黄尘过客愁。燕京春暮似凉秋。遥看风里垂杨老，细数泥中落絮稠。　路漫漫，思悠悠。蓬山偏在海东头。未妨买醉栏杆市，再访元龙百尺楼。

这是一首很清新的小词，朱丹同志也是我的熟友，为人热情，喜欢作书，我还藏有他的一幅行书。同调，甲丰同志还有一首给吴世昌的。词前小叙云：“即兴柬世昌哥，即用其近作同调原韵。”词云：

游钓闲情忆未陈。年来还庆两家春。长吟惯作南腔调，久客浑忘北寄身。　看世界，睇风云。能明数理羡畴人。江郎别有生花笔，不遇良辰不著文。

世昌就是红学家吴世昌先生，也是我的前辈好友，在学术上我们曾有所论难，但我们友情弥笃，他是一个正直无私的学者，可惜已经去世多年了。读此词，还可想见当时的风味。

甲丰同志精研西洋美术史，而于外国文学亦所熟悉爱好，他旧藏英伦版《济慈诗集》一册，忽然失去，竟填一《金缕曲》词以寄慨，词前并有长叙，叙其始末，亦可见先生书痴之状，词云：

金缕曲

七八年夏日作

十年前予于京肆购得英伦旧版《济慈诗集》一册，什袭珍藏，未尝示人。丙辰夏地震期间，斋中箱柜略作调整，以防灾异，然诸物并未出户。同年冬重理旧藏，则发现此书已佚，为之怅惘终日。且思缥缃巨帙，竟失踪于箧笥深处，宁非怪事？近又念及，乃作此词以自解。济慈名作《夜莺颂》予夙所雒诵，今撷其词意一二，稍加檃栝，亦以略寄惓惓之意云尔。

破箧乘风去。问清词何方飘泊，何方暂驻？莫是神莺双翼健，只解酣歌曼舞。浑不管人间荼苦。做弄予怀长渺渺，望遥天搔首空凝伫。倩谁唤，挽君住？　　名篇永忆消魂句。诉匆匆青春随水，繁花辞树。讵料吴生荒粉墨，却效虎头痴语。漫说道仙凡异路。自古奇诗同妙画，叹尘寰灵物真难获，留不得，总飞举。

吴先生还有赠聂绀弩和黄永玉的两首《金缕曲》，也是一时传诵之作。吴先生还喜欢集句，常集唐诗成诗，往往妙意迭陈，与古为新，可惜他抄给我的几首我一时找不到了。

吴先生经常与我谈论的第三个问题，就是生死问题。吴先生于前几年到家乡海宁去，忽然发生了脑中风，回来住了很长一段时间的医院，出院后就呈病态，神情呆滞而忧郁。按过去的习惯，他差不多每天都得在我家呆上半小时或一小时，自从病后，来得就更多了。有时他手里拿本书过来，说读书有问题，要与我商量。他说他读俞平伯早年的一篇文章，里面讲到有一个黑影一直跟随着他，他读后仿佛这个黑影就在他身边，挥之不去，非常可怕。我说人家的文章谈人家的事，与你何干？我说你须要当头棒喝，这“与你何干”？就是“当头棒喝”，赶快把它放下！经过这番谈话后，他稍稍有些好转，似乎思想负担轻了一些。

有一回他忽然问我：你们怕不怕死？我说这有什么好问的，怕也要死，不怕也要死，天下没有不死的人，所以根本不必去想它。他说你们不怕死，真了不起，我就是不能不想。这个问题一直困扰着他，摆脱不了。有一回他突然来找我，说魏晋人是否比较洒脱，不那么执著？我说过去是这么讲。他说我看也不见得，《兰亭序》说：“古人云死生亦大矣，岂不痛哉!”又说：“固知一死生为虚诞，齐彭殇为妄作，后之视今，亦由今之视昔，悲夫!”又是“痛哉”，又是“悲夫”，不是王羲之他们也很怕死吗？我说这是对生命的珍惜，对人生的珍惜，是客观地说长寿和短命不一样，不能看作没有区别。这与自己怕死不是一回事。我举陶渊明的诗说：“有生必有死，早终非命促。”这是达观，说一个人既已生出来了，就必然要死亡。这也是客观的叙述，不是说个人怕死或不怕死。这里的“早终”，是指不到六十岁，不是指短命夭折。

有一次吴先生忽然来找我，说我听你的话，要与这些胡思乱想一刀两断，不再去理它了，这样我心里好受一些，就是你说的“当头棒喝”，“与我何干”，确实仔细想想，这些事又“与我何干”？之后他似乎确实好了一阵。他还问我你还出不出差，我说有什么事情吗？他说他希望我不要出差，他与我对门而居是缘分，他说只要我不出差，他心里的害怕就少得多，每次同我谈话后，就可以轻松几天，再生恐惧就赶快再找我。所以他希望我不要出去。我给他开玩笑说，我不出去了，但你没有什么病，主要是心理的问题。你的病要用“理疗”，这个“理疗”是讲道理的“理”，不是医院里的“理疗”。你只要自己想想就明白了，为什么要被这些思想包袱压得那么苦？他听了我的话，也觉得自己害怕得毫无道理，还带累了家人与他一起受苦。过了些时候，他又来找我说他的病是回乡去得的，要那次不回乡就好了。他问我你们回乡不回乡，回乡有什么反应吗？我说各人的情况不一样，你是有点病态，才会这么胡思乱想，别人回家当然不可能也胡思乱想的。

像这样的与我不断谈论，前后也有好几年，有时还突然到我家来坐一回，一言不发，默默静坐，过了一些时，他就自己回去。有时还说好了，可以回去了。后来他向我解释说，当他一个人在家里坐着越想越害怕的时候，就赶快到我家里来，只要坐在我家里，就觉得一种恐惧感就逐渐消失了。

甲丰同志去世前一段时间，也频繁地到我家来，而且我感到他脸色红润，过去的一些胡思乱想也减少了不少。所以我还对他说，你体质很好，只要不去乱想，你的身体还会更好，我建议他如果脑子里要胡想，又想到这些什么影子问题、生死问题的时候，你就干脆找一个你所研究的美术方面的问题来进行研究，把你的思想纳入学术研究中去，以防止无边际的胡思乱想。他也觉得是一个办法，他说要来试试。当我对这一点正抱着希望的时候，却意外地发生了他因跌跤伤了后脑而终于不治，这对我们来说实在是太意外了。

甲丰同志的家庭是很幸福的。尽管他一直胡思乱想，随着带来生活上的不少麻烦，但他的夫人一直对他照顾得很好，要不是沈老太太的耐心照顾，吴先生可能还会遇到不少困难。后来的意外跌跤，这真是谁也难以逆料的。

现在，在沈夫人的努力下，在几位好友的帮助下，他的遗著也得到出版了，了却了他生前的一桩心愿，吴先生地下有知，也会欣慰的。

我并不研究西洋美术，所以吴先生与我的谈话，一次也没有涉及这方面的问题，我觉得以吴先生的学问功力，如果没有这几年的病魔干扰的话，他还可以写出更多的著作出来，可惜终于未尽其才!

1997年7月9日于京华瓜饭楼，
正溽暑蒸人，骄阳似火，流金烁石时也

怀念苏一平同志

苏一平同志不幸去世快一周年了。

我与他共事20多年，回想起来，往事历历，如在目前。

记得1974年10月30日晚，袁水拍同志到我住处找我，恰好我不在。水拍同志给我家里留了电话，我一回到家，立即与水拍同志通了电话。他在电话里告诉我，同意我向他提出的整理《红楼梦》的建议，要我先起草一个报告，等李希凡从西安回来后再一起研究。很快这事就得到了国务院文化组的批准，于是我从人民大学借调到《红楼梦》校注组。就在这个时候，水拍同志陪我一起到了东四八条，与一平同志见面，并为我作了介绍，说明我借调到了《红楼梦》校注组。校注组就由文学艺术研究院（中国艺术研究院前身）代管。一平同志是党委书记，所以水拍同志先为我向他作了介绍。当时只是介绍认识，并未进行交谈。

很快，校注组正式成立了，当时的工作很紧张，我们都全力投入了校注工作，水拍同志是组长，我与李希凡是副组长，所以有关校注组的工作，都向水拍同志商量。因此开头一段时间与一平同志接触较少。

1976年春天，敬爱的周总理不幸逝世了，噩耗传来，举世痛悼。但“四人帮”却丧心病狂，下令不准开追悼会，不准挂黑纱。校注组的同志怀着沉痛的心情强烈要求开追悼会，我在得到一平同志的默许后，就在前楼的房间里，全组同志一起举行了追悼会。清明前后的一段时间里，天安门广场自发去悼念总理的人，汇成了人的海洋，花圈的海洋，声讨“四人帮”的大字报贴满了天安门广场的每一个地方。“四人帮”下令不准干部、老百姓到天安门广场去进行悼念活动，校注组的同志却不顾“四人帮”的禁令，都各自分散地到天安门表示对总理的沉痛悼念和无穷哀思。这事一平同志也知道了，但他一直只当不知道，不加过问。有一次我在院里单独碰到了他，他却对我说了一句：“要注意安全。”这时我们的心情是多么激动啊，明明有许多话要说，但却只能藏在心里。但是在这种特殊环境下，就这一句话，也就有如倾诉了。

此后不久，“四人帮”终于垮台了，外地借调来的同志因原单位的需要，都陆续回了原单位。组里只剩了几个人，加上当时局势还没有完全稳定，所以工作进展甚慢，几乎近于停止。之后水拍同志因事因病，不能再管校注组的工作，有的人甚至想借此取消校注组，但作为党委书记的一平同志，却态度非常明确，认为校注组不能撤销，应该继续把这个任务完成，这是国家文化事业的需要。在一平同志的大力支持下，校注组才得以保存并继续工作，后来红楼梦研究所的批准建立，与一平同志的大力支持，也是不可分的。

1979 年 5 月，《红楼梦学刊》创刊，一平同志也是积极支持的，他还出席了那次盛大的创刊座谈会，后来学刊也一直得到一平同志的支持。

一平同志平时自奉简约，处事公平，工作认真，一丝不苟，关心爱护同志，平易近人，没有一点架子。离休以后，更是生活俭朴，从不提出什么个人的特殊要求。

一平同志住院后，去年 7 月，我曾两次去看他，第一次他在半昏迷状态，叫醒后见到了我，从眼神可以看出他认出了我，嘴巴多次想说话，却说不出来。第二次我再去看他时，却大有起色，神情也较活跃，并能断断续续地吐出字来，他说："我这次是不会出去了！"我凑着他的耳朵对他说："你有好转，肯定能出去的。"他听了略现笑意。

8月2日，我去新疆吐鲁番参加敦煌学会议，离开了北京，在新疆期间，我心里一直惦记着他，但是我当时一直坚信他不会走的，至少还能坚持几个月，我回来肯定能见到他的。

我在吐鲁番开了四天会，会议又移到库车克孜尔千佛洞。会后我又到了帕米尔高原最高处，又到和田、若羌、塔克拉玛干进行调查，直到9月6日回到北京。

一到家，我就问一平同志的情况，谁知一平同志已于8月24日去世了，追悼会也已经开过了。这突如其来的消息，使我悲痛万分，我原想回来向他讲讲我上帕米尔高原最高处的见闻，以及塔克拉玛干大沙漠的见闻，让他心神得以振奋，谁知这都已成为梦幻！而在我的心头也永远留下了这份无法补偿的遗憾！

1996年3月15日夜1时于京华瓜饭楼

痛悼端木蕻良先生

端木蕻良先生，是著名老作家，也是红学界的老前辈，其大著《曹雪芹》早已风行海内外。我与端木老相交20年，多所请教。端木老待人如春风和煦，纯朴如家人，今一旦别去，中心痛悼，何能自已，乃为诗三章，聊寄哀思而已。

一

二吴[①]送罢忒伤情。又送端翁只喑声。

红事纷纷期卓定，如何一梦不回程。

二

《雪芹》[②] 半部传天下，四海同人拜德薰。

可是九泉曹梦阮，与公相约订遗文。

---

① 指吴恩裕、吴世昌两先生。

② 端木蕻良先生著长篇小说《曹雪芹》行世，已出二卷，尚有后部未出。

三

相与研红二十年。高风共仰我公贤。
虚怀直似凌云竹，一片春阳玉蕴烟。

1996 年 11 月 23 日夜 1 时于瓜饭楼

怀念史树青先生

去年秋天，我家乡的电视台到北京来采访史老，经联系后，史老和夫人都非常热情地允诺了。那时，史老正在医院里，史老是从医院里专门回来接受采访的，我得知后，非常感谢史老和夏夫人的热情，我嘱咐电视台的人，不要把时间拖得太长，一定要在半小时内结束，以免影响史老的健康，可史老却一谈没有个完，哪像是一个病人？即此一点也可看到史老待人之热忱，看到他一个老学者的本色。

我与史老的交往，是上世纪70年代初开始的，或许还要早，但我患病以后，有许多往事已记不清了，现在保存在脑子里的是上世纪70年代的事，那时我正在写《曹雪芹家世新考》，新从曹仪策先生处借到了《辽东五庆堂曹氏宗谱》，上载曹雪芹的上祖一直到雪芹同辈曹天佑，也有人认为“天佑”就是雪芹。当时我们想能由国家博物馆收藏此谱，但后来因为曹家的内部意见不一致，所以此事未能实现。但从这时起我都清楚记得与史先生的交往情景了。大概也是在这个时候，我们还在历史博物馆的馆藏中发现了怡亲王府的府第图轴，这一次记得也是与史先生在一起的。

我记忆中还有好几件事，值得一提：一件事情是1983年2月28日在中国历史博物馆开会，由中国博物馆学会主办的“曹雪芹画像调查报告会”，会议由史树青先生主持，由郑州博物馆馆长韩绍诗作画像的调查报告。

关于这个画像，我于1975年5月，曾写信给郭沫若院长，征求他的意见，郭老回信说：“关于‘雪芹’画像，我也是怀疑派。扇面我看过，尹望山诗集刊本我也看过，我偏向于此一‘雪芹’是俞楚江的别号。《壶山诗钞》不曾见过。陆厚信亦不知何许人。画像很庸俗，曹雪芹的画像可从其诗文中考见否?”1980年10月，我到郑州，三次看了画像，经过仔细验看，我发现画像头部是经过修改的，修改的痕迹很明显，所以我认为这是一幅旧画的改作，用他来冒充“曹雪芹像”，实际是一件伪作。当时考察的情况，我在《梦边集》的序言里有详细的记载。由于这个原因，这个调查报告会和鉴定会我也参加了。还有刘世德同志，胡文彬同志也都参加了。周汝昌先生也参加了。

韩绍诗的报告详尽地讲述了画像的调查过程并举出大量证据，包括郝心佛的交待，证明画像确是伪作，无可怀疑。所以史树青先生说：“韩绍诗同志的报告是令人信服的，本证、旁证俱在，没有什么好说的了。韩绍诗的报告结论是可以接受的。”当时刘九庵先生也进一步指出画像作伪的痕迹，还指出画像上的五行题记有问题，他还介绍了原先他请徐邦达先生看了画像照片以后的看法，也认为画像题记有问题，这次又请徐老看了原件，徐老更加确认题记有问题，画像是旧画改作。会上秦公同志也发了言，他指出画像上的题记，其书法风格已是钢笔字的体势，不是乾隆时人的书风，完全是现代人的笔迹。这一点与会者的看法特别一致。第二天，3月1日，徐邦达先生因为没有参加会议，还特意写信给中国博物馆学会，说“曹雪芹画像亦正为其中典型作伪例之一”。

经过这次的报告会和鉴定会，郑州博物馆所藏“曹雪芹画像”是伪作，基本上成为定论。

还有一次是1992年夏天，张家湾镇政府重新发现了1968年平坟时发现的曹雪芹墓石，镇政府通过端木蕻良夫人钟耀群邀请我到张家湾来鉴定这块墓石，墓石上刻“曹公讳霑墓”五字，在左下角有“壬午”两字，我当然不是鉴定家，但凭以往看过的一些碑刻，也大体可看出这是一件旧物，而且其粗糙简陋的程度令人难以想像，特别是此石发现的时候，正是1968年“文革”高潮时，当时王昆仑副市长就因为调查曹雪芹的坟墓，被红卫兵组织批斗会加以猛烈的批斗，在这样的政治气氛下，有谁还会去造一块曹雪芹的假墓石呢？这样做岂非是要招批吗？但是有人却不顾事实硬说这块墓石是假的，是李景柱等人伪造的云云。这样，镇政府就请文物鉴定专家史树青先生和傅大卣先生来鉴定，他们两位是文物鉴定委员会的主任和副主任。结果，他们两位看后，一致说是真的，不可能做假，也决无可能做出这样的假来。隔了一些日子，我碰到了史先生，史先生还特别对我说，你的意见是对的，这绝不可能是假。而且听说后来史老还在多种场合讲这块墓石是真的，对认为墓石是假的看法进行了批驳。

还有一次，我们一起参加北图举办的善本再造的展览和鉴定会，大家对再造的一批古籍看得津津有味，觉得是一大成功。史老更是这一看法，几乎是赞不绝口。但是讨论到一部分书的洋式装帧时，史老却毫不含糊，予以全盘否定，认为完全不对头，不伦不类，一本也不能用。他不顾装帧设计者就坐在他的身边，竟直言不讳。而事实上，史老的意见，恰恰是代表了大家的意见，不过别人说话总要婉曲些，而史老却一丝不留情面。

我与史老在一起的事情还有很多，例如苏州大学为我的老师钱仲联先生举办庆祝钱老九十五岁大寿的大会时，全国60多所高校都来了人，来为老先生祝寿。我是钱老的学生，当然去了。在会上我又碰到了史先生，而史先生对钱老是十分敬重，会议结束后，史先生和我还一起跟着钱先生的轮椅出来，送了钱先生好一段路，我们俩才郑重与钱先生告别。

特别是我的几次画展，史先生都热情地参加开幕式，而且还认真看画，最后还积极参加主办单位组织的画展研讨会。会上他的许多赞誉的话，我都不好意思重复。这反映了史老一贯地待人以真诚，一贯地襟怀豪放坦诚。我与史老相识三四十年，一个很明确的印象，史老不仅仅是一位著名的鉴定家、学问家，而且胸怀坦诚，绝无城府，是一位真正的“绝假纯真”的人。

史老离开我们转眼已快一年了，记得追悼会的时候，我正卧病在床，我眼看着不能去为史老送行了，我只好在床上反复吟诵杜甫送郑广文的诗“便与先生应永诀，九重泉路尽交期”！

以上这些琐屑的回忆，权当我对史老虔诚的周年祭罢！

2008 年 6 月 29 日于瓜饭楼

悼念杨宪益先生

噩耗飞来地欲崩。几回相约酒杯盈。
何期天不从人愿，使我伤心泪似倾。

论梦从公四十年。寻楼问石酒中仙。
一朝归去烟云杳，定在荒崖醉月眠。

11 月 24 日上午，我突然接到任晓辉同志来电话，说杨宪益先生已于昨日去世了。这个消息来得太突然了，因为不久前，还由李经国兄与我约好要去看杨老，杨老知我要去也很高兴，同样，晓辉代我多次去看望他，也约好我要去看他，并说杨老情况很好，平时坐在椅子里看书报，身体还稳定，就是走路不便。晓辉还告诉我他还能喝酒呢！我听到他还能喝酒，就更加放心，以为老人能这样平平稳稳地生活下去。本来我已几次决定要去看他了，但总因我自己不断有病，未能成行，尤其是前些日子我到医院检查，医院要我立即住下来，不能回去，这样，我就更没有能去看他了。心想等我治好病后，再去看他也不迟。哪里想到，竟会突然飞来这个坏消息，这是我万万没有想到的。

我与杨老相交，已有40年的历史了，1975年我们开始校订《红楼梦》时就曾去请教过他，1979年《红楼梦学刊》创刊座谈会，是红学界的一次空前盛会，那次顾颉刚、俞平伯、王昆仑、茅盾、周扬、林默涵、吴组缃、吴恩裕、周汝昌等等老一辈的红学家和有关领导都来了，那次杨老也来了。此后我们就经常有机会碰头。

1980年我去美国威斯康辛开《红楼梦》国际研讨会，开会之余，与美国朋友闲谈，谈到杨老的《红楼梦》英译本，都一致推崇。因为《红楼梦》是一部十分难译的书，作者往往在字句里包含着更深更隐蔽的一层意思，从文字的表面来看，不容易看出来，所以译成外文就更难了。但是美国朋友却认为杨老译得很好，相比之下，他们认为杨译本更贴近原著。

记得上世纪80年代，杨老碰到了一些不顺心的事，我也很关心他，恰好有一位朋友去看他，我就请他带两瓶酒去。这位朋友说要带信吗?我说不用了，信就在酒瓶上。这位朋友说这上哪有信啊？我说你仔细看看，他又仔细看了一看，说：“杜康!”噢！“何以解忧，唯有杜康!”我明白了，我明白了。酒送到杨老处，杨老看了，也会心地笑了。

杨老喜欢玩石头，我也是喜欢石头的。最初是喜欢雨花石，后来我就注意大一点的供石和湖石了。也是上世纪70年代末，我去兰州，甘肃师大有一位朋友也喜欢石头，她给我看她从废黄河河床里捡到的一些石头，色彩斑斓，极为可观，小者如拳，大者可盈尺，她送了我好几块，我带回来后，立即挑了两块较小的，便于杨老把玩，送给了他。他喜欢得不得了，不久见面后还向我致谢。去年我发表了《项羽不死于乌江考》一文，我请李经国兄带去两本，一本送王世襄老，一本送杨老，世襄先生还专门题了一首诗请经国送来，不久杨老用左手写了一封便简给我（杨老右手已不能作书），极称这篇文章，说是发千古之覆，这使我感到汗颜。我与杨老的点点滴滴的事情是说不完的，因为我不懂翻译，所以见面后也尽是说些题外话，如今想起来，这些话好像还在我的耳边回响。

杨老的追悼会是11月29日上午10时，我事先就作了准备，早晨7点就起床，因为我离八宝山太远，怕赶不上。谁知老天好像有意作难，我起来时，竟是漫天大雾，连园子里的树木都看不清，晓辉虽在大雾中赶了过来，但他告诉我说：去不成了，高速路已封闭，从辅路上走，这样漫天大雾，两三个小时也走不到；走到了，恐怕追悼会也已经结束了。所以终于没有能见杨老的最后一面，使我留下了永远无法弥补的遗憾！

杨老在翻译工作上的贡献是巨大的，几乎是无人可比的，这方面翻译界已经有不少文章了，我是外行，轮不到我来说。令人伤痛的是连王世襄先生在杨老走后几天也走了，而且也未能见最后一面。所以人生有时实在太无常了！

然而真正有常的东西还是有的，而且是永不磨灭的，这就是杨老和他夫人戴乃迭毕生的译著，这是一座文化大山。山是永恒的，万世常存的，不是无常的！

2009年12月9日于京东瓜饭楼

沉痛悼念伊藤漱平先生

前些天，突然接到北大的友人来电话，说日本的红学专家伊藤漱平先生去世了，他们知道我与伊藤先生是学术上的知友，希望我写篇文章。

这个消息来得太突然，我的心情十分沉痛，我虽在病中，我也一定要写文章，我想到去年下半年到今年初，老天夺去我的好友太多了，真使我情何以堪，光是国外的，就有美国的唐德刚、英国的霍克斯、澳大利亚的柳存仁。还有早些年美国的周策纵，现在又突如其来地增加了一位我做梦也不会想到的伊藤漱平先生。因为不久前，我的朋友从日本回来，我问他有没有见到伊藤先生，他说这次没有来得及去看他，但没有听说有什么问题，估计还是老样子，不会有什么问题的，所以我也就放心了。

我与伊藤先生的交往已是很久了，还是上世纪70年代中，我发表了《曹雪芹家世史料的新发现》一文，文中公布了我新发现的《清实录》里的曹振彦的重要资料，又公布了新发现的两篇《曹玺传》（这是我与老友李华兄一起去北图和科图查实的），后来我又发表了《〈五庆堂重修辽东曹氏宗谱〉考略》、《〈大金喇嘛法师宝记〉碑题名考》等几篇文章，因为这些文章都是介绍和论证新发现的史料的，对红学研究来说，无异是揭开了新的一页。文章发表不久，我就接到伊藤漱平先生和松枝茂夫先生两人的来信，祝贺我一下发现这么多新史料，而且是极端可信的史料，可以更新原先的旧观点（如曹雪芹祖籍丰润说），更可以开拓新的研究领域。信写得热情洋溢。之后，松枝茂夫先生和伊藤先生又来信希望能来华访问，主要想参观北京、南京、扬州等有关曹雪芹和他家世的遗迹，我与有关领导商量后，随即表示欢迎他们来华作调查。所以不久他们两位都来了。记得松枝还是伊藤的老师，年龄要大一点，但当时都很健康，他们参观完北京的有关地点后，我们就安排他们去南京和扬州，这两个地方他们也参观得很高兴，特别是扬州，还有当时的一些遗迹，如新华中学里的曹寅时代盐院内的假山、桃花泉井，西园饭店门口的御码头，可直通瘦西湖，还有曹寅主持刻《全唐诗》的天宁寺等遗迹，都保存得很好，他们回到北京，极为高兴，觉得不虚此行。当时北京正在讨论吴恩裕先生通过孔祥泽发掘出来的有关记载曹雪芹逸事的《废艺斋集稿》和传为曹雪芹遗物的一对书箱，书箱上刻有兰花和题字，书箱门背面还有传为曹雪芹夫人芳卿悼念曹雪芹的诗迹。另外，我还听说董康原藏有一部厚大本不分回的《红楼梦》抄本，这些事我也托他代为了解。因为这所谓厚大本的《红楼梦》，据说日本桥川时雄曾见过，而《废艺斋集稿》则是孔祥泽当时从日本老师高见嘉十借到勾摹的，而高见嘉十则是向日本商人金田氏借到的。我曾就此事请问过松枝茂夫先生和伊藤漱平先生。松枝先生说，他曾就此事（指《废艺斋集稿》及其中的《南鹞北鸢考工志》）于1973年10月去访问过高见嘉十，高见嘉十确认有此事，他确是让孔祥泽勾摹的，松枝还说，他曾见过桥川时雄，桥川时雄确曾说他在董康家中见到此厚大本不分回的抄本《红楼梦》，后来他就不知此本的去向了。关于这两件事，松枝、伊藤两先生都是与闻其事的，松枝先生不幸早些年已去世了，现在连伊藤先生也去世了，这样这两件事的与闻者都已不在了，这对证明这两件事都是一个重大损失。

我还记得1992年10月扬州举办国际《红楼梦》研讨会时，伊藤漱平先生也应邀参加了，那次会议办得特别成功，一是会上留出半天时间让与会的许多国内外的佳宾可以自由交谈，这样难得聚会的美国周策纵、澳洲柳存仁、法国的陈庆浩、韩国的崔溶澈与台湾的皮述民等我国众多学者可以有自由交谈的时间；二是特意安排了一次别致的晚宴，全是扬州地道的民间菜，采取自助餐的方式，以便各取所需，扬州本来是以饮食闻名的，实际上扬州本地菜更富有特殊风味，这次的本地风光自助宴，简直让大家饱尝扬州风味，而且菜肴丰盛，取之不尽，之后，伊藤先生即席为他们题字云："早尝红楼早餐，夕品红楼佳宴，疑我是梦中人耶!"伊藤先生的题词，一时传为佳话。伊藤先生以前常与我通信，除上面提到的与松枝先生一起的那封信外，几乎每年元旦前后都寄贺卡来，贺卡上还常常盖上他为新年专刻的印章，我现在找到了一份1992年寄给我的贺卡，贺卡是这样写的：

冯其庸所长

顷日，接到'92国际红楼梦研讨会通知书，谢谢，今天才回寄与会申请书，另寄敝国有关红楼梦文献二种，各二部，请哂纳为荷！

伊藤漱平 敬贺

壬申立春后二旬

在贺卡的正中上端，盖了一个他新刻的朱红色的阴文方章，文曰"新春大吉"。在他的署名下也盖上一个"伊漱平印"的阴文方章，可见他处事的认真不苟。

记得前几年，他到北京来，还专门到我张家湾住处来，因为我的紧邻是高振宇先生，他是紫砂名家，是留学日本的，与伊藤先生熟识，伊藤知道高先生与我是紧邻，所以特意要来看我，那次见面是夏天，但伊藤先生穿的衣服还较多，而且满头白发，显得很衰老，但意兴却很好。到了我家，进门就是一个园子，且夏天，园中花木繁盛。他看了赞赏不已。到了我的画室，他极爱我常坐的一把老式（清代）的红木交椅，他就坐在椅上观赏我随意摆放的一些文物小件，简直是舍不得离开，他对高先生说，希望能下次再来坐坐。我当然非常欢迎他再来，但是，谁能想到他竟未能再来。

伊藤先生的永别，使我特别伤心的是，比我年长的和与我同龄的海内外的学人，已经所剩无几了，我希望老天爷为世界留一些人瑞，因为他们才真正是世界文化精华之所粹啊！

伊藤先生，魂兮归来，作佳宾些！

吾与君之友谊，共云山些！

2010 年 1 月 19 日夜 10 时

哭蒋和森

一

四十年前解梦时。新笺初罢即相疑。
孤灯夜半商量后，深巷月斜独自归。

我于1954年8月到北京，在人民大学工作，同年10月16日，毛泽东主席给中央政治局的同志和其他有关同志写了《关于红楼梦研究问题的信》，10月28日，《人民日报》发表《质问文艺报编者》的文章，12月8日，全国文联和全国作协合开扩大会议，一场批判俞平伯的《红楼梦研究》的运动就开始了。那时全国文联、作协、《文艺报》经常开会，和森同志是1952年从上海复旦大学新闻系毕业后分配到《文艺报》的，我那时经常到文艺报去，因此很快就与和森同志认识了。后来我从西郊移居城内，先住东直门内海运仓，不久又迁张自忠路三号，那时和森住东四头条，与我的住处只隔两站多路。那时东四头条西头是开通的，所以从他的住处到我的住处往来很方便。和森同志常常晚饭后拿着他写的稿子到我住处来，相互探讨，一谈往往到深夜。有时他拿着稿子步行回去，有时就把稿子留下，让我细看，帮他提意见。1959年他的《红楼梦论稿》出版时，他在此书的后记里还提到此事。

二

论玉一篇初问世，洛阳纸贵忆当时。
千金何老雕龙评，从此蒋郎是砚脂。

1955年5月，和森开始写他的《贾宝玉论》，一直到第二年的2月才脱稿，全文共九节，约三万字，是一篇特长的文章。在写作过程中，和往常一样，他常到我住处来讨论，我也常去他家看他。这篇文章是他的重点文章，加上他的《林黛玉论》，可以基本代表他对《红楼梦》的评价。当时文艺界发表有关批评俞平伯的文章，有不少都是大批判式的文章。脱离了批判，认真地深入地对《红楼梦》作研究，连自己写的文章，也讲究有较高的艺术性，这样的文章是较为难得的。而和森的这篇《贾宝玉论》就是这种较为难得的文章。就我当时的感受来说，我也是非常欣赏他的这篇文章的，特别是紧跟着这篇文章写的《林黛玉论》，我当时更为欣赏，除了他细腻的文笔，深刻的分析外，更可以感受到他个人的才气和禀赋。《贾宝玉论》记得是在《人民文学》上发表的。文章发表后，立刻得到社会上的强烈的反映，一时真可以说是“洛阳纸贵”。当时何其芳同志也是非常欣赏这篇文章的，不久就把他调到了社科院文研所，可那时和森同志还只有二十五六岁。待到他的《林黛玉论》发表后，文艺界和红学界对和森同志对《红楼梦》的评论就十分重视了。

三

雨暴风狂六月初。神州一夜尽焚书。
才人千古穷途哭，楚泽行吟是大夫。

我与和森同志的交往，自1954年下半年，一直到1966年爆发“文革”，一直没有间断。“文革”开始后，我们各自无法掌握自己的命运，我是“文革”开始不久，就受到冲击的，以至于后来也无法与别人联系了，所以对和森的情况就完全不了解。我自己于“文革”后期下放到江西余江五七干校，开山打石头、种茶、种稻等等，真正是变成“江西社里人”了。不过这个“社”不是当年黄山谷的“江西诗社”，而是当时实行的“人民公社”。

我知道和森当时也下放到农村了，不仅是和森，当时所有高等学校和研究机构的人员，也都统统下放了。听说俞平伯先生在干校还有许多动人的传闻。中国知识分子的这种遭遇，真可以让千古才人为之一哭。

四

闻君卧病欲探君。忽听噩耗泪满巾。
千古文章才不尽，九泉先报曹雪芹。

和森同志生病，我曾听到过消息，但不知详细情况，听说是因为取书，摔下来受了伤，一直住院。后来又听说基本好了，但还未出院。记得是4月21日，我与林冠夫、杜春耕在一起，我还与冠夫说，赶快去看看蒋和森。杜春耕说正在给他请名医，这两天就能请到，到时就一起去看他。这样我就等着杜春耕的通知了。4月23日下午，杜春耕来了电话，突然告诉我蒋和森同志已经去世了，正好他与杜景华一起去看他，却碰上了这意外的不幸。消息传来千真万确，无可怀疑。我原想等杜春耕的通知一起去看他，却想不到等来了这样的噩耗，当时使我不能平静。不久我因公去德国，先住德国南部的马克沃勃道夫的音乐学院，后来又到海德堡大学，但无论住到哪里，和森的不幸总在我的脑子里反复。我一到安静下来，独处一室，就会想着他的事情。为了使我脑子里萦绕不去的思绪能有个安置，我在马克沃勃道夫就写了这几首诗，到了海德堡大学才算改定。以后每想起和森，我就默诵这几首诗，这样我的思绪才算有了一个发抒！

和森同志对《红楼梦》的研究是有突出的贡献的，后来他也被推选为中国红学会的副会长，和森的去世太意外，太早了，他的才华远远没有用尽，他的去世，是中国红学事业的一个重大损失！

1996年5月27日于德国南部马克沃勃道夫城

音乐学院寓所。5月30日改定于海德堡大学

1996年8月4日，增写附记于北京

书杨廷福、江辛眉教授二三事

杨廷福，字士则。原在上海无锡国专读书，受知于王瑗仲师，1947年春余就读上海，士则转学复旦，故未能识。“四人帮”垮台后，1977年士则应中华书局邀请，来京参与校注《大唐西域记》。到京，即持瑗仲师书来，谓瑗师嘱来相见，与余快谈竟夕，竟有相见恨晚之感。自此，每周必有两至三次来余舍杯酌相对，有时作长夜谈。士则善饮，余亦能尽数杯，至则家人必治馔以待，酒罢继之以茶，士则于茶事亦甚精鉴。士则复好京戏，于海上名角，如数家珍，故吾二人茶酒之间，亦必及梨园旧事。士则因作《说丑》一文发表。时予方撰《曹雪芹家世新考》成，因请士则作序，以存纪念。越一周，士则即持其万言长叙来，旁征博引，畅论谱牒学为史学之一支，不应废弃，因及拙著，谓曹雪芹上祖之籍贯，确是辽阳而不是丰润，有大量史料证实，从此数十年争论之问题，得到澄清，作出了结论。

一夕，士则忽袖其诗稿来，谓余曰：此“四人帮”横行时吾辈之心声也，辛眉兄已依韵唱和，兄曷不序之，以见吾三人之同心也。余展卷视之，则是《丙辰咄咄吟》六首，辛眉兄依韵唱和，余读其诗，感慨苍凉，几欲泣下，乃为作叙，并加笺疏，录副以存。

余叙云：

吾友杨廷福、江辛眉两君，耿介之士也。雄于文，兼工吟咏。杨君精研史学，出其余绪为诗，沉郁苍凉，得杜陵之旨趣。江君浸淫韩黄，硬语盘空，含蓄蕴藉，时有回甘之妙。丙辰之岁，两君同在海上，时“四人帮”推行封建法西斯专政，气焰熏天，人人切齿，而周公总理又不幸长逝，大星殒落，举世震悼，血泪成河，哀声动地。九亿人民，瞻望前途，茫茫难测。廷福激于悲愤，走笔成《丙辰咄咄吟》六章，密与辛眉唱和，虽缇骑满街，勿顾也。

其时余在京师，首都人民先后有百万之众，徘徊啜泣于天安门广场。花如山叠，人似潮涌，同声悼念周公总理。余日予其列，寓于目而接于心者，为悲哀、为义愤、为控诉、为抗议，为贯空之长虹，为澎湃之怒涛。余遥望灵堂，目送灵车，哀哀黎元，如遭天倾，不觉悲从中来，泪如雨下，虽寒风砭骨，犹兀立广场而不自知也。其后，往悼者益增，诗文、标语、花圈积满广场，自清明前三数日起，悼者日达三、四十万之众，愤激之余，或朗诵，或演讲，皆欲声讨国贼而逭国运，遂遭“四凶”之疯狂镇压。英雄儿女，血染长街，昂首阔步，联翩入狱。此情此景，皆余所目睹。呜呼！人民运动之惨遭荼毒，稽之史册，近古以来，莫此为甚也！

前岁，粉碎“四人帮”后，两君皆来京任职，师门旧友，春明重逢，回顾十年惊涛骇浪，恍同隔世。杨、江两君因出其所作《丙辰咄咄吟》唱和诗稿见示，余诵其诗，感慨苍凉，泣下沾襟。“悉绝杨、江沧海眼，灯前泪墨谱丹忱”，余以为此即丙辰之史诗也，乃为之序而注释之，借以公之于众云尔。

余既为之序，复为作笺注，笺注过繁，今不录。其杨诗原唱云：

丙辰咄咄吟

一

识字早知忧患始。谋生应自笑支离。
修眉不作新妆好，长袖生憎善舞痴。
栈马嘶凄惟恋豆，桑蚕情断尚含丝。
忧天欲堕身何惜，海鸟移巢风雨知。

二

几丝玄鬓添愁绪，落叶有情终恋林。
方谓千山涵朗照，岂知三伏结重阴。
风波历久功名淡，泉石看多意味深。
呼以牛马吾自惯，年来只愿陆中沉。

三

十载京华道盛衰。思量弥觉蜡成灰。
闲翻故纸忘忧去，细拾残花待酒来。
白发如丝吹更乱，青春似梦唤难回。
更无旧雨谈文艺，一片斜阳过钓台。

四

情怀恶似初中酒，梦入槐柯总不如。
冷眼几人争逐鹿，伤心万姓化池鱼。
风凄柳岸空归锻，月冷松窗罢著书。
骨相虞翻终太劣，劳生只合老江湖。

五

犹抗尘容居傲岸，逢人不党且清狂。
纷华念绝眠无梦，引睡书多久渐忘。
一足怜夔输马陆，六飞附骥看牛虻。
滔滔唯独清流水，犹向前门溯上阳。

六

不堪摩眼伤离乱，短发飘萧影半顽。
双泪曾因知己下，十年不叩故人关。
身逢昏垫才宜敛，人到穷愁语可删。
万古星辰原不废，凭栏依旧见东山。

诗友江辛眉兄次韵云：

一

矛头淅米剑头炊。莫漫行歌动黍离。
槐下功名原是梦，蜗边蛮触竟成痴。
十年忍饮椎心泪，一息危存续命丝。

欲向九天叩阊阖，当关犹恐虎罴知。

二

天涯夸父知何去？遗策终看有邓林。
翘首伐山成大厦，惊心匝地起层阴。
萤灯伴我成形影，蠡勺从人测浅深。
古往今来竟如此，他年心史要钩沉。

三

一春风雨花经眼，看到荣枯百念灰。
消息厌闻乌鹊喜，襟裾时见牛马来。
明知呵壁天难问，终望挥戈日可回。
老病更添儿女恋，梦随冰雪赴轮台。

四

忆从海上盍簪初。肝胆相倾各皎如。
世路悬崖须勒马，生涯缘木尚求鱼。
陬琴惯听将归操，秦火狂燔未见书。
安得凄惶深处隐，共君蓑笠老江湖。

五

未识筲箕字几行。凤歌满地接舆狂。
金滕有策流言急，中冓无端礼数忘。
堂壁鲁书灰劫火，城门嵇血点飞虻。
眼穿海宇澄清日，江草衰青卧夕阳。

六

年来钳口是非间，尚觉平生坐傲顽。
四壁已无书可读，一襟唯有酒相关。
狂吟好句心先醉，细和新诗手自删。
愿乞余生无恙在，重看朗旭焕河山。

此十二章诗，缘成于“四人帮”猖獗之时，故语多隐晦而情极沉痛，可当无声之泣，亦阮公《咏怀》之什也。故余当时曾为一一作注，并每章作通释，藉使读者知其所指而了然于心，如“忧天欲堕”句是担忧“四人帮”将欲篡权倾国，“一片斜阳过钓台”是骂江青所踞之钓鱼台已是夕阳时候，时间不长了。“遗策终看有邓林”是用《淮南子》和《山海经》之典，指总理逝世后，幸有邓小平在。“襟裾时见牛马来”是用韩愈“人不通古今，马牛而襟裾”句意，骂“四人帮”是穿着衣服的畜生也。“江草衰青卧夕阳”是骂江青终有一天将如枯萎的荒草倒卧于夕阳也。今两君皆不幸先后逝世，诵其遗诗，不禁泫然！

杨廷福兄自发病至去世，余皆经历，今记之如次。

1984 年 8 月士则自沪来访，谓 10 月要去成都开会。约 10 月末，士则复从成都发来电报，告我即日到京，住北大留学生招待所。数日后，当时已是 11 月初，士则忽然到我书斋，兴致甚好而常咳嗽，谓患感冒，问我有无感冒药，我即给他两种。我看他穿衣甚少，问他要不要加衣，他说下午即飞上海，不必加衣了，语罢，即匆匆而别。其实此时咳嗽，已是他的肺癌开始发作，只恨当时无从知道耳。一月后，12 月 6 日，我到上海，住上海宾馆，即去江苏路看望徐定戡词老。徐老见余至，喜极。即电告士则，约他翌日来午餐，结果家中无人，不得通话。7 日，王运天兄在衡山宾馆请吃饭，亦邀士则，后得士则夫人来电话，告我 6

日士则大吐血，正在医院检查，故电话去无人接，现尚不知何病，要到8日方有结果。语次颇忧虑，我还安慰了她。我定8日下午回京，原拟不去士则处了，谁知8日上午突接士则夫人电话，谓检查结果竟是肺癌，已很严重，杨夫人在电话中已语不成声，我亦大吃一惊，如遭雷击，不觉痛泪直下，乃急叫车赶赴士则居处，当时他家人已在门口等候，告诉我他本人并未知道病情，嘱我勿泄，并要我镇静，不能让他觉察。我只得强忍悲哀，咽尽泪水而入。士则见我至，喜极，并谓只是感冒，因咳嗽致出血，我事极忙，何必再去看他。我也只好勉强支吾应付，说养几天咳嗽就好了，但要安心休养治疗，以防转肺炎云云。其实我心绪甚乱，哪有心说话，见了他反倒想早点离开，以免露出马脚，增加他的病情。故只得推说要上火车，匆匆告辞出来，刚出大门，我的眼泪已夺眶而出，因为我担心下次来就不容易见到他了。杨夫人也泪不能止，我们匆匆商量着医疗的措施，并委托了王运天兄代为奔走，不得已我才告别回京。

过了旧历除夕，我又到了上海，为的是想尽可能多看他几次，想能尽力延长他的生命，我还想把他接到北京治疗，中华书局的朋友们也十分热情地愿借房子给他住，以防一时住不进医院。除夕夜里，我哪有心情过年，我特地为他画了一张“士则大利图”，画面上是一株鲜红的荔枝和三只柿子，取其谐音之意。此画立即寄给了他，还有士则自己拟的一副联语，嘱我书写，我也立即写好一并寄给他。到我这次去上海时，字画都已挂了起来，他也已经知道自己的病了，但情绪还好，因为一则他并不知道病已至后期的严重程度，还指望能治好，二则他以为即使难治，也总还能有二三年的时间，还可以做些事情，所以与我谈话之间，反倒劝我保重身体，并且告诫我还会有人造谣整我，千万警惕，要我不要太轻信人，不要太耿直等等。明明是他已危在旦夕，是我含泪去探望他，反而倒让他来安慰我、告诫我，我当时真是如坐针毡，眼泪不能流，脸上要强笑，要装作很轻松，是谈家常，没有任何心事，这有多难哪！就算是演员，只要是他自己身临其事，我想也是演不好的，何况我从来没有经过这样的场面，我只好勉强应付，好容易等到谈得差不多了，这才告辞出来，回到上海宾馆。之后，是杨夫人来与我商量，反复思量，到北京困难也是很多，一时无法决定，我只好再次重托王运天、石童年、朱淡文等同志。我又怀着极度悲哀的心情回到了北京。

4 月 8 日，我第三次到上海，住进上海宾馆后，急忙与王运天一起到医院，见到士则精神似尚好，头发脱落不少，颈部淋巴很大，声音嘶哑。我一进去，他紧握我的手，十分高兴，说：冯兄与我，情胜手足。说话时气喘咳嗽，我连忙不让他说话，略略安慰他，因外面下雨，车子不能等，答应他明日再来，在病榻旁只留了五分钟就出来了。

4 月 9 日，我再去医院，当日开始输血，医生要杨夫人和我去看片子，告诉我情况严重，随时有危险，要做好准备。我听了觉得我的心像是被紧束了起来，简直不知自己该如何才好。正在这时，周谷城老师来了，我连忙陪周老到病房，士则见周老来，忙欠身想坐起，我们连忙阻止了他。周老是得知士则已病危才来的，但对着士则，周老还是殷殷嘱咐认真治疗。周老原是无锡国专的教授，是士则和我的老师。周老对我说：“士则是天才加勤奋，一般人是不容易到达他的成就的，是不可多得的人才！”士则连忙说：这都是老师的教导。周老说：不能这样说，你研究的唐律、佛学都是你自己深钻的结果。周老停留了十多分钟，我们劝他早点走罢，病房里空气不好，周老才殷殷嘱咐而别，我送他到楼梯口时，他还叫我好好照顾他。这一天士则心情很激动，他告诉我说：“只有一年了，我做不了多少事了，完不成任务了。”我听到这里，实在经受不住这样的悲哀了，眼泪簌簌地掉下来，他的眼泪也夺眶而出。请想想，医生刚刚告诉我，他最多只有一个星期了，并且随时可能出危险，而他却还在想着“只有一年了……”，这样的情景叫我怎么能忍受啊！

这天，我到5点以后才离开医院。晚上，杨夫人和同甫侄一起到宾馆商量士则的后事。士则是在1957年被错划为“右派”的，几十年来，尝尽了人间的苦味，直到1977年以后，才算有所好转，由于他在学术上的成就，国内外的同行，无不知晓，无不敬佩，1983年参加在意大利举行的国际法学学术研讨会，他的两篇论文赢得了很高的声望。他在史学界也发挥着重要的作用，因此，我主张要为他开追悼会。后来也是为他隆重地开了追悼会。

4月10日，下午3时，我与王运天、朱淡文同去看士则，我为他拍照，为他全家一起拍照，我与士则也一起合拍了一张。医院正式给了病危的通知，这时，我们大家的心已经不知是什么滋味了。我将事先写好的一张启事贴在病房门上，希望来看望他的人尽量少与他讲话，为的是好让他保留点精力多延长几天。到4时半，我已经不能再停留了，我含泪与士则告别，他仍坐了起来，我看到他的泪水在不停地流下来……这是生离，也是死别，我和他，心里都明白，从此幽明永隔，再也不能见面了。我此时忽然脑子里涌出了杜甫的诗句：“便与先生成永诀，九重泉路尽交期！”

此后，我带着研究生，在南京乘江轮到武汉，在船上我面对着滔滔的江水，恨不能再顺着流水回到上海。我到了武汉，又到江陵、宜昌、奉节，每到一处，就生怕有电报来，因为我把到以上各处的日期和停留的地点都告诉了士则的夫人。

5月1日，我从奉节上船去重庆。晚上忽然梦见我回到了上海，先去看了王瑗仲老师，瑗师告诉我士则已病故，我竟然从梦中悲恸而醒。醒时听江声浩荡，轮船在逆流上行，天上星月微茫，我知是梦，但却下意识地觉得是大不祥，心头仍然被梦中的余痛袭击着，良久方睡。睡后复梦，见辛眉兄已来北京，我急问士则病状，辛眉皆不答，似向我回避此事，其余情景则一片模糊，既而复醒。惟觉浪声大作，船身摇晃不已。少顷复睡，睡后又梦，见士则亦到北京，谈笑一如往昔，颈间亦无复肿瘤痕迹。惟较前略瘦，然神采甚好，与我谈笑甚欢，若未曾有病者，又若不以病为意者。我即慰之曰：即如现在已甚好，可不必再虑矣！语罢复醒，则江声依旧，寂无人声，时天尚未晓，余仍苦念不置，只得支颐待旦。

以后我又走了不少路程，一路上我不断写信到上海，询问情况和报告我的行止，我庆幸始终没有急电，我的侥幸心理在滋长着，希望能出现奇迹！

5 月 26 日上午 8 时半，我回到北京，家人来接我，我急问有无上海来的急电或重要消息，回答说没有。我的侥幸心理如雨后春花勃然怒放，我想谢天谢地，这回该是例外了罢！回到家里，我急忙翻着案上高积的一大堆信件，全部翻过，确实没有一封告急病信，我长长地舒了一口气，我的心好像落到胸腔里了。我稍事休息，即整理书桌，随即午饭，饭后我想稍睡片刻。谁知楼下却在喊取电报，这个不祥的声音，一下把我的心又提起来了，我冲着下楼接电报，拆开一看，士则已于 25 日下午 3 时 20 分去世，噩耗传来，如晴天霹雳，把我几天来的侥幸心理击得粉碎，我拿着电报，热泪滚滚而下，几乎走不上五层楼……

如果说士则的去世，自发病到疾革，我清清楚楚的话，那么，辛眉兄的去世，却是一丝一毫的消息、一丝一毫的思想准备都没有。去年 10 月我到上海，来去只有三天，时间实在紧，他又住得很远，我想就不告诉他了，免得他再赶来，谁知到我临走前一小时，他却来了电话，想约我到他家去吃饭，我告诉他这次时间太紧，我明春一定到沪，再去看他，他也同意了。他说话声音有点沙哑，我嘱他保重身体，问他原来的脚肿是否好了，他说他的肾结石经过了极大的痛苦已排出来了，现在没有事了，说话间非常庆幸，我也为他高兴，约定明春一定见面。

到 11 月，在苏州大学举行纪念唐文治老夫子的大会，我因事不能去，同学和师友一定要我写篇回忆性的文章，我写了一篇短文寄给大会，我知道辛眉必定到会，我还嘱咐此文一定请辛眉、振岳几位学长最后审阅，以免差错。辛眉也确实为我看了文章。谁知到今年 2 月 8 日，即旧历乙丑年的除夕，却突然接到王运天兄打来的长途电话，告知我辛眉已去世，我简直不敢相信，但电话听得清清楚楚，不是梦境，也没有听错。与士则兄去世相隔只有八个来月，老天就夺去我两位知友，真是“日暮途远，人间何世”？如果说士则是一位标准的历史学家，写诗只是他的“史余”的话；那么，相反，辛眉却是一位标准的诗人，其他都是他的余事。他才气横溢，功力深厚，而且可以七步成诗，诗思之敏捷，确实是非一般人可及的。上面所引的《丙辰咄咄吟》和章，已经可以看出他的诗才，我还记得他和熊德基先生悼念陈毅同志的一首律诗，是一首可敲金戛玉的好诗，现在我把它忆写如下：

神州今日起风雷。父老江东说将才。
飞虎营中辛弃疾，江西图上吕东莱。
九天熊罴摧天柱，十万旌旗照夜台。
掩卷赣南词罢读，唯将双泪滴深杯。

现在一切已成为过去，已成为梦幻。苏东坡说：“梦里青春可得追，且将诗句绊余晖。”梦里的青春是不可追的，诗句也绊不住余晖，时间照样要过去。曹雪芹说：“春梦随云散，飞花逐水流。”其实是实情。

然而，我总希望，这样美好的又是伤心的惨痛的“梦”，能永远留在我的记忆里，不要水流云散！我也相信，凡是真实的人生，为人们做了好事的人生，凡是创造美好的事物给人们看的人生，纵然他本身水流云散了，但自有不散者在，那么在哪里？答云：在人们深深的记忆里，在金石般的友情里。

1986 年 7 月 17 日为悼念杨廷福、
江辛眉两兄而作宽堂记

无尽的怀念*

——怀念刘海粟、李一氓、杨廷福、

江辛眉、祝肇年诸师友

编完了这部集子，一时思绪纷繁，纷至沓来，不可自止。这个集子所收的文章，刚好自 1982 年到 1992 年，整整十年。

在这十年里，我的师友，弃我而去者，何止五六位。回想当时，我的文章，或写作时或发表后，总会得到他们的反应，或者是所见相同，或者是有所商榷，他们在写作时，我也同样如此。现在当着这些文章结集的时候，他们却已经不在了。我对着这些文章，不禁有人琴之叹。

当年与我相知甚深的是上海的杨廷福。他被错划为“右派”，历尽了人世的坎坷，后来又取得了学业上的极大成就，他因校注《大唐西域记》借调到中华书局数年，所以我们得朝夕相见，谈艺论文，无有虚日。当时我们自谓人生之乐、朋友之乐无过于此矣！最近我忽然翻到一张他给我的诗笺，有诗云：

---

* 本文为《漱石集》后记。

旅居日下，挚友瓜饭楼主每招饮，欢若平生，偶得四韵以奉

鸟鸣胡嘤嘤，出谷为求友。风雨欢同群，澹泊一尊酒。

变更反掌间，自恃每思危。鼎鼎百年里，志定期无亏。

鲰生百不识，于世如微虫。感激炯丹悃，浮誉非所崇。

当途富才杰，经世岂遗算。纡回念时艰，坐语独颜汗。

廷福呈稿

这四首诗，反映了我们当年论文之乐，所谓“风雨欢同群，澹泊一尊酒”，也反映了我们对时世艰难的感慨。我们自以为此乐方殷，百年可恃，谁知好景不长，癌症竟活生生地把他夺走了。1984年除夕前，已经告知他是癌症了，他在病榻上给我写了一封信，这封信书、辞俱好，但是却成了他的绝笔，我捧读这封信，泪涔涔下，不能终读，书云：

宽堂我兄尊右　弟致疾（现已确诊为肺癌）荷　兄雅厚殷殷，胜于骨肉，铭诸五内而已。弟素达观，枕上默诵禊帖，于石火电光之身，一笑置之。惟五伦之中，朋友第一，此谭浏阳已先我言之矣，固不能忘情也。枕上拟一联语：

向明独卧情怀远

忍疴自扶滋味辛

春节后弟家迁居南市新寓，弟住院现在化疗中（第一疗程已了，进步不大），尚需住几何时，尚不可知。所拟联语，恳兄挥毫（三尺对联）示下，弟即付装池。俟弟出院后，病榻朝夕相唔何如？言不尽意，即颂

著安，并祝

春节新禧

阖第迪吉

弟杨廷福于病榻

癸亥岁不尽二日

这封信以后，我又到上海去看了他一次，已是病极之状，见我去几乎相持痛哭，我除拭泪长叹外，竟无言可以慰他，延至5月25日下午3时20分，终于与世长辞。我现在写这篇文章时，离他七周年的忌日，只有两个月了。

我的另一位好友，就是诗友江辛眉。辛眉兄的酒量、诗怀都是第一流的，而他的诗尤其快而且好。我们相聚，廷福常常与他打赌，他可以出题立就，毫不夸张。他悼念陈毅元帅的那首名作，我已在早先悼念他的文章里引用过了，日来捡旧札，竟找到了一张纸片，是他在一次会议上递给我的，上面写着一首诗，是悼念吴晗同志的。确是一首难得的好诗：

题吴晗同志遗札次程应镠兄原韵

感旧山阳笛。悲深向子期。

十年天下事，百丈镜中丝。

河尽槎回日，山空斧烂时。
春风鹃口血，能唤几人归。

与辛眉在一起，他的诗可以随口吟出，真是咳吐之间成珠玉。辛眉去世后不久，刘海粟大师给我写信时，也叹惜他的逝世。海老的信说：

其庸教授友爱：

黄岳一别，于今六年，云何不思！得　惠书，欣慰无量……我们的好友江辛眉物故，殊可痛怀，人之不可期也如此！政协会议结束，我打算在此休息几天，届时当趋访畅谈，草草具答，余惟珍爱不宣。

刘海粟

八八年四月三日

辛眉是在廷福逝世不久就去世的，当时我哭廷福的余痛未尽，根本没有想到辛眉兄会接踵而去，当时王运天兄自上海打电话告诉我，我几乎不相信自己的耳朵，一时急痛相加，差一点不能自持。现在就连海老也远在天边，不能相见，真是情何以堪。前年，我在上海，忽传海老有海外东坡之谣，我为之大痛，连作数诗，事后知道是宵小之辈的造谣，为之既愤且慰，当时有诗云：

海阔天空老画师。江山万里一挥之。
今来古往谁能似，只有富春黄大痴。

不知为什么，近来常常梦见海老，去年12月24日夜，梦见海老端坐抬椅中，虽华发飘萧，而豪气干云，意态如昔，醒后，我在枕上苦忆不止，口占一绝云：

云山烟水苦难亲。昨夜三更梦见君。
华发飘萧清瘦甚，先生豪气却干云。

我深深盼望和等待海老归来，以尽平生之欢。

我还有一位好友是祝肇年。肇年与我是先后同门，都是周贻白先生的学生，我比肇年早得多，我是1947年从周先生学的，肇年已经是解放之后了，就是因为周先生之故，我们遂成为莫逆之交。肇年也是吃尽了苦头，真是一言难尽。他往往晚上很晚来找我，一谈就是到深夜。他是戏曲名家，与他谈自然都是梨园新事或旧事，有时也为世情而慨叹。肇年论事往往容易激动，完全是诗人本色，而且善良天真到令人吃惊，但是我感到他直感得多。他病极时，我去看他，他倒反而平静安详。他对我说，他的病已不起，但他无所留恋。他说得那末平静，但我深深感到他的内心是多么悲苦啊！知道他坎坷一生的人，是更会理解他的这句话的。去年秋天，我在湘西吉首开会，遇到他的学生，我急忙打听他的病情，说较前有好转，我当时听了如闻妙音，如聆仙乐，真是心情为之一宽，岂知到我回京的第二天，不幸的消息就传来了。我在悲痛之余，写了三首悼诗。

十年夺我三知音。痛哭苍天太不仁。
坎坷平生祝季子，一生受苦到终身。

论文促膝到论心。季子胸中太不平。
拔剑长啸忽然起，恸哭神州要陆沉。

文章掷地有金声。身世悠悠草一茎。
一曲西厢妙能解，君是王郎再世人。

肇年是《西厢记》的专家，他曾与我多次深夜长谈《西厢》。他对《西厢》曲文的赏析，既深且透，而又无穿凿饾饤，我一直劝他写一部论证和赏析《西厢》的书，以飨世人，他也一直有此意，可恨天不假以年，还是连他和他胸中的《西厢》一并夺走了。

1984年12月15日，我受国务院、外交部、文化部的派遣，与周汝昌、李侃两先生一起到苏联列宁格勒鉴定《石头记》抄本，后来，李侃与我一起在我驻苏使馆宿舍起草了中苏联合出版《石头记》的文书，传真到国内获得批准，再译成俄文本完成了此行的任务。后来此书终于得以出版，流落域外的《石头记》抄本终于得赋归来，此事的前前后后，实际上皆是李一氓丈的操劳谋划。此书归来后，李一氓丈曾赋一诗，并请沈锡麟兄将诗稿交我，诗云：

《石头记》清嘉道间钞本，道光中流入俄京，迄今已百五十年，不为世所知。去冬，周汝昌、冯其庸、李侃三同志亲往目验，认为颇有价值。顷其全书影本，由我驻苏大使馆托张致祥同志携回，喜而赋此。是当急谋付之影印，以饷世之治红学者。

李一氓

一九八五年三月二十日

泪墨淋漓假亦真。红楼梦觉过来人。
瓦灯残醉传双玉，鼓担新钞叫九城。
价重一时倾域外，冰封万里识家门。

老夫无意评脂砚，先告西山黄叶村。

得诗稿，我即次李丈原韵奉和一首，诗云：

世事从来假复真。大千俱是梦中人。
一灯如豆抛红泪，百口飘零系紫城。
宝玉通灵归故国，奇书不胫出都门。
小生也是多情者，白酒三杯吊旧村。

一九八四年十二月予赴苏联，鉴定《石头记》乾隆钞本，归后李一氓丈赐诗为贺，即次原韵。

宽堂冯其庸

此诗除了钞呈李老外，我还特意请丁山宜兴紫砂厂工艺师周寒碧制成大型曼生提梁壶，我将此诗写刻在壶上，以作永久的纪念。当时一共做三把，其中一把已流入海外，成为珍品收藏。此壶的图版，也已在近年出版的大型紫砂壶画册上不断刊登，成为紫砂佳话。可是李一氓丈却不幸于前年冬天去世了，当时我正在新疆吐鲁番调查伯孜克里克、吐峪沟千佛洞和高昌、交河古城。消息传来，我不能相信，我说我一定要到乌鲁木齐见到报纸报导，才能相信。话虽然如此说，可心里已经在忐忑不安了，到了乌鲁木齐，找到《人民日报》，李老去世的讣告赫然在目，我嗒焉若丧，一种莫名的痛苦向我袭来，我感到我又失去了一位师长和挚友。犹记不久前，李老在钓鱼台宴请台湾学者潘重规先生，通知我作陪，当日在座的记得有张光年、任继愈、周绍良、王蒙和我。李老对着客人和我们说，在这里大家可以无所不谈，我不是官，没有那末多麻烦，只管自便。因此大家散坐着交谈，十分亲切。

李老平时处理事情，非常果断，绝无官场习气，依然书生本色。虽然已八十以外的高龄，仍旧手不释卷。我们校注的《红楼梦》刚出不久，他就看过，并发表了热情鼓励的文章。我们刚从苏联回来，他就喜极而诗，他对国家和人民的文化事业充满着热情，在他领导下的古籍整理工作是有突出成绩的，我也是因为整理古籍，才与他有较多的接触。现在已经是人天永隔，不可再见了，细思前事，宁不令人痛煞！

十年中我失去的还有永生难忘的一位，就是我的老师王蘧常瑗仲先生。还是抗战胜利那一年（1945）、无锡国专复校后，我在教务长冯振心先生的书房里，见到瑗仲师的章草条幅，是写的他自作的《再望长江》律诗，瑗师的章草是当世的一绝，就是放在中国书法史上，也可以说是前无古人的，所以无怪乎日本书法界称瑗师为当代的王羲之。瑗师晚年也刻有一章曰："王蘧常后右军一千六百五十二年生"，可见瑗师对自己的书法也是十分重视的，我当时既无比地倾倒于他的书法，又无比地欣赏这首诗，可以说是不减杜律。诗曰：

春草扁舟眼暂明。江涛还似旧时清。
曾留故国山河影，似带中原战伐声。
直下何辞千折尽，长驱会有万峰迎。
天回地转终填海，莫再呜咽意不平。

这首诗是抗战中写的，所以词意呜咽慷慨，而"直下"、"长驱"，爱国之情溢于言表。从此以后，我四十余年来一直未与瑗师失去联系，尤其是在社会的种种变动中，一直是相互忆念和信任的。前年，瑗师还特意为我写了《十八帖》长卷送给我，这所谓的《十八帖》，完全是我和王运天兄缠着他写出来的，我们说王右军有《十七帖》传世，瑗师应该有《十八帖》，我们吵吵着要他写，隔了几个月，谁知他竟给我写了十八封信，一信谈一事，如第一封信说：

十八日 书悉。屡欲我书十八帖，何敢续右军之貂。但以足下情辞恳款，又不忍拒。此书首有十八日字，置之卷前，即谓之十八帖可乎？一笑。

其庸弟 兄蘧

第六封信说：

运天弟言 足下有米癖，得之黄河两岸及秦陇，大至数十斤，小亦数斤，古人所作归装，无此伟观，令人欣羡。

《十八帖》完成后，瑗师特地写信给我，要我到上海去取，我为此特意到了上海，拜见瑗师后，欢逾往日。饭间，瑗师还能吃肥肉，饭量还比我大，满以为百年可期，谁知我拜别后第五天，瑗师去世的噩耗就到来了，从此我失去了我最尊敬和慈爱的老师，这几年我每到上海，总觉茫茫然若有所失……

从此我也更加体认到师生感情和朋友感情的珍贵。

昔黄山谷悼东坡诗云：

有人夜半持山去，顿觉浮岚暖翠空。
试问安排华屋处，何如零落乱云中。
能回赵璧人安在，已入南柯梦不通。
赖有霜钟难席卷，袖椎来听响玲珑。

我现在才认识到山谷的这首诗写得多么好啊！“夜半山去”、“浮岚翠空”，真是我现在的实感，而“乱云零落”也真是这些已故知友的境遇。

现在是赵璧难回，南柯已入，人天永隔，邈若山河矣！我现在当然没有石钟可敲，但面对着这本结集，面对着这些曾与知友们推敲过的文章，也犹如重听霜钟了！

1992 年 3 月 28 日于京华瓜饭楼

怀念杨廷福

——玄奘取经路线调查的回忆

廷福兄离开我们，一转眼已经18年了，在这漫长的18年岁月中，我却总觉得廷福兄并未离开我们，好像不少学术活动依然有他，特别是有关玄奘的、有关唐律的、有关史学的等等。

前天，同甫贤侄来电话，希望我写一篇怀念文章，因为他的遗著要出版了云云。我当然情不容辞，说也奇怪，当天晚上我又梦见了廷福：我在人大老房子里教课，外面来了七八个人找我，出来一看，廷福就在里面，与往常一模一样。我心想，原来你仍在……但转念一想，他分明已经不在了，因此我又转过来仔细看看，却发现此人不是廷福，只是长得完全一样；我有些疑惑，再一细看，竟又觉得长得一点也不像，是另外一个人……于是我就醒了。古诗说："故人入我梦，明我长相忆。"确实如此，我确是常想念他，也常梦见他。

我已写过好几篇怀念廷福的文章了，但想想，还有些事没有写及。

一是廷福擅"算命"，所谓"子平之学"。这件事只有少数几个朋友知道，而我是知之甚深的。还是在我六十岁以前，他就主动地与我算过命，他说我六十岁那年将有大难，命象很凶险，将会有人暗中算计我，我很可能因遭诬陷气愤而死。但他说八字中也有一线希望，可能会因某某原因而化解，但这是万一的希望，即使能侥幸化解，但灾难肯定是有的，最多不至大凶而已。这真是匪夷所思，我当然只当作是说笑。他却认真地说，这不是说笑，这会应验的。我问他，那末你自己呢？他说，他算自己，无论如何活不到六十岁！这我更加不相信了，因为他的身体比我还好。哪知这两件事，后来都应验了。尤其是他自己，竟于1984年5月25日下午去世了，去世时，实足年龄还差几个月才到六十岁。

廷福自己对我说，他是把这件事当作学问来做的，年轻时他曾击败过上海滩上不少算命摊子。最有意思的是解放前夕，上海知识界有不少人人心惶惶，后来有人提议请廷福来算一算，一算之后，廷福说新中国交的是旺运，肯定兴旺发达，于是不少人就安下心来了。

廷福还给我批过一张命书，我一直保存着作为纪念，命书说我六十前后仍有风浪，但七十以后就平稳了。现在我已快到虚岁八十一岁了，不管如何一切都已过去了。我于此道实在外行，说不上信不信，只是为了纪念故人，才想起这件事。同时，还要提到，那时我们正在校注《红楼梦》，凡书中涉及星相占卜之事，我们都请廷福来加注，这样才解决了这个难题，否则我们确实不知道如何作注。

最令我常常想念他的，还是他的玄奘研究。我自1986年起，连续去新疆七次，去甘肃敦煌、青海、银川等地还要早。我去新疆，主要是为了考查玄奘取经之路，1988年廷福的大著《玄奘年谱》出版了，以后我每次去新疆，都带着廷福的这本书，当然也带着别人有关的著作。这里值得一记的有三件事。

一是玄奘渡玉门关的事。最初我未加考查，以为玉门关就是现在敦煌以西尚存在大漠中的汉玉门关。1990年隆冬，我曾去考察过。后来读向达先生的《唐代长安与西域文明》一书中的《两关杂考》方才知道唐代的玉门关已内移至安西。廷福的《玄奘年谱》说：“六朝以来，自今安西趋哈密一道日益重要，故关址东移。隋唐时玉门关已徙至敦煌以东瓜州的晋昌县境。其遗址《辛卯侍行记》六谓在今安西县双塔堡附近。向氏（向达）以为晋昌县当即俗称为锁阳城之苦峪城，则玉门关在其北。《元和郡县志》四十《晋昌县》条：‘玉门关在县东二十步（据王琦注《李太白集·胡无人诗》引《志》作二十里，似应以里为是）’，此与《慈恩传》一‘夜发，三更许到河，遥见玉门关’亦相合。是故玄奘必须由瓜州偷渡瓠𤬴河，越过玉门关而折向西北行。”（《玄奘年谱》115 页）廷福在这里的分析是完全对的。1990 年我曾考察过锁阳城。锁阳城遗址甚大，城垣高耸，其北有一残塔甚高。但我往北看，看不到什么。1998 年，我再次去安西考察，到安西后，我到了双塔堡，实地考察后，才知道唐玉门关故址，现今已深埋在双塔堡水库底下。我曾由博物馆的同志陪同到了水库边，只见一片大水，已经无法看到故关了，但却由此确知唐玉门关即在其下。我在双塔堡又访问老乡，问有没有瓠𤬴河。老乡说有，但老百姓已俗称为葫芦河，据说这就是疏勒河。可惜当时因时间关系，我没有能到瓠𤬴河进行查考。

二是玄奘当年出国的路线。《玄奘年谱》说：“临行（庸按：指离高昌国），‘王与诸僧大臣百姓等倾都送出城西，王抱法师恸哭，道俗皆悲，伤离之声振动郊邑’。玄奘经无半城，笃进城，到阿耆尼国。过银山，至‘王都停一宿而过’，前渡二大河，行数百里入屈支。将入王都，王及群臣、诸僧作乐相迎，并至城西的阿奢理儿寺，折服小乘一切有部的高僧木叉毱多，因‘凌山雪路未开，不得进发，淹停六十余日’。起程时‘王给手力驼马与道俗等倾都送出’。西行二日，又前行六百里渡小碛，到跋禄国，停一宿，又西北行三百余里渡一碛至凌山，山行七日，历尽艰辛，出山后经大清池。”（《玄奘年谱》125 页）

以上这一段路程，我去新疆七次，中间有几次都是走的这条路线。首先是高昌城，城在吐鲁番，现原城俱在，虽已残破，但规模宏大，依然屹立。高昌王麹文泰，待玄奘甚厚，资给极为丰足，没有麹文泰，玄奘西行难度是极大的，所以我说高昌是玄奘西行的第二个起点，过高昌，即是“无半城”。此城淹没已久历岁月，前几年我去吐鲁番，吐鲁番方志办的同志告诉我，在沙漠中发现一座很大的古城，据考，可能就是无半城，因此我与他们一起去考察了一番。城址确实宏大，还有很高的残城墙，并且看得出来筑城墙时夯土是用牛踩实的，现牛蹄印仍清晰可辨。其所处位置也正是玄奘去阿耆尼国的方向。无半城以后的笃进城，就是现在的托克逊，为去阿耆尼国必经之路。然后就到银山，唐时称银山道。然后即到阿耆尼国，即现在的焉耆。我曾在焉耆住一夜，但未及考察。以下便是“渡二大河”，实际上却只有一条大河，即开都河。廷福书中已有辨正。我到开都河昔玄奘渡河处，恰值落日衔山，余辉灿烂，曾摄得极精彩的一影。再前进，就到屈支国，即古代的龟兹，现在称库车。库车山水绝佳，为中原所不能有，即在西域，亦是绝胜之处，其山形地貌之奇，非目睹不能相信世间有此奇景。我共去五次，每次都留恋忘返。玄奘到过的昭怙釐寺，在《西域记》中有记载，寺分东西两寺，中隔一河，至今依然如此。我每次去库车，必到此处考察，今古城及寺庙遗址俱在，与《西域记》所记一致。玄奘在此处停六十余日，等凌山雪消。凌山就是天山的西边部分，其主峰托木尔峰高 7000 多公尺，巍然可见擎天一巨大冰柱。从库车西行到跋禄国，就在现在阿克苏境内，也可能就是现今的乌什城，因去玄奘出国的别迭里山口，此为必经之城。我曾到此城考察，然后从这里即直到凌山。此处的山口叫别迭里山口。有唐代烽火台，称粟楼烽。我曾过烽火台一直到山口的桥上，再前进就要翻山。廷福的书里说“山行七日，历尽艰辛，出山后经大清池”。我们到山口时已傍晚，时间不允许进山，所以只好折回阿克苏住夜。但高耸的托木尔峰却依然可见。虽然我们未能进山，但玄奘当年出国的山口终于被我们找到了，而且据地图，过此山口，翻过山去（高

4000公尺以上）就是现今吉尔吉斯境内的伊塞克库尔湖，即玄奘所记的“大清池”。

三是玄奘从印度回国的山口及古道。《玄奘年谱》说：“东南履蹑崄行三百余里至屈浪拏国。从此又东北山行五百余里至达摩悉铁帝国都城昏驮多城（廷福注云：“即今阿富汗东北境的瓦罕南山间一带”），参观石佛像后，一路北行逾尸弃尼国，越商弥国（庸按：以上皆在国境以外）。在帕米尔高原向东溯峡谷而上行七百余里，至波迷罗川（廷福注：今帕米尔河，高原有大龙池，今卡拉库里湖，一名大帕米尔湖）。东北登危履雪，行五百余里至朅盘陀国（廷福注：今新疆维吾尔自治区喀什专区的塔什库尔罕一带，其全境称色勒库尔）。参观访问佛教遗迹，逗留二十余日。”（《玄奘年谱》204页）

以上这段路程，我曾上帕米尔高原走过两次，第二次是1998年8月24至25日。历尽艰难，终于找到了玄奘从瓦罕地区归国的山口，即明铁盖达坂山口，位于帕米尔高原最高处，山口的一排冰山即喀喇昆仑山，山口高度是4700米。由山口沿河道往下走，汽车行程约大半天，即可到朅盘陀，即现在所称的塔什库尔干。从明铁盖山口往下走，一直是沿着河道走，此河是否叫帕米尔河，可惜我当时没有问驻军。廷福注中所说的大龙池即卡拉库里湖，也确是有的，但它的位置在朅盘陀的那一面，不在向明铁盖的一面。因此玄奘当时从明铁盖走下来，路上要经过公主堡，《西域记》里有记载，然后再到朅盘陀。朅盘陀今尚存有石头城，城基为唐代古城，我曾两次进去，拍了不少照，据记载玄奘当时在此住二十余日。从朅盘陀往下朝去喀什市的方向走，下降到海拔4000米的高度处，就到卡拉库里湖。湖甚大，湖水碧蓝，湖旁是世界著名高峰慕士塔格峰、公格尔峰、公格尔九别峰，皆终年积雪，白雪皑皑。我第二次上帕米尔时，遇到最好的天气，这三座世界高峰，都全身皆现，让我尽情地照相。所以卡拉库里湖是玄奘东归先到朅盘陀以后才能经过，廷福此处有误。

我之所以终于发现了玄奘归国入境的山口古道，是因为细读廷福的书和其他有关的书，都记到了玄奘是从瓦罕地区回来的，而我在离开朅盘陀去明铁盖山口时，当时并不敢肯定玄奘是从明铁盖下来的，我只是要去查个明白，不想半路上因要去公主堡，又由于桥梁被山洪冲坏，不能去公主堡，正在歧路彷徨的时候，却看到在岔路口有一块指路的木牌，上写“瓦罕通道”，箭头指向明铁盖方向。这一下，真是给了我一盏指路明灯，我们当即历尽艰险，奋其余勇，终于攀登到达了 4700 米的明铁盖山口，而且我一到当地，驻防战士当即告诉我这就是玄奘归国的山口。这个信息是世世代代高山牧民传下来的。而且一路的名称景色，与《大唐西域记》所记都能相符。因而这一发现可以确认无疑。

但是，我之所以能发现这个已经被埋没了 1355 年的玄奘归国山口及其古道，归根结蒂，是多亏廷福的书里和其他有关书里记载的玄奘自瓦罕归来的信息。

当然，到了明铁盖，当地驻军自会告诉我这个震撼人心的消息。但是如果没有廷福书中“瓦罕”这个词，我就不会被这个指路牌所吸引，也就可能会走到别的岔路上去了。

所以，我的这一发现，应该祭告廷福的在天之灵，与他共享这一份发现的兴奋。

所以我说，廷福虽然离开我们已经 18 年了，但我却觉得他仍然和我们在一起，他并没有离开我们。

2002 年 10 月 29 日夜 10 时 30 分于京东且住草堂

清气满人间

——读《马凯诗词存稿》

日前，友人赠予《马凯诗词存稿》一部，并嘱为题句，予适有海南之行，遂置之行箧。至海南三亚，予住三亚湾蓝海花园十六层高楼，楼外数十米之遥，即为大海。故夜夜海声入梦中也。

予住定后数日，即取《马凯诗词存稿》，开窗面海，凭栏而读。已而窗外海声如潮，澎湃不息，予读诗如故；复已而，觉诗中隐隐有风雨澎湃之声，予读之复如故。有顷，读将尽卷，而觉海潮汹涌澎湃之声与诗中所隐之声似相应和，而莫能辨彼此矣！予因而于马君诗词有所感焉。

夫诗之大者，莫大于天地宇宙、社稷生民也。而马君诗词中，时时以社稷生民为心，其“望远篇”《山坡羊》咏“红日”云：“东来紫气盈川岳，最是光明洒无界。升，也烨烨；落，也烨烨。”咏“明月”云：“悄悄来去静无价，祇把清辉留天下。来，无牵挂；去，无牵挂。”咏“自在人”云：“胸中有海，眼底无碍，呼吸宇宙通天脉。伴春来，润花开，祇为山河添新彩。试问安能常自在？名，也身外；利，也身外。”其七绝《寻访杜甫草堂》云：“人间寒士犹多在，心底诗人当永存。”

七绝《难眠》云："头虽落枕且翻身，总有竹声绕在心。但助难题得破解，何妨晓镜又添银。"其《沁园春》词云："从来民铸春秋，信水可载舟亦覆舟。""心有苍生，身无挂累。坦荡胸怀总自由。"其《古风》云："得来真知由实践，扫去空谈借东风。事就无不靠群众，业成惟有投工农。三世而斩犹可训，警钟隆！""千古治国大计何为第一宗？得人心者得天下，道循脚底，民立心中。""愿将满腔血，飞天化长虹。"马君以上诸诗，以及"抗洪"、"抗非典"诸篇，皆篇篇以生民为心，以社稷为念也。故其语虽近而意实深也。

夫诗之所以感人者，以其情真而意切也。马君身在高位，与之接，诚朴如乡人；与之遇，衣饰在众人之中；与之叙谈，虽初识亦温煦如坐春风，故其为诗也真而且醇。如五绝《沐雨》云："洗绿轻梳柳，滴红细润颜。尘埃一扫尽，清气满人间。"《劲草》云："遍野无声长，悬崖有隙生。雪压根不死，春到绿乾坤。"如七绝《难眠》（见前引），五绝《淡泊人生》云："显贵浮云去，虚名逐浪沉。淡泊心守静，抱璞我归真。"五绝《气节赞》云："梅碾香犹在，丹磨赤自存。石焚洁似雪，玉碎质还真。"五绝《学诗》云："水淡能收月，毫柔也纵龙。真情流笔下，大气溢胸中。"以上诸诗，皆能见其丹诚，见其抱璞归真之高致。

夫诗词曲诸体，皆有韵有律，古今作者皆所遵循，实非易事，马君于此亦用心良多。然吾国之旧体诗词，已历千数百年之累积，其积也厚，其蓄也深，故必积以时日，久于其道，始可尽得也。马君其勉乎哉！

马君尽瘁国事，于其《难眠》诗可以见之，故吾读马君之诗，时时见其忧劳之心，是更令予钦且佩也，是更有异于世之诗人也，岂可以琐屑求之哉！

予读马君诗，得二十八字，今即书之篇末为赠。

奉题《马凯诗词存稿》

高楼海沸感君吟。与世为怀赤子心。
难得拳拳寒士意，春来会见绿云深。

丙戌岁朝于海南三亚蓝海花园寓所

铁马金戈入梦来

——读屈全绳先生诗集随感

我与屈全绳先生相识多年。谨知他供职军营，长期戍边，曾任新疆军区政治部主任、南疆军区政委、总政宣传部长、成都军区副政委，未见他有文学作品面世。今读其《关山远行》、《关河远望》两本诗集，品味其中“金戈挑明月，铁马啸深涧”、“梦中乡关几回路，不知此身在天涯”、“投鞭当断长河水，挥师敢扫千丈霾”等铿锵诗句，不禁有士别三日，刮目相看之感。屈诗质朴凝重、气势开阔、充满哲理性的思考，又透出一种军人的阳刚之气，强烈的爱国主义、英雄主义情怀。我自觉其特点有三：其一，题材广泛。既有对大漠边关军旅生涯之生动描述，亦有对亲身经历之重大事件的忠实记录，还有对祖国和人民的殷殷深情。如此广泛的题材，得益于作者四十余年风雪边关、春雨京城以及多个军队领率机关工作之经历，亦得益于其南亚、欧美、拉丁美洲数十国之行之阅历，还得益于其出身农家、荷锄垅亩之情结。其二，思想深刻。屈诗状物言志，借景抒情，每每触及事物本源，于人性深处多有顿悟，一些精彩语句或可传世。其三，表现形式多样。入集诗词两百多首，既有诗、词、曲，又有民歌、歌词，且引古使典，为我所用，使整个集子活泼灵动，异彩纷呈。

此外，我还想到，在我国的文学史上，素有边塞诗之称，其中的高适、岑参，尤以边塞诗著名于世，以其诗歌内容，皆写边塞异域风光而气象辽阔，风格雄健也。在宋代也有边塞词，如范仲淹的《渔家傲》就是一例，而辛稼轩有不少名词，都是写军旅生活，其中也不乏边塞的内容。① 我读屈先生的诗词，自然而然地想起唐宋的边塞诗词来，我感到说屈先生的不少诗词，是当代的边塞诗词，也无丝毫夸张。如他的《自度曲·登嘉峪关》："大漠落日飞尘，不见阳关路。催马追星月，卧沙枕秋露。"《昆仑雪》："昆仑冰山齐天高，大漠号角惊飞雕。铁甲碾碎熊罴梦，万里关河竞妖娆。"《临战》："边塞暮秋滚狼烟，男儿热血沸关山。莫道书生戎装新，腰下犹悬三尺剑。"《诉衷情·大漠秋点兵》："祁连山岭秋来黄，大雁唱苍凉。河西路上风紧，暮色罩沙场。装甲响，土飞扬，炮衣张。兵从天降，西望阳关，先取敦煌。"《雪夜野营》："正月飞雪漫昆仑，寒透帐篷战马喑。夜来枕戈卧兵川，晓看红柳报早春。"此外他的《戈壁行》："催马走沙洲"。《神仙湾感怀》："驱车昆仑上高原"。《戍边二题》："日出昆仑莽"，"天山飞雪急"。《库车行》："龟兹老城旧戍楼，古道飞尘草木秋。将军策马登高台，英姿不让定远侯。"《轮台宿营》："南出天山百里峡，轮台城上飞黄沙。梦中乡关几回路，不知此身在天涯。"读这些诗，真正使我感到"铁马金戈入梦来"。这样的诗，在他的集中很多，甚至占诗集的主要部分，我不可能都引出来。我们读以上所引的诗，说它是新的边塞诗，是我们时代的边塞诗，难道有什么夸张吗？说它是新的边塞诗，当然与古代的边塞诗不同了，根本不同的是主观的精神境界不同和客观的时代环境不同，至于边塞的

① 按：辛弃疾时代的"边塞"与唐诗里的"边塞"在地理位置上是完全不同的，不能误会。这里只是取其边塞的意思。

地理风貌、气候条件和边境时有的紧张形势，应该是大致相同的。但就是因为前两者的不同，所以屈先生的新边塞诗显得壮志凌云、浩气贯空，显得雄风千秋而没有古代边塞诗萧瑟的一面。此外他的《读史》“吕后谋称制”、《访贾谊故居》等咏史诗，也是意味深长，发人深思的。一位戎马倥偬的将军，怎么会变成一位下笔千言、放怀长吟而且动人心魂的诗人呢？集中有一首《夜读》给我们透露了一点消息：“夜来吟读不觉晓，皓月清灯两相照。窗外画眉啾声近，朝霞一片天际烧。”诗人给我们透露了他刻苦夜读的情景。古往今来的大诗人，无一不是从刻苦中来的。我们从李白、杜甫、陆游等大诗人的经历中都可找到这一点。诗人屈全绳也是同样的情景。诗人还有一首《秦川吟》：“梦回秋塞望秦川，故国一别四十年。铁马冰河疏勒城，电闪雷鸣玉门关。燕山脚下读孙武，金沙江畔再紧鞍。老卒自知夕阳红，风雨兼程不偷闲。”这首诗，可以让我们看到这位将军兼诗人的高尚情怀，依旧是“风雨兼程不偷闲”，这种自始至终的刻苦勤奋精神，军功累累而依旧刻苦自励的襟怀，多么令人敬佩！这首诗与另外一首《元旦抒怀》“为官莫做弄权人，解甲重读千字文”对读，更能感受到他高尚的情操。

正因为屈诗具有这许多动人心魄的内涵和玉壶冰心的高尚情怀，所以才引发了钟开天先生极大兴趣。钟先生系军内外颇有影响的书画艺术家。幼承家训，临书作画，弱冠之年即发表作品。后携笔从戎，戍边云南，凡四十五载。初为战士，继而班长、排长，直至昆明军区文艺创作室专业创作员。20 世纪 80 年代，大型国画《走进阿瓦山》一经面世，便震撼京城，使其一举成名。90 年代，《瓦山部落图》在美国夏威夷展出，引起轰动。此后多次出国举办画展，开展学术交流，并受聘夏威夷大学、乔治亚大学讲授中国书画。本世纪初，为中央军委八一大楼外宾厅创作巨幅工笔重彩丙烯壁画《绿色瑰宝》，其独特的构思、宏大的场景、绚丽的色彩、高超的艺术技巧，赢得军内外交口称誉。绘画大师关山月评价其为难得的艺术珍品。钟先生书画兼长，擅以书入画，又能以画入书，尤以楷书、行草名世。

共同经历往往造就共同思想及情感。在数十年军旅生涯中，二位先生分别于祖国西部和西南边疆走过相同的巡逻小道，体验过相同的戍边生活，感受了丰富多彩的西部多民族历史文化。同一时代的相同经历奠定了其共同的思想基础。当屈诗浓烈的边关情怀和蕴涵其中的岁月印记展现在钟先生面前时，巨大的震撼和强烈的共鸣油然而生，于是便有了以书法艺术表现屈诗的创作欲望和艺术冲动。在这种创作激情推动下，钟先生调动其所擅长的各种书法和绘画手段对原作进行二度创作，或整体全书，或重点节录，或特写名言警句，将诗词中的意境、个性气质修养表现得淋漓尽致，使原本情感浓烈、语言隽美的诗词更加雄逸苍劲，赏心悦目。钟书以行草为主，兼及楷书、行书、草书诸体，体势多变，随意生态，凌厉劲健又婀娜多姿，洒脱开张又沉稳厚重。其楷书能从汉隶魏碑和爨字中脱颖而出，从结体到用笔皆别开生面，古拙典雅又生动活泼；深厚的绘画构图功力渗透于书法之中，使书之章法错落而有节奏，和谐而又大气。在表现形式上，长卷、信札、斗方、对联、中堂、条幅应有尽有，附之以宣纸、麻纸、撒金、过渡色底纹处理和折页、绘画、印章等艺术点缀，最后由钟先生亲自编排组合，使书法和诗词意境完美结合在一起，内容与形式有机统一。

珠联璧合，相映生辉，是我对《钟开天手书屈全绳诗词集》的基本感受。当然诗与书都是无止境的，屈诗有极为丰富的生活为基础，有他独到的意境，今后在铸辞、遣韵上更加锤炼，还能更进一步，更上层楼；钟书在起伏变化的同时亦可从钟、王及后世古人的书法中吸取其内蕴而使书风于飞动中更趋沉稳凝重。不断地自我否定乃艺术走向完美的必由之路。我衷心祝愿两位先生在诗书结合领域开辟出新的天地。

最后，我谨题小诗三首，为两先生志贺。

赠屈全绳将军

昆仑一别十三年。又到诗城拜杜仙。
怪道诗思清似水，原来心底有灵泉。

横刀跃马儒将风。壮志如山气似虹。
屈大夫和辛弃疾，雕弓词笔一般同。

赠钟开天先生

天岸开张气势雄。千钧笔力挽雕弓。
为因儒将诗词好，赢得钟王腕底风。

2007 年 4 月 1 日

风风雨雨人长吟

——纪宝成先生《岁月诗痕》序

最近，我读到了纪宝成先生的诗集《岁月诗痕》，我连续读了十来遍。是什么原因让我一读再读，不忍释手？简单的答复，就是这本诗集与我有太多的共鸣，所以我刚刚放下，想着想着，又要拿起来重读，重温我的共鸣。

纪先生是扬州人，这首先就让我产生了共鸣。自上世纪 70 年代起，到现在我去扬州的次数实在有点数不清了，起码也有二三十次，因而我熟知扬州。

扬州是诗的城市，有多少诗人歌咏了扬州。杜牧的“青山隐隐水迢迢。秋尽江南草未凋。二十四桥明月夜，玉人何处教吹箫”。这是脍炙人口的歌咏扬州的诗。扬州有个徐凝门，至今仍在。就是因为诗人徐凝咏了“天下三分明月夜，二分无赖是扬州”的名句。其实歌咏扬州的好诗好词，何止于此。姜白石的《扬州慢》：“自胡马窥江去后，废池乔木，犹厌言兵。”这是写扬州兵火灾后的情景，他与鲍照的《芜城赋》可以后先辉映。还有李纲的《迷楼赋》、张问的《琼花赋》等等，也都是歌咏扬州的，所以说扬州是诗赋的城市并不夸张。

扬州还是画的城市，有名的扬州八怪，都在扬州，其中金冬心、石涛，尤为特出。石涛还画过《淮扬洁秋图》，一片平远山水，画出了广陵风貌。

扬州还是园林建筑的城市，多少名园聚于扬州，至今还有“个园”、“何园”可供赏心。还有石涛留下的“片石山房”，虽然只名园一角，也无异是沧海遗珍了。

扬州还是“学”的城市，历史上著名的扬州学派，汪中、宝应刘氏、阮元、焦循、刘宝楠、刘师培，都是这一学派的代表人物。

扬州还是商业经济的城市，两淮盐商所带来的经济文化的繁荣，使扬州富而好文，富有文化气息。

扬州还是饮食文化的名城，淮扬菜至今名闻天下。想当年曹寅扬州接驾，动不动就是御宴一百席，其豪华可以想见。

最后，扬州还是历史文化名城，至今保存下来的历史名迹，如平山堂、瘦西湖、梅花岭史公祠、蜀冈炀帝迷楼遗址、广陵王墓、塔湾行宫、雷塘炀帝陵，以饭后钟闻名的唐代石塔寺的石塔等等，至今数不胜数。

这样的诗城，这样的经济名城，这样的文化学城，产生出纪先生这样的诗人、经济学家、教育家，并以提倡复兴国学而声动国内外，就是自然而然的事了。如果不信，请看他的诗集里，开卷的三首全是怀念故乡扬州的，而且并不是仅仅这三首，后面还有《风雨瓜洲渡》、《思故乡》、《瘦西湖》等诗，可见扬州这个历史名城对他的孕育作用有多深，也可见他的故乡情深。而他这些思念故乡的诗，也都是情真意切，出自肺腑的。例如他的《夏夜村笛》（1959 年 7 月 21 日于扬州南门外徐家集梁庄）：

卧看晴空星和月，微风忽送前村笛。
声悠调婉意绵绵，出神入化悄无息。

又如他的《风雨瓜洲渡》：

驱车过大江。翘首望家乡。
风雨瓜洲渡，云烟最断肠。

再如他的《思故乡》：

花动扬州路，风轻四月途。
名城春色好，情满瘦西湖。

这些诗，都反映了作者对故乡的深情厚意。而作者诗中写到的“瘦西湖”、“瓜洲”、“仪征”等地，也是我反复去过多次的，所以读这部分诗，一下就使我产生了共鸣。

使我产生共鸣的另一部分诗，是作者悼念刘少奇、周总理、陈毅、朱德、毛泽东的诗。这一组诗，可以看作是我们这个时代的反映。可惜的是作者的年龄比我们要小一点，而且他在外地不在北京，所以对当时京中的紧张形势，对总理去世后直到“四人帮”垮台前天安门几十万人忧国忧民声讨“四人帮”的汹涌浪潮，不可能有很多的了解，但读他的《浪淘沙·痛悼周总理逝世》：

耳底炸惊雷，哀乐低回。捶胸顿足泪纷飞。白纸黑纱情似海，举世同悲。　　念业绩光辉，无限声威。哀思如水紧相追。耿耿丹心磨不灭，青史长垂。

《吊少奇同志》：

亮节丰功才旷世，经天纬地暗遭疑。
叹悲同志相煎急，千古奇冤一少奇。

这一组诗词，已忍不住让我心中热血沸腾了。记得总理逝世这一天的清晨，我还未起床，忽然听到广播哀乐，我的心就突然跳起来，控制不住自己，泪水夺眶而出。因为这时的哀乐，大家心里明白肯定是周总理了。更令人愤恨的是“四人帮”竟下令不准悼念周总理，不准挂黑纱。可是谁也没有理睬这道“乱令”，纷纷去买黑纱。我们《红楼梦》校注组的同志去买黑纱时，布店的同志竟不收钱，只是相对哭泣。我们当天自己就举行了追悼会，人人挂了黑纱，但大家只是相对而哭。下班时，大家心照不宣，都去天安门，那里的情景更是令人激动万分。这时的天安门，真是怒潮澎湃，群情激愤，连续几天，花圈如山，人流似海。当送别总理的时候，自动加入送别队伍的人从长安街到八宝山，竟如一条绵延不断的长龙。此情此景，永远铭刻在我的心头。

还有当少奇同志被害的消息传来时，我激动得几乎无法控制自己，那时我还在受监制批判，罪名一大堆，但总算晚上还放我回家，我到夜深人静的时候，奋笔疾书，画了一幅泼墨葡萄。题了两句诗：“刘琨死后无奇士，独对荒鸡泪满衣。”这是陆游的诗，第一句恰好暗藏了少奇同志的名字，第二句的“荒鸡”是我用来骂“四人帮”的。原诗是“独听”，我改成“独对”，因为当时的形势已不仅仅是“听”，而是天天面对着“四人帮”的种种暴行了。

我身经这场天翻地覆的大风大浪，眼看着当时人民种种的苦难，心忧着国家面临的大难，现在再来读纪先生的这组诗，怎么不使我激动万分呢？这组诗也充分显示出诗人纪先生忧国忧民的怀抱。

这部诗集让我产生共鸣的另一个内容是贯穿在诗中的豪情和弥漫于诗里的真性真情。我虽然与纪先生接触不是很多，但读他的诗，感到作者是一位豪气干云而富有赤子之心的诗人。例如：

四月二十四日

青岛风雨

云乱动沧海，浪飞击顽礁。
人生何为乐，风雨情更豪。

吕 梁 山

小将登天穹。红旗壮东风。
苍山似海远万里，汗雨洗严冬。
寒山峰连峰，赳赳壮志雄。
愿将天涯都踏遍，热血化春容。

悼 张 志 新

直言犯上为民忧。正气歌吟敢献头。
留得人间千古恨，书生拍案泪空流！

登 庐 山

雄峰秀谷美庐山。万木葱茏石道湾。
多少风云流散去，忽晴忽雨是人寰。

在这部诗集里，这样的诗还有很多，我不可能把它都抄出来，读者可以自己品赏。

有人说，作旧体诗须要守格律，遵诗韵。这当然是对的，但我认为还需要补充。在古代要求作诗严守格律，这当然是天经地义，现在纪先生的诗也是充分注意到了这一点的。但我觉得在今天应有所变通，学过旧体诗词，并且熟悉平仄诗韵，喜欢严遵旧诗词格律来创作的，当然完全可以照旧体诗词的格律来创作，我的老师一辈如王蘧常、钱仲联、冯振心、朱东润、吴白匋、陈小翠、陈兼与、张伯驹、启元白诸先生，他们就惯于旧体诗词的创作，谨守格律，以此为乐。但是后来有一些先生，就不那末严格了，其中也还有一部分老先生。我觉得这也不必过于苛求，只要真正是诗就好。因为古今语音变异很大，就是完全照古人的诗韵，实际有的字的平仄和韵脚今天读起来已不同于古人了。例如北方就没有入声，可我的家乡音就有入声，这就是明显的差异。还有中国这么大，各地的方音实在太不同了，你完全按照古人的音、韵来作的诗，但拿到稍微偏僻一点的地方去，读起来可以完全不同。所以我很赞成重编诗韵，但重编诗韵也不可能解决方音问题，只可能求其大方面的一致。特别还要注意到，即使严守了格律，它本身却毫无诗味，你即使勉强把它算作是“诗”了，实际上仍不是诗。《红楼梦》第一首诗：“满纸荒唐言，一把辛酸泪。都云作者痴，谁解其中味!”这首诗，一不合平仄，二不合诗韵。“言”是平声十三元，“泪”是去声四寘，“味”是去声五味。这三个该押韵的字，却一字一韵，各不相关。可是这首诗却从未被人挑剔过，而且也确是曹雪芹自道甘苦，内蕴深厚的一首好诗。所以诗的根本问题是诗的内容问题，是有没有真正的诗情诗意诗味的问题，格律是第二性的问题（指对今人而言）。有志于学诗的人，能懂得格律，熟悉平仄诗韵当然是有用的，但决不是说懂得以上这些就保证能写好诗了，这一点千万不能误解。

纪先生是经济学专家，又是教育家。近年来提倡振兴国学，更受到学界的尊重。目前，经过纪先生的大声疾呼，虽然遇到一些不同的声音，他仍奋勇直前，坚持不懈，终于经过三年多的努力，社会上对国学的重视已大异往昔了，国学院许多地方都有了，青年人也越来越感兴趣了。于丹的《论语心得》竟一下发行了300万册，而且还在上升，这只能说明传统文化的生命力是旺盛的，社会是实际需要国学的，这应该算作是社会测试的一个答案，而这一点，纪先生是起了振臂高呼的作用的。

一个经济学的著名专家，一个办教学的著名教育家，却还是一位好作旧体诗词的诗人，这实在很难得了，更何况他的诗还激起你的共鸣，让你一再想重读，这恐怕与他的故乡有一定的关系。扬州，毕竟是诗的扬州，文化的扬州，“学”的扬州啊！“人杰地灵”这是一句老话，也许用在纪先生身上，要倒过来说“地灵人杰”。当然这也只是因素之一，不能绝对化。

由于这部诗集给予我很多感触和共鸣，我也写了三首诗，作为对《岁月诗痕》的读后感罢。

读纪宝成先生的《岁月诗痕》

一

岁月诗痕感慨深。风风雨雨入长吟。
诗人别有关情处，况复诗魔苦纠寻。

二

地覆天翻岁月稠。狂风恶浪势吞舟。
千秋史笔董狐笔，几曲哀歌动九州。

三

千年古国焕青春。四海承平起乐钧。
多谢诗人诗笔健，和谐长曲续诗痕。

2007年3月20日夜1时于瓜饭楼

云林高士旧家风

——怀念倪小迂先生

看到《倪小迂诗集》出版，非常高兴。小迂先生是我的前辈老友，我们相交了半个世纪，情如亲人。

我们的相交也是从“诗”开始的。40 年代初，我在无锡国专读书，国文老师顾钦伯先生给我看一份油印的诗稿，诗题是《四十述怀》，作者是倪小迂。我读后非常钦佩和感动。顾钦伯先生就为我介绍了小迂先生的大概。特别说他是画家、雕塑家，这就更加促使我想早日见到小迂先生，在等待小迂先生的这段时间里，我把他的《四十述怀》诗都背熟了，隔了不多久，果然小迂先生又来了，我们终于见了面。从此就再也没有间断过联系。

1954 年，我调到北京中国人民大学，小迂先生在农科院工作，离我住处很近，所以我一有空就去看他，非常亲切。小迂先生的夫人诸继贤也特别慈和，我们在一起完全无拘无束，那时我才三十岁，小迂先生已经五十四岁了，但我们在一起好像长兄和小弟一样，无所不谈。一年后我搬到城里住，但每周都到学校上课，所以仍能与小迂先生见面，有时他进城也常到我住处去。

60年代初，小迂先生回到无锡，我每次回锡，也都必定去看他，他住光复门外桥堍的住处，我至今记忆犹新。

小迂先生的诗，是性情中人的诗，是画家的诗，所以自有他与众不同的地方。他的《四十述怀》我很长时间都能背诵。特别是第一首：

清闷家风我学迂，[①] 何妨画竹被称芦。
尝融古意丹青味，每异时情翰墨娱。
避俗偏为尘上客，迎人宁作笔头奴。
狂言一笑成知己，微醉青衫薄酒污。

其中“何妨画竹被称芦”，“狂言一笑成知己，微醉青衫薄酒污”等句，可说是一时警句，我与他的交往，也真成为“狂言一笑成知己”。

小迂先生的诗集，自始至终贯穿着强烈的爱国主义的思想感情。例如他的《四十述怀》里说：“话到平生多洒泪，论将气节少低头。”“遥遥万里出乡关，不逐胡儿誓不还。即是心微知气节，何能国辱忍羞颜。”当我读到这些诗句时，真是万分激动。因为那时是1943年，日本鬼子还未投降，抗战正在艰难的阶段，我们走在路上随时都可遇到杀人不眨眼的日本鬼子，而这些诗句要是被日本鬼子看到，那是十分危险的，但小迂先生不仅敢于写出来，还印发给自己的朋友，可见他的爱国热忱是如何之高了。

小迂先生肯定还有一些诗未收进这本集子里，我记得有一次我回无锡，约着汪海若、严古津一起与他见面，他还拿出来他的一组诗，是咏峨眉山的。那时他塑造了一座峨眉山的模型，并为峨眉山写了组诗，我

---

① 倪小迂先生是元代大画家倪云林的嫡传后人，50年代他还保存倪云林清闷阁的香炉。他自己的山水画，也完全是倪云林风格。

与严古津、汪海若都曾写过和诗，可惜古津、海若都已去世，我的和诗一时也找不着底稿了，但小迂先生有这组诗是肯定的。

还有一次，我与小迂先生一起在惠山喝茶，记得同座者也是海若和古津。临别时，我有一首诗送小迂先生。这首诗我还能记得，现将它写在下面，作为本文的结束：

惠山与小迂先生茗话留别

九龙秋老二泉寒。曾共髯翁把臂看。
空教满山明月在，翁归陀里我长安。

2000年元月2日匆稿

水流云逝人安在

——怀念邓云乡兄

云乡兄离开我们已经两年了。

记得1998年11月中旬，我突然接到云乡兄的电话，说他来北京开会了，因住的宾馆太冷，受冻后感冒了，急着要回上海去，不来看我了。他说下月就要来北京，到时再来看我。

我当时并没有太在意，觉得感冒只要几天就好了，所以，电话以后，这件事也就过去了。想不到隔不多久，上海来电话，说云乡兄已经去世了！这对我真是一个晴天霹雳，我接了电话，真不知如何是好！

后来知道，他回上海后，自恃身体好，以为只要洗一个热水澡，泡上一泡，感冒就好了。谁知一泡以后，当时就起不来了，经朋友帮忙，急送医院，一检查，方知是肺癌突发，已是晚期，加上先冷后热，更加剧了病情的恶化，所以住院后只有十来天即去世了。我听了云乡兄的这个经历，真正使我感到“人之不可期也如斯”！

我与云乡交往，前后已有三十来年了，我深知云乡是一个笃学而又朴实的人，回思我们30多年的交往，真是“君子之交淡如水”，除了茗话以外还是茗话。但云乡是著名的美食家，又做得一手好菜，其最得意之作是红烧牛肉，曾多次邀我去品尝，我一直迟迟未去。因为他的夫人长年病废在床，云乡照顾她一人，已经很辛苦，岂可再讨扰。但经不住云乡一再邀约，我终于去了一次，品尝之后，觉得真是不同凡响。可见云乡不仅仅是个美食家，而且他的实践也是第一流的。

在做学问上，大家都知道他博而深。关于他的治学的博，不用看他别的多种著作，单看这本《水流云在丛稿》就可以明白了。例如这书的目录里有这样一些题目：

民俗学与中国民俗
元人词中之北京风俗
中国葬礼历史演变
李清照词简说
清代物价三百年述略
抗战时期后方物价简介
《红楼梦》与中国传统文化
红楼茶事
颜习斋和读书无用论
苏州“贵潘”四题
陈师曾艺事
广和居小志
百年商务话旧

这些题目，其跨度之广，是一看便知的。在全书 52 个题目中，有不少似乎是“杂文”小品，其实不然，只要翻开一读，就知道都是洋洋洒洒的大文章，不仅言之有物，而且是言之有据。所以云乡写这些文章，并不是遣兴，而是做学问，所以才会做得如此认真。例如《广和居小志》

这篇文章，看似一个小题目，却是一篇大文章。久居京华的人知道广和居是平常的事，我住北京快50年了，也早闻广和居之名，但却语焉不详，不知底里。而云乡的文章，却从一张道光十一年十二月初二盛连英的“倒”字文书写起，盛连英情愿将自己开设的隆盛轩酒铺，“倒”与申广泰开设广和居，代价是银肆拾陆两整。这就一下刨到了广和居的根，找到了广和居的史前史。然后洋洋洒洒，如香炉泻瀑，如大江东去，从道光十一年连绵而下，一直写到广和居至本世纪30年代关闭。道光十一年是公元1831年，到本世纪30年代，则整整一百年，其间京朝大老到广和居的宴集，广和居的名菜，以及名菜的来历，席间大老们的唱和诗等等，无不俱备。特别是本世纪初轰动京华的两首“广和居”题壁诗，那是两首讽刺清末权要的政治讽刺诗，但其内情底里，很少人能说清楚，云乡此文却言之凿凿，把事情的来龙去脉及诗的底里说得一清二楚，实在是研究晚清政界内幕瓜葛和京华掌故的好材料。再如《红楼茶事》，从刘姥姥初见凤姐，凤姐丫鬟平儿捧着填漆茶盘，盘内一个小盖盅儿写起，一直写到清代北京喝茶的品种、习惯，再一直写到茶的生产，记载茶事的文献，然后再说到贾母为什么不喝六安茶而喝老君眉，又说到妙玉在栊翠庵里给宝玉喝的“体己茶”是什么茶，书中并未说明，只写宝玉喝茶后赏赞不绝，果觉“清淳无比”。云乡在这里说“只说了半天水，不能不说是遗憾”。按《红楼梦》此处确未写明是用的什么茶叶，但从妙玉对用水的讲究和宝玉赞赏“清淳无比”来看，应该是绿茶而不是红茶，更不是花茶。因为贾母他们不喝绿茶，黛玉是从苏州玄墓来的，玄墓一带是产绿茶的地方，著名的碧螺春也产于苏州洞庭东山，苏州、扬州、南京、无锡一带是习惯喝绿茶的，妙玉应该也是喝绿茶的习惯，所谓喝“体己茶”，就是妙玉自己喜欢喝的茶，也即是与贾母等喝的不一样的茶，再从宝玉的赞词来看，这“清淳无比”四个字，用来赞绿茶，特别是上好的绿茶，是最为贴切的。可惜云乡已经不在，已经无从商量推敲了。

云乡还谈到《陈师曾艺事》，也是道人之所未道。特别是陈师曾的书画篆刻艺术，其造诣之高，并世无第二人。他的印谱，我在解放前就买到了，我还买到了他的诗集，即是云乡书中写到的于民国十九年由叶恭绰予以付影印，由其女弟子江采手写的本子。特别是数年前，我在地摊上无意中买到了陈师曾的一方图章，印面是“乐翁”两篆字，边款是“师曾”两字，篆、刻均极精，这是陈师曾的亲笔原作，之后，陈师曾的儿子陈封雄先生还来电话讯问过此印，确是他父亲的遗物。另外，我还得到了陈师曾的父亲陈三立为他的尊人所刻的覆宋本《黄山谷诗集》。原来陈三立和他的父亲陈宝琛都是酷好黄山谷诗的，尤其是陈宝琛。陈三立因父亲所好，特别是从杨守敬处见到了海内孤本宋刻《黄山谷内外集》，因此即商得杨守敬同意，依宋本原大原型重刻了一部。陈三立在书前有题辞：

> 光绪十九年，方侍余父官湖北提刑。其秋，携友游黄州诸山，遂过杨惺吾广文书楼，遍览所藏金石秘籍，中有日本所得宋椠黄山谷内外集，为任渊、史容注。据称不独中国未经见，于日本亦孤行本也。念余与山谷同里闬，余父又嗜山谷诗，尝憾无精刻，颇欲广其流传，显于世。当是时，广文意亦良厚，以为然。乃从假至江夏，解资授刊人。广文复曰：吾其任督校。越七载而工讫，至其渊源识别，略具于广文昔年所为跋语云。
>
> 光绪二十六年二月，义宁陈三立题

光绪二十六年是公元1900年，距今整整一百年。以上是我所接触到的有关陈师曾及他的父、祖的一些事情，倘云乡在世，均可补入他的文中，现今已人琴俱亡，只可借此为他补记一笔了。

再有，云乡写《曹雪芹园冶构思探秘》一文，力排大观园即恭王府后花园说，主张大观园是曹雪芹的艺术虚构，但尽管如此，他认为曹雪芹构思大观园，还是有所借鉴的，这个借鉴之本，就是康熙、雍正时的高凤翰的《人境园腹稿记》。云乡将此文逐段引出，以与《红楼梦》中大观园的文字相对照，虽然不可能句句合拍，却也是依稀仿佛。说曹雪芹可能见过此文，得到启示，然后展开想象，下笔构造《红楼梦》里的大观园，这种联想，是很自然的。特别为大家引出高凤翰的《人境园腹稿记》来，供人揣摩，这对研究大观园或进一步研究《红楼梦》都是有意义的。

云乡兄的这部遗稿里，收了50篇文章，绝大部分是他的力作，我刚病后，体力未曾恢复。特别是目昏，看不清楚文稿，勉强看了一半，已觉得益匪浅。尤其是写这种各题互不相关、跨度很大的文章，更显得吃力而费功夫。比如开矿，挖好一个矿井，那就可以源源不断地生产。现在云乡等于是挖一口井，只生产一篇文章，尽管文章既广且深，但毕竟还是费力气的。要不是云乡的博学多能，恐怕别人是很难这样做的。

我曾问过云乡，我说你文章如泉源，不掘地而自出，究竟是什么缘故？他非常谦虚，说就是一个笨办法，天天写，也天天读。其实这就是一个字——“勤”。“天天写，天天读”，实在是至理名言，是我们的座右铭。尤其是“天天读”，这实在太重要了。我碰到不少朋友，都叹息现在支出多（写的文章多）而吸收少。我自己更是如此！朱熹的诗说：“半亩方塘一鉴开。天光云影共徘徊。问渠那得清如许？为有源头活水来。”天天读，加上实地的调查考察，这就使源头有了活水，否则就要枯竭，就要写不下去！读云乡的这本书，再想想他的“天天写，天天读”的话，实在可以使大家受益无穷。

写到这里，我就用一首怀念云乡的小诗来结束此文罢。

怀 云 乡

水流云逝人安在？一尺遗书系我心。
多少京华梦里事，天涯何处觅知音！

2000年11月22日晚10时于京东且住草堂

坎坷平生祝季子

——怀念祝肇年兄

肇年同志去世已经 6 年了，在他的弟子们的努力下，他的文集终于得到出版了，这是大大可以告慰肇年于地下的。

我与肇年是同门——同是周贻白先生的学生。但我是 1947 年在无锡国专从周先生学戏曲史的，那时周先生正在著作《中国戏曲史》，我到周先生家里时，总是看他埋头在写作。而肇年是解放后从周先生学的，比我要晚了好多年。

我是 1954 年到北京的，我来时，周先生早已在中央戏剧学院任教了，所以我一到北京，第一个见面的熟人就是周先生。说也凑巧，我在西郊人民大学住了一年后，就搬到张自忠路人大宿舍住了，那时周先生住在交道口棉花胡同，离我很近，所以我常到周先生家里去，加上周师母也是早在无锡就拜见和熟识的，所以到周先生家里感到特别亲切，而周先生也常常会突然跑到我家里来聊天。

可能是 60 年代初，有一次周先生跑到我家里聊天，说着说着，就讲到他最得意的学生“周正年”来了，而且讲得非常得意、非常高兴，并且说，一定要叫他与我认识。他预言这位“周正年”将来的成就一定了不起！周先生是说的一口湖南话，我明知我耳朵里听的“周正年”三个字肯定不准确，但当他热情洋溢的时候，我也不便打断他的话头去问他，心想反正他要带那位“周正年”来的，到时自然明白了。哪知此后我与周先生有很长一段时间不见面，之后不久，就爆发了“文化大革命”。我是首当其冲受到冲击的，当时我所知道的我的熟人也无一例外。周先生就是我十分担心的一个。他是湖南人，心实而性直，我生怕他经受不了。果然有一次，周先生学校的造反派来找我了，来势汹汹，竟然声称是要“提审”我。说实话，我心里并不害怕而是觉得奇怪，但是我马上想到是为了周先生的事，我真的为周先生心中着急。“提审”开始，就要我交待和揭露周先生的“反共”罪行，我郑重地告诉他们，周先生是一个学者，并不是政客，在无锡国专教戏曲史，写戏曲史，周先生当时很穷，我在无锡的旧书店里还买到过周先生的藏书。他们逼问了我很长时间，一无所得，只好空手而还。但我却由此而更加想念、担心周先生了。

“文化大革命”后期，已经是70年代初从干校回来的时期了，我也可以自由地走动了，我第一件事就是去看周先生，但周先生已瘫痪在床上，连说话都很不方便了，我们相互的语言，只有湿润的眼泪。之后不久，周先生就逝世了。我得到通知后，就赶去参加追悼会，正是在这个追悼会上，我才认识了周先生老早就要我认识的我误听为“周正年”的祝肇年。当时肇年就含着眼泪对我说：“周老师一直要我来拜识你，却没有想到在这个场合我们相见。”

确实，我与肇年的见面是永远不能忘记的！

之后，我与肇年也就经常见面。

有一次，肇年忽然深夜来找我，先是告诉我他在“文化大革命”中受的种种迫害，被加上的种种可怕的罪名，然后说现在可能要给他平反了，但只能平反一部分罪名，还要保留相当多的部分。他当时与我说的都是一条条具体的“罪名”，事隔30年，我现在竟无法记起这些具体的“罪名”了。

我听完以后，已经激动万分，我知道肇年的夫人就是为了肇年的种种“罪名”而得疯病的，如今到了平反，还要讨价还价，实在使我痛心疾首。我问肇年，你本来一身清白否？他说“文化大革命”前他没有任何问题，这都是“文化大革命”中加上去的。我说你现在要力争的是还我清白之身，回归到“文化大革命”前一样，没有任何可以迁就的余地。如果不达到这一步，你绝对不要签字。肇年怀着疑惑的心情问我，能做到这一点吗？我坚决地说：“能！”于是肇年怀着不安的心情说，我回去再坚持一段时间看看。肇年顾虑的是怕不能平反，他夫人的疯病更加严重，如稍予平反，她的病也许得以好转。

当时文化部分管中央戏剧学院的是林默涵同志，我立即去看望默涵同志，详详细细地把肇年的情况向默涵同志报告了。默涵同志当时就说，凡“文化大革命”中强加的“罪名”，一定要彻底平反，不留任何尾巴。我听了这话，几乎要为肇年向默涵同志下拜！

之后，肇年又连续来过几次，一次次地减轻，我总是告诉他要坚持到还我清白之身，要记住默涵同志说的“不留任何尾巴”！终于有一次他来看我，告诉我所有的“罪名”统统推翻了，真正还其清白之身了！

然而，他夫人的疯病却并没有能够好转。而肇年始终是既要挑繁重的教育任务，还要挑沉重的家庭担子，包括照顾有病的妻子。

肇年在业务上是出类拔萃的，在平反以后，每次到我家里来闲谈，总是谈做学问的事，当然是谈戏曲的多，而谈戏曲又是谈《西厢》的话题多。我深深感到肇年对《西厢》钻研、理解之深透，是独造其奥境的。我原本也是《西厢》迷，我过去大部分《西厢》曲文都能背诵，连金圣叹的“序”也读得很熟，但听肇年与我闲谈，却常常佩服他的妙悟。他当时说要写一部关于《西厢》的专著，但当时忙于别的事，只写了现在收在文集里的几篇短文和一个提纲，肇年对《西厢》满腹的妙解深解，终于又被带走了，这是最最令人叹恨的。

我没有想到肇年竟会得癌症。有人告诉我时，我不能相信。直到告诉我已经住在宽街中医院时，我才不得不信。

我只好怀着无可奈何、无限悲伤的心情去看望他。他见到我当然很高兴，但他对我说，“生无可恋，死无可惧”。我深知肇年的内心是无比悲痛的，他一辈子受冤受苦，难怪他产生“无可恋”的想法，我听了他的话，真是想哭而又不敢哭。那时，他病还未恶化，所以话题还是谈到做学问等事，特别是肇年于诗词的学问很深，所以他解《西厢记》、《牡丹亭》的俊句、警句，常常能发人之所未发，而且一谈起诗词或曲文也容易忘记眼前的痛苦。

隔了些时，我又去看他，神态虽未大变，我却总感到不大对劲，而他却竟然告诉我，他已经不行了。他说他临别要告诉我，第一，我是他最亲最亲的挚友，要我千万保重身体，要我千万提防坏人，他的心怀早已全部向我倾诉，这是他最感欣慰的事；第二，他有一位挚友，还未与我见面，他希望我们也一定成为挚友！他说到此处，可能因为激动，神情有点异常，我劝他不要多说话，静以养神。平静了一会儿，他又说“生无可恋，死无可惧”。

我继续安慰他，要他继续治疗，不要总朝坏处想。

隔了些时，我去湖南湘西开会，但心里总记挂着他，当时根据我的估计，还不至于到最后时刻，我回京还能见几次面。恰好在湘西遇见了他的学生，我急忙问他祝老师的情况。他说，他离京时，祝老师病情非但没有恶化，且有明显的好转。我听此消息，更是大为宽慰，心想也许竟然有救，也未可知，真是谢天谢地！谁知我回到北京，还未来得及去看他，第二天噩耗就传来了。我们的一位卓越的难得的戏曲专家，在受尽了苦难后最后告别了人世了！

肇年的一生是悲苦的一生；肇年的一生是执著深情的一生；肇年的一生，是苦学而得敏悟、得大成而未得发扬的一生，肇年是一位真正的学人！

肇年去世后，我悲不自已，写了三首诗以抒痛怀，现在写在文末，以志悲悼：

十年夺我三知音。痛哭苍天太不仁。
坎坷平生祝季子，一生受苦到终身。

论文促膝到论心。季子胸中太不平。
拔剑长啸忽然起，恸哭神州要陆沉。

文章掷地有金声。身世悠悠草一茎。
一曲西厢妙能解，君是王郎再世人。

1998 年 10 月 19 日夜深 1 时于京东且住草堂

吟诗又见月当头

——怀念名医巫君玉兄

我与巫君玉兄是无锡同乡，但我们却是在北京认识的。那是 1955 年下半年，我住在海运仓，经过朋友的介绍，请君玉兄来给我看病，他无意中在我的书桌上看到了无锡友人严古津的来信，原来古津也是他的朋友，这样我们不仅是同乡，而且更是朋友了。从那时起直到现在，我们相交已整整 40 年。

君玉兄是名医，不仅仅现在是，就是在那时，他也已颇为同道所推崇了。那时，人民大学校医室有位中医赵大夫，他经常给我讲巫大夫的脉案好，了不起，很少有人能到这样的水平的。只要他一搭上脉，就能对你的病情了如指掌！这是这位赵大夫常常给我这么说的。不久我又从海运仓迁到了铁狮子胡同，巫大夫当时住在北新桥头条，离我就更近了。

君玉不仅是名医，更是诗人，他写诗很有功力，而且十分勤奋。所以后来，并非为了看病，往往为了诗，为了书画，也经常在一起。因为君玉还写得一手很好的文徵明的行书，还能作泼墨画。

1966 年的“文化大革命”，把我们各自都投入了灾难。“文化大革命”一开始，我就在人民大学受到冲击了，但我丝毫也没有想到一个医生，像巫君玉兄这样的优秀医生，竟然也会受到冲击！那是医院里的另一位好友，也是君玉兄的崇拜者专门来偷偷告诉我的，后来我到医院去看病，果然见不到他了，据说已经全家被遣回无锡了，而且回去时处境很困难。从此我日日夜夜地惦记着他，不知道究竟是为了什么？但有一点我是十分清楚的，他绝不会有什么问题，说他有问题，无非是为了要整他故意编出来的。

“文化大革命”的发展越来越失控了，全国爆发了武斗，就在这使人朝夕悬悬的时候，又一个消息传来说君玉不幸了！在武斗中遇害了！这对我是一个晴天霹雳，几乎把我震呆了。除了伤痛外，我已经不能用头脑来思维，来辨别了。一连好多天我几乎难以自持。过了些时，我的理智大概恢复了一些了，忽然我想到这不可能，一个人人皆称赞的良医，怎么会有这种可能呢？我的思路往这方面一想，顿时天地宽了，愈想愈觉得不可能，于是我一直在盼望着奇迹的出现。

1969 年我下放到江西余江干校，我自己说我真正“来做江西社里人”了，但这个社，不是黄山谷的江西诗社，而是人民公社。1971 年我探亲回北京，路过无锡先在无锡停留几天，当我已买好回京车票，午饭后就要上车的时候，忽然听到邻居说，东埄来了一位名医，是北京来的，诊脉好得不得了。这三句话，顿时使我想到，这必定是他。我就问，你知道这位医生的名字吗？她说不知道，只晓得姓“巫”！这一下我高兴得跳了起来，连忙叫亲戚去退火车票，这顿饭也没有心思吃了，立刻就请亲戚陪同我去无锡郊区东埄。

经过不少周折，大概我们是下午 2 时多到东埄的，找到了医院，我就直接问传达室巫大夫的诊室，然后直奔目标。到了诊室门口，只见长长的候诊队伍，君玉正背向着我在仔细地给病人诊脉。这一下什么疑虑都消失了，我好像突然得到了什么似的，反而放心了，不忙去惊动他了。我耐心地等他看完了一个病人后，就轻轻走进去拍拍他的背，他毫不经意地回头一看，却忽然看到是我，真正是“乍见翻疑梦”，他一时竟说不出话来。停了一会儿，他方才说，我要看完这许多病号，请你先到家里坐一会儿吧。于是他立即把我引到家里，又匆匆赶回诊室。到傍晚的时候，他才下班回来。前后五年的暌违反而一时不知从何说起。他留我吃了晚饭，才匆匆让我赶回城里。回到北京，我写了一首赠他的诗：

蓟门风雨与君同。湖海十年西复东。
谣诼曾挥旧交泪，短笺每忆故人风。
堂堂应向天涯在，落落何妨一壶中。
细雨布帆彭泽路，五湖烟水恰相逢。

此诗平仄多有未谐，只是记一时兴感而已。自从这次我亲眼见到了他，还与他共餐长谈后，我好像放下了一个沉重的包袱，感到轻松多了。1972 年我从干校回来，就特地到东埄去看他，他约我到东埄公社去看他的朋友杨甲。公社就在太湖边上，办公室就紧贴着太湖。杨甲是公社党委书记，是码头搬运工出身，身体魁梧，体力过人，性格豪爽，而又颇能脱俗。当天晚上，杨甲拿了一壶酒，提了马灯，背了竹篓，带我们到湖边捉螃蟹。我们在湖边坐下，一边喝酒，一边等螃蟹来看灯光。果然不到十分钟，螃蟹就爬来了，杨甲尽拣大的抓，小的就掷到湖里去，大约不到一小时，就足足装了一篓子，估计有 30 多只大螃蟹，于是决定第二天来一次螃蟹宴。第二天清早，杨甲又让我们上小机船游五里湖，这也就是传说范蠡五湖泛舟的地方。清早，湖面上雾气蒙蒙，一切都在朦胧中。我们上了小船，轻飘飘地就向湖心滑去。小机船是用马达发动的，所以一路上冲波踏浪，发出哒哒哒的响声，震得湖面上有如滚动着阵阵轻雷，划破了静谧的湖面。不想却惊动了水底的游鱼，吓得它们直向空中乱窜，有时接连数条一二尺长的大鱼从头上飞过，而且连续不断，有时竟掉进船舱里来。我们在五里湖只小小地绕了一圈，就掉进舱里几条尺来长的大鱼。于是中午既有蟹又有鱼，真正是鱼米之乡。可惜没有过几年，杨甲却因肝病去世了，我每次与君玉兄回忆起这段经历，都要发出深深的感叹！关于这次五湖之游，君玉兄很快就寄我以诗，诗云：

鼋渚山前一日游。崖寒风急素波秋。
至今情趣未消尽，半逐轻云落蓟州。

那时，君玉仍在东埄，我已从干校回到了北京。于是朋友们都想念他，尤其是许多病人，常到医院里探询，打听巫大夫什么时候回来，有的病员竟发出呼吁，要求把巫大夫请回来。1977 年春天，我又接到君玉寄来的诗《春暮怀其庸兄》，诗云：

江南又见柳华滋。正是忆君最剧时。
迷眼新花春欲暮，牵心旧梦觉还迟。
家山不买五湖宅，市阁忍听陌路歧。
人我因循两未就，燕支明月引深思。

其实这时也正是北京的朋友和病友最想念他的时候，大家都盼着他回来。

终于，君玉于 1979 年重回北京了，他本来就什么问题也没有，这次回来仍旧还他一个清清白白。

前些年，我在主编《红楼梦大辞典》，其中有不少医药和疾病方面的条目，这叫一般的人是做不了的，我就请他帮忙，他在百忙中慨然答应，于是这部辞典里有关医药方面的条目就有了最好的撰写者。

君玉兄不仅从不间断业务，时时为病人服务，有时家里也病人求诊不断，但君玉兄还潜心于钻研学问，对于医古文献的研究和临床经验的总结，从未松懈，因而他积累了不少宝贵的经验。他的这些论文，就是他数十年钻研的心得结晶。

与此同时，君玉兄的诗集也将刊行了，前些时候，我有幸先睹为快，拜读一遍。我惊叹于他在这样忙碌的情况下，居然积下了厚厚的一大本诗集，而且诗写得极好，我就自愧不如。我看现在大学教授中能有这样功力的人也不会很多。我读完了他的诗集，结合我平时对他的了解，随手题了一首诗，作为我与他40年相交的一个认识的概括，现在就抄在下面，作为本文的结束：

已是杏林第一俦。吟诗又见月当头。
平生风味陶彭泽，雨暴风狂立乱流。

1995年4月6日夜，岁在乙亥
上巳后三日，于京华瓜饭楼

名医邓南伟传

名医邓南伟，江苏无锡人，予之从姑表弟也。生于1924年10月20日，与予同岁而略晚于予。其父邓同庆，予之姑丈，为吾乡之名医，慈而好施，活人无数。予姑母冯梅玉，南伟弟之生母，视予如亲生，不幸早逝。继姑母包庆云，性慈爱，视南伟弟如己出，视予亦如亲生也。生五子，俊、杰、儒、仪、仁，皆以南字排行，与南伟弟亲如一体。同庆姑丈于六十二岁因劳致疾病逝，乡里远近闻者皆悼焉。庆云姑母于乡里亲友多所乐助，里中称贤，高寿至九十，无疾而终。予幼时与南伟弟同学，时日冠侵华，乡里沦陷，四邻俱遭涂炭。犹记1945年8月15日，岁乙酉，日冠投降，抗战胜利，举国欢庆。是夕，南伟弟自镇上来吾村，狂欢通宵，此情如在目前。后南伟弟发奋读医科，考入同济医学院六年制医疗系，1954年毕业。妻顾敏娴，1932年生，业医。子一，名净平。女二，名晓夏、邓放，皆各自立。

南伟弟毕业后任上海铁道医学院并上海同济大学附属同济医院内科学讲师、副教授、教授、主任医师以及内科副主任、心内科主任、诊断学教研室主任、教务处副处长、全国铁路心血管专业委员会主任委员等职。

四十余年来连续从事心血管病临床、教学和科研工作，专长于心律失常和慢性心力衰竭的诊治和研究。发表论文五十余篇，其中《抗地高辛抗体治疗洋地黄严重中毒性心律失常》，获1983年卫生部重大科技一等奖；《青海高原职工适应与脱适应系列研究》，获青海省和兰州铁路局科技进步二等奖；《慢性心力衰竭系列研究》，获1997年铁道部科技二等奖。主要发表论文有：（1）《急性病毒性心肌炎与扩张型心肌病关系探讨》，（2）《美托洛尔对缺血性和原发性心肌病心力衰竭患者心功能和神经激素的作用》，（3）《慢性病窦症自然史研究》，（4）《双分支阻滞的临床分析》，（5）《平衡透析法检测游离地高辛浓度的临床意义》等。编著有《复杂心律失常心电图》和《内科学——多选题解答》。近十年来培养心血管硕士研究生22名。1990年获国务院特殊津贴和全国铁路优秀知识分子荣誉称号。1996年被选入美国传记学会（ABI）和英国剑桥世界传记中心，获功绩证书和成就荣誉图片证书，并被记入24版世界名人传记词典。

予与南伟弟别，亦忽忽五十余年，虽相隔数千里，予有疾，必就南伟弟医。今予两人皆臻八十。夫人生一世难得耄耋，昔张岱有《自为墓志铭》，盖自书其平生也。今南伟弟嘱予为作墓铭，因即书其事而铭曰：

伟哉南伟，起自艰辛。深究医道，扁佗为邻。救死扶伤，道性德心。是乃仁术，泽被苍生。仁者多寿，聊为先铭。

公元2001年10月30日，旧历辛巳年
九月十四日，冯其庸谨撰

童稚情亲四十春

——忆画家汪海若兄

我的好友汪海若兄去世已经一年多了，我至今尚未有诗哭他，心里常常感到沉重，常常感到感情的压力。不久前，绍祖兄寄来海若的遗诗，嘱我写序，正丹侄也附信要我做这件事，这当然是我应该做的事。

我与海若的友情，已经有 42 年的历史了。1946 年春我考入无锡国专时，最早认识的就是海若。我与沈绍祖兄的交往当然更早，但这是早在无锡国专以前我们一起当小学教师时的事，要说 1946 年在无锡国专最早认识的，那就数海若了。当时海若一面早已从名画家胡汀鹭先生学画，一面又自己到无锡国专读书，而与此同时，他还主持着崇安寺的新万兴面馆。说起来这三件事似乎有点不协调，但这却是事实。而在海若，却又能把这三件事协调起来，基本上做得很好。在他的新万兴面馆楼上，有一间不大的房子，有一张不大的而且是颇为杂乱的画桌，还有一张小床和几把椅子，这就是他的“秋水吟馆”。这也就是我们经常登临、论诗作画的地方。我与严古津兄的订交，是在这座楼上，与张剑岳兄的订交，也是在这座楼上。有一次，我独自登楼，海若不在，只见壁间刚刚有古津的题诗——五律，诗是用白粉笔写在板壁上的，因为古津当时在常熟中学里教书，口袋里大概刚好有粉笔。诗我至今还背得出：

秋老入吁嗟。江城览物华。
来依高士榻，合驻故人车。
近市浮声寂，登楼爽气赊。
兰言殊未已，窗外月西斜。

可惜海若在国专只读了一年，就因为工作关系无法继续了，但这个“秋水吟馆”，却始终是我与海若、古津聚会论诗作画的地方。实际上，那时我与海若都不大会作诗，真正可算得上诗人的，只有古津。也是在这座楼上，古津念给我听他的青山寺诗，我极为赏识，至今不能忘记，诗云：

白道萦回第几湾。山僧识我此孱颜。
梁园旧客虽多病，看到斜阳尚倚栏。

我认为这首诗有态度、有风致，海若也十分欣赏。

这样的谈诗论文，断断续续有三年之久，后来我就到了北京，但我们也时常通信，往来一直没有间断。直到1966年“文化大革命”开始。

“文化大革命”中，我以文章贾祸，古津则以诗贾祸，海若则被移居苏北滨海，到1969年春，我也被遣到江西余江干校，于是旧朋星散，天各一方，然而系念之情是无法切断的。先是古津寄诗到北京问我的平安，那时恰好是我在被批斗，而且是滂沱大雨的时节，当时的信无法保留，所以连古津的诗也忘记了，但我答古津并柬海若的诗却还记得：

泼天狂雨道穷时。感子殷勤读子辞。
岂有文章惊海内，漫因孔子似阳斯。
东风已换人间世，五岳同歌语录词。
寄意故人休相忆，尧天舜日共光辉。

后来我还有一首诗，也是寄古津、海若、绍祖等故乡的友人的，诗云：

漫天风雨读楚辞。正是众芳摇落时。
晚节莫嫌黄菊瘦，天南尚有故人思。

可惜这两首诗都没有能寄出，甚至都没有敢写下来，只好放在脑子里。记得是 1971 年秋天，我从江西干校出来，利用每年一个月的探亲假，径自到了苏北滨海，找到了海若，现在想想，简直像做梦。我记得刚到扬州，就遇到倾盆大雨，我在扬州留了一天，第二天冒雨上了长途汽车，到了滨海后，又去问询寻找海若的住处，经过了不少曲折，终于找到了。那次相见，简直有点戏剧性，自然更有点悲剧的滋味。我相信只有在杜甫的诗里，才能找到那种情味。海若和他的夫人见我终于到了，那份欣喜自然是无法形容了。那时正是晚秋季节，蟹已下市，但海若为等我去，还养了一坛螃蟹，我们差不多一天要吃三次螃蟹，早晨是醉蟹，中午和晚上是清蒸蟹。我们吃蟹，谈诗，说离情别绪……但那时我们都还年轻，好像并无多少伤感的情绪。我们一起步行到黄海边上，观看了浩淼无际的大海，这里的海水全是浊黄色。我们又到了旧黄河口，用渡船划过芦苇茂密的河道。黄河故道虽已不是黄河的入海处，但仍是宽阔的河道，而且鱼虾很多。海若说，春天有一种鲎鱼，味极鲜美。过去的诗人常常写到，他每到春天，总要品尝，可惜我去的季节是无法尝到此诗人之品的。我们在旧黄河口还拍了照，现在连照片也已找不到了。

1982 年秋天，海若兴高采烈地到了北京，就住在我处，后来为了与同行的游伴行动方便一些，又搬到了离我不远的招待所住。这次海若畅游了北京的名胜，写了不少诗。可惜那时我天天上班，无法陪他玩，但早晚总是在一起的。现在集中的《东门将别其庸》等诗，就是这次游燕的记录。这时，海若早已从滨海迁回了无锡，住在青山湾附近的新居。新辟了画室，此处离太湖不远，离惠山更近，他很满意这个新居，并将它命名为“百尺楼”。我没有问他的命意，大概总是老当益壮、百尺竿头，更上一层的意思罢。我曾两次到他的新居，在他的画室写字作画。他和夫人一起还准备了丰盛的午餐。

海若告诉我，他每天上午步行到寄畅园喝茶，与朋友聊天，下午在家作画，他非常满意于他的生活。他身体很健，所以我们从来未想到过他的健康问题。有一次，我因事回无锡，住太湖饭店，海若来匆匆一晤，未及讲话就分开了。事后他来信觉得非常遗憾，我还寄他一首诗，聊以宽慰，诗云：

童稚情亲四十春。相逢一笑即前因。
他年莫负湖烟约，犹是灵山会里人。

因为海若老早与我有约，到将来退休以后，一起到湖边结庐。诗的第三句就是指此。哪里会想到旧约未践，而他竟然匆匆长别了呢？

海若不幸去世的消息，是由尹光华兄写信告诉我的。当时我拿着信，简直不知所措。我的桌子上还分明放着海若寄来的信，里面有他新近举办的画展的照片，连这封信我还没有来得及复他，怎么能从此就长别了呢？我拿着信，不禁为之凄然泪下。

海若的诗，是诗人的诗，也是画家的诗，如他的《题画》诗云：

欲写江南淡荡山。不师马夏与荆关。
太湖三万六千顷，烟水苍茫下笔难。

如题画《梅》诗云：

天与孤高第一花。欲从幽阁作生涯。
岁寒喜见春风面，漫道疏烟故故遮。

他1973年到滨海后写的《夜坐》云：

独坐荒村夜正凉。蛙声虫语暗星光。
纵无明月来相照，那不低头思故乡。

《旧黄河口春望》云：

不似当年泛浊流。于今碧水绕芦洲。
依稀栽得江南柳，只少堤边卖酒楼。

以上这些诗，都是情韵两胜，既是抒情，也是题画之作。

海若的画，一直师事汀鹭先生，紧守门墙，能得汀公的笔法。近年来，他渐有所悟，笔意渐生变化。我曾对他说，无论是书法或绘画，古往今来的大家，未有拘縻一法、一成不变的，变是常，不变是暂。他也深然此说，并且已有所变。没有想到正当他的艺术将要飞跃的时候，病魔却夺去了他的生命。

我与海若，大半生在一起，相知甚深。如果天假以年，他一定会有更高的成就，无论是诗或画；然而，就他现在的成就来说，也已十分难得了，因为要知道，我们毕竟是在艰难困苦中走过来的啊！

我现在为他写这篇序，是我极不愿意的，因为太伤我的心了，因为还不应该是为他写这样性质的序的时候！然而，现实是无情的，老天是无情的，我又不得不写，我终于只能长歌当哭，以此在故人灵前放声一恸了！

1990年1月24日夜，旧历己巳年小除夕
前一日，揾泪写于京华瓜饭楼

风雨同舟六十年

——《浪花集》序

在我的人生旅途中，沈绍祖兄是与我相识最早而又一直保持着密切联系的唯一的一位。比绍祖兄与我更早认识的当然还有，如我小学和中学的同学，但后来大都天各一方，失去了联系；与我至今保持着联系的当然还有不少朋友，但算起来，开始交往的时间，都没有绍祖兄早。

1943 年到 1944 年，我在无锡礼社镇孔传小学教书，就在这时，我与绍祖兄认识。那时我虚岁二十一岁到二十二岁，实足年龄，还只二十岁。绍祖兄比我还小二岁。我们的相交，从 1944 年到现在，已经整整 60 年了。

1944 年，我离开孔传小学，到无锡东亭孤儿院小学教书，绍祖兄就接替我到孔传小学教书，因为绍祖兄的家在玉祁镇，离礼社镇很近。

1945 年 8 月 15 日抗战胜利，无锡国专复校招生，我去考了无锡国专，不想在考试时遇见了绍祖兄，他也是来考试的，我们都被录取了。1946 年春天，我们就同到无锡国专，成为同班同学。我们两人都是贫苦学生，都是小学教师出身，且事先已相识，所以在学校里，关系就更加亲切。绍祖兄住在我们的同学好友汪海若家里，海若是画家，又喜欢诗；我们还有一位前班同学严古津，是钱仲联先生的入室弟子，是一位真正的诗人。他与海若是好友，很快也成为我们的好友，我也就是在他的介绍下，专门拜了钱仲联先生为师。在此之前，我曾从顾钦伯先生、张潮象先生学诗和词，现在复拜仲联先生，当然我的学诗兴趣大增，绍祖和海若也一样。海若有一小楼，取名“秋水吟馆”，这样我与绍祖、海若经常在“秋水吟馆”相会学诗，有时古津也来。回想这一段生活，至今还是很留恋的，可惜古津和海若都已先后作古了，真令人惆怅。

我们在无锡国专还组织了“国风诗社”，出了油印刊物，我与绍祖、海若都是诗社的积极分子。

在无锡国专的三年，不仅是我们学诗、学做学问的开始，也是我们接受革命启蒙教育的开始，毛主席的《论持久战》等著作，就是在这一时期秘密读到的。我们在学校也积极参加了当时的学生运动，到我们毕业的时候，也就是1948年下半年，解放战争已进入淮海战役阶段。我们是1948年冬毕业的，1949年4月22日夜无锡解放，当夜我在锡澄公路上迎接过江的解放军，第二天清晨，就步行到无锡城里，参加了解放军，被编制在苏南行署政治教育研究组，同时我们在无锡国专参加过政治运动的几位同学，也都先后到了政教组，而绍祖兄也是同时参加的一位，这样我与绍祖兄又走到一起了。但这一次的在一起，与以前都不一样，以前是当小学教师在一起，读无锡国专在一起，现在却是参加革命在一起。

我们在政教组原是要参加进军大西南的，没有想到临走前，又把我们留下了，把我们分别派到中学里去当政治教师，更巧的是我与绍组兄同被派到无锡市第一女子中学，这是1949年的8月。

从1949年8月到1951年8月，我与绍祖兄同在无锡第一女中任教，除政治教学课外，我们还担任语文课、班主任等。那是一段特殊紧张的岁月，地方初解放，社会混乱，金融贩子扰乱市场，谣言四起，不久又开始抗美援朝运动，我们除上好课外，还要做许多社会工作，但是，绍祖兄与我，与全校老教师紧紧团结在一起，与学生团结在一起，工作开展得很好，我与绍祖兄也处得特别愉快。所以每到回忆我们在一女中的工作时，包括对当时一女中的老师和同学，都非常怀念，这确是难忘的岁月！

1951 年，绍祖兄调到无锡市里工作，我留在女中，仍能时时见面。1954 年 8 月，我调北京中国人民大学，这样我们才开始分开。

从 1944 年到 1954 年，也即是从我们认识到我离开无锡，我们有整整十年在一起，既是同窗，又是同事，可以说大多数时间是朝夕相处，无所不谈。而且这十年在一起，我们从未有过一丝一毫的不协调，大家都襟怀皎然，相互支持，相互理解，情同手足。现在想想这十年是多么珍贵，多么难得！

从 1954 年到现在，竟又是整整 50 年。我们虽然各自都离开了一女中，但我们却时时互相怀念，时时通信，从未间断过联系。

给我印象特别深的是 1957 年“反右”运动中，绍祖兄在南京学习，给我一信，问候我的近况，也担心我在运动中的遭遇。我给绍祖兄寄了一首诗：

丁酉秋，绍祖兄书来问讯，诗以谢之

浩浩长江水，悠悠隔两京。
夕阳钟岳影，冷月夜窗情。
鱼雁久沉寂，风云一变更。
何须问消息，冰雪故人心。

“文化大革命”中间，我们各自都受到了巨大的冲击，但总算都各自平

安，到“四人帮”垮台以后，我们又开始通信。绍祖兄后来致力于研究周总理，并写成巨著出版。同时又常常写诗，历年来竟积有千余首。绍祖兄和我，原本都是喜欢诗的，但后来忙于本职工作，都荒疏了学诗。绍祖兄离休后，竟又重新拿起诗笔来，不断吟咏，越积越富，这实在难得。

绍祖兄的诗，就像他的人一样，平易，亲切，朴实，率真。这些可以说都是诗的基本素质。如集中《咏水仙》二首、《咏扬州瘦西湖》、《纪念周恩来总理诞辰一百周年》、《怀念邓小平同志》等诗作，都是平易、亲切、率真的典范，是都可以朗朗上口、读之不忘的佳作。

我与绍祖兄，都已到了八十岁了，我们竟有 60 年的交往，这在人生的道路上，也是很难得的。我个人对绍祖兄的总的印象，觉得他如清泉之澄澈，如和风之平易，如故乡山川之亲切朴厚，其待人也诚，其为事也敬，其既诺也信，其处世也平。所以，不仅仅绍祖兄写出来的是诗，而就他的人来说，首先就蕴含着真正的诗的品质！

我与绍祖兄，差不多是从人生的起步开始一起登程的，现在已一起走了整整 80 年的征程，从共事至今，也已经整整 60 年了，其中历经了无数的坎坷，无数的风浪，也看到了我们伟大祖国、伟大民族的开始复兴。我们都坚信我们的伟大祖国有着无比光辉的前程！

那末，绍祖兄为他的诗集取名为《浪花集》也是有深意的，这是他几十年征程中所激起的浪花，也是伟大祖国的伟大复兴事业所激起的浪花。因为于微尘里可见大千世界，尽管个人的浪花虽小，总归也是这个时代激流中的一点一滴。

所以我珍惜这点滴的浪花，因为我与他几乎是同时起步踏上人生的征程的。

2003 年 5 月 10 日，京中疫病
流行之时，闭户写此

怀念朱彤兄

朱彤同志是当代著名的红学家，我与他相交，已经有 17 年的历史了。记得最初相识是在芜湖安徽师大。那时，我们正在搞《红楼梦》的新校注本，不久，朱彤兄也就借调到北京，和我们在一起从事《红楼梦》的校注工作了。

1979 年 5 月，时值《红楼梦学刊》创刊号问世，朱彤兄以他的《释“白首双星”》（关于史湘云的结局）一文，声动京华，名重红学界，从此，朱彤兄时有所作，作必有为，健笔凌云，妙思入微。

前数年，得知朱彤兄患病，心窃系念，时萦怀抱，虽不能时时驰函问候，而实未曾一日忘也!

不久前，邓庆佑兄转来朱彤兄手书，嘱我为他的红学论文集作序，不意又值我患病，未能即时命笔，迁延蹉跎，实觉愧对故人。

朱彤兄的《释“白首双星”》以力排众议、独抒己见的气概，提出了个人独创之见。《红楼梦》后部的情节究竟如何，因为谁也见不到后部的残文或提纲，因而无法验证种种的推测，然而，朱彤兄对“自首双星”的解释，言之有据，且较合情理，自然可以作为一家之言，新人耳目。

关于《红楼梦》的主题，也是二百年来《红楼梦》研究中众说纷纭、莫衷一是的问题。朱彤兄在《论〈红楼梦〉的主题》一文中，对这个问题作了全面深入的分析，他说：

> 把《红楼梦》的主题概括一下，那就是：一部《红楼梦》是以封建贵族阶级子孙不肖、后继无人问题为核心，展开了贵族阶级各个生活侧面的描写，无情地揭露和鞭挞地主阶级的种种罪恶，热烈地讴歌和赞美新兴力量的叛逆精神，全面地批判了封建制度，深刻地揭示出封建社会和地主阶级必然崩溃和没落的历史命运。

他还说：

> 《红楼梦》主题具有巨大思想深度和社会意义，就在于它以这个社会矛盾作为开展全书情节的主要矛盾线索，通过贾宝玉叛逆性格成长的历史，通过封建主义和反封建主义两种人生道路的尖锐斗争，深入地反映了封建社会末期意识形态领域里新旧两种思想的激烈搏斗，从而在更深刻的意义上，揭示出封建制度和封建贵族阶级必然灭亡的历史命运……
>
> 贾宝玉的叛逆性格和人生道路深深植根于新的物质经济事实之中，所以，他的思想不是在某一个别问题上乖离封建阶级的要求，而是在一系列根本问题上与封建阶级传统背道而驰。他的思想性格的核心是早期的民主平等思想，其对立面则是维护封建宗法统治的等级压迫制度。他跟封建势力发生的一切冲突，无不滥觞于此。

朱彤对《红楼梦》主题的分析，确实是全面而深刻的。对《红楼梦》主题的分析，涉及到对《红楼梦》的全面评价问题。过去有的研究者认为《红楼梦》的民主思想，是属于封建的民主思想，不具备资本主义萌芽的性质。这种看法，严重地贬低了《红楼梦》的价值，同时也完全不符合作品的实际。试想如果贾宝玉、林黛玉所代表的思想与贾政所代表的思想其社会性质完全是一样的，贾宝玉与贾政的冲突只是封建思想体系自身的矛盾，没有资本主义萌芽性质的社会内涵，贾宝玉、林黛玉的思想没有新的社会内涵，那么，出现在封建社会末期的《红楼梦》这部小说，还有什么积极的意义可言？贾宝玉、林黛玉哪里还有“新人”的内涵？贾宝玉、林黛玉与贾政、贾母、王夫人、王熙凤乃至于薛宝钗之间的矛盾冲突还有什么意义？这样一来，实质上岂不就是否定了《红楼梦》这部不朽巨著的伟大意义！所以《红楼梦》主题之辩，是一个关于《红楼梦》的大是大非的大辩论。这个问题从 50 年代起，直到 80 年代朱彤的文章发表，一直是有争论的。朱彤的文章无疑是这一场争论中的极有分量、极有说服力、极有利于人们正确认识和评价《红楼梦》的一篇重要文章。

关于《红楼梦》的伟大的艺术成就，尤其是它的卓越的人物描写，一直是 200 年来研究《红楼梦》的重大课题，也是继承《红楼梦》的艺术传统的一个重要的方面，对于这个课题，研究家们不断地有所总结，有所阐述。朱彤兄的《〈红楼梦〉人物性格补充艺术手法散论》也是一篇极有见地、极为重要的文章。

朱彤提出了“相反相成，相互依存”，“相辅相成，相得益彰”，“虚实相生，彼此互藏”这三个课题，对《红楼梦》人物描写的艺术方法作了分析和总结。《红楼梦》的艺术成就和它的艺术方法是非常卓越和非常丰富的，朱彤提出的这三点，无疑是《红楼梦》艺术方法的重要方面。这里我要加以补充说明的是，不言而喻，以上三个方面，首先是在肯定《红楼梦》人物描写的正面描写的前提下提出的，朱彤提出的这三点，是对正面描写的补充论述，而不是否认《红楼梦》的大量正面描写，单认这三种描写方法。

大家知道，《红楼梦》里描写人物用得最多最好的方法，首先就是对人物的精确的正面描写，有的是精雕细刻，工笔重彩，如对贾宝玉、林黛玉见面时的描写，对王熙凤出场时的描写，在宝玉挨打时贾母出场的描写等等，都是工笔重彩、精雕细刻的正面描写；又如对醉金刚倪二的描写，对焦大的描写，对贾芸舅舅、舅妈的描写，对水月庵智能的描写，秦可卿出丧中对村姑二丫头的描写，对小红的描写等等等等，则在不同程度上又是用的写意勾勒的方法，线条用得不多，但却十分准确，三笔两笔就把一个人画出来了，而且使读者一样能感受到这些人物的声音、笑貌和形象。然而就其艺术方法来说，主要是正面的直写其人的描写方法，当然对照、旁衬等方法，有的也是同时并用的，并不是用了一种方法，就不能再用别种方法了。

朱彤兄在红学方面的成就是多方面的，这篇短文不可能全面介绍。当前的红学，仍然需要有更多的人来对它作深入的锲而不舍的钻研。《红楼梦》是一部博大精深的书，研究者的学问修养愈广愈深，他所能得到的也一定愈多。同时，研究者所用的功夫愈深愈久，他所得到的也一定会愈多。总之，只要对《红楼梦》肯下真功夫、深功夫、长功夫，他就必然会有所获。

我们希望有更多的研究者在这条道路上作艰苦卓绝的奋斗，我们更要祝愿朱彤兄早早康复，在红学的征途上再作千里之行！

1992年2月20日于京华宽堂

曲海说山忆吴敢

——《曲海说山录》序

我与吴敢同志认识已经很久了，我的印象中，他是一个实干家，不仅事业上实干，学问上也是实干。

实干的实绩之一，就是他对《金瓶梅》评点家张竹坡的研究。他的研究是重史料，重事实，不是猜测，不是想当然，更不是杜撰。

实绩之二，就是这部《曲海说山录》。这部书研究的是戏曲和小说。从戏曲来说，他研究的课题，都是实实在在的，都是需要下功夫读书作调查研究的。例如对《赵氏孤儿》的研究，就是如此。我过去也做过同样的笨工作，我把有关岳飞的题材，从小说到戏曲，从宋元到明清，从头梳理了一遍，从而深知这种笨办法的实际用处。同样我把《红梅阁》的题材演变，也梳理了一遍，写了《从〈绿衣人传〉到〈李慧娘〉》，结果“文化大革命”中便成为了大罪，但这与我们的研究无关，我们的研究还是应该坚持的。我看到吴敢的这种笨功夫、笨办法，不觉心印一笑，觉得世间还是有笨人，也即还是有真人的。

实绩之三，就是他在徐州市文化局局长任上致力的徐州汉文化的开发与研究。徐州是汉前期文化的一个重点，有规模很大、数量众多的汉墓遗存，如北洞山、小龟山、驼兰山、白集等等，特别是近年新发掘的狮子山汉墓，出土文物之精且富，叹为观止，这又给学术界出了新题目。吴敢当时全力经营的还有徐州汉画像石艺术馆，这是有远见的一项建设，这对地方文化建设是具有永久性的。

实绩之四，就是他十分重视徐州的地方戏曲，大力扶持它，使它能生存发展，也终于取得了可观的成绩。所以他的戏曲研究也是与实干联系在一起的。

收在这本书里的一篇短文，叫《晚清出版小说的欺世花招》，文虽短，却颇值得一读。为什么值得一读？读后读者自然会明白了。

现在吴敢已调任徐州教育学院的领导了，这个工作很重要，能培养人才。吴敢既然自己不仅是研究家，又是一个实干家，我希望他能多培养一点做实事、说实话、实事求是的人才出来，因为我们的社会太需要这样的人才了。我曾说一场“文化大革命”，花费的代价太大了，惟一的收获是什么呢？从文化这方面来说，就是巴金老的一部《真话集》。“四人帮”要人人说假话，可巴老却写出了《真话集》，这有多可贵啊！“四人帮”早已完结了，但真话是永远需要的。因为现在文化界，学术研究上还有人把说假话当做自己的学术新发现，来欺骗不懂事或不明真相的读者。什么曹雪芹有九个祖籍啊！什么研究曹雪芹的祖籍要从明清易代这个大文化范围来考虑，从而他的祖籍是某处某处啊等等，前者可入新《笑林广记》，后者我不知道应该叫它做什么？读者可以自思。

所以培养实事求是的、既有理论又重实干的人才已经是当务之急了，特别是文科的人才太少太少了。我们的社会需要大批有远见的有高层文化的全面人才，也就是文理兼通的人才，或文理各自专精博学的人才。21 世纪是文化和科学大发展的世纪，是需要大批文理兼通而能实干的人才的世纪。所以吴敢的教育工作大有可干的。

让说真话，办实事，重实干，坚持实事求是成为一代新风。

是为序。

1996 年 12 月 21 日晨于京华瓜饭楼

才如江海命如丝

——怀沈茹松学兄

1948 年春，我从无锡国专转到无锡国专上海分校从王蘧常、顾廷龙、童书业诸先生学，因而得识同学沈茹松（字侗廔）、谢皓东（字杲生）、范敬宜等几位学长，侗廔比我大五岁，他是嘉兴人。他是 1946 年在上海入无锡国专分校的，我是同年春在无锡考入无锡国专本校的。1946 到 1947 年，我因为连续参加了多次学生运动，有关组织通知我迅速离开无锡。所以我才转学到上海，与我同到上海分校的，有张仁迪、沈燮元两学兄。当时上海分校还有好多位学长，现在陕西师大的黄永年教授，就是同时在上海分校的，他比我们要高一班或两班。记得当时他在报纸上已发表了不少学术文章，受到了老师和同学的赞扬。我现在还保存着那份民国三十五年十月至三十六年六月上海中央日报《文物周刊》的合订本，上面有不少我的老师童书业和杨宽、胡厚宣等先生的文章，也有同学黄永年兄的不少文章。

我在上海无锡国专分校只有半年时间，加上距今已半个多世纪，不少事都忘记了，但有两件事是印象很深的，一件是谢皓东和我，可能还有沈侗廔一起去拜望陈小翠和陈小翠的哥哥陈定山先生。陈定山是名画家，画品极高，陈小翠是当时最负盛名的女词人，在我们的心目中，她就是当世的李清照。我们那次就是冲着她去的，因为当时我们正在醉心于学诗词。我们那次不仅见到了陈小翠，并且受到了她热情的接待和鼓励，还同时见到了陈定山先生，留下了十分深刻的印象。另一件事是我们见到了白蕉先生，并帮助他布置书画展。这次除谢皓东、沈茹松外，还有哪些人一起去已经记不起来了，但白蕉先生的书画却给我留下了终生难忘的印象。后来，我在校门口被汽车撞倒压伤。同学送我回无锡养伤，到伤好后再去上海，这学期已只剩几十天了，正是年光如流，当年的往事，现在在脑子里已经所剩无几了。

我第二次见侗廔，已经是 35 年以后的 1983 年了。这是“文革”以后的第七年，我们都已经经历了几次的生死劫难。先是我听说谢皓东兄在运动中受到冲击并被抓入狱，后来又听说侗廔也有同样的遭遇，但都是语焉不详，都未得到详细的消息。到了 1983 年，听说杲生（谢皓东）已平反出狱，又听说侗廔也得到昭雪并任教于阜阳师院，而且杲生就在太和教书，离阜阳甚近，所以我决定专程去看望他们。我到阜阳已经是 11 月末，与侗廔相见，真是悲喜交集，但一时却不知从何说起，想起了杲生就在附近，立即坐车去看杲生，不想到了太和，他却不在，我们只得留字而回。果然，第二天杲生就赶来了，我们三人相见，真同隔世。尤其是杲生，见面就放声痛哭，他也确实是苦受多了，当时在场的记得还有牛维鼎教授，也是早先的熟人，另外记得还有两人，也都为之戚然动容，反倒是侗廔兄去劝慰他才慢慢拭泪止悲，略叙别后风雨沧桑。其实侗廔受的苦比他还重得多。后来我才知道。1953 年他在华东革大时就被错审判刑三年，到 1968 年又被诬“以书画琴棋反党”罪判刑四年，1975 年又因“和鸳鸯湖棹歌诗案”被拘八天，他当过苦工，在砖瓦厂干过活，在煤球厂当过临时工，后来在嘉兴美术工艺厂绘过佛像，直到 1979 年他的三次冤案才先后统统彻底平反。平反后先到安徽亳县，后又到安徽阜阳，任教于阜阳师院。粗粗一算，侗廔自上世纪50年代初到70年代末，三十来年，一直过着囚徒般的生活，真正关在监狱里就有七年之久，还有被拘的日子，和多年被控管的日子，侗廔的命运，也真是够坎坷多难的了。

但我们同学都知道，侗廔是能诗善画的，侗廔还善金石书法，他的章草，曾得到王蘧常师的称赞。侗廔还有一个独特之处，是他的诗、书、画都是快手。只要一说做诗，他的诗就会倾泻而出，真是悬河泻瀑，一发而不可收。一说画画，纸刚铺好，他的笔墨早已风雨疾下了。记得那天晚上酒后挥毫，他就一连画了好几幅画，又写了好几首诗。据知他留下的诗不下万余首，而他去世时才七十岁。中间有几十年是过的牢狱生活和苦工的生活，如果没有这许多灾难和折磨，则他何止万首诗，他也完全可以活得更长一点。大家知道南宋的爱国诗人陆放翁，也是写诗的快手，他也才是“六十年间万首诗”，侗廔在苦难的几十年中，竟留下了万余首诗，实在是太难得了。我还记得当天晚上酒后画余，他一挥而就的几首诗：

癸亥小雪前五日，其庸学兄远来
顾我于汝阴书院，诗以纪之

相违三十载，执手诉平生。羡尔声名溢，怜吾学未成。敢抒气梗概，翻喜梦狰狞。余勇如堪贾，文场作老兵。

夙昔共师门。少年梦尚温。春风被顽石（君以研究《石头记》著名于世界），冷雨访诗魂（君近冒雨访得吴梅村墓于吴门）。衰鬓丝千缕，秋窗酒一樽。临歧还后约，明岁会江邨（明秋，茹经夫子百二十岁之诞，同门将盛会于江南）。

他又为谢杲生题风竹图诗云："风萧萧兮涡水寒，同学共会兮兴正酣。慰兹桑榆兮抒魂胆，襟怀君子兮写琅玕。"

从以上一挥而就的几首诗，也就可以领略到侗廔诗才横溢的情景了。就是这次见面，我约他为我正在编的《红楼梦大辞典》撰写《红楼梦》里有关书画的词条，他当时就欣然答应了，后来也高质量地完成了任务。1988 年，他告诉我要去敦煌考察，从敦煌回来，他还写了论文，他在美术杂志上发表了《中国画之我见》，他还有一部《中国美术史稿》和有关中国美术的论文，可能都没有来得及发表。他的去世是十分意外的，他自己也没有料到，因为他与我交谈和后来通信，都说到他有一系列的有关中国传统绘画的研究课题和写作计划，特别是从敦煌回来后，更感到他兴致勃勃，劲头十足，谁也没有想到一年以后，癌症竟然会夺去他的生命。连他为之撰写条目的《红楼梦大辞典》的出版，他都没有来得及看见，真是令人伤痛！

侗廔的才气很大，读书也多，襟怀也很宽广洒脱，他受了这么多苦竟然没有向我倾诉，也没有终日愁眉不展，他让你感到在他的面前有着很宽广的路要走，他脑子里的诗，好像随时可以倾泻而出。可是命运太捉弄他了，一切倒霉的事都归了他，最后还要加给他一个癌症，他真是"才如江海命如丝"啊！

然而，侗廔凭他的诗集和文集、书画，他永远会赢得人们的同情，他永远会活在人们的心中，因为人们总是会同情受苦者的，人们总是有一份爱才慕才的心的。这样，侗廔也可以稍慰于地下了！

2006 年 10 月 8 日于瓜饭楼

记梁溪诗人严古津

严古津，无锡寨门人，抗战初就读上海无锡国专，师事海上王瑗仲、常熟钱仲联、永嘉夏承焘诸先生，终身执弟子礼甚恭。时瑗仲、仲联两师有《江南二仲集》行世，故人皆称二公为“江南二仲”，而夏承焘师则以词名海内。古津自号沧浪生，因严羽之《沧浪诗话》也。

古津为人，温文尔雅，语无高声，终其生未与人争，遇事则必谦退，论诗则可竟日不倦。抗战胜利后，1946 年春，余就读无锡国专，时古津已在常熟执教，余因同学兄汪海若之介，获交古津，古津示余以题惠山青山湾青山寺诗。青山寺，梁朝古刹也。诗云：“白道萦回第几湾。山僧识我此孱颜。梁园旧客虽多病，看到斜阳尚倚栏。”后古津因人荐举，任职广州海关，未几即病休归，每月由海关寄病休工资，古津常谓余曰，无功受禄，愧莫不焉。后古津工资突然减少，只得其原数之半，家人方惊讶，愁以后之生计，古津反怡然曰，愈减少则我心愈安，求心之所安也。实则并未减少，是新来的计算工资的人搞错了，直到古津去世，此事才被发现，又补发了一笔工资，即此一点，亦可见古津廉退之志。

“文革”初，古津念余之极，因来书问询，意谓余当无事也，岂知此时余早已被监禁批斗，罪名是所发文章皆“大毒草”。古津书来之时，正批斗余之日，时大雨滂沱，余顾念全国当时被批斗者，何可以数计，乃心谓曰，此天哭也。读古津书，不禁感慨万端，因默吟一诗，今已忘其首句，第二句以下云：“感子殷勤读于辞。岂有文章惊海内，漫因孔子似阳斯。东风已换人间世，五岳同歌语录词。寄意故人莫相忆，尧天舜日共光辉。”“文革”之来，世移事异，是非颠倒，海内作家，未有不受批者，故曰“共光辉”也，此诗终未笔录。未几，古津亦以论诗贾祸遭批斗，不复能来书矣。后得知古津自病休后，即日在二泉茶室或同庚厅茶室与三五诗友茗话论诗，“文革”之来，即以此为“罪”。古津遂因愤而楼居，发誓终身不下楼。1971 年，余自江西干校回京，路经无锡，即往探视，古津见余至，乃大喜，坚留余午餐。余视古津，长发糁糁，面目黄瘦，因三数月不理发，须长如蓄，余视之，不禁惨然。古津谓余曰，海内故人，惟兄知己难忘，复有无锡汪海若、福建陈祥耀、东埄巫君玉、海上陈从周数人也。师辈则瑗仲师、仲联先生、杭州夏瞿禅师，时在梦寐，终望再造师门，一执弟子之礼而尽平生之欢。饭罢，余别去，古津竟破例命其子乙苍扶之下楼，顾谓余曰：吾已誓不下楼数年，今为故人一破例也，此别何时再见，则不可期矣！余闻之泫然欲泣，因挥手而别。

后，古津念夏瞿禅师，1974 年 5 月间，泛舟去杭州，随携角黍一篮，诗人之品也。瞿禅师时境遇甚蹇，得见古津，其快可知。因长谈竟夕，时古津病肺已甚深，竟至突然大吐血，急送医疗，稍愈即辞归，从此病日深矣。

十年前，余忽接其子乙苍来急电云，其父已突然逝世，余闻之悲痛欲绝，时方天黑，余忽忽不知所至，竟步至东四，入某单位之大门，门者询余何事？余方从迷茫中苏醒。

余右邻张正宇翁，艺术大师也，亦无锡人，与余日过从，余师事之，从问书画事。因恳请老人为古津画像，老人为余所感，略据余所示之半寸小照，随手捡一废纸，拟为初稿，岂知老人信笔纵横，竟形神兼备。老人亦喜甚，谓余曰，不能再重作，此稿难得，如右军之初写《兰亭》，重作不能及也。余遂奉之而归，后又请正老书古津诗一长卷，正老皆如所请，挥毫立就。后，余复至海上拜请瑗仲师，请为古津像题一引首，瑗师立如所请，大书“梁溪诗人严古津遗像，一九七五年七月王蘧常”。瑗师章草为海内第一，此引首书法尤精严，至可宝也。

先是，余得正老所作古津像后，亟访夏瞿禅师于北京朝阳楼，时瞿老因杭州不可留，悄然来京。杭州尚索之甚急，吴闻学长师母急谋之于余，余愤然曰：绝不可去杭，彼等如有胆，即来北京索人，吾量此辈亦无此胆也！瞿师和师母闻予言，意遂决。其间，诗人袁水拍亦数为奔走，并善吾言。以故，瞿师偕吴闻师母即定居于北京朝内大街之朝阳楼。

余至朝阳楼时，瞿师亦早已得古津之噩耗，余因拜请瞿禅师为遗像题词，以垂永久，瞿师慨然应允，未几，瞿师即请冯统一兄将手书题词送来。余展卷，则《减字木兰花》也。词云：

烽烟江海。历劫交情三十载。来去堂堂。相照初心有雪霜。
三潭旧月。未上风船成永诀。画里芙渠。欲唤吟魂过五湖。
　　减兰小阕，奉题
古津老友遗像

夏承焘（印）

词后复书小记，云：

一九三八年秋，余避寇上海，始晤古津于无锡国专学校。

嗣后旬月，必访予泰来里寓楼，谓其家新筑一小亭，名夏亭，以为存念。一九四二年，上海沦陷，临别，同摄一影。自此阔别三十二年。一九七四年夏，古津携角黍自无锡访余杭州，握手大谈，乃忘疾疹在身，方拟拿舟湖山，为数日欢，不谓下午归息其弟家，即大呕血，其女自无锡来迎还家，病少愈。寄诗来索吴闻画荷，不谓逾月即闻噩耗，为之警恸。其庸兄厚谊，为立此册，征友好题辞，爰为书小词，时一九六七年①仲春，距古津之逝，忽更寒暑矣。

夏承焘再识于北京，时年七十七（“朝阳楼”章）

复数年，余乃作诗悼古津，诗云：

小楼犹记识君时。落落风仪似牧之。
卅载交亲秦塞月，一编遗墨楚臣辞。
岂知春去成长别，但觉秋来泪暗滋。
遥想江乡云深处，吟魂又过青山祠。

末句即谓古津初示我以青山寺诗也。瑗师引首和瞿师题词，余珍如拱璧。余居斗室，书籍堆积，因藏之密箧，不意数年后，竟为他书压积，一时不可觅。因复请正宇翁书一引首，正翁慨然命笔，作篆书如汉碑额。翁喜甚，谓余云此数字可宝也。余即谋之海上陈从周兄，吾二人合力将正老所作画像、引首及诗卷，装成一轴，以遗其子乙苍珍存。倘异日瑗师、瞿师题词复出，则拟再装一轴，以存纪念。

今正宇翁、瞿禅师亦相继谢世，而余数月来清理旧书，竟从予密箧

① 原件误书，应是1976年。

中得两师手迹，睹物思人，不胜人琴之感。岁月悠悠，去者不可留，他日当再谋之从周兄，重装此件，以成双璧，藉留梦痕也。

1986年7月18日于瓜饭楼

可恨同时不相识

——红学家朱南铣文集序

朱南铣先生是著名的老一辈的红学家，他与周绍良先生合著的《红楼梦书录》，嘉惠红学界、学术界至深至广。可惜我始终没有能见到朱先生，一是他当时用的笔名“一粟”，我并不知道这个“一粟”是谁，也没有去打听，二是我当时还未研究《红楼梦》，于红学界的事不甚清楚，而且我也没有想到我会去研究《红楼梦》，所以我就更不会去关心红学方面的事情了。直到“文革”以后很久，我才知道“一粟”就是朱南铣，有时也与周绍良先生合用“一粟”这个名字，更意外的是，朱南铣先生竟是我的无锡同乡，是我的乡前辈，这真正是失之交臂，真是“可恨同时不相识”了！

前些时候，我接到周绍良先生的信，他告诉我朱南铣先生的遗稿，他已经编次好了，希望我能帮他找一个出版社出版。他把这件事嘱托给我。我深感绍良先生的这种古道热肠，自当尽力。幸亏北京图书馆出版社社长郭又陵先生和古籍部主任殷梦霞女士都慨允出版，之后，又得杜春耕先生的无私慨助，才使此书得以落实。我将此事告诉了绍良先生，并请他写一篇叙言，不想绍良先生刚好身体不大好，又将这个任务交给了我，我觉得我忝与朱南铣先生同乡，又研究了一段时间红学，又受绍良先生的嘱托，因此似乎不好不接受，也不敢不接受了。

可是我与朱南铣先生确无半面之识，竟不知从何说起。我忽而想到1975年前后，我研究《五庆堂曹氏宗谱》，当完稿的时候，吴恩裕先生却忽然告诉我，他在找书的时候，找到了朱南铣先生研究《五庆堂曹氏宗谱》的文章，是打印本，未曾发表，问我要不要看看，我当然非常高兴。当我拜读之余，我更加受到鼓舞，因为朱南铣先生也是肯定这部《五庆堂曹氏宗谱》的，这样我的见解就得到了空谷足音。我当时研究此谱时，首先从调查此谱上的人物入手，一下被我查出了谱上人物30多人，这样大大增强了此谱的历史真实性，后来我又于无意中找到了五庆堂的墓地，前后经过五六次的实地调查，并与史料核实，确实合榫无讹。及至我后来看到朱南铣先生的文章时，真恨不能把臂畅谈，为了不埋没朱南铣先生的研究成果，我在我的《曹雪芹家世新考》出版时，附刊了朱南铣先生的这篇大著。现在这篇文章已收入这本朱南铣先生的遗集。

我与朱南铣先生的令嗣朱锡遵同志，也是最近才认识的，他在绍良先生编定的基础上，又增补了若干朱先生的遗篇，我感到他为人勤勤恳恳，诚笃谨信，为本书的出版，做了不少工作。

最令人遗憾的是朱南铣先生过早地去世了，这是红学的一大损失，也是学术的一大损失，当然，如果没有这场劫难式的“文化大革命”，南铣先生是不会蒙此灾祸的，但这已经是无可奈何的事情了！

我与朱南铣先生愧无半面之识，只能以此短笺，谨志长恨了！

2001年12月16日灯下于京东且住草堂

怀念牛维鼎同志

我第一次见到牛维鼎同志，记得是1975年秋天。那年，我为《红楼梦》的校订工作到各地去征求意见，开座谈会。秋天，我们到了安徽宣城的劳动大学，在劳大开座谈会，那次会上我们第一次见面。

在宣城惟一给我留下深刻印象的，就是牛维鼎同志，可惜时间太短，没有能交谈，但他的名字，他的样子，却永远留在我的脑子里了。

我第二次见到牛维鼎同志，已是80年代初期了。我的同班同学、好友沈茹松兄，历尽了人生的艰难，从20年的沉沉苦难中挣扎了出来，在安徽阜阳师院任教，他来信邀我到阜阳一会。旧雨情深，我怎能不去？我于是第一次到了阜阳。大难以后的重见，当然分外情重。我的另一位好友谢杲生兄，家住临泉，他走着茹松兄一样的灾难的道路，行程也是20年。一见之下，谢兄即控制不住悲怀，放声痛哭；茹松却一反其道，欣然命酒，快饮数杯。忽然，茹松说，你还有一位熟人在此，是从宣城劳大来的，不能不会。当时我心里纳闷，究竟会是谁呢？我心想在宣城惟一让我不能忘记的，是一位瘦瘦的牛同志，不见得真会是他吧？人生的遇合，往往是不能逆料的，谁知我们竟然在阜阳重逢了，这实在出乎我的意料。所以这次的聚会，可以说是历尽人生的悲欢，忽而是喜，忽而又悲从中来，当然，从全局来说，毕竟是悲剧转为喜剧了。所以，我们这几个在座的人，虽都各有各的一本苦“经”，一本挨批挨斗的“经”，但总还是高高兴兴的，喜滋滋的。因为俗话说，吃过苦药后，哪怕是喝一口白开水也是甜的！

这次，维鼎兄和茹松兄，还专门设席招待了我，同席的当然还是杲生等几人，席间究竟吃了些什么？谈了些什么？一概无法记忆了。但在我心里，却仍然有万难忘却的一种东西在，这就是在阜阳重逢牛兄的一种欣慰。这不是语言，也未曾用语言，这纯粹是一种心灵深处的感受，或者说，是由这种感受转化的感情。

这之后，我与维鼎兄未曾通信，也未曾有其他的存问。但是，我们却都不曾和决不会忘却！好比秋夜天空的繁星，都各自在闪亮着，除了我们心灵自己的沟通外，再也无须假借别的东西来沟通了。我想这并不难理解，因为人毕竟是需要友情的。人们需要真挚的友情，需要心灵深处的理解和共鸣，需要气质的相投。

然而，这样繁星满天的秋夜，这样各自任凭心灵自己沟通的情景，并没有得到老天的稍稍照顾，1987 年 8 月的一天，终于传来了维鼎同志的噩耗，从此，这种沟通就熄灭了，终止了！好比天上闪烁的繁星，突然熄灭了一颗。

我与维鼎兄的相交，两次都是得之于意外。意外之得，人们总是高兴的，幸运的。然而意外之失，却是令人难以禁受的，维鼎兄的噩耗，使我经历了难以禁受的意外之失，所以我们的淡淡的喜剧，曾几何时，又化成了悲剧，而且，还不到两年，连茹松兄也突然弃我而去了，天上的繁星，又熄灭了一颗，同时，也就又关闭了一条心灵的通道。悲剧，人生难道竟是以悲剧为主吗？或者，这悲剧是专属于某些人，而喜剧又是专属于另外一些人的吗？我感到迷惘，我至今未得其解。

我过去没有读过维鼎兄的诗词，所以真的是不曾假借任何外物来沟通我们的心灵过，最近维鼎兄的夫人寄来了他的诗词，我稍一展读，就被吸引住了，我在与维鼎兄的心灵通道熄灭以后，却得到了另一个通道，借助于外物（诗词）而继续沟通的通道。

我从小就爱读词，我敢说，维鼎兄的词，不失为词人之词，虽然我读到的不很多，但词有别肠，词决非诗，请先读读下面这两首词：

柳梢青

一九三九年暮春寄远

一

颦蹙烟眉。还盈泪眼，可惜春归。一别经年，征鸿过尽，未解相思。　　青郊芳草迷离。长亭外，绿柳丝丝。何日重逢，征鸿再过，祇问归期。

二

波漾绿池，应自难忘，共话离时。碧瑟灯晕，芸炉篆袅，怕说相思。　　清宵幽梦谁知。还记取，分袂迟迟。且待重来，胭脂润透，掩映花枝。

这是维鼎兄早年的作品，可以算做是少作，然而，已经是地地道道的词了，其中有些语言，是他自己锻铸出来的，并不使你感到落套，特别是今天重读，拌和着半世人生苦涩，这词里的情味是多么真纯啊！

再请读读下面这首词：

金缕曲

一九七六年元宵书怀

大野寒云暮。怅人寰、万聚荆杞，千村狐兔。此意悠悠凭谁问，今古能无定据。依栏听，胡笳声骤。烟霭沈沈思渺渺，念往时书剑飘零处。陇头水，江潭树。　少年自诩凌云赋。经几多、霜飞雁塞，雨洒枫蒲。弱柳有情曾系马，还记斜阳当户。意岂在，画屏兰柱。今又登临缘底事，向天涯更觅征人路。苍凉事，休回顾。

如果说前面两首《柳梢青》还是少作的话，那么，这首《金缕曲》已经是他后期经历过种种人生艰苦以后的思绪了。苦涩、苍凉、感叹、沉思，还有隐隐的痛苦，这就是人生。或者说作者经历的人生的重要历程。

维鼎兄的诗也是极有味，如下面这首七绝：

寄友人

（1940 年春）

江上嫩黄杨柳丝。春痕杳杳意迟迟。
梦回路远人千里，况是轻寒细雨时。

虽然还是他的早期的作品，但已然非常隽永有味了，而且是真正的诗味，而不是词味。

在两颗星星同时闪亮着的时候，似乎笔墨是多余的，真正是“常恨言语浅，不如人意深”。当着一颗星星突然熄灭，再也无法以心灵沟通的时候，突然之间，就会发现这些用文字写下来的东西就无比可贵了，因为它能帮助你继续与他的心灵沟通啊！

所以我希望维鼎兄的这本文集能早日问世，这样使得他的亲戚故旧，以至于学界，仍能得到一条与他的心灵沟通之路。

1990 年 7 月 19 日夜 2 时于京华瓜饭楼

等着他回来

——怀贾穗

贾穗同志意外的消息，我是很晚才知道的，初听时绝对不敢相信，也不愿相信，但事实总是事实，他确是走了。

我曾经听过一个真实的故事，其人可能现在还在，报上也曾介绍过。这个人患了不治之症，为了减少家人的精神负担、经济负担和种种困难，他毅然独自出走，到与世隔绝的深山老林去，想就此结束自己。但是几个月过去了，原有的病非但没有加重，反而觉得日渐减轻，他当然只好继续存在着，这样不知不觉地过了若干年，他的病真的好了，身体也健旺了，他循着原路又回去了，家里的人当然喜从天降，做梦也没有想到能出现这样的奇迹。于是人们就猜测说是喝了那里的泉水，是无意中吃了那里的山果，是那里的空气特别好，等等等等。

我当时就想着贾穗是否也能够这样，所以有的朋友要在学刊发悼念文章，我劝他们且慢发，因为确切的情况还没有。

又是若干年过去了，贾穗仍没有消息，而他的夫人一直在辛苦奔走，一是打听和等待着贾穗的消息，一是筹划着为贾穗出一本文集，以作永久的纪念，她多次来信和来电话，要我为文章写篇序，我当然接受了她的嘱托。

贾穗的研《红》情况，我是比较熟悉的，可以说从一开始他写研《红》的文章，就寄给我了，我也不断地看他的文章，给他提修改的意见，也不断地给他发了一些文章。贾穗给我的印象：

第一，他非常刻苦用功，每遇到问题，他总是认真读书，认真思索，刻苦钻研的。早先读他的文章有点艰涩，殊不知，这真是他刻苦钻研、刻苦读书的痕迹，后来这种痕迹就愈来愈少了，这并不是他不刻苦、不读书了，而是他的溶化能力、表达能力愈来愈提高了。

第二，他对待问题非常执著，真是一种锲而不舍的精神，也可以说是钻牛角尖的精神。钻牛角尖并不都是贬词，深入地钻研问题，如果没有钻牛角尖的精神，是深入不下去的，因而也是不可能得出超人的成果来的。

第三，他勇于辩论，勇于批评，勇于表达自己的看法。他对红学界的一些他所不能接受的现象，往往能及时地发表意见，而且直言不讳，往往批评的锋芒还非常尖锐，学刊在发表他的文章时，往往不得不做些帮他稍稍磨去锋芒的工作，有时还得不到他的理解。但读者还是反映他的文章锋芒太过。然而，现在即使想再读读他的有锋芒的文章也已是不可能了！

贾穗在红学上是有建树的，有贡献的。他对待红学一系列的重大问题，都坚持了正确的、实事求是的看法。例如他对待曹雪芹的家世祖籍问题，对待脂本的真伪问题，对待程本的评价问题，对待后四十回的问题，对待《红楼梦》的作者问题，对待《红楼梦》早期抄本问题，对待长期以来红学界某些人的崇曹贬高倾向的问题，对待《红楼梦》早期抄本上的避讳问题等等，都发表了较好的意见，尽管他的文章的锋芒太过影响了人们对他的文章的接受，但是抛开这方面的问题，仅就他的文章的学术内涵来说，还是值得重视的。

目前红学正需要年轻人，所以前不久在浙江金华召开了全国中青年红学会议，可惜贾穗没有能参加，就是最先在天津开的全国中青年红学会议，贾穗准备了文章，也未能参加，现在也只能把他的文章结集了。

我在文章开头讲的那个真故事，我在文章结束时，还要重提一下，我希望这样的真故事不要只属于那一个人……

2000 年 4 月 5 日清明节

怀念周雁

周雁去世了。

这个不幸的消息，我一直不知道。直到今年 1 月 8 日我收到去年第 6 期《寻根》，随意翻阅时，意外地看到目录的最后《悼周雁》的题目。我当时心中一惊，但又怀疑，是否是另一位同名的周雁？但一看文章的署名却是“本刊编辑部”。这一下把我的侥幸心理全部粉碎了，我只能残酷地接受这个无情的现实。

我与周雁的认识，是从《寻根》创刊时开始的。那时她常到北京来，也必来我处，聊《寻根》的选题计划，聊学术界的动态，总之，无所不谈，而且谈得兴趣很浓，最后谈得你也会兴致勃勃地觉得应该为《寻根》写稿子。而且我觉得这并不是周雁的组稿“手段”，而是真正的学术兴趣和学术共识，有时她也会顺便说：请你写稿，但既无题目，也无时间，使你并不感到压力。久而久之，我自己觉得内心有愧，老不给她写稿子！但我那几年，正忙于写我的《红楼梦》重校评批的书稿，实在搁不下来。但最后，没有等她催问，我还是放下了书稿，插写了一篇关于汉画的小文，由《寻根》发表。

从与周雁的交往，使我产生一种感想，我觉得许多编辑，如果都能有周雁这样的学术素质和与人交往的亲切恳挚，可能会发掘出一大批可能被埋没的专文，我每次读《寻根》，那些学术质量很高的文章，都能每期在《寻根》上刊出，我心里就想着，这大概总有周雁的辛劳。

去年3月，她调到杭州，即给我来了电话，告诉我她工作的变动，单位的电话，她的手机号码，我都记在电话本上。我还心想有机会去杭州时，要去看看她。恰好去年10月26日我去富阳，事完后路过杭州，我想给她通个电话，一查行李，却忘记带电话本，我还想我当时事忙，不进杭州市，不通话也就算了，等下次来再去看她罢。哪里知道，实际上她已经去世22天了！

我读到了《寻根》上的讣告，当然只好相信是事实。可眼前我却总是出现一个活跃的热情的笑容满面的周雁。尤其《寻根》上登的那张照片，太真实、太传神、太动人了。看了这张照片，总觉得她还在，她真的还在。所以我写这篇文章的时候，踌躇再三，总不愿让题目带上一个“悼”字。我还是写了《怀念周雁》。这当然只是我的主观感情，代替不了客观事实。

今年1月8日我读到周雁的噩耗后，曾写过一首悼诗，就作为这篇短文的清醒的一个结尾罢。

悼周雁

望断南飞雁，惊鸿已西回。
寻根今又到，怎不令人哀！

2005年5月16日夜11时

我所认识的瞎子阿炳

瞎子阿炳华彦钧是鼎鼎大名的民间音乐家，这是人人都知道的。我从 1943 年起直到他逝世，断断续续地对他有些了解。

1943 年正是抗战的时期，我好不容易考进了无锡工专，学的是染织科。有一次，学生会组织一场音乐会，最后一个节目，就是瞎子阿炳的二胡和琵琶演奏。演奏的曲子，就是他的名作《二泉映月》和《昭君出塞》。瞎子阿炳一上场，原来闹嚷嚷的会场，顿时就鸦雀无声，同学们（包括我自己在内）是十分热爱他的演奏的。这一时期他身体还好，还是他经常在街头演奏的时候。所以这次的演奏，给我的印象特别深刻。一曲二胡独奏《二泉映月》，郁勃悲凉的琴声，似乎是在向听众倾诉他的坎坷遭遇，也似乎是在倾诉当时人们普遍的苦难。会场上听众的情绪，一下就转入了忧愁和哀伤，紧接着的琵琶独奏《昭君出塞》，则突然铁板铜琶、金戈齐鸣，我不懂音乐，理解力特别差，但就是这样，我也仿佛感到有一大队骑兵，顶着沙漠中呼哨的旋风，在紧急奔驰，那听得出的铁蹄杂沓声、佩剑的撞击声、呜咽的胡笳声，都裹在呼啸的风声里，好像是听得清，分得明；又像是一片混杂的声音……我问同学是怎么把他请来的，同学说不用请，给一点钱就来了，因为这时他正在街头卖艺。

有一回，我在崇安寺面馆吃面，阿炳拉着胡琴来了，顾客们一看到阿炳，都活跃起来了，有一位客人要他拉两人讲话。阿炳真的拉起来了，只听道："喂喂！今天大米多少钱一担啊？"回答说："又涨价了，多少钱一担，哈哈哈哈！"阿炳的琴语，确是一绝，我也是第一回听到。可他平时不肯拉，说这不是艺术，这是骗人钱的玩艺儿。

有时在大夏天，人们乘凉到夜深时，阿炳从远处街道上拉着胡琴来了，那悠扬的琴声，好像是他的行踪标志，好心的人们就先准备好钱，因为阿炳从不伸手向人要钱，他只是拉琴，要人们给他钱，或把钱放在他的衣兜里，他才拿。

之后，有很长一段时间听不到阿炳的琴声了。后来知道，阿炳穷得无法过活了，有一次碰上大雷雨，他在大街上被奔着躲雨的人力车撞倒了，琵琶碎了，回到住处病了几天，不想胡琴又被耗子咬破了。阿炳就长叹说：是老天爷不让我拉琴了。从此，他再也不拉琴了，一位小女孩牵着他要饭。一位怀着绝代才艺的民间音乐大家，竟至沦为乞丐，说起来这是令人多么痛心的事啊！

大概是1952年左右，中央音乐学院的老专家杨荫浏同志回到无锡，找到了阿炳，要他拉琴，要给他灌唱片。临时帮他准备了胡琴、琵琶，阿炳开始不愿意，因为已经多年不拉了，生疏了，他自己听着也感到痛心。后来经过劝说，才拉了几个曲子，弹了琵琶曲《昭君出塞》、《大浪淘沙》等等，后来他不愿再奏了，因为他觉得达不到他原有的水平了。

阿炳的死，记得是1953年，他的住处，距离我工作的无锡市一女中较近。一天早晨，我们一位杨志仁老师从家里来学校，走进办公室，就告诉我说：瞎子阿炳昨晚死了，是吐血死的。因为他家就靠近阿炳的住处。

以后就再也没有他的消息了。但不久，电台上却放起了他的《二泉映月》、《听松》、《大浪淘沙》等曲子，这曲子一直放到现在。

1986年7月20日夜于瓜饭楼

记陶壶名家顾景舟

去年我到美国讲学，参观旧金山博物馆时，看到展品中有两件中国江苏宜兴的陶壶，其中一件标明是清代名手时大彬制的。我拍了照片回来，经宜兴紫砂壶的老工艺师、著名的制壶名手、紫砂壶的鉴定专家顾景舟同志看后，指出它是赝品，他说时大彬很少做这种菊花形的壶。一件赝品尚且被陈列在旧金山的博物馆里，可见紫砂壶是如何地被人珍视了。

这种驰名中外、享有盛誉的艺术珍品紫砂陶历史悠久。根据对古窑址的发掘，可追溯到北宋中叶，距今已有千年。制壶的能手，自明清以来，名家辈出，代不乏人。明代最著名的有供春、时大彬、李仲芳、徐友泉等；到了清代，又有陈鸣远、项圣思、杨彭年、陈曼生、邵大亨等名手。他们制作的茗壶，在今日已经成为稀世之珍，为收藏家所宝藏。

我与顾景舟同志相识已经十多年了，他在紫砂工艺上的成就是卓越的，在国内和国际上早已享有盛名。一件盖有他的图章的紫砂壶，在国际市场上就会成为巨富们争夺的对象。景舟同志的作品所以能获得这样高的国际国内的声誉绝不是偶然的。他今年已经六十八岁，自幼就从事紫砂工艺，对紫砂工艺的全过程有十分精辟透彻的了解，精于鉴别古器，又工于造型设计。他分析品评传品，往往片言中的，发人之所未发。我有几件藏器，一直很珍视，也经过几位行家鉴定过，都是赞扬一通，两壶不分高下，我也不清楚到底有没有高下之分。但经过景舟同志的法眼，一下就指出了两个壶的时代的先后，特别指出其中一壶在造型上的不足之处，而另一壶则骨肉亭匀、稳重、沉静、雅致，弧线正反的结合十分谐和清秀，壶把和壶嘴自然浑成而又藏巧于拙，不见刻凿痕迹。景舟同志对一件旧壶的分析评论，实际上反映了他对紫砂壶的全面而深厚的美学修养。这是与他具有很高的书、画、金石、文物鉴赏的修养分不开的，他与海内许多著名书画家都有很深的交往。前面提到的明代的制壶名家时大彬，他的原作目前国内只有一件，而这一件珍品，是1975 年在江苏江都县丁沟公社的一个明代万历四十四年的墓葬中出土的，当时认为是一把“普通壶”。顾景舟同志闻讯后骑了 40 里路的自行车赶到丁沟，对这件茗壶做了十分精确的鉴定，指出它确是大彬壶无疑。不久前，我国著名的陶瓷专家冯铣铭也明确地指出，国内真正可信的大彬壶，就只这一件，可见景舟同志鉴别之精。

50 多年来，景舟同志创作了数十种壶型，他善制素面光身，不事堆雕。实际上制壶艺术中，素面最难，因为它全身线条毕露，既无假借，亦无藏躲，完全靠造型美、线条美、色调美来抓住观众。所以一件素面壶，一入鉴赏家的眼睛，就纤毫毕露，好坏立见。其精者，就如看二王的书法，耐人寻味；其俗者，往往搔首弄姿，反而不成姿态。当然，我绝没有轻视“花货”（以堆雕捏塑手法摹拟自然形态的器形）和“筋囊货”（壶身处理成有规则的曲直线条纹，如花瓣样筋囊的器形）的意思，这两种壶形及其制作手法，也自有它的独到之处，所谓各有所长，不能相轻也。

一件佳壶，往往要形神兼备。所谓“形”，当然就是指造型、线条；所谓“神”，就是通过结构匀称、线条流畅简洁、制作精巧、色泽沉静幽秀等各个方面综合形成的一种艺术气质、艺术风格，它往往能引人入胜，叫人入眼难忘。景舟同志的作品，就能够做到形神兼备，毫发不爽，令人看后不能忘怀。

景舟同志几十年来带了 20 多个徒弟，其中水平较高的有十多人，现任紫砂陶厂的副厂长高海庚、李昌鸿，就是景舟同志最得意的传人。他们继承了景舟同志的技法，设计和制作也能一丝不苟，而且亦能自出新意，创制佳作。景舟同志说，27 年来，像小高这样特别拔尖的人只有一两个，可见人才之难。然而，我们毕竟已经有了一批紫砂特种工艺的优秀传人了，这是值得庆贺的事。

1982 年 10 月 4 日于北京

宜兴的紫砂艺术

宜兴紫砂，是中国传统的茶文化和陶文化相结合的产物，是制陶工艺史上的一枝奇葩。

据现代考古所得，宜兴鼎蜀镇[①]周围有丰富的新石器时代以至于各代的陶器遗存，羊角山的发掘，更证实了从北宋中期一直到明初，已经开始用当地的紫砂制陶。

宜兴历来又是著名的产茶区，唐代诗人卢仝的名作《走笔谢孟谏议寄新茶》诗说："天子须尝阳羡茶，百草不敢先开花。"阳羡就是宜兴的古称，此诗下半部分描写喝茶的豪兴：

一碗喉吻润。两碗破孤闷。
三碗搜枯肠，唯有文字五千卷。
四碗发轻汗，平生不平事，
尽向毛孔散。
五碗肌骨清。六碗通仙灵。

① 鼎蜀镇即丁蜀镇，现两种名称通用。

七碗吃不得也，
唯觉两腋习习清风生。①

这一段文字，已成为描写饮茶的千古名句，殊不知它恰好是描写饮阳羡茶的，由此可见阳羡茶声名之高。

宋代大诗人苏东坡有写煎茶的名诗《汲江煎茶》云：

活水还须活火烹。自临钓石取深清。
大瓢贮月归春瓮，小勺分江入夜瓶。
雪乳已翻煎处脚，松风忽作泻时声。
枯肠未易禁三碗，坐听荒城长短更。

此诗短短八句，把汲水煎茶到茶熟而饮，一直到茶后不眠，坐听夜更种种情事，写得生动逼真。东坡晚岁曾买田阳羡归隐，至今宜兴东坡书院还有东坡买回碑的石刻，昔年我曾去书院亲见。现在宜兴紫砂中流行的东坡提梁，虽并非东坡实迹，但也足见诗人见爱于茶乡兼陶都的人们了。

以上种种，都说明宜兴于陶、茶二事，是得天独厚，渊源极深的。

我家乡无锡与宜兴紧邻，近年宜兴与无锡又合为一市，多年来我常去宜兴鼎山、庚桑、善卷、慕蠡诸洞，东氿、西化水区，国山碑，周孝侯墓，蛟桥诸名迹，都曾寻访。我十分欣赏阳羡山水，尤其是从宜兴到鼎蜀镇的一段，真是风景络绎，如行山阴道上。据说南山深处茶区，风景更为清绝，无怪乎宜兴会成为人文之乡了。

宜兴紫砂自明供春、时大彬以来，盛名不衰，供春壶我只看过顾景

① 见《全唐诗》卷三百八十八。

舟老先生的临本，大彬壶则看过多件，书载大彬壶初期题刻系用竹签画刻，我在故宫看到了这样一件真迹，现在此壶还陈列在珍品展览室，实为难得的珍品。大彬以下各家，我虽未能尽阅，但大都我是目见过的。紫砂之得享盛名，一是因为宜兴鼎蜀镇的紫泥优质独绝，冠甲天下，无与伦比；二是历代以来，工艺相传，青出于蓝；三是与文人结合，一握紫泥，诗画题刻，琳琅满目，虽黄金美玉，无以过也。因此数端，宜兴紫砂至今重见于世，珍贵胜于翠玉。

当代的紫砂大师顾景舟先生，我与他论交已四十余年，他的艺术，实在已是紫砂的至高境界。论历史，大彬、曼生等功不可没，论工艺，则今天已是后来居上，顾老先生早已度越前辈了。我曾有诗赠顾老云：

弹指论交四十年。紫泥一握玉生烟。
几回夜雨烹春茗，话到沧桑欲曙天。

然而，并不仅仅是顾老先生孤峰独秀，与顾老同辈的蒋蓉，以花器驰名天下，其所作瓜果草虫，传神文笔，妙绝一时。而顾老的传人高海庚(已故)、徐秀棠、徐汉棠、汪寅仙、周桂珍、李昌鸿、顾绍培等，也都是一时俊才，如群星灿烂，辉耀陶都。其中尤以周桂珍的曼生提梁、井栏六方、仿古如意、僧帽、追月等壶，线条端庄流畅，风格朴实凝重，呈现出大家风范，我也有诗题赠云：

长空万里一轮圆。忆得荆溪寒碧仙。
我欲乘风归去也，庚桑洞外即蓝田。

在紫砂雕塑中，徐秀棠天南独秀，一时无双。他的作品传神写意，别具风韵。他的罗汉、八怪诸塑，早已是驰名宇内，洛阳纸贵了。秀棠还能书能画，他的刻尤为精妙，我近年在宜兴所写茶壶，大部分是秀棠所刻，能与我的字妙合无间，我在壶上的书法也大抵借重他的刻，才得传神，所以我也有诗赠他：

秀出天南笔一支。千形百相有神思。
曹衣吴带今何在？又见江东徐惠之。

今以顾老的声望功力，秀棠、昌鸿诸君的才思，编此一部大书，自然聚百代壶珍于一集，晴窗展玩，众美毕备，如对古贤，如接今秀，其乐为何如也！因乐为之序云尔。

1991 年 7 月 18 日于京华雨窗，时苏、锡、宜、常
正在洪水包围中也，遥望南天，不胜神驰

走在世纪前列的艺术家

——记紫砂工艺大师徐秀棠

我与秀棠同志相交已30多年，那时顾景舟大师还很健，我虽然不懂紫砂，但在他们的熏陶下，耳濡目染，也增加了不少知识和兴趣。特别是对秀棠同志，因为接触多了，认识也逐步力深了。

秀棠的紫砂艺术，我认为可以概括为三绝：一是紫砂人物雕塑的一绝。在紫砂的历史上，过去虽然曾有个别的紫砂艺人作过人物雕塑的尝试，但那不过是偶一为之，游戏笔墨，在他本人也只是即兴之作，未作为他的专攻，更不是代表作。在紫砂艺术的历史上，继承中国的传统雕塑而成为一绝的，史无前例，有之则是从徐秀棠开始。而且他一跃而为紫砂人物雕塑的大师，其所塑的人物形象，确实栩栩如生，形神兼备。例如他所塑的供春像，朴素真实而传神。传供春是吴颐山的书童，寓居金沙寺，仿老僧制陶之艺，遂始做壶。作者根据这一历史记载，精心构思，让供春这个书童栩栩如生地活了起来。这个书童，稚气而又灵气，再加几分淘气，这就紧扣住了这个“童”字，但他是读书人的书童，所以才会与“茶”字连起来，而且从体形上来看，完全是一个壮实而尚未成年人的形象，而他的神态，是全神贯注地在仔细揣摹这个他新捏出来的新鲜事物——茶壶。而且是在池边的石柱上而不是在房间里，这更加点明了他是一时心血来潮，心有感悟，才试而为之。所以仅仅一个供春，把他全部应有的生活实感和历史实感都有效地呈现出来了。再如他的《萧翼赚兰亭》，更是一个杰作。从两个人的位置上，辩才是主，坐于左边主位，视觉上略高于萧翼；右边的萧翼是客，坐于右边的客位，萧翼是怀着算计辩才的鬼胎而来的，形象略瘦小而稍低、侧身、斜视。从这两个人的取势来看，就显出辩才的坦荡真诚和萧翼的猥琐阴贼，伪装谦诚。特别是他的眼神斜视，充分揭示了他的窥测心理。这一件雕塑，不仅是布局取势好，人物造型好，更妙在神情的交流和对比。秀棠还有《饮中八仙歌》的雕塑，也是一个系列杰作，且诗意盎然而神态各异，真是各极其妙。此外他的佛像雕塑，更是吸取了历代佛教雕塑的精华。佛像的造型，着重于庄严静穆，一片真如，而慈情善念，流布无极。所以他的佛像的雕塑，又深得行家的崇高评价。此为秀棠的第一绝。

秀棠的第二绝，是写真雕塑。这种写真雕塑，在以往的紫砂艺术里也是曾有过的，我曾见过若干种，如花生、荸荠、茄子、竹笋之类，也能刻画得惟妙惟肖。但秀棠的写真，却又有了飞跃性的发展，收在顾景舟大师主编的《宜兴紫砂真赏》这本巨册里的秀棠与他女儿徐徐合作的写真作品，完全是摹拟活的对象，如螃蟹、龟鳖、黑鱼、蚌、螺蛳等等，简直件件可以乱真，真是活灵活现。如果把这些东西放在水盆里，让人来看，假如事先不告诉他是紫砂艺术珍品，他肯定以为是养在水里的活的鱼、蟹等物。写生到这等境界，我只能说叹为观止了！这是秀棠的第二绝。

秀棠的第三绝，是他的紫砂刻字。紫砂刻字，原本是司空见惯，差不多自有紫砂壶艺术以来，就开始有刻字了。起先是名款，后来则发展到题铭。特别是时大彬、陈鸣远以后，到了陈曼生的时代，壶上题刻，更成一时风尚。但这种佳刻，并不是容易做到的，代不过几人而已！然而，秀棠的紫砂刻字，能与原书不差分毫，妙得原书的神理。这一点不是靠人介绍，而是我的亲身体验。大约在十几二十年前，我常去宜兴丁山，与顾老、海庚游，也经常与秀棠在一起，有时兴到，就为他们的作品题写，题得最多的是周桂珍的作品。而桂珍的壶，题完后，总是请秀棠刻，后来，差不多只要是我写的壶，有不少都是由秀棠刻成。现在收在《宜兴紫砂真赏》里的五件周桂珍的作品，全是由我题写后由秀棠刻成的，我深深感到他的刀与我的笔，简直合而为一了！这些字，填墨以后，让人初一看，简直不是刻出来的，而是刚刚用毛笔写成的，这真是令我叹赏不已！然而他并不是专刻我一个人的字是如此，可以说，他的刀能随物赋形，跟着你的笔路走，不差分毫。这种传神妙笔，当然也是他的一绝，求之当世是不可多得的。

秀棠以上这三绝，既是技术，更是艺术。

但秀棠更重要的还不在于此。更重要的是他本人就是一个文化人，他能著书作文，他能书善画，他对现代的艺术能悟能化，而他对现代最先进的文化思潮，也有能力把握。从而他就脱颖而出，跳出了紫砂艺人的旧樊篱，而成为既有深厚的传统艺术文化的修养、训练，又能吸取时代精神而创造崭新的紫砂艺术的一代紫砂工艺大师！

任何艺术都是随着时代前进的，紫砂也不例外。但任何艺术的前进，都是以既有的艺术传统为基础的，没有这个基础，他就失去了前进的立足点。秀棠之所以如此突出，他的传统的基础坚实，这是非常重要的一面；但另一个重要面，是他的思想开放，能及时吸取并消化时代文化思潮的精华，转而化生出新的符合时代要求的艺术杰作。而这后一点，恰恰并不是人人都能做到的！

2000 年 10 月 8 日夜 12 时于京东且住草堂

工极而韵　紫玉蕴光

——记周桂珍大师的紫砂艺术

我是50年代初认识顾景舟先生的，那时我在无锡工作，离宜兴很近，顾先生有几方紫砂壶上的印章，是我的老友高石农刻的，因此我们很早就认识了。

1954年我到了北京，我与顾老见面的机会就相对地少了，但我每次回家，也经常抽空去看他。

到70年代末和80年代初，紫砂的情况大有发展，紫砂一厂常到北京来开展览会，顾老差不多每次都来，这样我们见面的机会又增多了。1982年9月，顾老又到北京来开展览会，9月25日晚上，他特地陪同他的学生紫砂一厂的厂长高海庚来看我。他郑重地向我介绍，说海庚是他最得意的徒弟，他的艺术和技术，都已传给海庚了，他完全能继承顾老的传统且会有更大的发展。说着他就让海庚把新作的一把集玉壶拿出来送我，并对这把新作给予了很高的评价。言下，顾老洋溢着对他的这位得意门生的无限深情，海庚与我的正式订交当以这一晚始，虽然以前曾多次在展览会上见过，但都未及细叙。那天晚上，海庚带了一架相机，是拍快片的，拍完即可显影，我们三人一起拍了一张照，作为这次良晤的纪念，顾老在照片上亲自题记说：

> 一九八二年九月廿五夜拜访其庸先生，在瓜饭楼书斋合摄此影留念。
>
> 弟顾景舟、高海庚

这是一帧十分珍贵的具有纪念意义的照片，照片上顾老正在与我讲这把集玉壶。过了一些时候，可能是第二年了，海庚又来北京，又来看我，那次谈得较久，他拿出一把红泥小方壶送我，说是他夫人周桂珍的作品。我看这把壶，做得十分工细精致，而造型线条干净利索，落落大方，有一股浑朴的气息和大家的风度，我当时眼睛为之一亮，真是出手不凡。我把它与海庚的集玉放在一起，真是珠联璧合。海庚的集玉，是集古玉器的精华。我国是一个玉器大国，史学家认为在青铜时代以前，还有一个玉器时代，这是很有道理的见解。我曾到杭州良渚文化的遗址现场调查过，在仓库里看到大批新出土的古玉器，后来还看到了那件玉琮王。那批古玉器，不仅工艺精湛（用什么工具至今还是一个谜），而且发出一种纯净而内蕴的幽光，令人心醉神迷。海庚的这件集玉，真是得古玉琮的神韵，而又变化创新。古玉琮是外方内圆，琮身束以多层平行的线条，或凸或凹，参互变化。集玉则是取其内圆作外部造型而用凸凹双线平行束腰，流与把，皆取平面直线，并饰以夔龙纹，壶盖则取平嵌，初看只见一道道圆线，真如玉器上的凹线，壶摘，细看是长虹吸水的一条小夔龙，并配以小圆环，在严整中又增加了动感。所以这件集玉，真正是聚古玉之精华，只要长久使用，壶身便会发出紫玉的幽光，到那时的观感，真就会像是一件形神兼备的古玉了。周桂珍的红泥小方壶，造型取圆角方柱形，把与流，都用小曲线，则使整饰的壶身主体，增加了线条的变化，增加了动感，使这件作品于严谨中寓流动，于端庄中富生气，而上端圆盖上又饰以桥形盖纽，形成方圆互济。而通体壶身的线条，简净明快，纯朴而舒畅，真可说是一件“豪华落尽见真醇”的佳作。以上两件作品给我的印象实在太深了。虽然时间已整整过了 20 年，可一想起当时的情景，都宛然如在目前。

不料海庚突然于 1985 年 12 月 12 日患急病去世了，我一点也不知道，只是奇怪我写给他的信毫无回信。大约是 1986 年春末或夏初，我回到了无锡，晚间，朋友们宴请我，非常热烈。有人问我：明天怎么安排？我说：明天去宜兴看高厂长。他问：是哪一个高厂长？我说当然是一厂的高海庚厂长了。他马上说：高厂长去世已经很久了，你怎么不知道！我骤听之下，大吃一惊，心里非常难过，酒也不想喝了，就草草散席，回到住处，反复不能入睡，就写了一首悼念海庚的诗：

哭高海庚

一春未得君消息，噩耗初闻涕满裳。
停箸凄然不能咽，为君双泪落深觞。

第二天，我到了丁山，到了海庚的家里，见到了周桂珍，她告诉我海庚的急病，在宜兴乡下无法抢救，送到医院已来不及了，她遭此突如其来的打击，日坐愁城，不知如何是好。当时她担子很重，孩子还在读书，我也不敢把这首诗念给她听，怕增加她的悲伤。

最后，我安慰她说，眼前的困难，只能靠你的双手来解决，你有这么高的紫砂艺术，一定能打开局面。当时的紫砂市场很乱，创作上怪异百出，名曰创新，实则猎奇。周桂珍最早是从王寅春先生学艺，学的是传统工艺，后来一直跟顾老学习，更是传统中的纯正者。所以她学艺的底子扎实，我主张她走传统工艺的路子，这是一条常走常新的康庄大道。其实，按周桂珍的艺术功底和形成的审美趣味，也必然是传统工艺的路子。何况当时顾老还健在，还天天创作，还能不断地得到指导，正是典型犹存，因此并不须要我的提议，她自己必然是走传统的路子的。当时我们就决定合作。说“合作”只不过是我帮她在壶上题一点字，作为装饰而已，有时壶底也盖上我的“瓜饭楼”的图章。我的题字对她的壶当然起不了多大的作用，关键是她的功力深厚，艺术审美的感觉好，素质高，领悟快而深，所以她的作品，出手不凡，一开始就是大家的风范。

从1986年到1996年，这十年，是周桂珍最艰难的十年，但也是她艺术上拼搏猛进，创造了许多奇迹的十年。在这段时间里，她创作了大量的精品，从而奠定了她在当代紫砂事业上的崇高地位和砂壶藏家对她牢不可破的信心。她的壶在国际市场上的地位永远是稳定的，不管国际市场如何起落，她的壶始终受到藏家的珍视。这里没有任何操作的因素，完全是由于她严谨的创作态度、不断变化前进的高超的技术和艺术，以及她对收藏者的强烈的责任感。

这十年中她创作的名壶，我无法统计，恐怕连她自己也统计不确切，因为她的壶只要一烧好，就得出手，连想从容地拍个照片的时间都没有。从此台湾、香港、日本、东南亚，如一串脱线的珍珠，星散出去，天各一方，如何去统计呢？

在我的印象里，少说些至少也有几十把。如那把大曼生提梁，不仅体形大，更重要的是结构稳重，壶身与提梁各半，而以梯形向上，如果依提梁虚线向上，你可以想像出一座小小的金字塔。因为这个梯形的造型，就显得格外端庄凝重，加上通体简单明快的线条，使人感到落落大方，朴而不华，简而有韵。再如她的六方井栏壶，也是采取直线梯形，因为斜度比曼生壶大，加上把和流，就别具另一种风韵，特别是壶嘴的下唇稍稍内扣，顿时在浑身的静穆中微现出一丝情趣，有如一尊庄严的古佛，在嘴角上终于透露出一丝内心的活动。这把壶我曾使用过很长时间，有一次，我在沏上滚水以后无意中将壶盖一提，竟连壶身也提了起来。古人评壶，这是重要的一条，我初以为是过甚其辞，经此壶，我方信确有其事。当然这不可能每回都能这样，这必须机缘凑合，才能出此奇迹。但反过来说，如果工艺达不到这种高超的水平，那就不可能有什么机缘凑合的问题。我还看过一把她做的梅花提梁，也是手法简洁而神韵独富。壶身是扁圆形，壶的右侧伸出一枝梅干，左弯形成提梁，而梅梢贴于壶身，枝梢新梅绽开，朵朵饱满，壶嘴是一枝梅干，与提梁相呼应。这把壶的手法，与周桂珍平时以光素线条为胜场相反，似可归入花货一类，但壶身扁圆形，光洁而莹润，线条流畅自然，仍显示出她光素壶的功力和特色，而那枝老梅的雕塑，工写结合，形神兼备，特别是那一朵朵绽开的梅花，饱满得像有水分在流淌，令人感到整个壶都充满着勃勃生机，真是一壶在手，兴味无穷。

1996 年到现在，这五年间，周桂珍又实现了她的特大飞跃。她创作了掇圆壶、半月壶、如意壶、登柏寿壶、大之泉壶等名作。掇圆壶创作出来后，随即被台湾客商买走，这位藏家对这把壶视同珍宝，但可惜没有多久就被窃走，致使这位藏家对这把壶日夜思念，请求周桂珍为他重做。她的大之泉壶原是高海庚的设计，但一直未投入创作，在海庚去世十多年后，周桂珍完成了这把壶的创作，这是一把具有特殊意义的壶，它既是与海庚合作的继续，而在艺术上，更具有大胆创新的意义。壶身采取“之”字形，这已经颇新奇别致了，更妙的是壶身外观是一股涌泉，泉浪末梢倒卷成壶把。自壶嘴到壶把的一条大斜线，统贯全局，令人感到此壶大气磅礴，一气呵成，壶嘴壶身壶把浑然一体相连，无迹可求。无雕琢气、无匠气，线条运用得如此大胆，如此奔放流畅，实在令人称奇！这把壶从工艺上来说，是极其工整严谨的，没有绝顶的功力是做不出来的，但从风格上来说，又是富有浪漫主义精神的，是奔放的而不是拘谨的，所以这把壶是严谨与奔放相结合，静穆与抒情相结合的无上妙品，是不可多得的杰作。这把壶本身，也说明了周桂珍的艺术特色和艺术素质、艺术风格。

我分析周桂珍的艺术，具有最明显的两个特色：一个是扎实的功力，严谨的制作，她可以细到毫巅，严到极处。这一方面，可以说她是接受了顾景舟大师的真传；但另一方面，她的艺术，又有以往的紫砂艺人所少有的自由气息，她既可以严守绳墨，又可以不守绳墨。她的严守绳墨是因为艺术的需要，她的不守绳墨也是为的艺术的需要，为的是要突破常规，独辟新径。由于前者，她可能无愧于称是顾老的嫡派传人，由于后者，她又可以说是顾老艺术的发展、创新、突破，最后达到超越。顾老曾经深情地对我说，将来能够继承并超越他的是他的得意门生高海庚，他还说他的艺术已经全部传给海庚了。这是 1982 年 9 月 25 日夜在我的书斋里对我说的，同时在的还有海庚。没有想到海庚不幸早逝，而顾老这一愿望，竟让周桂珍来实现了，这是海庚之幸，更是顾老之幸！周桂珍可以说是无负于顾老，无负于海庚！

桂珍的这把之泉壶，是她艺术上的一次特大飞跃，她的丰富的艺术创造力借着这把壶的创作不可遏止地涌现出来了，这将使她一发而不可收。果然，前不久，她又创造了一个奇迹，实现了又一次的飞跃。这就是这把玉匏提梁壶的创作。

这把玉匏提梁的造型取自然形态的大葫芦，但又不是像生的写实手法，而是把自然形态的东西艺术创作成为一件真正的艺术品。这件作品壶身丰硕饱满，提梁取三叉形藤蔓，而又不是纯自然形态。它的加工手法与壶身一致，壶盖取葫芦顶部平剖，壶摘即取葫芦的蒂蔓，壶嘴微弯，如一截短藤。综观整体，造形在似真非真之间，使你一眼就可以感到这是一个大葫芦的造型，但又使你感到这是一件艺术品而不是真正的葫芦，而且作者也并无心于刻意摹真。正是由于这些匠心独运的手法和艺术处理，才使这件作品达到了形神兼备的艺术妙境。作这种藤蔓三叉的提梁，前人早已有过，如清咸丰年间的葫瓢提梁壶，款署“曼陀华馆”，就是一件类似的作品，但它未能解决好形似与神似的问题，致在壶身、壶盖、提梁与壶嘴的处理上，都不能达到和谐统一，形神兼似。[①] 周桂珍的这件作品，不仅造型上的美观适度，而且制作艺术上也是既严谨而又简洁，工细到让你感觉不出它的工细，所谓“大匠不雕”，正是这种风度。

艺术的最高境界是在神韵，书画艺术是如此，紫砂艺术也是如此。周桂珍的艺术的最突出处，就在“工极而韵，紫玉蕴光”，就在让你得味外之味，意外之意！就在让你感到她的作品百看不厌，就在让你感到她的作品有无尽的内涵。

2001 年 3 月 11 日写于且住草堂

---

① 见《宜陶之旅》第 201 页，台湾茶与艺术杂志社 1987 年版。

清水出芙蓉　天然去雕饰

——记青年陶艺家高振宇

最近看了青年陶艺家高振宇的陶瓷创作，一个突出的印象，是充满着青春的旋律。

高振宇的陶瓷艺术品给我第一个直观感觉，就是各种器皿的造型都非常流动舒畅，造型线条的运用，达到了接近完美的境界。任何一件器皿，只要你的眼光接触到它，就会随着它周身的线条而圆转自如，没有窒碍。器形则单纯朴素而富有大家气，绝无雕琢感。可见作者追求的是浑成自然的美而不是纤细和雕琢。“镂冰文章费工巧”，那种完全多余的雕琢，与作者是绝缘的。

我的第二个直观的感觉，就是作品周身的水理纹，流畅舒展，自然悠闲。看着这许多有规律、有节奏的线条，使我眼前展现了一片太湖浩淼、碧波万顷的广阔气象。

我的第三个直观的感觉，就是这许多影青瓷的釉色，青而润、绿而嫩，充满着青春的活力和朝气，使你感到特别亲切。看了这许多作品，我的脑子里很自然地跳出了六朝时大赋家江淹《别赋》里的名句：“春草碧色，春水渌波，送君南浦，伤如之何！”首两句拿来形容高振宇的釉色，我觉得是自然而贴切的。末后一句，时代不同了，但如果将一个“伤”字改作“欢”字，就完全切合现实了。

高振宇的影青瓷，造型、纹饰、釉色三者自然和谐地统一在一体，令人感到是一件件完美的艺术品。

高振宇有一件影青瓷三足盘，其色如雨后青山，翠色欲滴，令人感到其釉色充满着生机，釉下仿佛有生命之液在流动。我给它取名叫雨后青。这个盘子如果盛上晶红的樱桃、杨梅，或者大红西瓜、荔枝、红菱等等，那真是别有风味了！

高振宇的作品，不仅仅是这一类充满生机、清淡雅致的影青水理纹器皿，他还有沉稳朴厚的作品。我见过他一件大圈足盘，乳白釉，酱色边缘。乍一看，以为是件宋瓷，仔细品味，才看出是新作，而其风格之沉稳，釉色之老到，让人一眼看去就爱不忍释。

我还看过他几件黑釉罐，器形鼓腹丰肩乍口，釉色黑而润，乌而韵，乍一看，简直是上等辽瓷，仔细鉴赏，才看出是新作。

高振宇除了以上几类瓷器外，他还制作了一批陶器。这些陶器，其造型就很新奇别致而又朴实可亲。我敢说，这是陶器史上前无古人之作，也可说是陶器的革新。就我个人的喜爱来说，我喜爱这类陶器，绝对不亚于他的青瓷和黑釉。

年轻的高振宇取得这样的成就并不是偶然的，除了他留学日本专攻陶瓷外，更重要的是出身于陶瓷世家。他的父亲高海庚、母亲周桂珍和岳父徐秀棠都是当代的陶瓷大师，他的夫人徐徐与他一起留学日本，也是青年陶艺家，他的老师是赫赫有名的紫砂大师顾景舟，所以他是名副其实的陶瓷世家。他从小受过严格的训练和家庭的熏陶，而他又有志于陶瓷事业。他对事业有崇高的爱心。他热爱泥土，把泥土当作自己的亲人和挚友，做不好瓷器，他觉得对不起泥土。他有一桩宏愿，他发愿要把日用的陶瓷器，提高它的文化品位和艺术性，让人们日常运用这些日用陶瓷时如同与亲人在一起，如同天天看到自己赏心悦目的事物。他还认为真正的艺术品都是朴素大方而平易近人的。他不赞成过分的雕琢。

对于高振宇的这些见解，我非常欣赏和赞成。艺术首先应该属于人民的，因而它应该是质朴而平易的。古人说“清水出芙蓉，天然去雕饰”，又说“大匠不雕”。艺术而能做到不雕，这一要有很高的文化素养，很高的艺术鉴赏眼光，更要有很高的艺术理想。一句话，首先要眼高才能手高。古人云：粗服乱头，不掩国色。首先要有识别国色的眼力，才能于粗服乱头中发现国色。如果他只是以涂脂抹粉为美，那么他看到了粗服乱头的国色，也只能见其粗服乱头而不能见其国色了。

其实，艺术要做到不雕，是最最困难的。这是一种最高的境界。比如说，用涂脂抹粉来装点出美来，总是比较容易的，要不施脂粉而显出美来，这就不是容易做到的了。

我看高振宇的陶瓷艺术，他所追求的是“天然去雕饰”的美，是自然的美，大器的美，是与大自然融合的美，而不仅仅是外形上雕绘的美。

让艺术回归到生活，让生活与艺术结合，这既是一种朴实的理想，也是一种崇高的理想。从艺术的成长和发展来看，艺术本来就是来源于生活的，所以高振宇要把日用陶瓷艺术化，这个主张是完全正确的，它符合陶瓷艺术的发展规律。

高振宇在陶瓷艺术上还有一个过人之处，就是他熟练陶瓷艺术的全部工序，从和泥拉坯制作成形一直到烧制成品，共二十几道工序他全部能熟练操作，而且他的每一件作品也都是经他亲手一个一个工序过来的，这就非常难能可贵了。据我所知，现代的陶艺家真能熟练操作此全过程的，恐怕为数不多，但这是一个真正的陶艺家的最基本的功夫，其后来的艺术潜力的发挥与此是大有关系的。

我看高振宇的陶瓷制作，其艺术道路艰难而纯正，其艺术理想博大而深远，其作品的风格高雅，气息自然浑成，是一种大家气派，而他创作的领域又很宽广。可以预见，他在中国的陶瓷事业上，是会做出突出的贡献的。

1997 年 7 月 31 日于瓜饭楼

青花歌

——赠青花艺术家陆履峻

十年不见陆履峻，隐姓浮梁作瓷人。
画笔新开青花径，挥毫落墨生烟云。
忽如石田庐山瀑，忽如石涛黄山云。
忽如倪迂秋林晚，忽如大痴富江春。
烟霞万重无穷意，坐对净瓷生白云。
瓷片入手化作纸，墨分廿彩犹未尽。
嗟乎履峻何太苦，世途坎坷笔有神。
十年崚嶒登峻极，返顾苍苍所来径。
元明青花俱往矣，请看新花满园春。

1997年5月12日

书陈复澄刀笔书画后

陈复澄先生的刀笔书法，可以说是艺坛一绝。我是近二三年才与陈先生获交的，前些时候，又参观了他的展览室，真是洋洋大观，琳琅满目。

说到陈先生的刀笔书法，首先要对“刀笔”这个词作些解释。我国自春秋战国到秦汉时期，所有的文书大都是写在竹简或木简上的，书写时发生错误，就用刀削掉再重写，所以刀是为削竹简或木简作改字用的，笔是书写的工具，在这时刀和笔不可分离，所以后世称修改文字叫“笔削”。

现在陈复澄先生的刀笔书法，完全不是这个意思，而有比这更早的渊源。我国商周时期的甲骨文，完全是用刀刻出来的，所以又叫“刻辞”，这就是一种刀笔书法。比甲骨文更早一些的如良渚玉器，河姆渡骨器上的原始图画，是否是用刀刻的不清楚，但肯定是用一种锐器刻画出来的，所以愈是原始的图画或文字，愈都是用刀或刀类的锐器刻出来的。所以我认为陈复澄同志的刀笔，倒是更原始、更准确意义上的刀笔，而不是秦汉之际的刀笔的涵义。

以刀作笔来进行书法创作或绘画创作，实在是一件难事。我青年时喜欢篆刻，特别喜欢刻印章的边款，也曾刻过单刀行草的书法，而且也是直接奏刀，不用墨书，后来我又喜欢紫砂，与紫砂泰斗顾景舟先生有数十年的交往，也写过不少紫砂壶件，而且我也曾试刻过紫砂，如果说我刻的印章边款行草书还勉强可以滥竽充数的话，我一刻紫砂就觉得简直无从下手，因为刻印章石头，须要用力奏刀，砉剥有声，而刻紫砂泥坯时，却丝毫不能用力，泥坯很嫩，只要刀锋稍微用力，就可刻坏，而我习惯于刻石的用力，所以就着手成灾，要想学习这种轻微到毫巅的内劲，我始终没有能入门。所以看了复澄同志的各种各样的陶刻，不得不使我由衷的折服。

我折服的当然不仅仅是他的刻陶，更折服的是他的艺术，书法的艺术和刻画的艺术，他刻的真草隶篆，让你俱见笔意，就是说虽然是用刀刻在陶上，却令人感到是用笔写在纸上，而且把纸上的韵味都能表现出来，例如隶书的波桀，行草的连笔游丝，行云流水的气息，在他的陶刻上一一俱全，尤其是他的隶书《登楼赋》，我简直如读汉碑，今人书写只有光昌流利，哪里来的这种砉剥古朴，哪里来的这种金石气味，但复澄同志的刀笔，让你愈看愈觉得此刀是笔，此笔是刀。要不是以刀作笔，刻在陶上，就出不来这种斑剥，要不是使刀如笔，就出不来这份提顿按捺轻重转折的挥洒自如感。所以我敢说，复澄的刀笔艺术，已经发挥到了极致！

复澄还刻了不少画面，其中有不少是摹拟汉画的构图和刻法，而且能真正得其神韵！我也是汉画像石、画像砖的爱好者，我收集了一部分汉画的原拓片，也收集了一些有图案的汉砖，以之对照，几可乱真。例如他刻的山峦，完全是汉画像石里的刻法，在敦煌壁画里也可见到。直到展子虔的《游春图》，顾恺之的《洛神图》，山头的画法还是如此。而他刻的人物，也宛然如汉画像石上的风貌，例如他的《酿酒图》、《苏武庙诗图》，还有那幅乐舞图，让你一看就感受到汉刻的风味。

他的《佛说阿弥陀经》、《论语》等真书，简直如看魏晋间人的写经。真味醇厚，迥非凡品。还有那只大酒坛，满刻行草历代饮酒诗，真是诗酒留恋，令人销魂。我是好古成癖，也是好酒成癖。曾买到过一只北宋的大酒坛，肩上四周写“宣红好酒”，腹部是大笔花卉，磁州窑，书法是宋徽宗的瘦金体。我年来身体不好，不能畅饮，常抚坛寄意。看到复澄的这个大酒坛，又满刻饮酒诗，真是高阳知己，其趣不在酒而在韵。然而复澄若非韵士，何能得此奇趣。我相信此坛如果被杨宪益老看到，定当抚坛狂饮，倚坛醉卧了。

复澄摹刻的那片小屯甲骨，真是摹写逼真，最难的是他的用刀，完全是甲骨刻辞的刀法，而不是刻紫砂的刀法。虽然同是“刀笔”，却大有区别，复澄能各得其神，可见其久已神游其间。复澄本来是研究甲骨刻辞的，并有著作行世，难怪他能把握甲骨刻法如此之真了。

复澄的刻印，也别有风味，完全是运用他古文字学的学问和刻陶艺术的融合，横放杰出，不可羁勒。曾为我刻过一方“横绝太空”的阳文闲章，真有“横绝太空”之势。

以上所说复澄在刀笔篆刻上的杰出成就，归根结蒂：一是学问，复澄先生原是研究人员，尤其于甲骨金文有研究，这就是他篆刻的学问的底子，当然还有他诗词书画方面的修养；二是他的传统书法的功力。无论真草隶篆，他都是下过苦功的，没有十年磨剑，岂能有如此的惊人成就。所以艺术越到后来，愈是学问、人品、修养、功力的综合，而复澄又是一位谦谦君子，恂恂儒者。所以他的成就，就来之有自，就决非戋戋之功了。我是对他非常折服的，所以写了一首诗赠他：

赠刀笔奇人陈复澄

以刀作笔陶为纸，挥洒居然醉墨时。
古往今来盘礴客，平生倾倒第一痴。

2001 年 10 月 5 日夜 11 时于京东且住草堂

黄能馥、陈娟娟和他们的服饰文化研究*

黄能馥、陈娟娟两位教授的专著《中华服饰艺术源流》快要出版了，要我为此书作序，我于此道实属外行，因此也只能说些外行话。

我国素称“衣冠文物”之邦，这“衣冠文物”大概就相当于“文明”、“文化”之类的意思。于此可见“衣冠”，也就是“服饰”，确实就是“文明”或“文化”的象征。

考我国的原始文化，是多元的文化，早在距今4000年到8000年的时期内，我国境内不论东西南北，已经有数以千计的属于新石器时代的原始文化发生了，这许多原始文化，有不少是自生的而不是由一处向四周传播的。但是伟大而丰富复杂的中华文化，并非仅仅是这许多原始的自生的文化，而是在漫长的历史时期中，由这许多原始文化交融发展而成的。在交融发展的过程中，又有一种作为主体的文化在起着主导的作用，这种主体文化，也就是华夏的文化或中原的文化。研究我国的原始文化或早期文化，这多元论、交融论和主体论是紧密联系的，三者缺一

---

* 本文为《中华服饰艺术源流》序。

不可。仅仅承认其中之一或之二，都是不全面的。

服饰是文化的象征和代表，我国的服饰史，有着与原始文化同样长的历史，如果从周口店山顶洞人制造的骨针算起，则已经有1.8万年的历史了，它远远超过了以新石器时期计算的原始文化的历史。由此看来，中国的服饰史，也应该是多元的、交融的和有主体的。

服饰是文明和文化的象征，人类之所以区别于动物，是因为能直立，能劳动，能进行高级的思维，能用语言交流。服饰就是高级思维的成果。服饰的发展，也反映了人类思维的发展、生产和生活方式的发展、审美观念的发展。

从服饰，可以区别各个不同时期的不同民族。古人对于民族服饰的区别是十分重视的，孔子曾说过："微管仲，吾其被发左衽矣。"这就是说，改变服饰，当亡国奴是绝不容许的，所以明末清兵入关，下薙发令，易服，造成了汉人的奋死反抗。

从服饰，也可以区别不同时代不同的社会等级。大家知道，在封建时代，从皇帝、文武百官，到庶民，到刑徒（罪人），在服饰上是有严格的区别的，丝毫也不能混淆。

从服饰，也可以反映我国纺织业的发展，裘皮业的发展，印染业的发展。

我们看到浙江吴兴钱山漾出土的4700年前的丝织物，不能不感到我们服饰文化的源远流长。我们看到各地博物馆所藏的汉唐织物，尤其是看到马王堆出土的西汉初年的素纱蝉衣，薄如蝉翼，轻如烟雾，衣长128厘米，两袖通长190厘米，领边、袖边还镶有5.6厘米宽的夹层绢缘，但全部重量只有48克，不足1两，不能不为之惊叹。我们在敦煌莫高窟见到的北魏和唐代的塑像，其服饰之华丽名贵，简直莫可名状，虽然是缋画，并不是实物，但这必然是依据服饰实物描绘的，绝非虚构。

从服饰，也可以看到我国工艺美术的发展。从上举这些例证，尤其是现存各地博物馆的各个时期的服饰和织物，可以充分证明，我国的服饰文化，有着辉煌灿烂的历史。

所以一部服饰史，也就是一部中华文化史的一个重要的组成部分。

我常说，历史是圆柱形的，不是平面的。那末，服饰史，也就是圆柱形的历史的一个重要组成部分。

我常说，无论是学文学还是学历史，不能光学空洞的理论。理论是重要的，但要与实际结合，涉及到具体事物，则要与具体事物结合。汉诗《陌上桑》描写罗敷的服饰："头上倭堕髻，耳中明月珠。缃绮为下裙，紫绮为上襦。"如果结合服饰史来看，与出土文物对照来看，那末这许多描写就立体化了，读者所得的概念就不是平面化的了。同样，杜甫的《丽人行》说："绣罗衣裳照暮春，蹙金孔雀银麒麟。头上何所有，翠微匐叶垂鬓唇。背后何所见，珠压腰衱稳称身。"这许多描写，如果能与唐画、唐墓的壁画以及出土文物来对照，所得的结果，自然也就不会停留在概念化上了。

由此看来，一部服饰史，却牵动着整个文化史或者说整个历史。也因此，一部服饰史的作用，何止于服饰，它实在是读文化史、文学史、历史等等所不可缺少的。

昔年，沈从文老先生索居斗室，撰写《中国古代服饰研究》，我曾去拜访过他，丈室之中，只能放一张双层床（上层放书，下层睡觉），一张二屉桌，此外就再无宽绰之地了，但沈老终于完成了此皇皇巨著，为中国服饰研究树立了丰碑和典范。以至于今天我们谈到服饰研究，就自然而然地会怀念这位受人尊敬的老人。

但是，历史是发展的，学术也是发展的，从那时以来，我国的考古发掘，又有了许多进展，何况已出土的文物，也难于以个人之力去穷尽究索，故近年来服饰研究之作，续有所出，足证这一学术领域的蓬勃气象。

黄能馥、陈娟娟两位教授，是我国著名的丝绸织绣、文物考古专家、工艺美术专家，他们主编的《中国美术全集·印染织绣》上、下集，早已驰誉国内外，他们有关这一领域的其他专门论著，如《中国大百科全书·文物卷》、《中国大百科全书·工艺美术卷》等等，也久为学术界所珍视，现在这部《中华服饰艺术源流》，则更是他们的皇皇巨著，他们根据考古学和文化人类学的研究成果，按照人类演化的历程以大量具体的考古材料与中国原始神话相对照，探讨了中国原始服饰艺术的起源及演变，把中华原始服饰的研究推向深入。

服饰文化具有精神和物质两重属性，社会的政治、经济和思想观念给予服饰艺术以内容的制约和形式的规范，时代的物质生产和科技发展为服饰艺术的发展提供了物质的依据，而多元文化的交往和相互融汇，是繁荣发展民族服饰文化的重要条件。《中华服饰艺术源流》抓住以上脉络，按照时代顺序，分章论述我国各个朝代的社会背景，并参照历史文献和考古实物图文并茂地介绍章服制度、服装面料、印染织绣科技、纹样色彩、服装款式、首饰佩饰的基本面貌，从而揭示中华服饰艺术的光辉成就和它发展的基本规律。为了照顾可读性和兴趣性，他们还尽量采用白话文配合图片，做到通俗易懂，又有学术深度。这是与他们数十年从事中国工艺美术史、中国印染织绣美术设计及史论研究、中国古代织绣文物鉴定、中国服饰艺术史研究的实践，掌握了丰富的历史文献资料和形象资料，有广博的专业知识和技能修养分不开的。就形象资料而言，本书已经包容了目前国内出土和收藏的各个历史时代有关服饰艺术文物资料的精华，内容之系统广泛，包容量之丰富，也可说是空前的。我相信，这样一部体大思精的学术著作，它的问世，必将对我国的服饰史、服饰艺术研究，乃至于服饰文化的研究，起到有力的推动作用。

我个人读书，一向喜欢旁搜远绍，横看成岭，侧看成峰。学一句现在时髦的话，叫做多角度、全方位地看问题。其实苏东坡早就提出了“八面受敌法”，也就是从多角度去“攻书”（古人称读书叫“攻书”），从书的一面说，就要多角度地受攻。现在有此一部渊深而又晓畅的服饰艺术史专著，对我来说，无疑是增加了我的一个读书的角度，多了一个凭藉，我自然欣喜无量，我自然也为天下的读者欣喜无量。承蒙本书著者要我写序，我就把我的这一点私心窃喜和盘托出，公之于世。至于其中谬误，我自然希望得到专家和读者的教正。

1991 年 11 月 14 日 10 时于京

记舞蹈史家董锡玖

——读董锡玖《缤纷舞蹈文化之路》书感

董锡玖同志，是著名的舞蹈史研究专家，是我在中国艺术研究院的老同事。至今已经相处 30 年了。但实际上我与她的间接交往还要早得多。因为我早先住在张自忠路三号，与董锡玖同志是紧邻，而她的女儿与我的女儿是同班同学，常相往来，所以从那时起，我就对她和她的爱人童超先生有很深的印象了。

那时与董锡玖同住一个大院的，有欧阳予倩老，董锡玖就是与欧阳老在一起工作；有曹禺，还有张正宇先生。可惜我一直没有机会见欧阳老，但曹禺同志却常见面，我还去看过他，而张正宇先生，几乎是每日必见，尤其是“文革”中间。所以锡玖同志首先是我的佳邻，我们相熟的时间已经很久了。

但是，锡玖同志是从事舞蹈史研究工作的，就是这一点，我恰好一点也不熟。我对于舞蹈和舞蹈史，实在是一无所知。现在锡玖同志的大著要出版了，要我写几句话，却使我感到十分为难。锡玖同志说哪怕写点西部的情况也好，这好像给了我一点启示。

我是十分重视西部的调查和研究的，70 年代初我就去过敦煌，但却一直没有去新疆。记得有一次见到锡玖同志，她刚从南疆克孜尔千佛洞调查回来，她极力劝我去新疆。之后恰好新疆大学请我讲学，我就到了乌鲁木齐，讲课结束后，我调查了吐鲁番的高昌古城、交河古城、伯孜克里克千佛洞等，还去了吉木萨尔的唐北庭都护府故城、乌拉泊的唐轮台故城，后来真的到了库车，调查了克孜尔千佛洞等等。从那时起，我一连去新疆七次，直到帕米尔高原最高处的海拔4700米的喀喇昆仑山和4900米的红其拉甫山口。在4700米的喀喇昆仑山明铁盖达坂山口，查证了玄奘自印度取经归国入境的山口古道。但究其始，却是由于锡玖同志的鼓动。

锡玖同志还去了西藏，我也一直想去，但因我有心脏病，医生和朋友都不主张我去，所以至今是遗憾，可是我至今也不死心。

为什么我要提这些琐碎的事呢？我是想说明锡玖同志的研究，首先是从实地调查入手的，这一点太使我赞赏了。我之所以能受她的鼓动，根本原因也是我想作实地调查。我认为作历史的实际的调查，对于人文科学的研究来说，是太重要了，没有调查就不知道历史的真相，就不知道事物的发展和联系，你也就很难作出合乎客观实际的结论和判断。

我读她的文章，最最让我感动和佩服的，就是这种实地调查的求实精神和从中得出的可信的研究结果。我读她的文章，对我是一次很好的学习。譬如从敦煌的壁画里，她细心地看到了唐宋以来的乐舞，其中有反映民间歌舞的，也有反映贵族歌舞的，也有从盛大的歌舞场面看到历史人物的活动的，这样仅仅从舞蹈一面来说，敦煌壁画已经成为我们的艺术和史料的宝库了。

我前后去库车五次，一直记挂着龟兹乐舞的踪迹，连玄奘法师的《大唐西域记》里都记到了这一点，但我却一点也找不到线索。看了克孜尔千佛洞的壁画，也很难索解。但读锡玖同志的文章，却找到了龟兹乐舞的踪迹，懂得画面上的那些优美的形体动作和手指的动作，就是龟兹乐舞中的弹指舞，而且指法各异，细心看来，大可琢磨。锡玖同志关于唐代乐舞的研究，也是从敦煌壁画中细心观察研究出来的，而且从这些乐舞，转过来读唐人有关的诗歌，就豁然互通了。

飞天，在敦煌壁画和其他千佛洞的壁画中，都是十分重要的课题，论其形象来说，也是极受人欢迎的艺术瑰宝。以往研究飞天的结果，都承认这是从印度的佛经中来的，这当然是一种共识，是符合历史事实的。

但多年前，我从洛阳出土的北魏石刻棺画上看到一组世俗画，画的内容涉及到墓中主妇从普通的家庭主妇逐步演变成在天上翱翔的“飞天”，而且开始还穿着人间的世俗服装。[①] 由此我追溯到中国古文献中的飞升思想，从屈原的《离骚》、《九歌》，庄子的《逍遥游》等数起，也都有这方面的资料。再从实物来说，现存秦代青铜器就有带翅膀的“翼人”，到汉代这种带翅的人的“翼”便大大地增大。[②] 不仅有带翼的人，而且连马、龙等也都有了翼。之后，我又从江苏丹阳胡桥吴家村、建山金家村的南朝大墓中看到了《羽人戏龙图》、《羽人戏虎图》中凌空飞翔的“天人”，据考，这是道家乐舞《上云乐》，[③] 其乐词保存在《乐府诗集》里，我翻检乐词，确是道家的歌词。后来，我又看到了酒泉丁家闸的墓室壁画，我是直接进墓室参观的，也同样发现了“羽人”的形象。这个形象，女身，肩上两边有羽翅，穿世俗服饰，梳世俗发髻，穿平底鞋，[④] 略同于北魏石棺上穿世俗服饰蛇尾飞升的形象，所不同的是前者保留着羽翼，后者蜕去羽翼而添上蛇尾。最近，我意外地从文物市场买到了一批南朝墓砖，其中有一块是非常优美的飞天的形象，而且有“天人”两字，这与吴家村的砖刻壁画上的“天人”完全一样，而且完美至极。同

① 见《中国美术全集》，绘画编 19，石刻线画卷第 19 图，上海人民美术出版社 1988 年版。

② 见同上，绘画编 18，画像石画像砖卷第 260 图。

③ 见殷亚昭《中国古舞与民舞研究》第 109 页，台湾贯雅出版社 1991 年版。

④ 见《酒泉十六国墓壁画》“南顶壁画”，文物出版社 1989 年版。

时还买到了带翼的马“天马”和带翼的龙“翼龙”的南朝画像砖。

我想佛教中的飞天是从印度来的，这是无庸置疑的，但屈原、庄子的飞升思想不会是从印度来的，秦汉的带翼的人、马、龙，也不可能是从印度来的，北魏石棺线画上的普通家庭主妇飞升为天人，还穿着世俗的服饰，这也不像是从印度来的。那末南朝大墓《上云乐》舞里拿着道家法器，唱着道家歌词的“天人”，也不大可能是从印度来的，所以我认为中国有自己的飞天，这就是从早期的飞升思想，逐步发展到有翼的人像，之后翼又增大到足以飞升，然后就有穿世俗服饰飞升的形象，这个形象，有的还带翼，有的已蜕去了翼而增加了蛇尾。最后完善化到南朝大墓中的飘飘欲仙的“天人”形象，这样的形象，初看与印度的飞天似乎完全一样，但她手里所持的法器是道家的法器，嘴里所唱的曲词是道家的曲词，身上所穿的服饰全是汉式，这分明是道家的飞天，而不能说是佛教的飞天了。这种情况，说明中国的“羽人”或“飞仙”，已自己完善化而成为“飞天”了。或者在完善化的过程中，曾受到佛教飞天的渗透，因而她的形象接近于佛教的飞天，但仍保持了汉装和道家的法器，并且仍保持了原有的“天人”的名称。

是否以后两者有更进一步的交互融合，甚或佛道两教有更多的交融，遂使两种“天人”和“飞天”的形象融成一体，而以后由于佛教的盛行，道教的衰微，遂使道教的“天人”逐渐为佛教的“飞天”所淹没了呢？我相信，只要继续努力发掘，也许会有更多的资料出现，来证实这一推测，或者还会有更充分的实物来说明。然而，汉装、道教法器、“天人”这个名称，也许就是现阶段（南朝时期）道教“飞天”的特征。

以上这些，都是读了锡玖同志的大稿而产生的一些随感，就算我的一篇肤浅的读后感罢。

2004 年 3 月 4 日夜 12 时

殷亚昭和她的舞蹈文化研究*

在传统文化中，舞蹈可以说是历史最悠久的一种艺术；或许可以说，世界上最早的艺术是舞蹈。现今我们所知，最早的绘画是甘肃秦安大地湾的“地画”和河南临汝阎村出土的“鹳鱼石斧”，时间距今都是5000年左右。还可以举出更早一些的绘画，这就是大量的彩陶纹饰，它们的时间，最早的距今都在五六千年之间。现知最早的人体塑像，是秦安大地湾出土的人首形器口彩陶瓶和其他地区出土的彩陶器上的人体像，还有牛河梁女神庙红山文化发掘的陶塑妇女头像和裸体妇女像。比这再早一点的还可举出河姆渡的陶塑人头。前两种距今5000年左右，后者距今7000年。在艺术的领域里，无疑还可以举出许多门类的很早的艺术，但它们最早的时间，也总超不出距今七千至八千年。然而，原始舞蹈的时间上限，我看谁都难以为它指定最初的时间是距今多少年。我认为它可能早到比语言还要早。只要原始人需要借助于他们的形体动作来表达自己的喜怒哀乐的感情的时候，舞蹈也就产生了。《诗经·大序》里说：

---

* 本文为殷亚昭著《中国古舞与民舞》序。

情动于中而形于言，言之不足，故嗟叹之；嗟叹之不足，故咏歌之；咏歌之不足，不知手之舞之，足之蹈之也。

按照这里的说法，是先有语言，次有咏歌，再次有舞蹈。这显然是后人想象记述之辞，而且是指的那种已经较为成熟了的舞蹈，而不是原始的最初的舞蹈。实际的情况刚好是与此相反，原始舞蹈，是萌生于语言之前的一种艺术，是一切艺术之先的艺术。

由此看来，舞蹈的历史，远远早于文学史、诗歌史、绘画史等等。按理说，这样一种古老的、历史悠久而且内容丰富的艺术，早就应该有许多部自具规模的舞蹈史方面的鸿篇巨著。我并不研究舞蹈史，对舞蹈纯属外行，但我却愿意读舞蹈史以及有关的专题性的论文。我认为历史是圆柱形的而不是平面的，这就是说，在同一个时代里，各种艺术，乃至于哲学、宗教、文学、经济、政治等等，都是互相关联，互相影响的，甚至有一些艺术，还是互相依存、互相促进、互相推动的。譬如音乐与舞蹈就密不可分，音乐与歌唱也有互相依存的一面，再扩大点说，戏曲就与文学、音乐、歌舞、绘画、杂技、艺术等等不可分的，戏曲如果离开了以上各项，戏曲也就不能存在。总之，各种艺术，如单就其自身的发展来说，当然可以辟成专史；但如就其社会的存在和事物之间的联系来说，它分明不可能是孤立的存在，它与其他艺术或文学等等，是相互关联的。

正是从这个意义上，我愿意读舞蹈史及有关的专题论文，当然也愿意读其他门类的专史和专论。例如，当我读文学史的时候，常会涉及到舞蹈。譬如在读汉魏乐府时，就很想知道这些乐府歌辞在当时的歌舞形态；读白居易的《长恨歌》时，非常希望具体地了解《霓裳羽衣舞》的情况；读李白、李贺的《上云乐》歌辞时，也就希望了解《上云乐》

是怎样的一种舞蹈；读杜甫的《观公孙大娘弟子舞剑器行》时，那绚丽而近乎神奇的描写，就更使我想目睹一下这种令人神往的舞蹈。就是在读《韩熙载夜宴图》这幅著名的图卷时，也会产生了解《绿腰舞》（按：亦作“六么”）的愿望，因为画面上的歌伎王屋山正在作《绿腰舞》的舞蹈。我之所以喜欢读舞蹈史、美术史、戏曲史、音乐史……，就是基于上述这个原因，就是想要对历史了解得立体化一些。

也由于这个原因，近十多年来，我经常读殷亚昭君以及其他人的一些有关舞蹈史的专题论文，以此来弥补我的不足。殷亚昭君原是一名优秀的舞蹈演员，有过绚丽的舞台演出的纪录。后来，因为身体的原因，不得不离开舞台，而她却一头钻进了古书堆、文物堆里，开始作舞蹈史的研究了。近十多年来，她蜚声舞界和学界，成为一个引人注目的舞史研究专家。了解她的治学情况的人，都会觉得她实在不易，因为她从小学舞，读书的机会比从大学里出来的人要少得多，但她的研究成果，恰恰与此相反，在同样的时间里，她比常人的成绩要丰富得多，突出得多。读她收在本集里的《上云乐探析》、《白纻舞新探》、《淮南古舞考》、《南宋灯戏图与民间舞队》、《霓裳羽衣舞与弓弯舞》等等专题论文，就会突出地感到这一点。

我尤其赞成她的研究方法和所走的艰苦的学术道路。最最可贵的一点是她十分刻苦，她钻研一个问题，往往废寝忘食，穷究到底，锲而不舍，虽严寒酷暑，都不改其志，而且一钻进去，就是十年二十年。这样的如痴如醉的研究精神，在今天的社会情况下，真正是难能而可贵的了。我常说，皇天不负苦心人，学术上的成就和她所投入的精力，往往是成正比例的。在学问的问题上，决不同于做买卖。做买卖有人可以一朝发迹，而做学问决不会有人一朝发迹，决不会一夜之间成为一个大学问家，成为一个专家，这是决不可能的。所以殷亚昭君今天的学术成就，都是从她的刻苦追求中得来的，从她的百折不回的艰苦奋斗中得来的。

我还非常赞赏她的研究方法。她习惯的做法是先读古书，认真地研究有关舞史的文献资料，然后是作调查研究，钻研出土文物，把古文物和古文献结合起来研究。由于她原先是一个优秀的舞蹈演员，熟悉各种舞蹈的姿势和身段，因此，她在识读有关舞蹈的出土文物和古文献资料时，理解能力就比较强，对文物的观察和分析就与一般人不同，就要敏感得多。

以上这两个特点，都可以从她的论文里看得出来。

我们中华民族，是一个伟大的民族。我们的民族文化无比地光辉灿烂，而且历史悠久。

我曾多次说过，在从古代文明发展到现代文明的世界文明总和中，中华民族所作出的贡献是非常突出和巨大的。世界文明能发展到今天这样高的水平，是以历史的累积为基础的，并不是可以平地跃起的，何况就论当今的现代科学和现代文明，我们海内海外的炎黄子孙所作的贡献也不能低估！我们既不能妄自尊大，也不应该妄自菲薄。

重视我们的民族传统和民族文化，提倡中华民族伟大的爱国主义精神，与吸收先进的外来文化思想以及一切进步因素，这两者是并不矛盾的，是可以相辅相成的。灿烂辉煌的唐代文明里，就融化和吸收了大量的外来文化与思想，可见并不需要以一种文化思想去排斥和取代另一种文化思想。关键是在于融化和吸收。

我还曾作过一个比喻，假定说伟大的中华民族所创造的光辉灿烂的全部历史和文化可以比喻为天地间的一部最最伟大的“巨书”的话，那末，我们古往今来所有的学术著作和学术论文，就是对这部“巨书”所作的大大小小的种种注解和阐释。当然，有的著作是为这部“巨书”又增写了辉煌的篇章。

我们伟大的中华民族所共同写下来的这部皇皇“巨书”，其内容之博大精深，其篇幅之浩淼无涯，是无法用有限的语言来形容的，因而我们所要做的注解和阐释也是永无穷期的，那末，殷亚昭君的这部专著，也就是这众多的注解和阐释中的一种。

能为伟大的中华文化作出一点注解，哪怕只是一个小小的注解，也应该看作是无比幸福和光荣的事。世间的学问是无穷无尽的，而我们个人所能作的注释毕竟是极其有限的；因此，我们只能有责任和权利去辛勤地做这部“巨书”的注释工作——而且要尽量把它做好，哪怕只是小小的一个注释，只是注释了这部“巨书”的一句话甚至一个字，也要把它做得尽可能地正确，尽可能地尽善尽美，我们没有任何理由可以马虎和偷懒。

由于这部“书”是如此地巨大，由于我们的注释只可能是这部“巨书”的极小的一部分，因此，我们更没有任何理由可以自满和骄傲。自满和骄傲，只能说明他的心胸中还没有能放进这部天地间至大至深、至精至博的“巨书”。

对于一个对自己的民族和人民具有责任感的学者，对于一个胸中怀有那部宇宙间的“巨书”的学者，他的心中应该时刻回响着古代哲人屈原和杜甫所留下的两句话：

> 路漫漫其修远兮，吾将上下而求索。
>
> 屈原《离骚》
>
> 大哉乾坤内，吾道长悠悠。
>
> 杜甫《发秦州》

以上这两句话，我愿意引来与殷君共勉，与天下的同道共勉！

1990年6月24日夜1时，

大暑挥汗写于京华瓜饭楼

记三峡根雕艺术家魏靖宇

去年4月末，我到了向往已久的诗城夔州，即现在四川省的奉节县。这是唐代大诗人杜甫曾经耽过的地方，他在这里写过许多名篇。我到奉节来的主要目的，是为了寻访“诗圣”杜甫的遗迹，在这方面我得到了很大的收获。我虽然曾三过夔门——这雄险的瞿塘峡口，但只有这一次，我才能真正站在瞿塘峡口的悬崖俯视江流。同时，我还有另外一件值得高兴的事，这就是我第一次见到三峡树根雕，并认识了它的作者魏靖宇同志。

魏靖宇同志年纪不大，大约三十多岁上下，现在县剧团工作，他爱好艺术，常常利用业余时间到三峡去采集从上流冲下来的古树根或树桩，用以制成各种艺术品，他也爱好搜索三峡的石头，还有古砖古瓦等等，他的这种爱好，简直与我是同癖。

我初见他时，他就热情地邀请我去看他的作品，由于这种同好，我也很想去看一看。

在一个细雨濛濛的下午，我与我的研究生李岚、徐匋、管士光三人，一起访问了他创作这些动人的艺术品的工作室，那是一间小得仅得坐他一个人和堆积一些艺术原料的斗室。但是就在这间斗室里，却藏着许多珍贵的艺术品。

他让我们坐在同样小的一间客座里，一件件的艺术品却像魔术师变戏法似的从他的斗室里取了出来。

在认识魏靖宇同志之前，我根本不知道三峡树根雕是什么样的东西。及至看了他的树根雕成品，我不禁被这些动人的、不可多得的艺术品所激动，它们强烈地吸引着我，使我从他的艺术品中，仿佛看到了另一个世界，一个童话般的世界，或者说一个艺术的世界。

最先引起我注目的是悬挂在客座壁上的那头振翅奋飞的雄鹰。那高高展开的巨大翅膀，那铁钩一样尖利的嘴巴，尤其是那双眼睛，好像正在监视着地面上的一件可供它猎取的对象——野兔。这里正用得着借王维的“草枯鹰眼疾”那句诗来形容这种神态。然而，奇就奇在这样一件不可多得的艺术珍品，却完全是出于天然，是一块“不假雕琢”的三峡古树根。“不假雕琢”这不是很容易吗？不是只要拣来就成了吗？然而，且慢，世界上哪有那么容易的艺术创作，这里的“不假雕琢”是另有意思的，这一点只能到后面再细说了。

从那个小小的工作室里搬出来的第一件珍品，是一只正待开屏的孔雀。那已展开了一半但还未全开的美丽的大尾巴，那个小小的孔雀脑袋，似乎正在引颈昂首仰视着什么，那副自信而又骄傲的样子，好像在告诉人们说：看，我有多美！

一件件的艺术品不断地从他的斗室里搬出来，我欣赏的一组树根雕，是好几头品类不同的鹰，有的像是秃鹫，有的像是老雕，有的则是猫头鹰，真是千姿百态，各具神妙。

在鸟类的雕塑中值得一提的还有几件精品，一件是那只快乐的小鸟。你看它仰着头，睁大着圆圆的眼睛，头上还有一顶漂亮的羽冠。特别是那个翘起的尾巴，把它的快乐的神情点缀得惟妙惟肖。另一件是那只站在树干上正待奋飞的小鸟，造型简单而意态生动，最难得的是那种欲飞未飞时的神态，正当动静之间。还有一只蹲着的鸽子，歪着脑袋好像是在沉思；而另一头正在敛翅休息的大企鹅，把脑袋和尾巴几乎蜷缩到一起了，它的神态恬静而安闲，令人感到仿佛世界上什么纷争烦恼都没有。

另一组动人的作品是人物雕塑。《寿星寻桃》是一件十分难得的精品，那个大胡子光脑袋披着宽袍弯着腰的“寿星”，活像在寻觅一件什么东西。果然，在他的目光所注之处，就在他的脚下，却有一只“大桃子”。这实际是一块天然地嵌在树根里的圆石，树根从水里取出后，经过干缩，这块石头就出不来了，结果恰好成为艺术家进行创作的好素材。《达摩渡江》是另一件珍品，那块树根，不知经历了几千年了，色黑而又沉重，远看去，活像是一件雕塑的达摩像，高高的鼻子，秃顶，嘴微张，全身被一件大袈裟裹着，下身宽大而庄重，那些树根的纹理，自然构成了衣服的褶皱，正是巧妙极了。还有一件《庄子观鱼》，也是神态毕肖，眉眼口鼻胡子，无一不自然传神，特别是佝偻的身躯，双手拱起在胸前，头上似乎还戴着方巾，看那个样子，真像是领会了濠梁之上的“鱼水之乐”似的。另一件《老人头像》，也是我特别喜爱的，全部黑色，老人翘起的嘴巴上面搁着个大鼻子，瞪着眼，满脸皱纹，甚至脸形都有点扭曲了，似乎是证明着他饱经了人世的风霜。还有两件观音像，一件是坐在一只小舟上，仰头，戴着披风，举目远视，两腿蜷曲在长袍里面，好像正在向远处航行。另一件是立像，头戴披风，身躯微曲，略见姿态，两手交叉在长袍里，眉眼口鼻则是雕刻的，但手法简洁而传神。

还有几件动物树雕，也是值得一提的。一件是长臂猿，伸着长长的左臂，眼、鼻、嘴巴，加上满身的毛，简直是生动极了。另一件是一头鹿，蹲着身子，仰首，头上长着一对像树杈一样的鹿角，也是意态生动之作。

整个下午，虽然我们一直在他的斗室里，但是面对着这些艺术珍品，却使我们感到如在大千世界里，感到境界无比的宽广。

魏靖宇的三峡树根雕，是艺术上的一个创新。他的作品，我看至少有三个特色：一是构思巧妙。任何文艺创作，总离不开作者的构思，三峡树根雕尤其如此。一件原材料到手后，可以制成什么样的艺术品，全在作者的构思。例如那件悬在壁上的雄鹰，如果没有好的构思，就可能把这样一件珍贵艺术品的素材毁坏了。魏靖宇同志则不然，他在拿到这样的材料后，总是能认真构思，恰当地找出这个材料所蕴蓄着的艺术形象，然后删去它的多余部分，使生动的艺术形态呈现出来，那件雄鹰的制作就是如此。他告诉我，当他拿到这一大块树根时，一开始并没有看出这头被许多杂质掩盖着的雄鹰形象，经过较长的时间的观察、酝酿、构思，最后他看出了这个正在飞翔着的苍鹰的雄姿。当他发现了这个艺术形象时，他感到无比兴奋，然后才开始慎重地进行他的创作。我在前面曾说过“不假雕琢”，这并不是说用不着动手就可以成为艺术品，而是说这个艺术形象不是硬雕出来的，相反倒是因为删除了许多杂质才能呈现出这个自然的艺术形象来。所以就这件雄鹰的艺术形象本身来说，是“不假雕琢”的，但是就这件艺术品的诞生过程来说，却又是必须雕琢的。所不同的是他所雕琢的部分，恰好大都是删去的部分，当然被保留下来的艺术形象，也不是毫不雕琢的，只不过它的雕琢，是因材施雕，而且不露斧凿痕，因此才会显得那么自然。所以这样的艺术创作，关键的一个环节，就是要有巧妙的构思，而这正是魏靖宇的树根雕的一个突出的特点和长处。

魏靖宇的树根雕的另一个特色，是他的雕刻的手法自然、简练。这种手法，是我国雕塑艺术史上的一个优良传统，闻名中外的西汉霍去病墓的石刻，就是最明显的例证。魏靖宇的雕刻，颇有借鉴于此的地方，同时他还吸收了一些北朝的石刻艺术的手法，因此他的作品，除自然浑成以外，还显得沉着凝重而无匠气。

魏靖宇的树根雕艺术的第三个特色，是他取材的珍贵。他所用的这些材料，都是从三峡中得来的。这些树根或树干，大都是千百年前的遗物，再经江流的冲刷和其他的作用，都几乎要成为化石了。我曾仔细看过这些树材，有的不仅坚硬，而且沉重如铁。所以由这些树材制成的艺术品，就更是难得的珍品。

长江的水是永远流不尽的，三峡的这些珍贵树材虽然难得，也是用不完的，而艺术的历程更是没有尽头，我们期等着魏靖宇的树根雕艺术能取得更新的成就，他的艺术品也将如他所使用的珍贵材料一样，永远不会风化。

1985 年 5 月

工藤贤司及其汉画创作

汉画，是汉代遗留下来的画像石、画像砖、墓室壁画、帛画、器物画等等汉代的绘画作品。中国的绘画传统，历史悠久，最早可以从新石器时期彩陶上的绘画、玉器上的刻画、陶器骨器上的刻画算起，但那是童年阶段。童年阶段自有童年阶段的天真纯朴，为后来的历史时期的作品所不能替代。但从美术的发展来说，到了汉代，自然大大地超越了。

我认为汉画是中国民族绘画的一些绘画法则确立的时期，是中国绘画的民族风格经过漫长的历史阶段已经形成的时期。汉画的特色纯朴、粗犷、天真，而又想象力丰富。评价汉画，不能用唐宋以后的绘画标尺来衡量；相反，却要用原始绘画以来的绘画历程作为理解的线索。

中国过去可以说没有以两汉的绘画资料作为创作素材的，所以工藤先生的汉画创作是一种创举。当然中国过去有椎拓，就是拓碑的办法；有颖拓，就是临摹的办法；也有经过椎拓或颖拓而后再加绘画的，如先拓一件钟鼎彝器，然后在这件拓器上加画花卉等等，看上去就像一盆插花。工藤先生的汉画创作，我看可分为两类。一类是颖拓的继承和发展，一类则是完全崭新的创作。

我与工藤先生相识已十多年，他是一位日本著名的画家，我惊奇他竟能沉醉于中国画，之后，又进一步沉醉于汉画。真不知道作为一名日本画家怎么一下子竟会对中国的文化、艺术如此地深切投入的！他决不是浮光掠影地浅尝即止，他是真心地投入，全身心地投入。记得十多年前初见时，他刚从黄山写生回来。他的出外写生，不是半天一天，更不是住宾馆，而是一去就在深山野村几个月。那次，我看了他与我的一位画家朋友合作的数十米的山水写生长卷，我与他题了“两个行脚僧”五个字作为引首，以示钦佩他们的苦行。之后我在南阳国际汉画会上再次见到了他，并见到了他所作的汉画，当时就使我非常惊奇和非常高兴。去年我再次看到了他的汉画创作，真正是为之赞叹不已了。我真不知道他为何能掌握颖拓这门技术和艺术的，更不知道他如何竟能以汉画为题材而进行创作性的临摹的？

工藤先生的颖拓，不仅逼真，而且能传神。例如《许阿瞿墓志画像》、《车骑出行图》、《胡汉战争车骑出行图》、《汉力士图》等等，令人百看不厌。特别是《许阿瞿》那幅，简直是神极而韵，比起我们平常看到的原拓本来，反觉别有滋味！那幅大件《汉代舞乐百戏图》，尤其是场面壮观，百戏杂陈，目不暇给。

工藤先生创作性的汉画，更具有自己的特色，比起前一类，又胜多多，更见性情。如那幅《奔马图》，是用邵春风送的古墨画的，画面的两匹马真是追风逐电，而马上的御者，竟是全身飞起，只有两手按鞍，这使人有如观“马踏飞燕”之感。大概是得力于古墨罢，墨色的效果，几笔横扫轻擦，更显出绝尘之势。另一幅《伏虎图》，完全用粗犷的线条来表现勇士的“力”，真是须发戟张，浑身是力；而那只虎，虽然已屈踞于勇士身下，然犹回首张口吐舌，作猛噬状。于是画面充满着两种“力”，压服者的“力”和反抗的“力”。由此使你感受到画面蕴含着一种被强制着的动势。另一幅《水田插秧图》，则竟然是一幅“漠漠水田”的真实生活的写照，而那幅《七盘舞图》，粗犷而流畅的线条，特别是那两条飘然的长袖，又使你感受到“长袖善舞”这句成语的真实历史意义。

重要的是画家的这些创作，既是地地道道的汉画，而又是自由挥洒的，毫无拘谨之感的。仿佛让我们看到了这些画像上刻石前的画稿原件。真正是“解衣磅礴”，真正是“手挥五弦，目送飞鸿”！所以我给他的汉画创作题了四个字“天汉真韵”。

1999 年 3 月 15 日

哭范敬宜学长兄

昨天早上8时，我忽然接到上海王运天兄的电话，说范敬宜先生去世了。我当时大吃一惊，继而就不相信，因为我前天上午还与他夫人通话，说医生说目前不宜手术，老年人的癌变，发展缓慢，可以延缓很久，我也深以为然。哪里想到，当天下午就发生突变去世了，这样残酷的现实，实在令人无法接受！

我与敬宜兄是1948年在上海无锡国专的同学，从王蘧常、顾廷龙、童书业、周谷城诸先生学，遂成莫逆之交。敬宜兄是全班年龄最小的，国专毕业后，他又考入圣约翰大学攻外语，所以他的学问中外兼通，在我们同学中是很突出的。在上海时，他还拜吴湖帆为师，学山水画，深得吴先生的嘉赏。我还同他一起拜见过白蕉先生，帮白蕉先生布置展览，我们都喜欢诗词，当时教诗词的老师是顾佛影，还有已退居的陈小翠老师，都是当时名动海上的名家。我还特意去拜见陈小翠老师，得到她的勉励和指授。

1948年底我在无锡本校毕业，1949年4月解放军过江后，我就入伍，之后我们就天各一方，失去联系。后来，杨仁恺先生告诉我他在沈阳任《辽宁日报》的副总编，我得到这个消息，就立刻与他取得了联系，他也告诉了我分别以后的种种遭遇。但是我们俩的共同个性是在困难中不失望，总会朝前看，总会尽心做好自己的本职工作。他待人宽厚而自律甚严，所以凡是敬宜兄所工作之处，都是一片赞扬，而他自己却依然故我，不骄不躁，平凡而又朴实。

也是天从人愿，他后来调到北京来了，先是在外文局任局长，后来又调到经济日报任总编，那时报社在王府井南口，我还去看过他。不久又调到人民日报任总编。就任前，他还来看过我，觉得担子太重，怕干不好，我鼓励他说，党已作了决定，说明你可以担当这个重任，无可推托，也无须顾虑，只要“临事而惧，好谋而成”，不会办不好的。很快他就去上任了，实际上他来看我，也只是告诉我一下而已，哪有推托的余地。那时我住红庙，与报社紧邻，从报社后门只要十来分钟就可到我住处，所以他常在下班以后步行到我家里聊天，我也多次到他办公室，但我看他太忙，所以不敢久坐。

有一次我到他办公室，他还拿出 1948 年在上海同学时他画的一个山水长卷，有吴湖帆的题跋，我们回首往事，不胜沧桑之感。

他是哪一年从报社退下来的，我已记不得了，因为我与报社的不少同志都很熟，我听到了报社的不少同志对他在人民日报工作的评价很高，真是得到了众口的赞誉。

我们从读书时起，就怀着一腔报国之心，他与我，虽历经艰难险阻，但从来不移报国之志，记得2001 年冬天，我们都早已退休了，我还填了一首词送给他，以表达我们共同的报国之心，现在就作为本文的结束：

金缕曲

赠范敬宜学长兄

犹记当年否？正西窗、长歌激越、满眼神州。逐鹿中原天下

哭范敬宜学长兄

事，虎跃龙腾狮吼。共奋袂，榆关燕幽。谁识风波划地起，有多少故人沦楚囚。天地泣、鬼神愁。　丈夫不解记前尤。莽昆仑、晴空万里，任吾遨游。急驾巨龙腾飞上，切莫此时迟留。那顾得、霜鬓雪头。我与轩辕曾一诺，纵粉身碎骨誓相酬。君与我，共驱驺！

2010年11月15日

后　记*

刚刚编完这本集子，就收到了徐文魁兄的来信，告诉我说，有人说前些时候修复的吴梅村墓是假的，是后人为了纪念他而修的衣冠冢云云。这真是无稽之谈，文魁兄也力辨其非，文魁兄信中说：

> 你和我访墓时先后都有看墓人带领去看的，当时年已七十余岁（1982年）的老好婆告诉我：“高家前村北面偏西方向有座大坟，原有树木高大，面积广阔，当地人叫它‘吴家大坟’。”

这信里说的，完全与我调查时地方一样。我记得这位老太太正在墓地上的梅林里锄草，墓地确实面积很大。这位老太太是吴家的看坟人，她还指点给我看坟被平掉时残留下来的砖砌墓基，这段墓基至今还在，我询问老太太她是否是为吴家看坟的，她点点头，我想给她拍张照片，她避开了，不愿意照相，后来我趁她不注意时还是照了一张。

---

* 这是原《剪烛集》的后记。

信中还说：

> 李根源先生曾访过吴墓，《西山访古记》书中说："吴梅村墓在光福潭西村高家前西北百步位"；"有墓地广十七亩"。
>
> 民国《吴县志》也有记载：
>
> 吴梅村墓在潭西高家前。
>
> 上述几点，有潭西字样，这是行政区划分造成的误解。光福镇（现名太湖乡）原有潭东、潭西两村，合并为潭东村，故吴墓现在潭东高家前，不叫潭西高家前。

文魁兄在信中说得够清楚的了，引起误解的是原称"潭西高家前"，现在是称"潭东高家前"了，好像地方不对了，殊不知两个东、西高家前已合并成为一个"潭东高家前"。何况不论如何，你到当地去实地调查，只有一个高家前，并没有第二个高家前，可见高家前只是合并了，其本身的地理位置没变。

信里还说：

> 石壁山下，有梅村泉，李根源题，石壁山上的石壁下面有摩崖记载，原文"戊辰春，祭扫先七世祖梅村公墓，路过来游。太仓吴诗永志"字样，至今完整无损。

这两条材料也很重要，证明梅村墓离石壁山很近，这完全是事实。我去年到修复的吴梅村墓去，看完了吴墓，文化局的同志就陪同我游石壁山，很近，没有走多少路就到了石壁山。本来还可在石壁山多看一点地方，不幸碰着大雨，我们只好在庙里躲雨。等雨稍过，怕再下大雨，我们就匆匆下山回去了。

所以现在重修的梅村墓，是确切无误的，决不是什么后人修的“衣冠冢”，这是毫无根据的，必须认识到，吴梅村墓是苏州的一个名迹，也应该是全国的一个名迹，应该百倍珍惜，而不应该将真的说成假的。

但有一点是应该承认的，即花农周德忠发现的那块吴梅村墓碑，确实已不是原碑，而是民国时期“吴中保墓会会长吴荫培竖立的”（见徐文魁兄来信）。这一点说得很重要，我开始曾误认为就是当年梅村墓上的“圆石”，因为现在不是“圆石”，而是长方的墓碑形的。我所以误解，一是不知道吴中保墓会有重修之举，二是看到这块墓碑上部两角都是圆的，因此我误以为就是“圆石”了。这个错误，必须郑重声明纠正。但这并不是说那块发现的墓碑毫无意义，至少它曾是吴墓的一个重要标志。

以上是关于吴梅村墓的一点说明。

在这本书里，我还收了《从〈绿衣人传〉到〈李慧娘〉》[①] 这篇文章，这篇文章是“文化大革命”前写的，当时康生他们提倡开放剧目，鬼戏也在开放之列。本来在传统剧目中，所谓的“鬼戏”与其他戏没有什么特别的界限，例如《乌盆计》、《探阴山》、《放裴》、《活捉》、《嫁妹》等戏是常演的，过旧历年时，常演的戏就是《嫁妹》，因为它寓有平安吉庆的意思。新中国成立后，这类戏就不大上演了。“文化大革命”前为了丰富剧目，增强文艺生活，上面就提出开放部分剧目，包括一部分鬼戏。在这样的背景下，孟超同志就欣然命笔，写出了昆曲剧本《李慧娘》。剧本出来后就送给了我，我是肯定这个剧本的，而且我认为改编得很成功。在这出戏演出时，我当然也去看了演出，演出也很成功。孟超是个老作家，与我也较熟，所以北京文艺就特意到我家来约我写这个戏的剧评，因此我就写了这篇文章。文章发表后，得到很大的好评，

---

① 原《剪烛集》中有此文，今重编后，此文编入《春草集》。

孟超也很高兴。不久，上面又提出要写一些清官戏，要提倡海瑞精神。于是由明史专家、北京市副市长吴晗同志写了《海瑞罢官》的剧本。剧本也送给了我，我还参加了讨论并观看了马连良的演出，不想“文化大革命”一开始，这两出戏就成了吴晗和孟超的大罪名，也成为马连良先生的大罪名，他们三人受尽了批斗等折磨，恰好，这两个戏都与我有关，这两位作者和主演者也都与我有关，于是我也受到了疾风暴雨式的批斗。但当时我心里明白，戏和写戏、演戏的人都是无辜的，我们挨批斗，不过是被一场突如其来的政治旋风席卷而已。终于孟超、吴晗经不起12级台风的冲击，含冤而去了，我重发这篇文章，目的是为了深深地怀念孟超和吴晗及马连良先生！同时也借此让读者略略感知一点那个时代的风暴气息。

我在本书里还收了《战斗的思想家——李卓吾》① 这篇文章，这是“文化大革命”中“四人帮”大搞“评法批儒”，硬要把李贽说成是法家，并命令出版社出版李贽的全部著作，并再另出选本。当时让我写这个选本的序，而且指定要把李贽定为法家，我当时既不能拒绝，也不愿照办，我只好一方面拖延时间，借机将李贽的书全部认真地读了一遍。像《焚书》、《续焚书》、《藏书》等是反复读了多遍。但无论如何也不能把李贽说成是法家，说李贽是资本主义萌芽阶段的初期民主思想的激进者倒是有充分理由的。因此我就写了这一篇《战斗的思想家——李卓吾》，文中一字不提法家，但我大量地引用了李贽的原话，使他们感到我是言必有据的。最后送上去后，不久即被退回来，说不能用。我听说“不能用”三个字，如遇大赦，感到轻松了。当时我最担心的是让我把它修改成为说李贽是法家的文章，这样我就难办了。大概我的这篇文章，引的李贽的原话太多，其中一丝一毫也没有什么法家的影子，真是

① 这篇文章在原《剪烛集》里，今已编入《逝川集》。

“朽木不可雕也”，因此，只好把它掷到垃圾堆里了。于此，我却想到了《庄子》的“无用之用，是为大用”的妙义来了。因此我把它收入本集，也借此作为那个时代的一点影子。

其余，我收在这本集子里的文章，多半是怀念故人的，而且他们大多是对革命有过贡献、在学术上有特殊成就的人，而在“文化大革命”中却大多遭到了极惨痛的磨难，例如我们的郭影秋校长，我的老师周贻白先生，我的同门师弟祝肇年同志，我的好友、名医巫君玉大夫，同学杨廷福、江辛眉兄等等，其坎坷的经历，真是令人泣下。他们现在都已经作古了，然而，他们与我在最艰难的岁月中结下的深情，是万劫不磨的。我的另一位老师冯振心先生有诗说：“万劫不磨知己在，百端难语寸心明。”这真可作为我此时的心情的写照。现在我重读这些文章，真是不胜“人琴之痛”，因题一绝，以念故友，亦以为本文的结束。诗云：

编《剪烛集》成，率题一绝

往事如烟费检寻。聊凭故纸系琴心。
十年桑海寻常事，只有青山似故人。

2001 年 7 月 1 日夜至 2 日晨

再　记

《剪烛集》原是我怀念师友的文章的结集，2002年由山西人民出版社出版，现在仍保留这个书名，将后来写的怀念师友的文章一并收入此集，文章则未作修改。原书中有部分文章已分别编入另集。

冯其庸

2009年12月27日